Robert C. Solomon
Gefühle und der Sinn des Lebens

ROBERT C. SOLOMON

Gefühle und der Sinn des Lebens

*Aus dem Amerikanischen
von Hans Günter Holl*

ZWEITAUSENDEINS

Deutsche Erstausgabe.
1. Auflage, Juni 2000.
Die amerikanische Originalausgabe ist 1976 unter dem Titel
»The Passions. Emotions and the Meaning of Life« erschienen.
Copyright © 1993 by Hackett Publishing Company, Inc., Indianapolis, USA.
German language edition arranged through the mediation of
Eulama Literary Agency.
Alle Rechte für die deutsche, um ein Vorwort erweiterte Ausgabe
und Übersetzung Copyright © 2000 bei Zweitausendeins, Postfach,
D-60381 Frankfurt am Main.
www.Zweitausendeins.de.

Lektorat: Martin Weinmann (Büro W, Wiesbaden).
Register: Ekkehard Kunze (Büro W, Wiesbaden).
Umschlaggestaltung (mit einer Zeichnung von Robert C. Solomon):
Sabine Kauf.
Satz und Herstellung: Dieter Kohler GmbH, Nördlingen.
Druck: Gutmann + Co GmbH, Talheim.
Einband: G. Lachenmaier, Reutlingen.
Printed in Germany.

Das Papier dieses Buches, einschließlich Überzug und Vorsatz,
bestehen zu 100 Prozent aus Altpapier. Das Kapitalband und das Leseband
wurden aus ungefärbter und ungebleichter Baumwolle gefertigt.

Dieses Buch gibt es nur bei Zweitausendeins im Versand,
Postfach, D-60381 Frankfurt am Main, Telefon 069-420 8000 oder
01805-23 2001, Fax 069-415 003 oder 01805-24 2001.
Internet www.Zweitausendeins.de, E-Mail info@zweitausendeins.de.
Oder in den Zweitausendeins-Läden in Berlin, Düsseldorf, Essen,
Frankfurt am Main, Freiburg, 2× in Hamburg, in Hannover, Köln, Mannheim,
München, Nürnberg, Saarbrücken, Stuttgart.

In der Schweiz über buch 2000, Postfach 89, CH-8910 Affoltern a. A.

ISBN 3-86150-306-9

Inhalt

Einführung:
Der Verstand und die Emotionen

I
Das Leben als Problem

Inhalt

II
Die neue Romantik

III
Der Mythos der Leidenschaften

IV
Physiologie, Empfindung und Verhalten

V
Eine subjektive Theorie der Emotionen

VI

VI
»Was tun?«

VII
Die Logik des Fühlens

VIII
Das »Who's Who« der Gefühle

Zur deutschen Ausgabe

Als die amerikanische Originalausgabe meines Buches 1976 erschien, befaßte sich in der angelsächsischen Philosophie so gut wie niemand mit dem Themenkomplex Gefühle. Emotionen galten seinerzeit als irgendwie störende, irrationale Kräfte, als Kapitulation des kühlen, besonnenen Denkens, jedoch kaum als interessante eigenständige Phänomene. Die großen einschlägigen philosophischen Texte, etwa Descartes' *Die Leidenschaften der Seele*, das Dritte bis Fünfte Buch von Spinozas *Ethik* und das Zweite Buch von Humes *Traktat über die menschliche Natur*, blieben weitgehend unbeachtet zugunsten der eher skeptischen Töne, die besagte Autoren auf dem Gebiet der Erkenntnistheorie anschlugen, sowie ihrer streitbaren metaphysischen Spekulationen. Auch in den Sozialwissenschaften wurden die Gefühle gewöhnlich kurz abgefertigt. Meist begnügte man sich in irgendwelchen Anhängseln an spezielle Kapitel über das Motivationsproblem mit ein paar Hinweisen auf die neurophysiologische Forschung. Aber immerhin zwei der größten amerikanischen Psychologen und Philosophen, William James und John Dewey, hatten ausführlich über die Gefühle geschrieben, während in Deutschland und Frankreich neben vielen anderen Max Scheler und Jean-Paul Sartre faszinierende Brücken zwischen der Emotionalität und der Ethik schlugen – eine Tradition, die übrigens bis auf Aristoteles zurückreicht.

Da sich die westliche Philosophie so lange lediglich als Einübung ins vernünftige Denken und Folgern verstand, konnte sie die Gefühle zwangsläufig nur als »irrational« ansehen. Sokrates mag noch ein Loblied auf die Philosophie als »*Liebe* zur Weisheit«, also eine besondere Form des *Eros*, gesungen haben, doch nach Platon verlor sie ihre erotische Kraft; die von ihr geweckten Leidenschaften galten nicht einmal mehr als *Passionen*. Insofern fehlte der Philosophie nun das Herz.

Bald nach meiner Promotion, während ich am »analytischsten« College der USA in Princeton unterrichtete, ging mir auf, was ich aus meinem Leben machen wollte, nämlich die Leidenschaften wieder in die Philosophie einführen. Bald schien es mir – und so scheint es mir noch heute –, daß Philosophen geradezu verpflichtet sind, sich damit zu befassen, wie man sein Alltagsleben einrichten und organisieren kann, also den Sinn des Ganzen, die richtigen Lebenseinstellungen, das Liebens- und Hassenswerte, kurz die Grundlagen der Emotionen, zu untersuchen.

Den Kern von *Gefühle und der Sinn des Lebens* bildet keine Polemik, sondern eine *Gefühlstheorie*. Sie besagt, zugespitzt, daß *Emotionen* zugleich *Urteile* sind. Schon diese Formel zeigt an, daß die Gefühle aus ihrer traditionell minderwertigen Rolle als diffuse Ablenkung und Störung des Geisteslebens befreit und in die Sphäre der Vernunft selbst verlagert werden sollen. Nietzsche orakelte an einer berühmten Stelle, »ob nicht jede Leidenschaft ihr Quantum Vernunft in sich hätte…« Meine These lautet unzweideutig, daß Emotionen rational (und insofern auch manchmal irrational) sind. Sie sind eine Art, die Welt zu betrachten und zu gestalten, unsere besondere Art, auf die Welt »abgestimmt« zu sein, wie es Heidegger in *Sein und Zeit* ausdrückte. Was ich im vorliegenden Buch zu entwickeln begonnen habe, ist selbst heute – nach fast fünfundzwanzig Jahren – noch unabgeschlossen, auch wenn ich meine Position in diesem Text so kompromißlos und radikal wie möglich vertreten habe. Wenn mir die Frage der Komplexität der Urteile heute übermäßig vereinfacht und die Rolle der Physiologie und des Empfindens im Gefühlsleben etwas unterbelichtet erscheinen, so war es mir seinerzeit in erster Linie um das gegangen, was seitdem in der Gefühlsforschung unter dem Stichwort »kognitive Theorie« läuft: die Auffassung, daß Gefühle intelligenzgesteuerte, kultivierte, hochorganisierte Auseinandersetzungen mit der Welt sind, also nicht bloß nervliche Reaktionen oder biologische Vorgänge.

In *Gefühle und der Sinn des Lebens* wollte ich mich so schnell wie möglich von der alten Vorliebe für das nicht in Worte zu fassende »affektive« Empfinden als angeblichem Kern der Gefühle verabschieden, um sie aus der Sphäre der Physiologie bzw. des »Animismus« herauszuholen. Ich war fest entschlossen, mich von der damals sowohl in der Philosophie als auch in den Sozialwissenschaften vorherrschenden Ansicht zu lösen, daß es über die Gefühle nur sehr wenig zu sagen gäbe, daß sie dem Biologischen angehörten – bloße, mithin bedeutungslose Sinneseindrücke, die sich gegen jegliche Beschreibung womöglich sperrten. Gefühle könnte man vielleicht in Worte fassen und (»unwiderleglich«) bezeugen, aber man sollte sie doch besser den Dichtern überlassen. Mit einer Theorie der Gefühle schien man überall fehl am Platz zu sein. Aber genau um eine solche Theorie ging es mir, um die *Logik* der Gefühle möglichst genau darzustellen.

Ferner wollte ich zeigen, daß Gefühle keine bloßen »Phänomene« sind, das heißt Dinge oder Ereignisse, die uns lediglich als Gegenstände der Erfahrung *erscheinen*, sondern innere Vorgänge von weitaus stärkerer Dynamik, Bedeutung und Antriebskraft. Anders als der passiv angelegte Ausdruck »Passion« suggeriert, gestalten wir unser Gefühlsleben *aktiv*. Man könnte sogar (der Grammatik zum Trotz) behaupten, daß wir unsere Gefühle *machen*. Emotionalität gehört unabdingbar zu einem guten Leben, sie ist kein Überrest unserer animalischen Vergangenheit, die wir am besten mit Hilfe der Vernunft hinter uns ließen. Den Kern des menschlichen Lebens bilden Liebe, Glaube und gerechter Zorn, Trauer, Hoffnung, Angst, Haß und

Eifersucht. Daher der enge Zusammenhang zwischen den Gefühlen und der Ethik, zwischen den Leidenschaften und dem »Sinn des Lebens«, jenem großen Rätsel, das abgebrühte Vertreter der Analytischen Philosophie so gerne unter den Teppich kehren. Nur zu oft wird die alte »Sinnfrage« behandelt, als entspringe sie der Konfusion eines Konfirmanden oder sei eine Art philosophischer Treppenwitz, der eher in einen Comic gehört als in ein philosophisches Seminar. Wenn Philosophen keine expliziten Antworten auf die Fragen ihrer Studenten nach dem Sinn des Lebens geben können, besagt ihr Schweigen, daß es einen solchen Sinn nicht gibt. Zwar würden die meisten von ihnen das Leben nicht direkt für »absurd« erklären – wie Albert Camus' klassische Diagnose in *Der Mythos von Sisyphos* lautet –, sie würden aber Gründe dafür ins Feld führen, weshalb die Vernunft diese Frage aus eigener Kraft niemals beantworten kann. Mögen rationale Konstruktionen, ausgeklügelte Teleologien, Beschwörungen der Wissenschaftlichkeit und der utilitaristische Rückgriff auf das menschliche Streben nach Glück auch durchaus ihre Verdienste haben: Sie alle helfen uns nicht wirklich weiter. Wenn jedoch die Vernunft allein das Problem nicht lösen kann, wie steht es dann mit unseren leidenschaftlichen (und keineswegs nur irrationalen) Lebenseinstellungen? Ich behaupte schlicht und einfach, daß die Gefühle den Sinn des Lebens *bilden*. Das Leben hat allein deshalb einen Sinn, weil wir von bestimmten Dingen berührt werden, weil wir empfinden, lieben oder uns leidenschaftlich einmischen. Das leidenschaftliche Leben – nicht etwa das leidenschaftslose, nur der Vernunft verschriebene – ist das sinnerfüllte Leben.

Diese Ansicht widerspricht direkt jenen antiken und modernen Auffassungen, die hauptsächlich aus der Stoa stammen, wonach das Leben Sinn gewinnt, indem wir unsere Gefühle von uns abtrennen und »durchschauen« können. Die angemessene Einstellung des Philosophen gegenüber der Welt wäre die leidenschaftslose Kontemplation, die *apatheia*. Auf den ersten Blick scheint sie auch dem buddhistischen Ideal der »Befreiung« zu widersprechen, das darauf hinausläuft, sich von seinen Leidenschaften *(klesas)* oder »Erregungen« frei zu machen, eine Differenz, unter der sich freilich eine grundlegendere Übereinstimmung verbirgt, was den inneren Zusammenhang zwischen Gefühlen, Bindungen und der Sinnstiftung angeht.

Selbstverständlich bleibt offen, welche Gefühle das Leben sinnvoll machen, auch wenn ich hier versucht habe, zumindest eine Teilantwort darauf zu formulieren. Auf der einen Seite stehen jene mächtigen Leidenschaften, die Nietzsche etwas übervorsichtig als »lebensbejahend« bezeichnete; zu diesen Emotionen, denke ich manchmal, würde als Untermalung am besten eine majestätische oder zarte Musik passen. Sie bilden die Triebkraft eines gut geführten Lebens, das wie ein Kunstwerk ganz von Sinn erfüllt ist.

Auf der anderen Seite finden wir jene Gefühle, die Nietzsche als »lebensverneinend« begriff, weil sie »mit der Schwere der Dummheit ihr Opfer hinunterziehen«. Sie verdammen uns zu einem spießigen und verklemmten Leben. Wollte man zu diesen Gefühlen eine Begleitmusik heraussuchen, käme nur etwas ausgesprochen Kitschiges in Betracht. Solche Gefühlsanwandlungen können übrigens – wie man bei Molière oder auch in der »Lindenstraße« sehen kann – vor unfreiwilliger Komik geradezu triefen. Lebensverneinende Gefühle können gleichwohl äußerst raffiniert sein; was den Neid oder andere Ressentiments so dumm macht, ist ihr beschränkter Wahrnehmungshorizont. Im vorliegenden Buch behaupte ich zwar, daß alle Gefühle dazu beitragen, dem Leben einen Sinn zu geben – was aber nicht heißt, daß es nicht auch destruktive Gefühle gäbe.

Ein Buch über »die Leidenschaften« ist notwendigerweise etwas sehr Persönliches, aber, wie ich hoffe, auch ein wichtiger Beitrag zur philosophischen Erkenntnis. Ich freue mich sehr darüber, daß das mir liebste unter meinen Büchern jetzt auch in der Sprache erscheint, in der einige der größten Werke der modernen Philosophen geschrieben worden sind.

Robert C. Solomon
Austin, Texas, August 1998

Zur ersten amerikanischen Ausgabe

> Was nutzt das ganze Philosophiestudium, wenn
> für Sie nichts dabei herauskommt als die Fähig-
> keit, halbwegs überzeugend über irgendeine
> abstruse Frage der Logik etc. zu reden, & wenn
> es Ihre Denkweise über die wichtigen Tages-
> fragen nicht verbessert ...?
>
> Ludwig Wittgenstein[1]

Dieses Buch ist ein erster Versuch, eine Philosophie zu
formulieren, die sich im Laufe mehrerer Jahre in Vorlesungen, Fachaufsätzen und, wichtiger noch, in Seminaren,
in Gesprächen mit Vertrauten sowie in meinen Gedanken und
Grübeleien über »den Sinn des Lebens« nach und nach entwickelt hat. Keine fertige Theorie, ist es in meinen Augen
vielmehr Ausdruck des persönlichen Ringens mit einer Weltanschauung, die ich »praktische Romantik« nennen möchte.
Auch wenn das Projekt unleugbar aus Interessen erwuchs –
meinen eigenen sowie denen meiner Studenten, Freunde und
Zeitgenossen –, hoffe ich, daß seinen Ergebnissen eine all-
gemeinere, systematische Bedeutung zukommt. Daß es dabei
nicht ohne Wahrnehmungsverzerrungen abgehen wird, ist ab-
sehbar: Bei meinen Fachkollegen steht zu befürchten, daß sie
nicht sachlich, das heißt »professionell« genug, bei anderen
dagegen eher, daß sie nicht »entschieden subjektiv« genug an
die Sache herangehen und meine persönlichsten Anliegen mit

---

[1] Zitiert nach N. Malcolm, *Ludwig Wittgenstein. Ein Erinnerungsbuch*, München
und Wien 1958, S. 51.

einem Firnis abstrakter Philosophie überziehen. Wer über derlei Themen schreibt, scheint sich unausweichlich zum Hanswurst zu machen, der zum Gaudi der Kritiker sein Innerstes nach außen kehrt! So »dekuvrierend« die folgenden Ausführungen auch sein mögen, autobiografisch sind sie gewiß ebensowenig wie ein privates Steckenpferd.

Ein Unternehmen dieses Anspruchs und Umfangs ruht auf vielen Schultern. An erster Stelle ist zu sagen, daß ich in der Dankesschuld all jener Autoren stehe, deren Werke und »Einflüsse« mein Denken angeregt und geprägt haben. Das sind Aristoteles, Friedrich Nietzsche, Jean-Paul Sartre und Albert Camus, Philip Slater, John Barth, Henri Beyle und ein Dutzend weitere. Zwar nenne ich die folgenden Überlegungen die meinen, es liegt aber auf der Hand, wieviel ich älteren wie zeitgenössischen Autoren verdanke.

Dieses Buchprojekt wurde durch folgende Institutionen ermöglicht: Die University of Texas stellte mich für die Arbeit daran großzügig frei; die University of Michigan ebnete mir nicht nur den Weg in die Philosophie, sondern gewährte mir im Jahr der Niederschrift auch materielle Unterstützung; daneben standen mir das Centre Universitaire International der Sorbonne, Paris, das Del Rio in Ann Arbor, das Les Amis in Austin und das Riviera in New York als ruhige Rückzugsorte offen und zur Verfügung.

Eine weit wichtigere Rolle als die äußeren Arbeitsbedingungen haben die zahlreichen Freunde gespielt, die es mir lohnend, ja, geboten erscheinen ließen, das Buch überhaupt in Angriff zu nehmen. Eigentlich habe ich es für sie geschrieben. Vielleicht erkennen sie darin die zentralen Themen wieder, die wir jahrelang gemeinsam diskutiert und erarbeitet haben Gegensatz zu Nietzsches bekanntem Diktum, die *besten Leser* seien immer unsere Feinde). Sie haben mich zu diesen Gedanken angeregt und in schwierigen Zeiten aufgebaut, allerdings auch wieder auf den Boden zurückgeholt, wenn meine begrifflichen Eskapaden

XVI

den für alle, die mich kennen, so augenfälligen Leidenschaften widersprachen. Ihnen zuliebe ist dieses Buch in erster Linie geschrieben, und ihnen sei es auch gewidmet:

Für Frithjof Bergmann, der die Saat legte; für Jean-Paul Sartre, den ich zwar nie kennenlernte, der aber seit langem mein Vorbild ist, was philosophisches und persönliches Engagement angeht; für Loretta Barrett, diese außergewöhnliche Lektorin, die mich dazu ermutigte, einen Gelegenheitsaufsatz zu einem sehr persönlichen Buch auszuarbeiten; für Benida und Ron Grant, in deren ewig halbfertigem Haus mein Plan Gestalt anzunehmen begann; für David und Linda Obst mit ihren unschätzbaren Anregungen und kritischen Einwänden; für Zina Steinberg, die mir Asyl und so vieles andere gewährte; für Bill und Sandra Mahan, die mir zu Freunden wurden, als ich sie wirklich brauchte; für Judith Sanders, die die Ehre der Psychologie gegen meinen oft zügellosen Sarkasmus hochzuhalten wußte; für Molly Friedrich, Louisa Lawrence und Claudia Haigler, denen das Kunststück glückte, die sonst eher mühsame Erstellung des Manuskripts in eine Art Fest zu verwandeln; für Andy und Jon Solomon; für meine Eltern; für Pat Steir, Robert Rosenblum, Melissa Jackson, Nick Partridge, Nancy Hart, David Zimmerman, John Storyk, Caroline Marshall, Jan und Sandy Weimer, Eleanor McLaughlin, Edwin und Joan Allaire, Mitch und Yvonne Ginsberg, Larry und Lissy Sklar; für K., den Anlaß, wenn nicht gar Gegenstand des Buches; und schließlich für Elke, die immer meine erste und aufmerksamste Leserin war.

R. C. S.
New York City, August 1975

Erobere deine Affekte, und du eroberst die Welt.
Hindu-Sprichwort

Gebt mir den Mann, den seine Leidenschaft
Nicht macht zum Sklaven, und ich will ihn hegen
Im Herzensgrund, ja in des Herzens Herzen.
WILLIAM SHAKESPEARE, *Hamlet*

Liebe, Musik, Leidenschaft, Neugier, Heldentum –
was sonst macht das Leben lebenswert?
STENDHAL

Vorwort

D as Leben ist absurd.« – Unser »Nein, ist es nicht!« klingt reichlich lahm, dahinter steht keine rechte Überzeugungskraft. Vielmehr scheint unser Verstand der Klage über die »Absurdität des Lebens« eigentlich beipflichten zu wollen. Unser Aufbegehren entspringt lediglich dem Eindruck, daß irgend etwas wohl falsch ist – aber nicht am Leben, sondern vielmehr an *dem* Leben, das sich selbst für absurd hält. Gerade wenn wir selbst die Klagenden sind, beschleicht uns oft das dumpfe Gefühl, uns insgeheim etwas vorzumachen und uns selbst zu betrügen. Doch die intellektuelle Redlichkeit der Klage als solcher (die ja geradezu als ein Sinnbild für die Moderne steht) wird nicht angezweifelt, auch wenn man sie im Alltag meist beiseite schiebt oder verdrängt.

Im Grunde handelt es sich um ein Selbstmißverständnis, das uns zu der scheinbar unabweisbaren Schlußfolgerung verurteilt, die unsere größten Philosophen mehr oder weniger beredt und verzweifelt zu Protokoll geben: »Das Leben ist absurd.« – »Der Mensch muß vergeblich leiden.« – »Letzten Endes hat *nichts* einen Sinn.« Allerdings tritt dieses Mißverständnis nicht erst in der Moderne auf, sondern es gehört zum Kernbestand einer zweitausendjährigen Tradition gleichermaßen kläglicher Versuche, jenes Gefühl des Absurden abzuwehren, indem ein jenseitiger göttlicher, übergeschichtlicher oder utopischer »Sinn« des menschlichen Lebens bewiesen respektive postuliert wird, der außerhalb des Lebens liegt.

Oftmals heißt es, das Problem erwachse aus unserer »Unvernunft«, aus unseren manchmal überspannten, immer jedoch nichtigen Wünschen und Erwartungen, aus unseren zuweilen erhebenden, häufiger allerdings störenden, ja, zerstörerischen Stimmungen und Gefühlen. Kurz, die Crux liege in unseren *Leidenschaften*, jenen allzumenschlichen, kurzsichtigen und unkontrollierten Aussetzern. Die Abhilfe gegen mangelnde Sachlichkeit und mangelnden Realitätsbezug hat man seit je in jenem »göttlichen Funken« namens »Vernunft« gesucht, durch den sich der Mensch vom Tier unterscheide und der es ihm ermögliche, sich über die närrischen Schwächen und eitlen Anmaßungen seiner Leidenschaften zu erheben. Unglücklicherweise liegt aber das Problem ausgerechnet dort, wo wir immer seine Lösung gesucht haben: im so dünkelhaften wie kraftlosen Begriff der Vernunft, der schon immer dafür bemüht wurde, unserem Leben den geforderten Sinn zu geben. Und die »Lösung« (in Wahrheit jedoch Auflösung) des Problems verbirgt sich genau in jenen inneren Regungen, die bisher nie angemessen, geschweige denn seriös untersucht wurden – kurz, in unseren bislang noch so wenig verstandenen und meist geringgeschätzten Leidenschaften.

Die These meines Buches lautet kurz und bündig: Wir sollten unseren Gefühlen jene zentrale, lebensbestimmende Rolle zurückgeben, die ihnen so lange beharrlich verweigert wurde, um die Ansprüche der »Objektivität« und der gebieterischen Vernunft, die seit der Ära des Sokrates in der westlichen Philosophie, Religion und Wissenschaft ihre verderbliche Alleinherrschaft ausübten, in Schranken zu weisen. Unsere Emotionen sind in der Philosophie zu lange stets in die Fußnoten verbannt und in der Psychologie ausgeklammert worden wie störende Eindringlinge – manchmal willkommene Ablenkungen, gewöhnlich aber peinliche, wenn nicht gar trügerische Unterströme des Lebens, die man unbedingt in einem »höheren« Sinne auffassen *sollte*.

Doch die Leidenschaften bilden unsere Lebensgrundlage. Es sind unsere Gefühle und nur sie, die unserem Leben einen Sinn geben.

Allerdings erfordert die Rechtfertigung dieser These, die Natur der Gefühle selbst – und ihren vermeintlichen Gegensatz zum »Verstand« – neu ins Visier zu nehmen. Unsere Leidenschaften sind nicht jene animalischen Impulse oder physiologisch bedingten Störungen, als die sie bisher immer galten. Auch sind sie keine sporadischen Einbrüche der »Unvernunft« in ein sonst sinnvolles und ziemlich »vernünftiges« Leben. Sie sind auch keine bedrohlichen oder gar überwältigenden »Kräfte«, die uns in diese oder jene Richtung drängen, bis am Ende dann hoffentlich das »sonnige Licht der Vernunft« folgt. Gefühle (und damit unser ganzes Leben) sind keine schmutzigen kleinen Geheimnisse, die am besten unausgesprochen im Verborgenen blieben. Dieser Ansatz, den ich pauschal als »den Mythos der Leidenschaften« bezeichne, ist untrennbar mit jenem System der Verleugnung und Verdrängung verquickt, das unerbittlich schnurstracks zu der besorgten Schlußfolgerung über die »Absurdität des Lebens« führt.

Wie alle Überhöhungen ist auch der Mythos der Leidenschaften eigendienlich und wird allein um unserer Selbstachtung willen inszeniert. Es ist der Mythos der Passivität; und die Halbwahrheit, die er zu unserer Entlastung verkündet, lautet, daß wir häufig unter unseren Passionen leiden, ihnen ausgeliefert sind, uns von ihnen hinreißen lassen und ihretwegen zum Narren machen. Der Zweck des Mythos liegt auf der Hand: Er soll uns in der Rolle hilfloser Märtyrer darstellen, die im Inneren mit mächtigen irrationalen Kräften zu kämpfen haben. Arthur Schopenhauers Pessimismus, der uns zu Opfern eines allmächtigen blinden Willens erklärt, war nur die ausgesprochen verbitterte Version eines Themas, das fast alle, ob Philosophen oder Laien, seit mehr als zwei Jahrtausenden variierten. Solange die »Leidenschaften« uns »passiv« machen, fallen lebenswichtige Einstellungen und Handlungen nicht in unseren eigenen Verantwortungsbereich, und so arbeiten wir mit einem ausgeklügelten, bequemen System, um unsere Gefühle, unser Verhalten, sogar uns selbst zu entschuldigen. »Ich kann nichts dafür, ich war wütend.« – »Sie ist verliebt, also nicht zurechnungsfähig.« – »Machen Sie ihm keinen Verwurf, er war aus dem Häuschen.« Das alles sind Symptome einer Krankheit, die tiefe Wurzeln hat. Das ist nicht einfach eine falsche Theorie der menschlichen Natur, eine unverantwortliche Selbsttäuschung, mit der wir versuchen, Schuld und Verantwortung für das, was meiner Ansicht nach am eindeutigsten wir selbst sind, von uns zu weisen. Unsere Leidenschaften – Gefühle, Stimmungen und Wünsche – prägen uns, unser Selbst und die Welt, in der wir leben.

Im Hinblick auf die Leidenschaften sind Denken und Sprache ganz von diesem Mythos der Passivität geprägt. Wir verlieben uns »Hals über Kopf«, wie man in eine Löwengrube oder in einen Sumpf fällt; sind vor Angst »gelähmt«, als wirke ein starkes Gift in uns; erleiden »Gewissenbisse« wie Stiche von Mücken oder Wespen; die Eifersucht überfällt und »plagt« uns wie eine Dürre, während Scham uns »befällt« wie ein Schädling; wir werden von Kummer »zernagt« wie ein gesundes grünes Blatt von einer Schnecke; von Schuld werden wir »gepeinigt« wie von Quälgeistern; von Wut »getrieben«, als würde jemand mit einem Stock auf uns einschlagen. Unsere reichsten, aber auch abgedroschensten poetischen Metaphern sind Bilder der Passivität. Uns »bricht das Herz«, wir sind »zerschlagen«, »vor den Kopf gestoßen«, »überwältigt«, »hingerissen« oder einfach »fix und fertig«. Die Leidenschaften sollen dem Herzen entspringen – und dann gleichsam als Säfte durch unsere Adern strömen. Das Herz ist dem Zugriff des Willens entzogen und steht damit im Gegensatz zum »Kopf«. Während dieser darum kämpft, die Ruhe zu bewahren, erleidet jenes ein Schicksal, als wäre es dem Metzger in die Hände gefallen – es wird in Stücke zerschnitten, ist heiß oder dann wieder vor Kälte erstarrt, pocht, schlägt, bricht, zerbirst, »wallt auf« und strömt über vor Liebe, versteinert oder erweicht, wird durchbohrt und zerfetzt oder ist

hin und her gerissen. Der Dichter kann sagen:»Sprich zu mir,
o mein Herz.«Welchem Philosoph käme es in den Sinn, seinen
Kopf derart anzusprechen? Im Unterschied zu Gedanken sollen
Gefühle»aus dem Bauch«kommen – mit Magenkrämpfen und
Herzflattern einhergehen. Neid stammt aus der Galle, Wut aus
der Milz. Kummer oder Fucht schlägt uns auf den Magen, Wut
läßt uns den Kamm schwellen. Rasender Zorn, so Horaz, sei wie
der Ritt auf einem wilden Hengst – ein seit Urzeiten unver-
ändertes Bild. Unsere Gefühle sollen ein altes Erbe aus einem
primitiveren, animalischen Urgrund der Seele sein und im
Körper wurzeln, Denken und Vernunft hingegen seien»göttlichen«Ursprunges, also ein»Geschenk der Götter«.

Gemeinhin gelten die Leidenschaften als»naturwüchsig«primitiv, störend und unvernünftig, unüberlegt, zweck-, gedanken-,
ja, skrupel-, manchmal auch geschmacklos. Erneut Horaz zufolge ähnelt die Wut einem kurzen Wahnsinnsanfall, während
Sallust etwa zur gleichen Zeit erklärte, kein Sterblicher könne
jemals seinen Leidenschaften und seinen Interessen nebeneinander dienen. Wir alle haben gelernt, daß»Liebe blind macht«,
und Zarah Leander trällerte:»Kann denn Liebe Sünde sein?«

Freud hat die zeitgenössische Einstellung in den Grund-
begriffen seiner späteren psychoanalytischen Theorien schön
zusammengefaßt und erklärt, der Sitz des Denkens sei das
»Ego«,»Ich«oder»Selbst«, während die Leidenschaften in dem
seltsamen Triebkessel namens»Es«angesiedelt seien, das *nicht*
zu uns selbst gehöre, sondern eine gleichsam äußere Bedrohung
für das Ego und seinen gestrengen Bundesgenossen, das»Über-
Ich«, darstelle. Dieses Gefecht präge unser Seelenleben:»Wir«
gegen das»Es«, Vernunft und Kultur gegen die monströsen
Anforderungen, Irrungen und Wirrungen der Leidenschaften.
Diese wilden Bestien zu zügeln, das sei die Aufgabe der Gesellschaft, der Religion und der Vernunft. Als Erwachsene sind wir
dafür verantwortlich, sie zu zähmen – wie schwer das auch
immer sein mag; daß wir für die Leidenschaften selbst verant-

wortlich sein könnten, zieht niemand in Betracht. Vielleicht bedarf es ja keiner »Zügelung«, wenn wir doch nur erkennen würden, daß wir sie von Anfang an aus eigenem Antrieb *machen*.

Ich habe eine Alternative zu diesem Mythos der Leidenschaften gesucht, zugegeben vielleicht bloß eine *alternative Mythologie*, allerdings mit dem tröstlichen Vorzug, uns wieder die bewußte und eigenverantwortliche Macht über jene systematisch mißverstandenen Phänomene zu geben, die für unser Leben gar nicht zentraler sein könnten. Den selbstverleugnenden Mythos der Leidenschaften möchte ich durch den aufrechten Gegenentwurf ersetzen, daß Gefühle persönliche *Urteile* sind, mittels deren wir die Welt unseren Absichten gemäß strukturieren, uns ein eigenes Universum gestalten, die real gegebenen Tatsachen ermessen und letzten Endes nicht nur unsere Realität, sondern auch uns selber erschaffen. Leidenschaften und Gefühle im allgemeinen sind weder Störenfriede noch Eindringlinge, sondern bilden den Kern unseres Daseins, jenes Gefüge von Bedeutungen und Werten, das unser Leben entweder aufblühen und sich weiterentwickeln oder zum Stillstand kommen und verkümmern läßt. Die Leidenschaften sind das eigentliche Elixier unseres Daseins und damit nicht auf die Vorgaben und Kontrollen des Verstandes angewiesen; vielmehr sollte dieser fest in der Bodenständigkeit der Gefühle verankert sein, die keineswegs willkürlich, sondern, wie Nietzsche andeutete, durchaus »rational« sind: »als ob nicht jede Leidenschaft ihr Quantum Vernunft in sich hätte…«[2] Leidenschaften, heißt es, seien unüberlegt, zumindest nicht *wohl*überlegt. Doch ich halte dagegen und behaupte, daß sie unverzichtbare Urteile begründen. Auch heißt es, Leidenschaften seien nutzlos, durchkreuzten den Ehrgeiz und lenkten von unseren Idealen ab, verzerrten den Realitätssinn, erzeugten Illusionen und seien daher

---

[2] F. Nietzsche, »Aus dem Nachlaß der Achtzigerjahre«, in: *Werke in drei Bänden*, München 1966, Bd. 3, S. 648.

»blind«. Aber im Grunde sind sie die wahre *Quelle* unserer Interessen und Ziele.[3] Kurzum, die Leidenschaften sind nicht jenes primitive Gelumpe, der Kehricht unserer Psyche, als die der westliche Rationalismus sie stets mit schlecht verhohlenem Abscheu dargestellt hat. Vielmehr bilden sie die oberste Instanz des Bewußtseins, der alle anderen, sogar der Verstand, Tribut zollen müssen. Sie sind weder Störungen noch Ablenkungen, sondern die Grundstrukturen unseres Daseins. Leidenschaften sind Urteile, *grundlegende* Urteile, und lassen als solche unsere Realität erst Gestalt und Struktur annehmen.

Nur durch die Leidenschaften erfüllen wir unser Dasein mit Sinn (den wir nicht einfach vorfinden), und zwar gerade mit jenem Sinn, den die Propheten des »Absurden« immer übersehen, angeschwärzt oder geleugnet haben. Allerdings sind nicht alle Sinngebungen gleichwertig, und unser nur zu vertrautes Gefühl des Absurden (das philosophisch zur »Absurdität des Lebens« überhöht wurde) erwächst weniger aus einem Sinnmangel als daraus, daß wir die *falschen* Sinngebungen, die *falschen* Leidenschaften gewählt haben. Die Verwendung derartiger Werturteile mag im Zusammenhang mit den Gefühlen fehl am Platz erscheinen, doch das wäre wiederum symptomatisch für den Mythos der Leidenschaften – als verkörperten Gefühle Naturgewalten, für die Wertungen wie »richtig« und »falsch« grundsätzlich gar nicht in Betracht kommen. Doch jedes Gefühl ist eine *Strategie*, ein gezieltes Bemühen, die Welt so zu strukturieren, daß sie unsere persönliche Würde und Selbstachtung steigert. Und als Strategien können die Gefühle mehr oder weniger erfolgreich, direkt, planmäßig, wirkungsvoll, aber auch abwegig sein.

Befürworter wie Gegner scheren die Leidenschaften allesamt gern über einen Kamm und pflegen ihnen durch die Bank den

---

[3] Hume zum Beispiel schreibt, daß nur die Leidenschaft uns bewegt, während der Verstand dies nicht vermöge.

gleichen Wert zuzuweisen. So schreibt Hume:»Die Vernunft ist nur die Sklavin der Emotionen und soll es sein; sie darf niemals eine andere Funktion beanspruchen als die, denselben zu dienen und zu gehorchen.« Aber *welcher* Gefühle? Bei Liebe, Sympathie und Respekt würden wir vermutlich sofort zustimmen; doch wie steht es mit Groll, Haß oder Neid? Einige Emotionen sind erstrebenswert, andere sollte man eher meiden oder überwinden. Doch dieser scheinbar manichäische Dualismus muß nicht auf persönlichen Vorlieben beruhen, sondern wohnt den Gefühlen selbst und unseren jeweiligen Weltanschauungen inne. Wir alle streben nach Würde und Wertschätzung, nach Respekt und (hoffentlich schmerzloser) menschlicher Nähe. Daher müssen die Unterschiede zwischen den emotionalen Strategien konkret anhand dieser gemeinsamen Ziele und Bedürfnisse bewertet werden.

Zwar staffiert jede Leidenschaft unser Leben mit Sinn aus, aber nicht jede Sinngebung ist auch sinnvoll, da keineswegs alle Gefühle unsere Würde und Selbstachtung steigern oder uns Respekt und Nähe einbringen. Die»Absurdität des Lebens« bezeugt nichts anderes als eine unbefriedigende Wahl. Wir setzen auf Abwehr und Ressentiment, Konkurrenz und»sinnlose« Routine, obwohl wir doch eigentlich Vertrauen, liebevolle Nähe, wechselseitige Achtung, Kooperation und Gemeinsinn bevorzugen würden: Die»Absurdität des Lebens« zu proklamieren ist lediglich eine philosophische Tarnung unserer selbstverhängten Unzufriedenheit. Doch gleichwohl kann die Philosophie den Trug auch durchschauen und uns befähigen wiedergutzumachen, was wir uns selber angetan haben.

Hervorgegangen aus einem Essay über die Gefühle, ist dieses Buch zum Entwurf einer – vielleicht etwas hochtrabend ausgedrückt –»Lebensphilosophie« geworden. Meine Methoden bilden ein besonderes Gemisch aus einer angloamerikanischen »analytischen« Ausbildung und einer ausgeprägten Vorliebe für bestimmte Themen und Ansätze der neueren europäischen Philosophie. Entsprechend neige ich auch zum polemischen Stil gewisser Kontinentaleuropäer, der darin besteht, eine Hauptthese erbarmungslos und mit allen dafür verfügbaren argumentativen Waffen durchzufechten – unter anderem mit metaphorischen, literarischen und philosophischen Anspielungen sowie mit Ironie und Sarkasmus. Ich habe mich bemüht, die eher formalen und terminologischen Probleme der neueren Philosophie auf ein Mindestmaß zu reduzieren, und hoffe, der philosophisch ungeschulte Leser wird mir auch in jenen (hoffentlich wenigen) Passagen folgen können, in denen technische Aspekte im Vordergrund stehen. Für meine Zwecke kommt es nicht auf verbindliche gelehrte Ausführungen und noch weniger darauf an, mich auf jene (oft abwegigen) Problemfelder zu begeben, auf denen die Leidenschaften jahrhundertelang zum Hintergrundthema degradiert wurden; mein Ziel besteht vielmehr darin, allzu wohlgeordnete und daher trügerische Kategorien wie »der Verstand« oder »die Emotionen« umzustürzen, zumal letztere immer hintangesetzt und zu Unrecht verworfen wurden. Der Mythos der Leidenschaften ist weder bloß ein Denkfehler von Philosophen noch eine akademische Konstruktion von Psychologen, sondern fest in unsere alltäglichen Selbstbilder eingebettet und damit der Kern unserer häufigsten persönlichen Irrtümer. Aus ihm nähren sich unsere weitreichendsten falschen Werte und hohlsten Ideale. Der Mythos der Leidenschaften bildet die stillschweigende Rechtfertigung unserer ungezügelten fetischistischen Vorliebe für die »kalte«, lieblose Abwehrhaltung der Rationalität, und zugleich nährt er eine unpersönliche Ideologie der Gier und des sinnlosen Strebens nach einer unechten Selbstachtung, die so vielen unserer heutigen Probleme zugrunde liegt. (Und wenn ich dabei trotz aller Mühe zu sehr ins Predigen gerate, dann bitte ich hiermit um Nachsicht.)

Einführung:
Der Verstand und die Emotionen

1
Philosophie?

Daheim im Stall ist die Philosophie ein gutes Pferd,
auf Reisen jedoch eine elende Schindmähre.
OLIVER GOLDSMITH, *The Good-natured Man*

Hängt die Philosophie!
Kann sie nicht schaffen eine Julia […],
so hilft sie nicht, so taugt sie nicht.
WILLIAM SHAKESPEARE, *Romeo und Julia*

Wenn sich die Philosophie der Leidenschaften annimmt, hat
das etwas Paradoxes – ähnlich wie ihr Bemühen, die Frage
nach dem Sinn des Lebens zu beantworten, einer gewissen
Ironie nicht entbehrt: Als ob das Problem nicht beide Male in
der Philosophie selbst läge! Ihren blutleeren Abstraktionen
scheint die stürmische Turbulenz der Leidenschaften doch am
fernsten zu stehen. Rationalisten verhalten sich zu den Gefühlen wie Zyniker zur wahren Liebe. Außerdem, so könnte
man argumentieren, würde der Sinn des Lebens ohne die Krit-
teleien der Philosophie überhaupt keine Probleme bereiten,
denn wo keine Frage, da auch keine zersetzenden Antworten.
Schließlich haben Philosophen das Problem im Laufe mehrerer
Jahrhunderte durch ein skeptisches Denken, das sich niemals
mit schlichtem Glauben oder tiefem Empfinden begnügen
wird, allererst geschaffen. Warum nicht die Leidenschaften
den Psychologen und den Dichtern überlassen? Oder, besser
noch sich selbst? Das Grundproblem der Philosophie bestünde
demnach in der eigenen Existenz: Was kann sie überhaupt
erreichen, und wem nützt sie? Ich möchte so verwegen sein zu

3

behaupten, daß *die Philosophie ins Gewicht fällt*, sie ist weder ein in sich abgeschlossenes System aus Problemen und Rätseln noch eine nur um sich selbst kreisende Disziplin der Spekulationen und Widerlegungen, noch ein seltener exotischer Käfer, den nur eine merkwürdige Sekte anerkannter Spinner begeistert erforscht. Sie erschöpft sich auch nicht in jener distanzierten, zynischen Skepsis, die John Keats in »Lamia« beschrieb:

Schwindet nicht jeder Liebreiz
Unter dem kalten Blick der Philosophie dahin?

Im Grunde *sind wir nämlich alle Philosophen*; die Probleme, vor denen wir alle stehen, sind philosophische Probleme. Was man offiziell als »Philosophie« abgesegnet und kanonisiert hat, ist nur der Schmand des Denkens genialer Köpfe, die im wesentlichen gleichartige Interessen hegen. Nichts hat der Philosophie mehr geschadet als ihre »Professionalisierung«, die zwar einerseits die Fertigkeiten und Verfahren ihrer Koryphäen enorm förderte, andererseits jedoch eine zunehmend anonyme und technische Disziplin entstehen ließ, die alle Laien ausschloß. Wenn man Sie fragen würde, wie viele lebende deutsche Philosophen könnten Sie beim Namen nennen? Ich glaube, die meisten philosophischen Laien würden ohne weiteres zugeben, keinen blassen Schimmer zu haben, worum es in der zeitgenössischen Philosophie überhaupt geht. Das allerdings ist schlimm. Denn Philosophie ist ja nichts anderes als das Nachdenken über das Leben, als das Bemühen, unsere unvermeidlichen Erwartungen und Grundannahmen auf die alltäglichen Gegebenheiten abzustimmen. »Warum machen wir das?« – »Weshalb ist das passiert?« – »Wieviel ist das wert?« – »Wer bin ich?« So gesehen sind wir alle Philosophen, wenn auch die einen besser ausgebildet und wortgewandter oder hartnäckiger und ernsthafter sind als die anderen. Letzten Endes kommt es jedoch nur auf die Beharrlichkeit an, das ganze Gewebe des Lebens denkend zu durchdringen, ohne sich beirren oder ablenken zu lassen.

Was macht man als »Philosoph« in einer Welt, die den Intellekt für ein ebenso nutzloses wie anmaßendes Organ des Menschen hält, in einer Gesellschaft, die Zweckrationalität vergöttert, »Unterhaltung« über Denken und Patentrezepte über Probleme stellt? Zwar kann man sich im Rahmen unserer weltfremden, auf vier Jahre angelegten Studiengänge auf irgendein exotisches geisteswissenschaftliches Thema werfen und dann leicht den »Gelehrten« mimen (diese dünne Luft soll man offenbar nicht mehr als acht Semester lang atmen), kann sich in die »Rätsel« der Philosophie versenken, Eindruck schinden und in die engeren Kreise der »professionellen« Philosophie aufgenommen werden, äußerste Seriosität vortäuschen (nicht den Problemen, sondern der Zunft gegenüber) und so tun, als sei man ein normaler Mensch, das heißt noch nicht völlig von den seltsamen Offenbarungen der Philosophie besessen. Aber dieses aufgesetzte Expertentum hat, mag es auch von innen her noch so verlockend erscheinen, genau den Vorbehalt verstärkt, den es eigentlich bekämpfen sollte, den Vorwurf nämlich, daß die Philosophie für Alltagsfragen »belanglos« und für durchschnittlich intelligente Menschen unzugänglich ist: eine elitäre exotische Disziplin, an der sich nur Eingeweihte erbauen können. Selten wird erwähnt – als wäre das ein Tabubruch –, daß fast alle akademischen »Rätsel« aus Alltagsproblemen hervorgingen, im Lauf des 17. oder 18. Jahrhunderts von überkandidelten Genies auf ein elitäres Abstraktionsniveau gehoben wurden und seither in diesen schwindelnden Höhen verblieben, und zwar weitgehend deshalb, weil sich niemand die Mühe gemacht hat, eine nachvollziehbare Verbindung zwischen den handfesten Grundfragen und den technisch hoch elaborierten Antworten herzustellen.

Doch das geschlossene Standessystem weist einen Spalt auf, durch den fortwährend Novizen in die Schaltzentrale eindringen. So halten unsere Studenten die Zunft am Leben. Man mag versuchen, sie auf den »professoralen« Gestus einzuschwören, aber irgendwann beginnen sie selber zu lehren und betonen alsbald, daß die Philosophie kein Elfenbeinturm für abgehobene formale Probleme ist, sondern vielmehr eine dringend benötigte Disziplin zur Klärung verwickelter Lebensumstände. (Ich vermute zuweilen, daß unser Bildungssystem von uns in erster Linie erwartet, gleichsam Krabben zu pulen, die Schalen zu beseitigen, damit das Produkt genießbarer ist und besser schmeckt.) Vielleicht müßte man die zentrale Bedeutung der Philosophie gerade in Europa nicht mehr eigens begründen. Nachdem dort kommunistische Revolutionäre ebenso wie faschistische Diktatoren auf Rousseau oder Hegel zurückgriffen, würde kein Europäer den inneren Zusammenhang zwischen der Philosophie und den Leidenschaften, zwischen Ideen und Geschichte in Frage stellen. Amerika dagegen hat diese Lektion niemals lernen müssen. Hier nehmen junge Leute ihr Studium auf, nachdem man sie neunzehn Jahre lang gelehrt hat, *nicht* zu denken und sich *keine* Sorgen zu machen. Ihre Verdummung beginnt schon mit dem lähmenden Rat, einfach »sie selbst« zu sein – als müsse man das *nicht* lernen, als sei das Selbst nicht etwas allererst zu *Gestaltendes*. Beobachtet man als Philosoph ihre Reaktionen – die Verblüffung über simple Fragen, die Verwirrung angesichts kleiner Paradoxa, der Verdruß oder Stolz, die Schmäh- oder Dankesbriefe, wenn lange gehegte Illusionen und kaschierte Ängste aufbrechen –, so weiß man, was zu unternehmen ist. Nicht nur ihrer Antworten, selbst ihrer Fragen weniger gewiß als Naturwissenschaft oder Religion, kann Philosophie, oder besser, der Philosoph nur das bleiben, was er von jeher war: eine hartnäckige Nervensäge, ein sich einmischender, aufrüttelnder sokratischer Störenfried. Er knackt verkrustete Strukturen, rückt die eher tückischen Leidenschaften ins Licht, wirft Fragen auf (manchmal leider die falschen) und erweckt die vom Fernsehen belämmerten Kinder mitsamt ihren überdrüssigen Eltern zu neuem Leben. Falls die ausgeklügelte Terminologie der Logik und Linguistik, die dunkle Sprache der deutschen Metaphysik oder die Begrifflichkeit der französischen Phänomenologie dies nicht vermögen, so wird die Ausdrucksweise der Philosophie eben *unsere eigene* sein müssen, das heißt die einer mehr am Bild als am Begriff und mehr am Schein als am Sein orientierten Kultur. Kurzum, der richtige Philosoph gehört wieder auf den Marktplatz, wo schon der alte Sokrates nach Kräften für Unruhe sorgte.

Ironischerweise signalisierte jeder große »Fortschritt« in der philosophischen Methodik eine zunehmende Distanz zu den Problemen, die methodisch gelöst werden sollten. Die Philosophie wurde immer abstrakter und exklusiver; dabei vergaß sie ihre Grundfragen und überließ sie ausgerechnet jenen, die ihnen am wenigsten gewachsen sind: gegen ihre Eltern aufbegehrenden Jugendlichen, frustrierten Aussteigern, die alles, nur sich selbst nicht verstehen, oder Alten, die, ausgegrenzt und im sozialen Exil, Sinnfragen nur noch an die Vergangenheit richten können. So konnte wahr werden, was als Unsinn begann, nämlich daß die Philosophie für den Alltag völlig belanglos ist. Viele meist liebenswerte Kollegen verteidigen ihre abgehobenen Gedankenspiele oft aus purem Stolz. Was ließe sich gegen sie einwenden? Das Leben wird an den Spiegelfechtereien vorbeigehen. Man muß zeigen, daß die Philosophie nicht abgehoben sein muß, sondern wahrhaft lebensdienlich sein kann, indem sie das unablässig auf uns eindringende Wirrwarr der diffusen Kommunikation ordnet und klärt. Philosophie ist wesentlich Kunst, Lebenskunst, Streben nach *Weisheit*. (An anderer Stelle habe ich sie als »Begriffsskulptur« bezeichnet, womit die Ausgestaltung und Weiterentwicklung geistiger Grundstrukturen gemeint war.)

»Vom Kopf her ist mir das klar, aber gefühlsmäßig...« Wir sind es gewohnt, Intellekt und Emotionen einander entgegenzusetzen, und machen dabei den Fehler, Gefühle lediglich als etwas *Beiläufiges* aufzufassen. Doch als die prägenden *Struktu-*

ren unseres Lebens sind die Gefühle sogar mit den Denkstrukturen *identisch*. Das klingt nur deshalb befremdlich, weil wir so weit von jener Synthese entfernt sind, die aus der besagten Identität erwachsen kann. Und gerade diesem Aspekt von Philosophie möchte ich hier nachgehen, um eine solche Synthese zu ermöglichen. Darin liegt die Auflösung unserer Paradoxien: Letzten Endes schaffen Denken und Fühlen *dieselben* Daseinsstrukturen, also stärken einander; und der Sinn des Lebens ist kein philosophisch konstruiertes, sondern vielmehr dasjenige Problem, aus dem die Philosophie allererst hervorging. Seine Ursache liegt genau in der fehlenden Harmonie zwischen Intellekt und Gefühlen – und darum geht es in diesem Buch.

Wie geriet nun die Philosophie derart auf Abwege, daß sie sich, schon bei Sokrates selbst, von ihren Ursprüngen lösen konnte? Vor allem wird zu Unrecht angenommen, daß der Sinn unseres Lebens, das heißt jene Formen und Werte, die ihm Bedeutung geben, »außerhalb« seiner selbst im statischen Reich der reinen Ideen zu finden sei. Damit reduzieren sich die mannigfachen Probleme der Philosophie letzten Endes auf eine einzige, fast sprachlose Konfusion, die in ein dumpfes »*Warum?*« mündet. Dieses brütende »*Warum?*« begegnet uns in der stumpfsinnigen Miene des Hirtenjungen in Raffaels »Auferstehung« ebenso, wie es uns als schrilles »*Por que?*« in Goyas »Schrecken des Krieges« entgegenschlägt. Die Frage taucht urplötzlich auf: Man stellt fest, daß man davonläuft, und fragt sich, warum; oder man kann einfach nicht fassen, wieso Menschen so häßlich zueinander sein können. Doch kaum bildet sich diese philosophische Einstellung heraus, da trägt uns auch schon eine fünfzigstufige Dialektik hinauf in die höheren Sphären des Denkens, an den Rand des Unbegreiflichen und des glatten Unsinns. Und dort verdichten sich die Myriaden kleiner irdischer »Warums« zu der einen, allumfassenden kosmischen Frage »Warum überhaupt irgend etwas?« oder anders:

8

1. Philosophie?

»Warum ist eigentlich Seiendes und nicht vielmehr Nichts?« Angesichts dieser so sinn- wie nutzlosen Frage muß dann häufig Gott herhalten – nominell als Antwort, in Wahrheit jedoch als Folgerung, die ungeachtet aller metaphysischen Winkelzüge vorweg festgestanden hat. Oder man zuckt mit den Schultern, runzelt die Stirn, murmelt etwas von »Sinnlosigkeit« und geht dann ungerührt wieder zur Tagesordnung über. Wie dem auch sei, der Fehler liegt jedenfalls darin, spekulatives Denken mit der Untersuchung völlig abwegiger Probleme zu verwechseln. Tiefgründig ist keineswegs gleichbedeutend mit unverständlich, und gerade die Philosophie *soll den menschlichen Horizont nicht überschreiten, sondern ihn ausleuchten.*

Auch wenn das ein bißchen zu simpel sein mag, für mich gibt es zwei Grundformen philosophischen Denkens – zum einen die von Gabriel Marcel so genannte »Philosophie des Konkreten« und zum anderen das »Denken überhaupt«. Selbstverständlich kann auch eine konkrete Philosophie sehr schnell ins Allgemeine umschlagen; schließlich geben handfeste Analysen der Leidenschaften, der Verstandeskategorien, des Selbst und seiner Fremdbeziehungen ja immer auch bestimmte Antworten auf die ganz generelle Frage nach dem »Wesen des Menschen«. Allerdings ist das kein sonderlich ergiebiges Thema und führt in der Regel zu ziemlich einsilbigen Lehren (»ein denkendes Wesen«, »ein soziales Wesen«, »das einzige Wesen, das liebt/ denkt/sich kleidet/spricht/verlegen wird« etc.). Konkretes Denken bleibt der Erfahrung treu, in der es wurzelt, und verwirft daher auch die unscheinbaren Fragen nicht, wie etwa: »Weshalb habe ich ihr gegenüber diese Gefühle?« Conan Doyle legt Sherlock Holmes (in *A Case of Identity*) die schöne Formel in den Mund: »Ich bin seit eh und je der Ansicht, daß Kleinigkeiten mit Abstand das Allerwichtigste sind.«

Andererseits geht das abstrakte »Denken überhaupt« nur zu gerne über derartige Fragen hinweg. Selbstverständlich mag es Beispiele und Anschauungsmaterial benötigen, aber beides holt es von sonstwo her, nur möglichst nicht aus der eigenen Erfahrung und erst recht nicht aus schmerzlichen oder verwirrenden Erlebnissen. Zwar kann sich das abstrakte Denken auf ganz spezifische Probleme richten, die im Lauf der Jahrhunderte von Systematikern klar umrissen und streng eingegrenzt wurden, ist dadurch aber gewiß nicht weniger abstrakt. Davon zeugen die Fragen der traditionellen Metaphysik, die wohl sehr spezifisch, dabei jedoch nicht im mindesten konkret sind. In der Tat haben sich Metaphysiker immer gerühmt, daß die Niederungen des Alltags sie nicht anfechten. Darin lag von jeher – um mit einem ihrer älteren Vertreter zu sprechen – eine der »Tröstungen der Philosophie«: Ihre vielschichtigen, fesselnden Probleme erlauben es uns meist, unglückliche Ehen oder trostlose Nachmittage, verbaute Karrierehoffnungen, eine nagende Gram oder Wut, die unter den Wolken des abstrakten Denkens verschwinden, eine Zeitlang zu vergessen.

Emotionen sind der Schlüssel zur konkreten Philosophie, sie zu verstehen heißt, die Grundstrukturen der menschlichen Erfahrung zu verstehen. Das philosophische Denken kann solche Strukturen nicht aus sich herausspinnen; es braucht etwas, was ihm Kraft und Richtung gibt. Nur wenn wir Gefühle in ihrer *Besonderheit* verstehen, verstehen wir uns selbst. Meine These anzunehmen oder zu verwerfen, daß Gefühle Urteile sind, konstitutive Setzungen etc., ist das eine, etwas anderes aber, diese These in ihrer ursprünglichen Form auf *diese* Liebe, *diese* Wut, *diesen* Zorn und *diese* Sorge anzuwenden. Insofern fallen die Gefühle nicht aus dem Geltungsbereich der Philosophie heraus, sondern bieten dieser vielmehr ein gewichtiges Thema.

Solange man die Frage nach dem Sinn des Lebens in der abstrakten Form des »Warum überhaupt irgend etwas?« stellt, läßt sie sich im Rahmen der Erfahrung nicht beantworten, da man endlos weiterfragen könnte: »Und warum jenes?« Dieser »absurde Regreß«, den ich im nächsten Kapitel erörtern werde,

10

ist entweder unlösbar oder führt in eine Art Bekehrung, den »Sprung in den Glauben«. (Damit will ich nichts gegen die Religion oder Gott sagen, sondern lediglich betonen, daß *dieser* Weg, trotz der schillernden Tradition solcher Argumente, *nicht* in den religiösen Glauben führt.) Der Sinn des Lebens ist nicht *jenseits* vom Leben zu suchen, sondern liegt in seinem eigenen Reichtum, und dieser Reichtum erwächst in erster Linie aus unseren Emotionen, die damit zur Lösung des gestellten Problems werden: Anstatt eine transzendente Sinnquelle zu finden oder zu erfinden, obliegt es der Philosophie, den *im Leben liegenden Sinn* ins rechte Licht zu rücken.

Doch weshalb etwas beleuchten? Wenn es keinen Sinn zu *finden* gilt, da wir ihn ja bereits *haben*, worum geht es dann eigentlich? Erzeugen wir nicht lediglich neue philosophische »Rätsel«, für die wir bereits Lösungen besitzen? Wozu noch Philosophie? Warum sollten wir ein Leben »aufhellen«, das überreich mit Sinn erfüllt ist? Liefert uns die Philosophie nicht bestenfalls eine ausgeklügelte Randglosse zu längst feststehenden Tatsachen – wie ein ohnmächtiger Beobachter, der zwar berichten und kommentieren kann, aber nicht in der Lage ist, irgend etwas zu beeinflussen? Ist sie vielleicht nur eine von der Kraft des Faktischen ablenkende Nervensäge, Zynikerin oder Miesmacherin?

Im Kern besagt der hier vertretene Ansatz, daß es letzten Endes keinen wesentlichen Unterschied zwischen dem Verstand und den Emotionen gibt. Indem beide zusammenwirken, können wir die Welt nicht begreifen, weil wir sie »begründen«, das heißt einen Grund unter die Füße bekommen. Ein Gefühl zu verstehen hieße insofern zugleich, es verändern zu können; die dunkleren Winkel des Geistes »auszuleuchten« würde also die Nacht vertreiben und für taghelle Klarheit sorgen, würde Ressentiments in öffnende Liebe verwandeln. Wie bereits angedeutet, werde ich argumentieren, daß nicht alle Emotionen gleichwertig sind und daß ihre Unterschiede im Licht der

Reflexion deutlich hervortreten. Damit verfolge ich das radikale Ziel, den Menschen nicht allein zu verstehen, sondern von Grund auf zu verändern, oder genauer, ihn »das werden zu lassen, was er sein möchte«. Und mit dem Menschen verändert sich dann auch die Welt. Zu einer radikalen Umwälzung der Gesellschaft, schrieb Herbert Marcuse, braucht es »mehr als einen Wechsel in den kontrollierenden Mächten«, es bedarf eines radikalen Bewußtseinswandels.

Wir alle haben uns schon einmal im Laufe irgendeiner platten politischen Auseinandersetzung bei dem Gedanken ertappt: »Eigentlich müßte ich über alledem stehen.« Wir alle kennen die Situation, morgens während der Rush-hour im Wartesaal eines Bahnhofes zu sitzen, die Ströme unausgeschlafener Pendler zu beobachten, die im Gedränge verdrossen das Leben und die ganze Welt zu verfluchen scheinen, während uns dabei der Gedanke kommt: »Sollte sich der Mensch darin erschöpfen? Er müßte doch mehr sein als das!« Nämlich mehr als diese heillose Abfolge von Mühen, Enttäuschungen, Niederlagen, seinen miesen kleinen Erfolgen, verzweifelten Gefühlsaufwallungen und häßlichen Demonstrationen gegenseitiger Abwehr.

Das unbemerkte Gefühl mag wertlos sein, und das bewußt erlebte muß sich seinen Platz in der Persönlichkeit erst *verdienen*. Ein Wandel der Gesellschaft dürfte auch die Emotionen betreffen, so daß jene Verzweiflung und Abwehr in Verhältnissen mit gerechterer Verteilung des Wohlstandes und ohne Klassenunterschiede unnötig wären.[1] Daß sie dann vielleicht

---

[1] »Bedarf es tiefer Einsicht, um zu begreifen, daß mit den Lebensverhältnissen der Menschen, mit ihren gesellschaftlichen Beziehungen, mit ihrem gesellschaftlichen Dasein, auch ihre Vorstellungen, Anschauungen und Begriffe, mit einem Worte auch ihr Bewußtsein sich ändert?«, fragten Karl Marx und Friedrich Engels im *Manifest der Kommunistischen Partei* (*Ausgewählte Schriften*, Berlin 1968, Band I, S. 43). Aber wie ist eine revolutionäre Einstellung selbst möglich, solange diese »gesellschaftlichen Lebensverhältnisse« noch bestehen? (Und sofern sie nicht mehr bestünden, wäre ja auch kein Umsturz geboten.) Sie verdankt sich ausschließlich dem »Nein!« des rebellischen Subjekts, der romantischen Forderung nach Autonomie.

nicht mehr notwendig sind, heißt aber nicht, daß sie verschwinden. Haben wir nicht fast alle schon die Erfahrung gemacht, wie schnell unsere kleinen Utopien – Kommunen, Freundeskreise, Romanzen, Ehen und Familien – ohne äußeren sozialen Druck und Ausbeutung zu nichts zerfallen sind? Daher müssen die Grundstrukturen des Lebens verändert werden, nicht bloß der politökonomische Überbau. Es geht also um die Emotionen, und die folgen keinen soziologischen, sondern eher schon philosophischen Prinzipien, verstanden als die theoretische Basis unserer – sei es sozialistisch, kapitalistisch, demokratisch oder autoritär organisierten – Lebenswelten. Gier und Entfremdung sind keine Geschöpfe des Kapitalismus, sondern die kapitalistische Ideologie beruht vielmehr auf dem von ihnen geprägten Selbstverständnis. Wir können also nur uns selbst und dadurch die Gesellschaft verändern; doch dazu müßten wir uns erst einmal verstehen.

Marat
Es kommt darauf an
sich am eigenen Haar in die Höhe zu ziehn
sich selbst von innen nach außen zu stülpen
und alles mit neuen Augen zu sehn.
PETER WEISS, *Marat/Sade*

2
Der Mythos: Denken oder Fühlen

Seit den frühesten Anfängen der abendländischen Kultur wird der Sinn des Lebens vor allem in der kontemplativen Reflexion gesucht.

Bei Aristoteles:

> Wenn nun die eigentümliche Leistung des Menschen in einer Tätigkeit der Seele besteht, die sich nach der Vernunft oder doch nicht ohne Vernunft vollzieht […], und wir als die eigentümliche Leistung des Menschen ein bestimmtes Leben annehmen und als solches die Tätigkeit der Seele und die vernunftgemäßen Handlungen bestimmen und als die Tätigkeit des hervorragenden Menschen eben diese Tätigkeit in einem hervorragenden Maße, und wenn endlich dasjenige hervorragend wird, was im Sinne der ihm eigentümlichen Leistungsfähigkeit vollendet wird – wenn das alles so ist, dann ist das Gute für den Menschen die Tätigkeit der Seele auf Grund ihrer besonderen Befähigung, und wenn es mehrere solche Befähigungen gibt, nach der besten und vollkommensten.

Bei Shakespeare:

> Was ist der Mensch,
> Wenn seiner Zeit Gewinn, sein höchstes Gut,
> Nur Schlaf und Essen ist? Ein Vieh, nichts weiter.
> Gewiß, der uns mit solcher Denkkraft schuf
> Voraus zu schaun und rückwärts, gab uns nicht
> Die Fähigkeit und göttliche Vernunft,
> Um ungebraucht in uns zu schimmeln.

Bei Goethe:

> Ein wenig besser würd er leben,
> Hätt'st du ihm nicht den Schein des Himmelslichts gegeben;
> Er nennt's Vernunft …

Und bei Kant:

> Wäre nun an einem Wesen, das Vernunft und einen Willen hat,
> seine *Erhaltung*, sein *Wohlergehen*, mit einem Worte seine
> *Glückseligkeit* der eigentliche Zweck der Natur, so hätte sie
> ihre Veranstaltung dazu sehr schlecht getroffen, sich die Ver-
> nunft des Geschöpfs zur Ausrichterin dieser ihrer Absicht zu
> ersehen. […] Sie würde verhütet haben, daß Vernunft nicht
> in praktischen Gebrauch ausschlüge und die Vermessenheit
> hätte, mit ihren schwachen Einsichten ihr selbst den Entwurf
> der Glückseligkeit und der Mittel, dazu zu gelangen, auszu-
> denken.

Demgegenüber gelten die Emotionen von jeher als bedrohliche, störende Kräfte, die den klaren Verstand trüben und
uns in die Irre führen. »Was der Verstand zusammenfügt, löst
die Leidenschaft wieder auf«, heißt es bei Alexander Pope (*Versuch vom Menschen*). Deshalb empfiehlt Shakespeares Hamlet:
»Denn mitten in dem Strom, Sturm und, wie ich sagen mag,
Wirbelwind Eurer Leidenschaft müßt Ihr Euch eine Mäßigung
zu eigen machen…« Sogar die Liebe bleibt von diesem Urteil
nicht verschont. Im Gegenteil, alle Tragödien, von der *Medea*
bis zu unseren heutigen, liefern die Indizien für Oscar Wildes
grausame Diagnose: »Jeder Mensch tötet, was er liebt.« Aristoteles gestand den Emotionen zwar ihren Platz zu, sie wurden
aber durchweg dem Verstand untergeordnet. In seiner *Ethik*
schloß er praktisch aus, daß junge Leute ein gutes, tugendhaf-
tes Leben führen könnten, da sie »so sehr von ihren Affekten
beherrscht sind«. Das Christentum verwehrte den Emotionen
meist sogar eine untergeordnete Stellung, lenkten sie doch
als »Versuchungen des Fleisches« und Anreize zum Sündigen
bloß vom Glauben ab. Gewisse ausgewählte Regungen wurden
allerdings zugestanden – selbstverständlich der Glaube selbst
und eine sehr abgeschwächte, ins Abstrakte verwässerte Form
der »Liebe«. Augustinus bringt es in seinen *Bekenntnissen* auf
die Formel: »… denn zu deinem Eigentum erschufst du uns,
und ruhelos ist unser Herz, bis es ruht in dir.« Rund fünfzehn-

hundert Jahre später höhnte Nietzsche in einem sarkastischen Rückblick:»Im Kampf mit der Bestie *kann* Krankmachen das einzige Mittel sein, sie schwach zu machen. Das verstand die Kirche: sie *verdarb* den Menschen, sie schwächte ihn – aber sie nahm in Anspruch, ihn ›verbessert‹ zu haben …« (*Götzen-Dämmerung*). Und weiter:»Ihr Schluß ist immer: erst der entmannte Mensch ist der gute Mensch« (*Aus dem Nachlaß der Achtzigerjahre*). In Kants Philosophie gingen selbst Glaube und Liebe als Emotionen unter: In seiner zweiten *Kritik* erscheint der Glaube als ein Sonderfall der»praktischen Vernunft«, und die Liebe, der er sich auf dem Umweg über die Bibel nähert, faßt er ausdrücklich nicht als»krankhafte« Leidenschaft, sondern etwas»Vernünftiges« auf. Sogar David Hume, einer der wenigen philosophischen Parteigänger der Emotionen, flüchtete in eine naiv optimistische und verkürzte Theorie der menschlichen Natur; so befaßte er sich in erster Linie mit der »Sympathie« und»Empfindsamkeit«; Verdruß und Neid, Gier und Haß oder rasende Wut und Eifersucht fallen fast ganz unter den Tisch.

Der Kampf der Vernunft gegen die Fallstricke der Leidenschaften bildet das Leitmotiv der abendländischen Philosophie. Die Ethik von Aristoteles und viel später Kants, aber auch die antimoralischen»naturalistischen« oder»empirschen« Ansätze David Humes, John Stuart Mills, Bertrand Russells und daran anschließend der logischen Positivisten folgen alle dem Modell, daß die Vernunft den Vorrang hat.

Diesem Leitmotiv lag ein anderes, selten erörtertes, weil meist stillschweigend vorausgesetztes zugrunde: die auf eine archaische Psychologie der menschlichen»Seelenanlagen« gestützte *Unterscheidung* zwischen Verstand und Gefühl. Die Sonderstellung des Verstandes hängt damit zusammen, daß er angeblich die Region unserer Seele ist, die wir vollständig beherrschen könnten. Gefühle dagegen sollen dem animalischen Erbe des Geistes angehören und insofern ein»minderwertiges«

16

Potential bilden, das es zu überwachen gelte. Als teuflische Störenfriede müsse man sie bändigen wie bösartige, übermütige oder rachsüchtige Dämonen. Was uns seit je mit den Göttern verband, war das Denkvermögen (»daß wir addieren können«, wie Lord Russell lästerte), wohingegen die Zügellosigkeit uns von ihrer Weisheit trennte und den Tieren annäherte. Entsprechend sah die Philosophie ihre Hauptaufgabe immer schon darin, den Verstand zu stärken, um die wütenden »niederen« Kräfte zähmen zu können. Das war der Ehrgeiz von Sokrates, Platon, Aristoteles, Augustinus, Thomas von Aquin, Spinoza, Kant und Schopenhauer. Weit von jenem freien Schweben der Phantasie entfernt, über das heute »nüchterne« Philosophen gern spotten, war das spekulative Denken ein schwergewichtiger Anker, der einen davor zu bewahren vermochte, vom »Strom, Sturm und Wirbelwind der Leidenschaft« mitgerissen zu werden.

Gegen den repressiven Ansatz, die Gefühle vom Kopf her zu beherrschen, haben »Gegenkulturen« immer schon eingewandt, daß es »krankhaft« sei, die Strömungen der Natur einzudämmen. Platon und Aristoteles haben dies als »romantische« Gefühlsduselei verballhornt, und alle Epochen, die im Zeichen der Unterdrückung standen, reagierten ähnlich darauf. Gegenüber dem Vernunftfetischismus der Aufklärung, dem dumpfen Einerlei der »Reaktion«, dem mechanischen Weltbild Isaac Newtons und dem ebenso mechanischen, schizophrenen Menschenbild der modernen Technik war die neuerliche Betonung der Gefühle und des Irrationalen nur die zu erwartende Antwort. Doch sogar die »Romantiker« hielten am Grundprinzip des Rationalismus fest, wonach zwischen Verstand und Gefühlen ein krasser Gegensatz besteht. Daher fielen auch die besten Absichten der Romantik dem Mythos der Leidenschaften zum Opfer, weil sie diese nicht anders verstanden als ein »Sichgehenlassen« oder Überwältigtsein von den mächtigen Regungen der Natur in unserem Inneren. Betrachten wir ein Gemälde von Eugène Delacroix, oder lauschen wir der Ouvertüre einer Wagner-Oper: Der eine konnte sich auf Rousseau, der andere auf Schopenhauer stützen, trotzdem kamen beide zum gleichen Ergebnis: Die Vernunft ertrinkt in den gewaltigen Wogen eines irrationalen Willens. Nichts anderes sagt *Der Tod des Sardanapalus*, ein Wirbelsturm aus blutrotem Mord inmitten einer gefräßigen Feuersbrunst, wie auch *Der Fliegende Holländer* mit seinen berauschenden Eröffnungstakten. So genial sie auch waren, die romantischen Künstler waren immer davon besessen, ihr »geheimnisvolles naturwüchsiges Genie« zu steigern und Dämme gegen die als klassisch verschrienen Ideale der »Selbstbeherrschung«, »Bildung« und »Disziplin« zu errichten. So sehr sie die in ihnen aufwallenden ekstatischen, schöpferischen Energien feierten, so selbstverständlich war ihnen die andere Seite, daß ihr Genie harte Arbeit und Planung braucht. Die Romantik beruht im Grunde auf der gleichen Spaltung wie der strenge Rationalismus. Beide kranken daran, daß sie den Mythos der Leidenschaften nicht überwunden, sondern nur die Akzente verschoben haben.

18

3
Der Sinn des Lebens

Gestern nacht quälte mich ein plötzlicher Zweifel an *allem*. Auch jetzt noch sitzt dieser Zweifel
in mir, wenn er mich auch nicht mehr quält.
Wozu existiere ich? Und wer bin ich? Schon
öfter schien mir, ich hätte eine Antwort auf
diese Fragen; aber nein, mein Leben ist kein
Beweis dafür.
LEO TOLSTOI, *Tagebücher 1847–1910*

Woher kommt die Vorstellung, das Leben sei sinnlos, »absurd«? Sie entstammt dem philosophischen Denken, ausgerechnet also jenem überirdischen, göttlichen Licht, das wir
»Vernunft« nennen. Zugleich soll die »Gabe« des Denkens auch
noch den Sinn und die prägende Eigenschaft des Daseins, ja,
den Nährboden aller Tugend ausmachen. Was könnte dieses
Paradox bedeuten?

Die meisten von uns kennen jenes Gefühl der Absurdität, das
die Beschäftigung mit ansonsten sinnvollen Dingen im Haushalt
oder Beruf, im privaten oder gesellgen Miteinander überschat-
tet. Was sich uns meist als ein Empfinden darstellt, erwächst
indes aus dem Denken; es ist der durch Reflexion erzeugte
Ekel, der uns die kleinen Freuden des Lebens vermiest und
zwingt, sie *allesamt* in Frage zu stellen: »Warum dies?«, »Warum
jenes?« und schließlich sogar »Warum überhaupt irgend etwas?«
Wir warten auf Antwort, doch statt dessen herrscht Schweigen.
Schließlich hallt es aus der Stille wie ein Donnerschlag: »Alles
ist nichts!« Genau darin vernahm Albert Camus »das Absurde«
als die – so seine Diagnose – Grundstimmung unserer Zeit. Ihr

Ausgangspunkt sei ein rastloses »absurdes Grübeln«, dessen letztes Stadium, das »Wofür«, zu dem Urteil gelange, das Leben sei »nicht lebenswert«. Die Schritte zu diesem »Wofür« sind freilich oft kaum nachvollziehbar, weil sie sich im Unendlichen verlieren. Ein »Warum« gibt das andere und das ad infinitum, so daß irgendwann unweigerlich die Anworten ausgehen.

Im »absurden Grübeln« erkennen wir den Extremfall jenes »Denkens überhaupt«, das alles auf einmal erfassen will, nämlich die Suche nach einer Letztbegründung, nach einem außerhalb der menschlichen Erfahrung liegenden Sinn. Da sich ein solcher auf normalem Wege selbstverständlich nicht finden läßt, ist man an dieser Stelle versucht, die Vernunftansprüche, die einen überhaupt erst in diese verzweifelte Lage brachten, durch einen »Sprung« in den Glauben hinter sich zu lassen. Camus bezeichnet diesen »Sprung« als »philosophischen Selbstmord«, und er geißelt ihn zu Recht als feigen Selbstbetrug. Um mit dieser Verzweiflung fertig zu werden, könnte man auch versuchen, alle Spuren jenes Denkens zu verwischen, das an den Abgrund geführt hatte, um sich mit zwanghaftem Elan wieder in den Alltag »zu stürzen«; doch das bewußte Leugnen einer bitteren Einsicht liefe erst recht auf Selbstbetrug hinaus. Wie soll man mit einer solchen Erkenntnis leben können? Camus' Lösung ist auch nicht zufriedenstellender als die von ihm verworfenen: mit *höhnischem Spott* und *rebellischem Stolz*. Nur der Starrsinn halte uns am Leben – uns der Sinnlosigkeit weder zu ergeben noch sie zu leugnen. Camus zufolge überleben wir dank unserer *Leidenschaften*, aber oft handelt es sich um so erniedrigende wie das Ressentiment und den Trotz. Wie könnte man nun anders auf »das Absurde« reagieren?

Um das Absurde nicht bloß zu leugnen, sondern philosophisch zu widerlegen, muß man ihm das »Denken überhaupt« (das keineswegs mit Philosophie identisch ist!) austreiben. Wenn sich der menschliche Geist *imstande* sah, die Grenzen der Erfahrung zu durchbrechen und im abstrakten Reich der

»reinen Ideen« und »reinen Vernunft« vor den Verstrickungen und Leidenschaften des Alltags Zuflucht zu finden, so verwechselte er seinen Fluchtweg mit der Freiheit und nahm in seinem naiven Überschwang an, daß jene zuvor unzugängliche Sphäre »wahrer« und sinnhaltiger sei als die vermeintlich überwundene der Erfahrung und eines von Leidenschaften zerrissenen Lebens. Das erinnert an die Taube aus Kants schönem Gleichnis, die hofft, im luftleeren Raum leichter und mühelos fliegen zu können. Im Gegensatz zu dieser Konzeption der »reinen Vernunft« oder des »Denkens überhaupt« müssen wir die Grenzen des lebendigen Denkens kennenlernen. Das Denken muß stets ‚in der Erfahrung verankert und die Sinnsuche auf ihre wahre Quelle bezogen bleiben, namentlich unsere Leidenschaften, Gefühle, Stimmungen und Wünsche. Auch wenn der Verstand sich von ihnen ablösen *kann*, ist dies keineswegs ein zwingendes *Gebot*. Daran mag man sich in der reinen Mathematik ergötzen, doch bei den Problemen der konkreten Philosophie wirkt es sich verheerend aus. Es führt zu einer Krise der Vernunft, die sich dann in der Tat der Schlußfolgerung nicht verschließen kann, daß das Leben keinen Sinn hat. Angesichts eines derart absurden Befundes könnten wir durchaus mit einem neuerlichen Aufmarsch von romantischen Hedonisten, Faschisten, Fanatikern und Narren aller Art rechnen, die nur auf ihre Gelegenheit warten, das Sinnvakuum auszufüllen, das die Vernunft mit ihrem oft menschenverachtenden Unsinn selbst erzeugt hat.

4
Die neue Romantik:
Leidenschaft und Lebenssinn

Ist das Leben lebenswert?
Das hängt ganz davon ab, wie einer lebt.
ANONYMUS, *Punch*, Bd. 73

Gut, wer zu Leidenschaft sich erhitzt,
doch nicht gut, wenn Leidenschaft ihn besitzt.
WILLIAM BLAKE, *Lieder der Unschuld
und Erfahrung*

Meine Grundposition ließe sich – in einem neuen Sinn – durchaus als »romantisch« verstehen, besagt sie doch, daß der Sinn des Lebens ausschließlich in den Leidenschaften und nirgends sonst liegt. Wohlgemerkt, zwischen »alter« und »neuer« Romantik ist deutlich zu unterscheiden: Daß die Emotionen die Funktion einer Sinnquelle haben, gilt nach wie vor, ihr Wesen wird aber denkbar anders bestimmt. Meiner Ansicht nach darf man Fühlen nicht vom Denken trennen, sondern muß beides zu einer Einheit verschmelzen. Ich möchte alle unsere Wahrnehmungen so betrachten, wie sich Shelley die Träume vorstellte, nämlich als »von Leidenschaften beflügelte Diener des Denkens«. Man könnte auch eine schöne Formel von Iris Murdoch umkehren, die Sartres Philosophie als »romantischen Rationalismus« kennzeichnete, und meinen Ansatz eine »rationale Romantik« nennen.

Im Mittelpunkt dieser »rationalen Romantik« steht die These, daß *Gefühle Urteile sind*, also keine blinden oder irrationalen Kräfte, denen wir erliegen. Gefühle sind das Elixier des Geistes,

die Quelle der meisten unserer Werte (nicht aller – die fundamentalen Regungen wie Hunger, Durst und Müdigkeit gibt es ja
auch noch) und die Wurzel eines Großteils der Leidenschaften.
Stimmungen sind nichts anderes als generalisierte Gefühle, und
viele Strebungen, darunter alle ausschließlich dem Menschen
zugeschriebenen – Ehrgeiz und Pflichtgefühl, Wünsche und
Hoffnungen, sogar Lust und Liebe –, gründen im Emotionalen.
Statt, wie es heißt, die Realität zu verzerren, sind sie die Garan-
ten unseres Realitätssinnes; und statt unseren wahren Interessen entgegenzuwirken, uns auf Abwege zu führen, konstituieren
sie unsere Interessen und Ziele. Kurz, Gefühle und insofern
auch die Leidenschaften schlechthin bilden unsere Lebensgrundlage. Was wir als »Gründe« bezeichnen, sind gleichsam
analysierte, durch Reflexion beleuchtete, gedanklich durch-
drungene Emotionen, wie sie sich in ihrer Unmittelbarkeit normalerweise nicht darstellen.

Es sind unsere Emotionen, nicht der Verstand (und gewiß
nicht die »Natur«), die unserer Welt, unseren sozialen Beziehungen und infolgedessen auch unserem *Selbst* eine Grundlage
geben.

Mich interessieren vor allem die *Unterschiede* zwischen den
vielfältigen Gefühlen – anders ausgedrückt, eine Feinanalyse
der Selbst- und Weltsichten jener hochdifferenzierten Urteilsformen, die in ihrem Zusammenwirken bestimmen, ob sich unser Befinden als verheißungsvoll oder düster, glücklich oder absurd, bedrohlich oder freundlich, erniedrigend oder erhebend,
lebenswert oder sterbensnichtig darbietet. Doch zuvor werde
ich mittels einer Art Parallaxe, die alles verschoben erscheinen
läßt, obwohl sich objektiv nichts ändert, den Blick auf ein gemeinsames Wesensmerkmal der Gefühle richten, das wir gerade
in den mannigfachen emotionalen, also durch Liebe, Furcht,
Ärger, Neid, Stolz, Scham, Hoffnung oder Verzweiflung geprägten Momenten unseres Lebens intuitiv erkennen.

5
Meine Welt und die Realität: »Subjektivität«

Meinen Sie etwa, jene Dinge, derentwegen die
Menschen sich zu Narren machen, seien weniger wirklich oder wahr als jene, bei denen sie
vernünftig bleiben?
G. B. SHAW, *Candida*

Ich bin verliebt, und meine Welt erstrahlt im Glanz der Liebe.
Das Telefon weckt Verheißungen, lange bevor es zu läuten
beginnt: *Sie* könnte anrufen. Ein Weinglas schimmert, obwohl
das alte Glas längst stumpf ist: Daraus trinkt sie immer. Alles
um mich herum kündet jeden Augenblick von der Abwesenden;
der Hauch ihrer Gegenwart, ein Tagtraum genügt, die Neben-
sächlichkeiten der Welt im magischen Licht ihrer verheißenen
Gegenwart versinken zu lassen.
   Doch selbstverständlich wird sie nicht kommen. Meine Welt
besteht nur noch aus Illusionen und falschen Hoffnungen, über-
höhten Deutungen und geschönten Erinnerungen. Ich habe
den »Realitätssinn«, die »Orientierung« verloren. Die Schwärmerei hat mich »mitgerissen«, meinen Blick verzerrt und mich
zeitweilig in einen seligen Wahn gestürzt. Aber welche »Realität« ging mir dadurch verloren? Warum sind meine Bilder
»trügerisch«, meine Hoffnungen »falsch«? Weshalb ist meine
im Glanz der Liebe erstrahlende Wirklichkeit weniger real als
das Grau-in-Grau der »Realität«? Und wieso soll mein Weltbild ausgerechnet, wenn ich glücklich bin, zurechtgerückt und
durch ein »realistischeres« ersetzt werden? Hat das schon einmal irgendwer an einem trostlosen Montagmorgen versucht,
wenn ich schlecht vorbereitet und verspätet mit Magen- und

Kopfschmerzen zur U-Bahn hetzte? Ist das vielleicht die »wirkliche Wirklichkeit«? Und warum sollten meine glücklicheren Phasen weniger »wirklich« sein? Was ist Realität? »Alles, was real ist«, könnten Sie antworten. Doch meine Welt ist eine glückliche, Ihre dagegen die eines Erzürnten oder die eines abgehalfterten Zynikers. Ist mein Glück realer als der Anlaß Ihres Zornes oder die kühle Distanz Ihres Zynismus? Wie kann die Realität sich uns zugleich als beglückend, anstößig oder abweisend darstellen? »Die Realität ist nichts von alledem«, mögen Sie sagen, »sondern schlicht das, was sie ist«, also »die blanken Fakten«, während sich alles übrige nur »in uns« abspielt. Aber es geht gar nicht allein darum, daß *ich* glücklich bin – meine *Welt* ist hell und heiter, bevölkert von singenden Vögeln und leuchtenden Farben. Und Ihre: Ist deren *ens realissimum* nicht eine ärgerliche, beleidigende Kränkung? In Ihrer Welt ist Vogelgezwitscher nichts als störender Lärm, ein Geräusch, das ablenkt, Klang und Rhythmus hat, aber völlig unmelodiös ist, ein monotones, sinnloses Gepfeife. Was sind davon »Fakten« und was die von uns eingeschmuggelten Fälschungen und Vorspiegelungen? Wie kann man sagen, die freudlose, sinnleere Welt des Zynikers sei »real«, mein Glück (oder Ärger) dagegen lediglich eine »trügerische« Verzerrung? Und wenn das tatsächlich so wäre, wer bräuchte dann überhaupt so etwas wie eine »Realität«?

Nicht nur Philosophen vertreten diese Realitätsauffassung, »Realisten« aller Schattierungen pflichten ihnen bei. Sie berauben die Realität jeglichen Wertes und Sinnes, als wären diese überflüssiges Beiwerk – wie die Chromleisten, die ein begeisterter Autonarr an seinem alten Mercedes angeschraubt hat. Die Vorstellung, es gebe die *eine* »Realität« im Sinne einer bloßen »Gesamtheit der Tatsachen«[2], bar aller Werte, ist in

---

[2] Diese Auffassung vertrat Ludwig Wittgenstein zu Beginn des 20. Jahrhunderts in seinem *Tractatus logico-philosophicus*. Unvermeidlicherweise gelangte er zu dem

unserer heutigen Gesellschaft fast durchgängig anerkannt. Sie setzt keine metaphysische Neigung voraus, sondern lediglich die wohlfeile Annahme, daß es »da draußen« eine Realität gibt – unabhängig und getrennt von unserer Erfahrung, die sie jedoch trotzdem hinreichend zuverlässig »abbildet«. Jedenfalls solange wir nicht unsere Wahrnehmungen durch Emotionen verzerren lassen, uns um »eigentlich« unwichtige Angelegenheiten kümmern und in mißliche Situationen verstricken, die »tatsächlich genau so sind, wie es nun einmal ist«. Zwar hat gewiß jeder einzelne seine eigene, durch Vorlieben und Interessen verzerrte Realitätssicht; aber *die Realität* als solche ist für alle die gleiche – faktisch sogar dieselbe, ob sie nun »für uns« besteht oder nicht. Auch wenn es viele Wahrheiten gibt, sagt Friedrich Schiller, so doch nur *eine* Wahrheit. Stellen wir nun die »eine Wahrheit« dem Traum eines Verliebten gegenüber, zeigt sich, was die Liebe »wirklich« ist, nämlich eine die Realität verzeichnende Schwärmerei.

Das blutleere Modell »der einen Wahrheit« oder »Realität« als oberster Instanz für sämtliche Streitfragen läßt ein angemessenes Verständnis der Gefühle nicht zu. Trotz all ihrer naturgegebenen Energien ist die Realität kraftlos, besitzt sie doch keine Werte. Der »Realist« kann deshalb jedes Engagement als »idealistisch« und töricht, als »im Grunde« nutzlos abtun, »da alles ist, wie es ist«. Ich wende mich nicht gegen die Realität als solche, das wäre Unsinn. Doch es gibt Fragen, für die sie keine Antwort liefert, namentlich Wert- und Sinnfragen. Unleugbar gibt es nur *eine* Realität. Deren Quelle liegt aber weder schlicht in der Erfahrung noch in einer vorgefundenen Welt bar aller Werte und Deutungen. »Realität« ist ein äußerst komplizierter Begriff, der aus einer ganz speziellen Denkweise hervorging, nämlich aus dem »wissenschaftlichen Denken« mit seinem

---

Schluß, daß Werten überhaupt keine Realität zukomme. Darauf stützte sich später die blutleerste Denkschule überhaupt, der »logische Positivismus« (das heißt der ethische Negativismus).

26

nachdrücklichen Anspruch auf »Objektivität«. Dieses Modell, das in den meisten Lebensbereichen festlegt, was als »vernünftig« zu gelten hat, kennt nur eine Realität: Sich dieser zu unterwerfen bedeutet, alle persönlichen Illusionen und Phantasien, Mythen und Vorurteile aufzugeben. Das Gütesiegel der Objektivität ist die »wissenschaftliche Methode«, deren Grundregel lautet, alle Annahmen so unvoreingenommen wie möglich zu prüfen.

Die unterschiedlichen Sichtweisen und Erfahrungen sollten mit allen verfügbaren Daten und Versuchsergebnissen konfrontiert werden, bevor man irgendwelche Schlußfolgerungen über die »Natur der Realität« zieht.

»Sachlichkeit« ist das Markenzeichen der Erkenntnis; sie steht für die größten Errungenschaften der Wissenschaft, für die stärkste Waffe des Menschen gegen Ignoranz und Dummheit. Es wäre abwegig, ja grotesk, sie als solche anzugreifen, wie es neuerdings viele »romantisch« orientierte Autoren für angezeigt halten. Man muß sich lediglich klarmachen, daß das erwähnte Streben nach Objektivität nicht die ganze menschliche Erfahrung leitet, sondern nur eine von vielen möglichen »Perspektiven« ist. Sogar ein großer Verehrer der Newtonschen Methode wie Kant sah in der praktischen Philosophie seine Hauptaufgabe darin, »der spekulativen Vernunft ihre Anmaßung überschwenglicher Einsichten zu *benehmen*«, also »das *Wissen* aufzuheben, um zum *Glauben* Platz zu bekommen«. Ganz in diesem Sinne behaupte ich, daß sich schon Begriffe wie »Realität« oder »*die* Welt« einem Objektivismus verdanken, der zwar eindeutige Vorzüge hat, dem man aber nicht gestatten darf, das ganze Feld menschlicher Erfahrung zu besetzen. Wenn das geschieht, werden Gefühle in der Tat wie Verzerrungen und alle Werte wie aufgeblähte Eitelkeiten erscheinen, die man den farb- und leblosen Strukturen der Realität anheftet. Insofern löst eine uneingeschränkte Objektivität jenes »absurde Grübeln« aus, das der Welt und unserem Dasein jeglichen Sinn abspricht – verlorene Sandkörnchen in den unendlichen Weiten des Universums.

Gegen diesen Objektivismus möchte ich einen Subjektivismus setzen, eine Weltanschauung, die nicht bei dem Anspruch ihr Heil sucht, daß es nur *eine* Realität gibt, und die die Herabsetzung lächerlich findet, den Menschen – insbesondere *mich selbst* – zu einem Wimpernschlag der Ewigkeit zu degradieren. Aus dieser Sicht sind Werte real: Sie existieren nicht bloß »in unseren Köpfen«, sondern »da draußen«, in unserer Welt. Im Rahmen dieses Subjektivismus, der wesentliche Differenzen und einen maßgeblichen *Selbst*bezug zuläßt, das heißt in einem »existentiellen« Sinne das *eigene Dasein* betont (wie es einem neutralen Beobachter auf einem anderen Stern auch immer erscheinen mag) und sich an Werten orientiert, spielen die Emotionen eine zentrale Rolle – während sie vom objektiven Standpunkt aus nichts als (letzten Endes sogar pathologische) Verzerrungen sein sollen. Doch Gefühle sind etwas einzigartig Subjektives, obwohl sie manchmal einen gleichsam objektiven Status anzustreben scheinen (näheres dazu später). Sie betreffen nicht *die* Welt, sondern *meine* Welt, nicht »was objektiv der Fall« oder »gegeben«, sondern was *wichtig* ist. Selbstverständlich wird zu zeigen sein, daß die so gefaßte Subjektivität weder die Tatsachen noch die Realität *leugnet*; im Idealfall würde sie alle realen Fakten und nur diese aufnehmen. (Daß uns immer etwas entgeht, ist klar.) Subjektivität unterscheidet sich von Objektivität nicht darin, daß sie »objektive Fakten« leugnen würde, sondern daß sie der Realität persönliche Gewichte und besondere Werte *gibt* und setzt. Das Ergebnis dieses Zusatzes, also eine »Realität plus«, bezeichne ich (in einer Anleihe beim Französischen) als *Surrealität*, womit die Emotionen qua Wertstützen *unsere* Welt respektive *Surrealität* begründen. Im folgenden geht es demnach nicht mehr um die *Welt der Realität*, sondern allein um die *Lebenswelt*, und erst recht nicht um den leblosen Komplex aus Fakten und Hypothesen, den man in den besten wissenschaftlichen Lehrbüchern so elegant wie leidenschaftslos abgehandelt findet.

Mir ist es wichtig, von Anfang an klarzulegen, daß der »subjektive« Standpunkt nicht im geringsten auf die erste Person *Singular* angewiesen ist. Emotionen sind ihrem Wesen nach subjektiv und *ich*bezogen, deshalb aber nicht »egoistisch« oder »narzißtisch«. In der Tat schließen die meisten unserer Gefühle *prinzipiell* andere Personen mit ein, nicht nur als Adressaten, sondern auch als Wertquellen und Pole der *Intersubjektivität*. Oft heißt es, Emotionen setzten sich rücksichtslos und unsozial über die Empfindungen anderer hinweg; doch ganz im Gegenteil sind sie gerade jene Kräfte, die uns für andere öffnen und an sie binden: im Ärger und Verdruß ebenso wie in der Liebe und im Haß, in der stillen Vertrautheit von Freunden genauso wie in der starren Abwehr des Ressentiments, des Mißtrauens und des Zweifels.

Das hier vertretene Konzept von Subjektivität geht in starkem Maße auf die Phänomenologie zurück, in erster Linie die langjährigen Forschungen des deutsch-tschechischen Philosophen Edmund Husserl (1859–1938) und die Philosophie Martin Heideggers (1889–1976), seines berühmtesten Schülers, dessen Name im weiteren noch wiederholt fallen wird. Ich habe mich jedoch bemüht, ohne den heute kaum noch nachvollziehbaren Jargon dieser Schule auszukommen. Um mich den Problemen gänzlich unbefangen nähern zu können, den Polemiken und Disputen auszuweichen, die inzwischen mit der Phänomenologie einhergehen, führe ich meinen eigenen Begriff von Subjektivität ein.

6
Reflexion und Unschuld

Erkenne dich selbst!
Orakel von Delphi (Juvenal)

Denn wo viel Weisheit ist, da ist viel Grämen,
und wer viel lernt, der muß viel leiden.
(»Das Glück der Unwissenheit«)
Prediger Salomo

Wären Emotionen nichts als blinde innere »Kräfte« (die auftreten wie Blähungen nach Kohlgerichten), könnte über sie zwar ein – mehr oder weniger erheiterndes oder peinliches – medizinisches Dossier Aufschluß liefern, sie wären aber in keiner Weise zu beeinflussen. Wenn sie jedoch subjektive Urteile sind, Formen der Selbst- und Weltdeutung, kommt es in der Tat darauf an, wie wir sie *einschätzen*. Denn im Unterschied zu physiologischen Vorgängen werden unsere Urteile nämlich davon beeinflußt, was wir über uns selbst wissen.

Der Mythos der Leidenschaften geht oft mit einem zweiten einher, dem »Mythos der Unschuld« – einer typisch romantischen Phantasie, die sich sogar an der Grausamkeit und am Sadismus, an der Naivität, Unwissenheit und am rücksichtslosen Narzißmus von Kindern geradezu berauschen kann. Wenn Emotionen etwas Natürliches sind, so wird argumentiert, dann wäre es anmaßend und »widernatürlich«, sie im Verlauf der »Erziehung« und »Zivilisierung« (das heißt Unterdrückung) zu domestizieren und zu verfeinern. Bei Freud, besonders in seinem *Das Unbehagen in der Kultur*, ist dieser Mythos der Schlüssel zu seiner ziemlich pessimistischen Sozialphilosophie.

Generationen aufmüpfiger romantischer Denker vor und nach ihm haben ähnlich argumentiert – allerdings ohne seine tiefen Bedenken. Und wenn sie sich dabei auf die »Natur« und die »Freiheit« beriefen, hat ihnen der berechtigte Einwand noch nie großes Kopfzerbrechen gemacht, den schon Kant erhoben hat, daß die Natur keine »Freiheit« kennt. Im Mythos der Unschuld sind Selbstprüfung und Bemühen um Selbsterkenntnis bestenfalls Zeitverschwendung, im Grunde jedoch üble Tricks, um die »von Natur aus guten« Menschen den tyrannischen und erniedrigenden Konventionen der »zivilisierten« Gesellschaft zu unterwerfen. Den ungeschminkten Narzißmus von Kindern abzulehnen hat für die Vertreter dieses Mythos etwas Skandalöses – für sie ist das ein »Verbrechen wider die Natur«. So sehr liegt ihnen die vermeintlich verlorene »Freiheit« am Herzen, daß sie die Brutalität und Rohheit einfach nicht sehen, zumindest aber nicht verurteilen wollen.

Wenn sich in einer Kultur die Anforderungen von »Erziehung« und »zivilisiertem Verhalten« so schlecht mit denen der Selbstachtung vertragen, muß es fast zwangsläufig zu einer Abwehrreaktion gegen die Gefühle kommen. Anders ist die Selbstachtung vor der drohenden Erniedrigung und Verdummung nicht zu schützen. Doch dieser Konflikt ist nicht durch ein Rousseausches »Zurück zur Natur« lösbar, sondern allein durch einen neuerlichen Versuch, die Anforderungen der Reflexion (das nur dann in Unterdrückung ausartet, wenn diese den Kontakt zur lebendigen Emotionalität verloren hat) mit denen der unreflektierten Gefühlsimpulse abzustimmen (die übrigens nicht insofern schon »natürlich« oder »frei« sind, als sie noch unreflektierte sind). Der bekannte Irrtum besteht darin, aus deren Mißbräuchen dem Denken und der Erziehung einen Strick drehen und durch den Hinweis auf eine handverlesene Gruppe von Gefühlen (etwa Rousseaus natürlicher Sympathie) alle Emotionen, also auch Feindseligkeit, Gier, Neid, Trotz, Haß und Mißgunst in den Adelsstand erheben zu wollen.

Das Denken muß weder ein passiver Beobachter der Emotionen noch ein Tyrann sein, der sie in die Verbannung treiben will. Vielmehr ist es fest in sie eingebunden, konstituiert so mit ihnen zusammen unsere Welt, steuert und mäßigt ihre Unmittelbarkeit und Impulsivität. Die vielgepriesene Unschuld ist nur verweigerte Selbstkritik. Sich auf sie zu berufen heißt, fest verwurzelte Emotionen und den psychischen Status quo zu verteidigen und nur ja nicht Herkunft oder Ziel der bisweilen unnützen, oft abwehrenden und feindseligen Einstellungen zu hinterfragen, die angeblich natürlich sind. Insofern läuft die Unschuld nicht nur auf Ignoranz hinaus, sondern auch darauf, Selbsterkenntnis und der Veränderung seiner selbst aus dem Weg zu gehen.

Die Mythen der *Unschuld* und der *Leidenschaften* haben zweifellos ihre bestechenden Reize, schon weil sie ein nützliches System der *Selbstrechtfertigungen* abgeben. Im Zustand der Unschuld ist ein Gefühl eben nur ein Gefühl, das es kritik- und fraglos anzuerkennen gilt. Erst in der Reflexion erschrecken wir über unsere Einstellungen, schämen uns eines Zornes, bereuen eine Schuld oder werden verlegen wegen einer Leidenschaft. Im Zustand der Unschuld tun wir die oft schmerzliche Reflexion als belanglos ab: Obwohl sie meine sind, will ich nicht für diese Emotionen verantwortlich sein. Ob abweisend, feindselig, kleinlich, jähzornig, ungerecht, übellaunig oder aggressiv: »Du mußt mich einfach nehmen, wie ich bin.«

Der Mythos der Unschuld hat noch einen zweiten, damit verwandten Vorteil: Mangels Selbsterkenntnis kommt die Frage nach dem »Sinn des Lebens« gar nicht erst auf und stellt sich ein Gefühl des Absurden seinerseits lediglich als absurd dar. Bis zum Eintritt in die kritische Selbstreflexion muß ich mich weder fragen, wer ich bin, noch irgendwelche Wertentscheidungen treffen. Alles ist ganz simpel: Jedes Gefühl ist gleichsam ein kategorischer Imperativ, jede Meinung eine unbezweifelbare Wahrheit.

Es liegt auf der Hand, daß des Lebens Überdrüssige, vom Konflikt zwischen »innerem Schweinehund« und dem schlechten Gewissen zerrissen, bei diesem Mythos nur zu gerne Zuflucht suchen. Aber ein Zurück zur Natur ist ausgeschlossen: Sobald Selbstbewußtsein einmal aufgetreten ist, läßt es sich nicht mehr unterdrücken.[3] Es gilt, sich bis zum Ende *durchzuarbeiten*, bis die scheinbar »gegebenen« Emotionen sich ins eigene Selbstbild fügen. Zwar kann man sich nach wie vor grausam und sadistisch, rücksichtslos und narzißtisch – wie ein unreifes Kind – verhalten, nun allerdings *vorsätzlich*. Man kann weiterhin mißgünstig und gehässig, neidisch oder rechtschaffen empört, grantig oder wütend, eifersüchtig oder zerknirscht sein, für alle diese Regungen jedoch nur noch sich selber verantwortlich machen. Wer eine bestimmte Einstellung gegenüber der Welt, sich selbst und anderen *einnimmt*, der *entscheidet* sich auch, dementsprechend zu handeln. Es gibt viele Gründe, jemanden zu bemitleiden. Emotionen fallen aber nicht darunter, denn wir »fühlen« nur, was wir bewußt anerkennen: Ungeachtet der jeweiligen Umstände können wir nichts und niemanden außer uns selber dafür heranziehen. Ganz in diesem Geiste schrieb Jean-Paul Sartre in *Das Sein und das Nichts*, es habe überhaupt keinen Sinn zu klagen, da es keine äußere Instanz gebe, die darüber entscheide, was wir empfinden, wie wir leben und wer wir sind.

---

[3] In einem vielzitierten Argument aus seiner Streitschrift über den *Utilitarismus* stellt sich John Stuart Mill einen von Unzufriedenheit zerfressenen Sokrates vor und vergleicht dessen Zustand mit dem eines Schweines. Ihm zufolge befindet sich Sokrates im Vorteil, weil er beide Lebensweisen kennt und sich für die erstere *entschieden* hat. In Wahrheit aber besitzt Sokrates in dieser Hinsicht keine größere Wahlfreiheit als das Schwein. Sobald die Instanz der kritischen Reflexion einmal aufgekommen ist, bleibt ihm die schweinische Unschuld ebenso endgültig verschlossen wie dem Schwein etwa die Argumentation des *Protagoras*.

7
Der Punkt…

… immer mit dieser gemmenhaft harten
Flamme zu brennen…
WALTER PATER, *The Renaissance*

Wir alle vergessen, daß die Leidenschaft
nicht bloß eine starke sinnliche Verschmel-
zung ist, sondern eine Seinsweise, die ähnlich wie bei den Mystikern ein ekstatisches
Bewußtsein für die Gesamtheit des Lebens
wachruft.
ANAÏS NIN, *Tagebücher*

Oftmals fällt es schwer, die Frage nach dem Sinn des Lebens
überhaupt ernstzunehmen,[4] und zwar deshalb, weil sie
meist so gestellt wird, daß sie unbeantwortbar, wenn nicht
unsinnig ist. Schließlich ist der Verdacht, daß man von der Philosophie nur holen kann, was man schon hat, nicht so schnell
von der Hand zu weisen. Trotz all ihrer hochfliegenden Ansprüche liegt der Sinn des Lebens nicht im Äther, sondern im
vermeintlich vorphilosophischen Morast der Emotionen. Wenn
diese keinen Sinn stiften, was sollten wir in den Glasperlen-
spielen der Reflexion finden können? (Hier stoßen wir erneut
auf den Mythos der Leidenschaften; als ob sich Gefühle durch

---

[4] Nach siebenjähriger Suche stand der Jüngling schließlich an der Schwelle des welt-
berühmten, hoch oben in den Bergen zurückgezogen lebenden Weisen. Sieben Wochen
lang mußte er draußen warten, doch dann verhalf ihm seine Beharrlichkeit zu einer
kurzen Audienz: »Worin liegt der Sinn des Lebens?« – »Wie bitte?« – »Worin liegt der
Sinn des Lebens?« – »Das Leben gleicht einem Kornfeld…« – »Das Leben gleicht
einem Kornfeld!?« – »Glaubst du etwa *nicht*, daß es einem Kornfeld gleicht?«

Reflexion weder gestalten oder erzeugen noch irgendwie beeinflussen lassen.) Aber soviel gilt: Der Sinn des Lebens liegt
entweder in unseren Emotionen oder nirgendwo.

Im Grunde ist der Eindruck der Sinnleere gar kein echtes
Problem, sondern lediglich das abstrakte Symptom einer konkreten seelischen Krise. Die Ursache dieser scheinbar so leidenschaftlichen Sinnsuche mag tatsächlich in einer *Gefühlsarmut*
liegen, wenn die Seele von jener verhutzelten, freudlosen Be-
trügerin ausgezehrt wird, die gemeinhin den Namen »Weisheit«
führt. (»Leidenschaften machen einen Menschen lebendig, die
Weisheit dagegen nur alt«, wie der französische Aphoristiker
Nicolas Chamfort bemerkt hat.) Und von den uns umgebenden
gefühlsarmen Menschen niedergedrückt, verkennen wir mitunter die Bedeutung unserer Emotionen und lernen, als wären
wir die Inkarnation des nietzscheschen »schlechten Gewissens«,
das Beste an uns zu verachten und gerade jene Ohnmacht zu
bewundern, ja, zu verehren, die unsere Selbsterniedrigung
speist.

Das Gefühl der Sinnleere mag auf der uneingestandenen
Herrschaft gewisser *Minderwertigkeitskomplexe* beruhen, die
uns niederdrücken und alles in den düsteren Farben der Ablehnung und Ausschließung darstellen. Entsprechend versuche
ich nicht, die »Frage nach dem Sinn des Lebens« zu beantworten, sondern betrachte die Krise, aus der sie erwächst, das heißt
jene unverkennbare, oft tiefe Verdrossenheit und Enttäuschung
über sich und die Welt. Wenn Verliebten das Leben niemals
sinnlos erscheint, so Depressiven fast immer. In gewisser Weise
sind zwar alle Gefühle und Lebensformen gleich sinnvoll, aber
mit der Liebe lebt es sich eben anders als mit dem Neid, mit
großen Zielen anders als mit lähmender Mißgunst. Das Problem
liegt nicht im *Sinnmangel*, sondern darin, daß ein widriger Sinn
zutiefst *erniedrigend* wirken kann.

In der Tradition des Rationalismus hat es, so sehr man an
die Vernunft glaubt, immer auch Strömungen gegeben, die die

lebenswichtige Bedeutung der Emotionen ausdrücklich anerkannt haben. Für Aristoteles stellte sich das Ideal des weisen,
guten Lebens nicht als Gefühlsarmut dar, sondern als die Harmonie von Kopf und Herz. Hegel, der gemeinhin als extremer
Rationalist gilt, lobte das Engagement mit dem Bekenntnis:
»Nichts Großes in der Welt ist ohne Leidenschaft vollbracht
worden.« Weniger bekannt ist allerdings, daß er diesen Aus-
spruch fast wortwörtlich von dem noch extremeren Rationalisten Kant übernahm, der in seiner *Idee zu einer allgemeinen
Geschichte in weltbürgerlicher Absicht* betonte, etwas Großes
werde niemals »ohne Begeisterung« vollbracht. (Das gleiche
Motiv findet sich bei Hölderlin: »Wie unvermögend ist doch
der gutwilligste Fleiß der Menschen gegen die Allmacht der
ungeteilten Begeisterung.« Oder später bei Benjamin Disraeli:
»Der Mensch ist nur da groß, wo er seinen Leidenschaften
folgt.«) Doch grundsätzlich bleibt es beim Dualismus zwischen
Denken und Fühlen, und so kehren die Emotionen durchs Hin-
tertürchen in Weltanschauungen zurück, die eigentlich ohne
sie hatten auskommen wollen.

Dem Mythos der Leidenschaften möchte ich entgegenhalten,
daß der Mensch kein gespaltenes, also halb aus göttlichem
Geist, halb aus animalischen Trieben bestehendes Wesen ist,
was übrigens nicht nur Figuren wie Christus oder Faustus
nahelegen, sondern auch die Sehnsucht jedes Normalsterb-
lichen, in sich einen Funken zu tragen, der »ein bißchen« über
das Irdische hinausstrahlt. Um die vermeintliche »Sinnleere«
zu beheben, werde ich diejenigen Emotionen, die *innerhalb des
Lebens selbst* Sinn stiften, besonders gründlich analysieren.
Außerdem will ich zeigen, daß die Passionen nicht grundsätzlich
passiv sein müssen, sondern daß wir unsere Gefühle selber
erzeugen und insofern für sie verantwortlich sind. Und anstelle
der verbreiteten Neigung, alle Emotionen über einen Kamm
zu scheren, werde ich gerade jene herausstellen, mit denen es
sich, geleitet durch kritische Reflexion – auch im Sinne der

Verantwortung für die Welt, die wir uns dadurch erschaffen – *am besten* leben läßt.

Mit anderen Worten, ich möchte die unnötigen und hinderlichen Konflikte zwischen Kopf und Herz lösen, ja, aufheben und unsere Wertschätzung der Emotionen stärken, ohne dabei den Verstand über Bord zu werfen. Ich will mithin nicht nur verstehen, sondern jenes Modell einer starken inneren Harmonie *verwirklichen*, das früher einmal »Weisheit« genannt wurde und dessen Ideal niemand besser formuliert hat als Platon in seiner Definition der »Gerechtigkeit« am Ende der *Politeia*:

> Mich dünkt nämlich, sprach ich, das noch übrige in der Stadt, außer dem, was wir schon betrachtet haben, der Besonnenheit, Tapferkeit und Vernünftigkeit, müsse dasjenige sein, was jenen insgesamt die Kraft gibt dazusein, und müsse auch jenes, nachdem es nun da ist, erhalten, solange es selbst vorhanden ist. Nun aber sagten wir doch, die Gerechtigkeit müsse dasjenige sein, was noch fehle, wenn wir die drei anderen würden gefunden haben.

I
Das Leben als Problem

1

Das Absurde

Es gibt nicht mal einen Film.
Es gibt nichts … einfach nichts.
Und was zum Teufel soll »Echtheit« überhaupt
bedeuten?
FEDERICO FELLINI, *8½* (1963)

»Mr. Natürlich: Was hat das alles zu bedeuten?«
»Es bedeutet einen Dreck.«
ZAP-Comics (1972)

Ist das Leben lebenswert? Das gedankenlose, so heißt es in einem bekannten, allerdings falsch übersetzten Aperçu des Sokrates, sei es jedenfalls nicht. Aber ist denn wenigstens das bewußte Leben lebenswert? Was hieße es, darauf mit »nein«, und was, mit »ja« zu antworten?

Wenn wir erst einmal bereit sind, unser Leben zu hinterfragen – also die philosophische »Sinnfrage« zu stellen –, müssen wir uns auf unbequeme Antworten gefaßt machen. Ja, man ruft regelrecht ins Ungewisse hinaus, ohne mit einem verständlichen Echo zu rechnen. Doch ehemals, das heißt, bevor wir fragten, waren wir überzeugt, die Antwort sei selbstverständlich: »Gewiß hat das Leben einen Sinn – es gibt doch Glück, die Mitmenschen, die Liebe und die kleinen Freuden des Alltags, Kunst und Unterhaltung, am Samstag die Party…« Doch sobald wir nachhaken, treten wir gleichsam einen Schritt zurück, betrachten das Leben (und vielleicht auch die Liebe) aus der Distanz und meinen plötzlich, ein verräterisches leises Geräusch wie das Reißen der Naht einer zu engen Hose zu vernehmen. Wir ahnen sofort, was passiert ist. Mit dem besagten

Schritt zurück haben wir den vorherigen engen Zusammenhang zwischen der Sinnfrage und ihrer Antwort aufgesprengt. Uns ergeht es wie Pierre le Fou, der leider erst anderen Sinnes wird, nachdem er sich eine Handgranate am Kopf befestigt und schon abgezogen hat. Jenes fatale »Warum?« hat sämtliche Fundamente untergraben. Unsere Anliegen erscheinen plötzlich kindisch, unsere Bemühungen wie Schattenboxen. Zwar sieht alles noch so aus wie zuvor. Aber die Welt, leblos und sinnleer, ist kaum wiederzuerkennen, da ihre heiteren Farben in eine von uns selbst erzeugte Wolke gehüllt sind. Fast mechanisch setzen wir alte Gewohnheiten fort, sind jedoch nicht ganz bei der Sache. Das »Warum?« bleibt unbeantwortet, und das prägt jetzt unser gesamtes Dasein. Diesen Zustand nennen wir »das Absurde«.

Albert Camus hatte »dem Absurden« kurz nach Ausbruch des Zweiten Weltkrieges seinen klassischen Zuschnitt gegeben, und ich halte es nach wie vor für die vorherrschende philosophische Grundstimmung unserer Zeit. Allerdings wurde es nicht von Philosophen erfunden, sondern folgte mit unbarmherziger Logik aus unseren landläufigsten Denkmustern. Wenn wir Gerechtigkeit erwarten oder Verständnis fordern, rigoros pragmatisch sind und alles zweckrational regeln wollen, so führt das mehr oder weniger direkt ins Absurde hinein. Ob man es nun beim Namen nennt oder nicht, es ist uns allen nur zu vertraut, wird jedoch häufig mißverstanden und meist – sogar bei Camus – derart irreführend dargestellt, daß wir es fast als etwas Unabänderliches hinnehmen. Camus selbst forderte sogar im Namen einer merkwürdigen, fast trotzigen philosophischen Aufrichtigkeit, »das Absurde leben zu lassen«. Geboten wäre allerdings, es zu überwinden. Doch kann eine Philosophie, die ins Absurde hineinführte, auch wieder aus ihm hinaushelfen?

2
»In Casablanca lebt man billig«

Die Realität scheint niemals an meine kühnsten
Phantasien heranzureichen.
Morgan

Eine Küchenschabe wuselt in Panik und ziellos über den
Fußboden. Ihre namenlose Existenz mag an sich nicht sinnlos sein, aber während sie zu einer Kuhle hastet, um ihr kleines
Misthäufchen zu beschützen, scheint es mir so: absurd! Eigentlich urteile ich damit über *mein* eigenes Leben, das ich mit dem
der Schabe vergleiche. Erhebend ist das nicht gerade.
Meine Katze empfindet ihr Leben als reich und sinnerfüllt.
Doch momentan ist sie zu gierig, um neugierig zu sein oder
auch nur Notiz davon zu nehmen, daß ich sie mit wohlwollen-
dem Neid betrachte. Sie liegt auf meinem Schreibtisch, hin-
gegossen wie Kerzenwachs, ziemlich hungrig, aber offensichtlich zufrieden und gewiß zuversichtlich, wie in den vergangenen
acht Jahren auch heute wieder rechtzeitig gefüttert zu werden.
Am Abend allerdings steht ihr ein Heilbad bevor, und bestimmt
wird sie sich heftig gegen die Schikane oder die Tortur mit dem
nassen Element wehren. Aber das macht ihr Leben noch lange
nicht sinnlos, nur zeitweilig unangenehm – was sie trotzdem
keineswegs geduldig über sich ergehen lassen wird! Ich dagegen
leide unter dem Eindruck, daß alles trostlos und zwecklos ist,
kann jedoch nicht umhin, das mit einer gewissen stillen Würde
zu tragen. Denn ich habe mir das selbst eingebrockt, betrog
mich mein Denken doch gerade um den Sinn, den es selbst ein-
forderte. Die Philosophie führte mir die Aussichtslosigkeit eines
Lebens vor Augen, mit dem ich ehemals ziemlich zufrieden war.

So kann eine philosophische Konsequenz für jene, die dringend darauf angewiesen sind, zu einer echten Lebenskonsequenz werden.

Mag das Absurde auch unerträglich sein, es bereitet als solches keine Schmerzen wie etwa ein abgeknickter Fingernagel. Weil es unleugbar dem Denken entspringt, entwickeln manche Menschen eine Feindseligkeit gegen die Vernunft und halten sich lieber an die »unschuldigen« Gefühle. Sie lehnen philosophische Probleme als theoretischen Schnickschnack ab oder stellen sie zurück (weil sie im Augenblick »zu belastend« sind). So wendet man sich statt dessen den kleinen Problemen des Alltags zu: An die Stelle »des Absurden« treten behördliche Absurditäten, und in der neuen Gemengelage können juristische Formalitäten daseinsfüllend werden, Preissteigerungen beim Benzin lösen Stürme moralischer Entrüstung aus wie ehemals nur der Vollzug der Todesstrafe. Verzweifelt greifen wir nach allem, was sich dazu eignen könnte, noch ernstgenommen zu werden. Der Intellekt wendet sich wieder »untergeordneteren« Fragen zu: Wie sind bestimmte kosmische Strahlen zu erklären? Wie löst man gewisse Widersprüche in der Leibnizschen Logik auf? Wie läßt sich dieses oder jenes verbessern? Wenn man das Absurde schon nicht überwinden kann, so doch wenigstens verdrängen. Etwas dergleichen möchten wir denken (indem wir nicht daran denken).

Wäre »das Absurde« lediglich der Einfall eines Philosophen und irgendein Hirngespinst, so müßten wir uns nicht eingehender darum kümmern als um diverse andere knifflige Rätsel, die Denker von Platon bis Wittgenstein beschäftigt haben. Nun ist das Absurde zwar ein Produkt des Denkens, erschöpft sich aber nicht in einem »Einfall«, sondern vergiftet den ganzen Alltag und durchzieht unser gesamtes Erleben mit einem Widerwillen, den Sartre als »Ekel« bezeichnete. In einer Art Galgenhumor reißen wir alberne oder zynische Witze darüber, um uns davon abzulenken. Wir hasten ziellos voran ins Nirgendwo oder treten in sinnloser »Unterhaltung« auf der Stelle. Camus' Forderung, das Absurde »leben zu lassen«, kam vielleicht nirgends stärker zum Tragen als in der modernen Gegenkultur, deren Freaks in der virtuellen Welt von Fernsehshows, Computerspielen, Internet und Crack die ihnen aufgezwungene Lektion gelernt haben: daß letzten Endes nichts der Mühe lohnt.

3
Große Erwartungen:
Eine Genealogie des Absurden

»Kein Abitursjahrgang stand je vor einer
verheißungsvolleren Zukunft.«
RICHARD M. NIXON (Juni 1956, Juni 1957,
Juni 1958, Juni 1959, Juni 1960, Juni 1969,
Juni 1970, Juni 1971, Juni 1972, Juni 1973,
Juni 1974)

»Wir wollen alles, und wir wollen es *jetzt.*«
ANONYMUS (Berkeley, 1964)

Das Absurde gehört nicht, wie viele Moralisten glauben machen wollen, zur »Conditio humana« oder zum Wesen des
Menschen. Wenn die Verunsicherung über unser Tun und
Fühlen vielleicht tatsächlich zu *unserer heutigen* Verfassung
gehört, so war das keineswegs immer so. Das Zeitalter des Absurden, nicht zufällig das Zeitalter des Zusammenbruchs der
traditionellen Familienstrukturen, Religionen, Wertvorstellun-
gen und Nationalismen, könnte auch bald wieder enden und
einer Nachwelt, die den »Sinn des Lebens« erneut selbstverständlich voraussetzen anstatt in Frage stellen dürfte, lediglich
als eine merkwürdige Episode der Geschichte erscheinen. Doch
unterdessen müssen wir mit dem Problem leben und seine
unheilvollen Auswirkungen begreifen.

Das Absurde, wie wir es verstehen, trat erst im Lauf der letzten anderthalb Jahrhunderte auf, auch wenn bestimmte Aspekte
unseres heutigen Konzepts des Absurden unschwer in die religiös motivierten Gemetzel früherer Epochen hineinzulesen
wären. Grundsätzlich handelt es sich dabei jedoch um die Aus-

geburt einer überspannten modernen Intelligenz oder Phantasie, die verzweifelt nicht nur vom Menschen, sondern auch von Gott und der Welt Gerechtigkeit einklagt. Das Absurde setzt einen stolzen, widerspenstigen Geist voraus, der nichts unangezweifelt läßt, Skepsis für gesund und Zynismus für realitätsmächtig und weltläufig hält. Vereinzelt hat es solche Einstellungen bei Abweichlern schon immer gegeben, doch heute durchdringen sie unsere Gesellschaft, die eigentlich vor dem Absurden zurückschreckt und in ihrem unbefriedigten Sicherheitsbedürfnis nach jeder verfügbaren Droge greift, die Zweifel zu zerstreuen und Nihilismus in Hoffnung zu überführen verspricht. Ob Glaube, Patriotismus, Heroismus, Hedonismus, Fetischismus, Totemismus, irgendwelche Idole, magische Rituale oder was auch immer – dazu kommt alles gerade recht.

Die Anfänge des absurden Zeitalters lassen sich erstaunlich klar nachzeichnen. Gegen Ende des 18. Jahrhunderts hatten Frankreichs *philosophes* ein neuartiges humanistisches und rationalistisches Denkmodell ausgearbeitet, das sich gegen den Obrigkeitsstaat mit seinem sozialen Unrecht als gottgegebenem menschlichen Schicksal richtete und – gestützt auf die Prinzipien der Newtonschen Physik und das Selbstbewußtsein einer aufstrebenden Mittelschicht – für Demokratie und die Gleichheit vor dem Gesetz eintrat. In der Französischen Revolution nahm dieses Konzept konkrete Gestalt an: Der König mußte »dem Volk« und Gott »der Vernunft« weichen. Eine diffuse Parole wie »Freiheit, Gleichheit, Brüderlichkeit« nährte die grenzenlose revolutionäre Stimmung, eine absolut humane Welt, schien zum Greifen nah, kein Zweifel, der Mensch würde sich mitsamt all seinen Institutionen und Gebräuchen, seiner ganzen Persönlichkeit und Lebenswelt, von heute auf morgen grundlegend verändern. In jener Phase der aufkeimenden Hoffnung (und dann des Terrors) frohlockte der englische Dichter William Wordsworth, nie zuvor habe es eine solche Epoche großer Erwartungen und Verheißungen gegeben: »Es war eine

Wonne zu leben und noch dazu, jung zu sein.« Derweilen schauten die unterdrückten, noch in Feudalverhältnissen lebenden Völker Europas den rasanten Entwicklungen in Frankreich aus sicherer Entfernung staunend, etwas neidisch, aber auch angsterfüllt zu. Als sich Napoleon, ein Korse, anschickte, Frankreich zum strahlenden Vorbild für ganz Europa zu erheben und das Machtvakuum des von furchtbaren Ungewißheiten geplagten Landes auszufüllen, war das für die meisten Europäer keine Bedrohung, sondern eine Verheißung: Mit ihm als seinem Werkzeug würde sich der revolutionäre Geist der Zuversicht in ganz Europa ausbreiteten. Kriege und Massaker waren die tragischen wie notwendigen Schritte zur heroischen Selbstverwirklichung des Menschen. Nie zuvor hatten sich politische Erwartungen, Hoffnungen, aber auch Ängste zu solcher Raserei gesteigert. Die alte Welt war passé, jede Handlung, sogar die trivialste tägliche Routine, wurde eine revolutionäre Tat. Alles erschien möglich!

Doch überzogene Ansprüche tragen stets das Scheitern in sich. Der alte Mensch hatte Gerechtigkeit von einem Gott erwartet, unter dessen »unergründlichen Ratschlüssen« er alles irdische Unrecht ertragen konnte; der neue, »aufgeklärte« Bürger dagegen forderte einsehbare Gerechtigkeit, so als *schulde* die Welt ihm Harmonie mit der Natur und obendrein noch Glück. Die Französische Revolution ging bald in blutigem Chaos unter; Napoleons Stern sank (»Was? Ist auch er nur ein normaler Sterblicher?«, soll Beethoven gebrüllt haben, als er sein Widmungsexemplar der *Eroica* zerriß), und am Ende wurde er schmählich besiegt.

Nach einem Vierteljahrhundert kriegerischer Gemetzel strebte die von Metternich beherrschte Politik Europas nur noch Frieden um jeden Preis und die Wiederherstellung der alten (ungerechten) Ordnung an, wie um jene revolutionären Erwartungen zu ersticken, die überall auf dem Kontinent ins Kraut geschossen waren.

In jener Phase der »Reaktion« mußten das französische Volk und die Einwohner der deutschen Fürstentümer sowie Italiens, Spaniens, Österreichs und Preußens miterleben, wie ihre eben erst geweckten Hoffnungen und Bedürfnisse durch die Wiederherstellung der alten Machtverhältnisse zunichte gemacht und unterdrückt wurden. Nicht wenige gescheiterten Revolutionäre fanden für ihre Enttäuschung kein anderes Ventil als die ebenso überschwenglichen wie nebulösen künstlerischen Ausdrucksformen der »Romantik«. Diese Schwärmerei bot ihnen eine Zuflucht vor den biederen und nüchternen politischen Verhältnissen und wurde schließlich zu einem im Untergrund wirkenden Phantasiekult, in dem die utopischen Träume und revolutionären Aspirationen Europas überleben und überwintern konnten. Doch die anschließenden Revolutionen (die Frankreich etwa alle fünfzehn Jahre, Deutschland und Italien unregelmäßiger erlebten) trugen, auch wenn sie politische Fortschritte brachten, fast nichts dazu bei, jene aufgestauten großen Erwartungen einzulösen. Im Rückblick stellte sich die Epoche der Revolution und Napoleons als ein Goldenes Zeitalter dar, das allerdings niemand zurückhaben wollte: Wie man sich damals in eine Aufbruchseuphorie gesteigert hatte, herrschten jetzt bleierne Langeweile und Verzweiflung. Für die ernüchterten revolutionären Himmelsstürmer hielt die Realität keinerlei Verheißungen mehr bereit. So kam es zu einem unüberwindlichen Bruch zwischen Himmel und Erde, jetzt allerdings ohne die traditionelle Hoffnung auf irgendeinen rettenden Beistand »von oben«. Insofern könnte man durchaus sagen, daß die Ära des Absurden in der nachnapoleonischen Epoche der »romantischen Reaktion« begann: Nie zuvor waren derart hochfahrende Erwartungen so tief enttäuscht worden.

Unter Historikern und Theologen ist es fast ein Gemeinplatz, die Angst und Verzweiflung unserer Zeit auf den Zerfall der religiösen Grundstrukturen und des Glaubens im Gefolge der

Aufklärung und der Französischen Revolution zurückzuführen. Doch das ist nur ein Teilaspekt. Das Gefühl des Absurden erklärt sich nicht nur aus dem erschütterten Glauben an die göttliche Gnade, sondern gleichermaßen auch aus extrem *gestiegenen* Erwartungen an die Gerechtigkeit und Kraft des Menschen selbst. Den Verlust des Glaubens mögen wir bedauern, den Zuwachs an Selbstvertrauen oder Zuversicht können aber nur Zyniker oder Menschenfeinde beklagen. Das Absurde entspringt nicht aus der Krise der Religion, sondern hängt damit zusammen, daß sich die Menschheit mehr zutraut und größere Ansprüche stellt. Je höher wir von uns selbst denken, desto geringer schätzen wir die »gebrechliche Einrichtung der Welt«, denn auf etwas anderes können wir die Schuld für Mißstände nun nicht mehr schieben.

Nachdem die schillernden Luftblasen Europas im 19. Jahrhundert geplatzt waren, spann Amerika seinen eigenen Traum aus: grenzenlose Bedürfnisse und Ansprüche, verbunden mit einer nie versiegenden Unzufriedenheit als Stachel für den anhaltenden Fortschritt. Am Anfang steht die Freiheit, und dann folgt »Neuland«, nämlich die Macht über Erde und Himmel. So lernt man, alles zu wollen und sich mit nichts zu begnügen. Aufgewachsen in einer Kultur der in Null Komma nichts aufgewärmten Fertiggerichte, setzt man für Revolutionen ein paar Tage und für charakterliche Veränderungen allenfalls einige Wochen an. Wenn die Aufwallungen und Ernüchterungen der siebziger Jahre des 20. Jahrhunderts auch kaum an die Französische Revolution und ihre Folgen heranreichten, so brachten sie doch die gleiche Phänomenologie und Metaphysik hervor. Und als der (wiewohl nie in eine feste Form gefaßte) Traum platzte, ließen wir uns mit dem Strom einer neuen zynischen »Reaktion« und einer neuen Romantik treiben, kehrten sogar zu deren schauerlichen Greuelmärchen zurück, erlebten einen heillosen politischen Terrorismus sowie Sekten aller Art (auch eine neue christliche Mystik) mit magischen Ritualen und

50

einem Kult des Geheimnisvollen, Fremdartigen und Übersinnlichen. Mit unserem ins Grenzenlose angewachsenen Selbstvertrauen leben wir nunmehr in einer selbstgemachten Welt,
die weder Befriedigung noch Hoffnung bietet, streben verzweifelt nach »Selbstverwirklichung« und »Unterhaltung« (was
meist aufs gleiche hinausläuft), huldigen einem erbarmungs-
losen selbstzufriedenen Pragmatismus oder einem blinden,
allein der Zerstreuung dienenden Hedonismus. Selbstgerecht
beklagen wir die Korruption in der Regierung und beobachten
es mit Genugtuung, wenn die Hauptübeltäter öffentlich ge-
demütigt werden, ohne jedoch ernsthaft auf Veränderungen
zu hoffen oder gar hinzuwirken. So pflegen wir ein zunehmend
isoliertes, verzweifeltes Leben und verschließen die Augen
davor, daß das alles zu nichts führt. Unsere Kinder lehren wir, es
genauso zu halten und bloß nicht nach dem Warum zu fragen.
Hinter unserer Philosophie lauert die nackte Verzweiflung –
denn sie bemäntelt lediglich wortreich »das Absurde«. Doch
selbstverständlich nehmen wir das Ganze nicht so ernst und
haben trotzdem große Erwartungen.

In gewisser Weise sind wir alle verwöhnte Kinder: Auch wenn
wir nicht im Wohlstand oder Überfluß, sondern mit Armut und
Gewalt aufwuchsen, hat man uns gehätschelt und mit absurden
Hoffnungen auf unbegrenzte Möglichkeiten verblendet. Die
Natur war bereits beherrscht, eine bezaubernde Wilde, die ihre
Schätze auf Kommando widerstands- und kostenlos hergab,
die Zukunft ein Füllhorn voller Verheißungen, meist sogar fest
garantierten. So wurden wir samt und sonders zum Ehrgeiz
bekehrt und mit Erfolgsversprechungen überhäuft, an die wir
nur zu gerne glaubten. Einige schienen es schon geschafft zu
haben, doch mit unserem Erfolg sind auch unsere Illusionen,
Hoffnungen und Erwartungen immer schneller gestiegen – und
damit unweigerlich auch deren Fallhöhe. Wen kann es da überraschen, daß manchmal gerade besonders »bevorzugte«, »viel-
versprechende« – und insofern »anspruchsvolle« – Sprößlinge

zu den entschlossensten, erbittertsten Revolutionären werden? Im Zeitalter des Absurden ist das schon immer so gewesen. In seiner abgeklärten Betrachtung *Vom Unterschiede der Lebensalter* raunte der große Zyniker Schopenhauer den Eltern von heute zu:»Man hätte viel gewonnen, wenn man, durch zeitige Belehrung, den Wahn, daß in der Welt Viel zu holen sei, in den Jünglingen ausrotten könnte. Aber das Umgekehrte geschieht dadurch, daß meistens uns das Leben früher durch die Dichtung, als durch die Wirklichkeit bekannt wird.« Was die Theoretiker der Französischen Revolution erst als Erwachsene für sich entdeckten, hat man uns schon in frühester Jugend beigebracht: daß uns die ganze Welt offensteht. Wie könnten wir uns da noch mit weniger begnügen?

4
Camus' Mythos

Der Ewige Rebell
Die Götter hatten *Sisyphos* dazu verurteilt, unablässig einen
Felsblock einen Berg hinaufzuwälzen, von dessen Gipfel der
Stein von selbst wieder hinunterrollte. Sie hatten mit einiger
Berechtigung bedacht, daß es keine fürchterlichere Strafe gibt
als eine unnütze und aussichtslose Arbeit. […]
Kurz und gut: *Sisyphos* ist der Held des Absurden. Dank sei-
ner Leidenschaften und dank seiner Qual. Seine Verachtung
der Götter, sein Haß gegen den Tod und seine Liebe zum
Leben haben ihm die unsagbare Marter aufgewogen, bei der
sein ganzes Sein sich abmüht und nichts zustande bringt.
Damit werden die Leidenschaften dieser Erde bezahlt. […]
Dieser Mythos ist tragisch, weil sein Held bewußt ist. Worin
bestünde tatsächlich seine Strafe, wenn ihm bei jedem Schritt
die Hoffnung auf Erfolg neue Kraft gäbe? Heutzutage arbeitet
der Werktätige sein Leben lang unter gleichen Bedingungen,
und sein Schicksal ist genauso absurd. Tragisch ist es aber nur
in den wenigen Augenblicken, in denen der Arbeiter bewußt
wird. *Sisyphos*, der ohnmächtige und rebellische Prolet der
Götter, kennt das ganze Ausmaß seiner unseligen Lage: über
sie denkt er während des Abstiegs nach. Das Wissen, das seine
eigentliche Qual bewirken sollte, vollendet gleichzeitig seinen
Sieg. Es gibt kein Schicksal, das durch Verachtung nicht überwunden werden kann.
ALBERT CAMUS, *Der Mythos von Sisyphos*

Das moderne Grundgefühl des Absurden ist in jenem antiken Gleichnis vorformuliert, das Camus lediglich aktua-
lisierte. In seinem Buch darüber erscheint der Mythos von
Sisyphos als eine uns alle betreffende Fabel, die vom tiefen Riß
zwischen unseren überzogenen Hoffnungen und Erwartungen

und der »Gleichgültigkeit« einer kalten, sinnlosen Welt handelt. Die vergebliche Mühsal des Sisyphos steht für den Lohn unserer eigenen Bemühungen, und in seinem tragischen Bewußtsein erkennen wir die Sinnleere unseres eigenen Lebens wieder. Hoffnung, Glück oder sogar echte Leidenschaft vermögen in uns nur noch seine spöttisch trotzige Haltung zu wecken.

Man darf die Grundstimmung des Absurden nicht mit den konkreten Absurditäten des Alltags verwechseln, etwa einem bärtigen Makler, der nur mit Turnschuhen bekleidet durch die New Yorker Börse rast, einem auf offener Straße erschossenen jungen Präsidenten oder dem sinnlosen Gemetzel an Tausenden von Bengalis. Derlei Absurditäten, so aberwitzig oder tragisch sie sein mögen, sind nur die Gegenstücke zu entsprechend vernünftigen Hoffnungen und Erwartungen. *Das* Absurde indes erfaßt das Ganze, vereitelt nicht nur bestimmte Pläne und Ziele, sondern trifft unser Dasein im Kern. In seinem späten Roman *Der Fall* läßt Camus den Helden Jean-Baptiste [»Johannes der Täufer«] Clamence – einen erfolgreichen, angesehenen Rechtsanwalt und Lebemann, reich, gutaussehend, weltgewandt und beliebt – alle seine Glücksgaben als leeren Schein und Trug durchschauen (ähnlich wie der oben bereits zitierte Philosoph Arthur Schopenhauer nach einem langen Leben mit leiblichen Genüssen aller Art und kolossalem, nur etwas zu spätem literarischen Erfolg klagte, das alles bringe doch nichts). Dieser durchgängigen Grundstimmung des Absurden sei jedes bewußte Wesen ausgesetzt, ob »der Prolet der Götter« oder diese selbst, ob ein Liebling des Schicksals wie Clamence oder irgendein Fließbandarbeiter. Auch wenn uns normalerweise zwischen der Sisyphusarbeit und den nicht weniger eintönigen Verrichtungen eines Don Giovanni, jenes anderen »absurden Helden« (der allein in Spanien »mille tre« verführte!), ein himmelweiter Unterschied zu bestehen scheint, sind von der philosophischen Warte der Lebenssinn-Suche beide gleichermaßen unerheblich und nichtig.

Das Absurde setzt diese philosophische Totale voraus, den
Blick aufs Ganze und damit zugleich eine gewisse Muße, um
sich zurücklehnen und die Dinge aus der Distanz betrachten
zu können. Insofern ist das Absurde in der Tat eine *bourgeoise*
Wohlstandskrankheit, kein Virus, der einen hungernden, be-
drohten oder verzweifelten Menschen befällt. Ein mexikani-
scher Bauer oder ein Flüchtling findet das Leben nicht absurd,
sondern grausam oder verhängnisvoll. Das Absurde kam auch
nicht auf, als Napoleon über Europa herfiel, sondern erst anschließend, im Lebensüberdruß der »Reaktion«, als das Leben
befriedet und sicher, aber eintönig war; nicht im Aufruhr der
sechziger Jahre des 20. Jahrhunderts mit all den eklatanten,
weltweit über Fernsehen ausgestrahlten Absurditäten, sondern
danach, in jener verzweifelten Ruhe, als man scheinbar »nichts
mehr machen konnte«. Das Absurde ist ein Riß im Lebens-
gefüge, ein Sprung aus der Welt in eine Weltanschauung – oder
aus dem Seienden ins »Sein des Seienden«. Es ist weder eine
einzelne Widrigkeit, an der die geschlossene Oberfläche eines
ansonsten durchscheinend sinnvollen, in einen stetigen Strom
Tausender kleiner Bedeutungen getauchten Lebens aufbräche,
noch ein uns ziellos umherwirbelnder Strudel, sondern vielmehr jenes unerträgliche Schweigen des Alls, das Camus als die
»Gleichgültigkeit der Welt« bezeichnet.

»Das Gefühl der Absurdität«, stellt Camus fest, »kann einen
beliebigen Menschen an einer beliebigen Straßenecke anspring-
en.« Ein momentaner Einbruch im Ablauf unserer täglichen
Rituale und Erlebnisse – »Aufstehen, Straßenbahn, vier Stunden Büro oder Fabrik, Essen, Straßenbahn, vier Stunden Arbeit, Essen, Schlafen, Montag, Dienstag, Mittwoch, Donners-
tag, Freitag, Samstag, immer derselbe Rhythmus – [...] Eines
Tages aber steht das ›Warum‹ da, und mit diesem Überdruß,
in den sich Erstaunen mischt, fängt alles an.« Sobald jenes
»Warum?« auftrete, eine Art Erwachen, dem sich alle Philosophie verdanke, seien wir unseren alten Gewohnheiten und

Bindungen, Erfolgen und Mißerfolgen, Stärken und Schwächen entrückt, sähen nur noch zu wie aus einem anderen Raum oder von einer fernen Galaxie. Konsterniert beobachten wir ein Paar beim Liebesspiel, einer absurden, obszönen Verrichtung (sogar dann, wenn wir selbst sie ausüben). Lapidar schreibt Camus: »Ein Mensch spricht hinter einer Glaswand ins Telefon, man hört ihn nicht, man sieht nur sein sinnloses Mienenspiel: Man fragt sich, warum er lebt.« In einer politischen Debatte treten wir beim Sprechen gleichsam neben uns und hören die Worte, hinter denen keine Überzeugung steht: Wir posieren aus purer Eitelkeit, und ohne im Redeschwall innezuhalten, fragen wir uns, warum wir eigentlich existieren. Alle menschlichen Bemühungen, die eigenen Gefühle, Gedanken und Zweifel eingeschlossen, werden uns weit entrückt. Wie auf einer großen Kinoleinwand sehen wir unverständliche Gesten, begleitet von sonderbaren Klängen, Pantomimen à la Marcel Marceau, deren Bedeutung nur in der stummen Vertrautheit ihrer sinnlosen Zeichen liegt.

Wie soll man mit diesem hausgemachten Sinnverlust umgehen? Wir könnten versuchen, wieder im Alltag einzutauchen und vielleicht gezielt besonders schwere, anstrengende Aufgaben zu übernehmen. Doch weil wir den Posten des distanzierten Beobachters nicht aufgeben können, mokieren wir uns über uns selbst. Unsere ganze Strategie ist Lug und Trug, eine bloße Ausflucht. Wir machen uns lediglich etwas vor.

5

Die Metaphysik des Absurden[1]

»Meine Herren, Sie müssen es mir verzeihen,
wenn ich ins Philosophieren gerate.«
FJODOR DOSTOJEWSKI, *Aufzeichnungen aus
einem Totenhaus*

Absurd ist Camus zufolge »die Konfrontation des Menschen mit dem Universum«, in der er sich aufgrund seiner Erwartungen gegen die unendliche Gleichgültigkeit und das »unmenschliche Schweigen« der Welt »auflehnt«. Doch *warum überhaupt diese* Erwartungen? Und gibt es eine solche Konfrontation wirklich? Camus' Metaphysik sieht die menschliche Vernunft einer starren physischen Realität gegenübergestellt.[2] Nur, gibt es überhaupt solche Pole? Bilden der Mensch und seine Welt nicht vielmehr eine Einheit, in der beide Seiten einander wechselseitig prägen?

---

[1] Einige der folgenden Überlegungen hat Herbert Hochberg in seinem Essay »Albert Camus and the Ethics of Absurdity« (*Ethics* 1964/65) bereits sehr anschaulich formuliert.

[2] Ein kartesischer Dualismus. Doch wo Descartes in seinem Gottvertrauen zu beweisen suchte, daß ein wohlwollender Vermittler existiere, leugnet Camus Gott und damit jede Hoffnung auf eine Versöhnung. Wo jener bejaht, sagt dieser nein. Wie Descartes ist Camus extremer Rationalist, ganz der platonischen und scholastischen Tradition verhaftet. (Das mag etwas merkwürdig klingen, weil Camus so lange den unergründlichen »Irrationalisten« und »Existentialisten« zugeordnet wurde, die er jedoch strikt ablehnt.) Ihrem strengen Rationalismus zufolge kann es nur im Namen der Vernunft einen grundlegenden Sinn geben. Doch wo Platon und Descartes diesen finden, da sieht Camus das Nichts. In seinen Augen ist das Absurde eine streng *rationale* Konsequenz, und gerade im Namen der *Vernunft* muß er darauf verzichten, es zu leugnen oder zu überwinden.

Bestimmt entspricht »das unmenschliche Schweigen der Welt« nicht unserer Erfahrung, *schreit* es doch unablässig von allen Seiten her auf uns ein: Befehle, Anweisungen, Warnungen, Gebote, Verbote und vor allem Angebote. Worauf *lauscht* Camus, wenn er nichts als Schweigen vernimmt? Warum unterscheidet sich seine »Welt« so sehr von der unseren? Und warum ist sie so »gleichgültig«, als wäre jene Realität, aller Werte, Qualitäten und Perspektiven bar, schlicht und einfach *gegeben*? Erkennen wir denn in dem mit seiner Qual alleingelassenen Sisyphos unsere eigene Lebenssituation wieder? Gewiß nicht. Aber woher kommt sie, jene Metaphysik des rationalen Bewußtseins, das sich mit einer stummen, nicht grausamen, sondern gleichgültigen Welt konfrontiert sieht?

Die Welt des Sisyphos beschränkt sich nicht, wie es auf den ersten Blick scheinen mag, auf den Felsblock, den Berg und die vergebliche Mühsal. Darüber hinaus pflegt er nämlich, so erklärt Camus, »seine Verachtung der Götter«, die ihn erlöst. Entsprechend feiert Camus die Tugend des *Trotzes* – aber Trotz wogegen? Als Atheist hat er keine Götter zu verachten. Sein Romanheld Clamence in *Der Fall* wird »verurteilt«, obwohl er nichts Schlimmes verbrochen hat (er hat lediglich ein gestohlenes Kunstwerk angenommen). Wofür? Anstatt das zu beantworten, rät uns Camus, »ohne Hoffnung, ohne Berufung« zu leben. Nur warum? Er scheint doch (wie Clamence) allen Grund zur Hoffnung zu haben – zum Beispiel auf Frieden in Algerien und Europa, auf gerechte Prozesse nach der französischen Besatzung, auf einen sonnigen Tag, auf eine neue Liebe. Trotzdem sieht er sich offenbar als einen hoffnungslos Verurteilten, einen tragischen (»absurden«) Helden in einer sinnlosen Welt.

Die Umrisse einer – metaphysischen – Diagnose zeichnen sich ab. Camus setzt nicht nur den Körper-Seele-Dualismus voraus, sondern, wichtiger noch, die christliche Tradition von Schuld und Erlösung. Aus ihr müssen wir seinen Begriff der

»Berufung« ableiten: Der Gegenstand seiner Verachtung ist tatsächlich ein Gott – oder der Schatten eines Gottes –, der die Menschheit jedoch aufgegeben hat. Nein, eigentlich hat Camus ihn aufgegeben, dabei jedoch das ganze christliche Beiwerk von Sünde, Schuld, Verdammung und Erlösung zurückbehalten. Bei Schuld und Verdammung bleibt es, eine Erlösung aber scheint unmöglich. So gibt (»Johannes der Täufer«) Clamence seine Karriere angesichts der Erkenntnis auf, daß »niemand unschuldig ist«, und treibt sich in den zwielichtigen Kneipen Amsterdams herum – ohne dem Geneverrausch zu verfallen. Er hat das Gericht abgelehnt, die Verurteilung zum »Buß-Richter« aber auf sich genommen, nur um seine Schuldgefühle und Ressentiments auf die ganze Menschheit übertragen zu können: »Wir alle sind Sonderfälle, wir alle wollen aus irgendeinem Grund Berufung einlegen. Jeder verlangt, um jeden Preis unschuldig zu sein, selbst wenn dafür Himmel und Erde angeklagt werden müssen.« *Ecce homo!*

Camus (und nicht nur er) ist ein traumatisierter Atheist, der in einer Art Donquichotterie das ganze Gewicht des Gottesurteils auf seine Schultern lädt. Nun müssen wir selber einlösen, was wir einst von Gott erwartet hatten. Der »absurde Held« ist eigentlich ein christlicher Heros, der von irgendeiner Schuld befreit werden will (wie Kafkas Joseph K.) – allerdings in einer Welt, die keine Erlösung mehr kennt. Durch das Christentum sind wir mit der Vorstellung einer gegenstandslosen, selbsterniedrigenden Schuld vertraut, der Erbsünde unserer bloßen Existenz. Allerdings hat es Erlösung in Aussicht gestellt. Wenn Schuld und Hoffnung auf derselben Grundlage ruhten, könnten wir mit dieser auch jene verabschieden. Doch statt dessen nehmen wir sowohl die Sünde als auch die Schuld auf uns. Der Metaphysik des Absurden liegt ein viel älteres Programm zugrunde und diesem wiederum die bekannte, allerdings oft nicht erkannte Malaise der Emotionen, eine verbitterte, defensive Weltanschauung, in der selbsterniedrigende Schuldgefühle und die Verzweiflung den Ton angeben. Das Absurde ist lediglich ihre äußere, vernünfig daherkommende Fassade.[3]

Die »Leidenschaft des Sisyphos«, die dem Absurden *zugrunde liegt*, ist also das Syndrom des Ressentiments. Camus selbst, der sie für eine »Konsequenz« des Absurden hielt, verlieh ihr indes den Adelstitel des »Trotzes«, was ein in der Philosophie nicht unüblicher Trick ist: Man erklärt Vorurteile »vernünftig«, argumentiert dabei auf neutralem Terrain »sachlich« und leitet anschließend die Voreinstellungen von dieser soliden Basis ab. Doch die scheinbar sachlichen Argumente setzen den Hang zum Absurden voraus, begründen ihn also nicht: Der Verfechter des Absurden beurteilt den Menschen *von vornherein* entschieden als ein minderwertiges, ohnmächtiges, verfolgtes und ungerecht behandeltes Wesen. Danach findet er einen »übergeordneten« Blickwinkel, aus dem er seine Ressentiments weiterentwickeln und mit philosophischer Dignität ausstatten kann. Den Ausgangspunkt bildet die Ansicht, das Leben sei erniedrigend und sinnlos, die dann aufgrund des verzweifelten Bedürfnisses, trotzdem eine gewisse Selbstachtung zu wahren, auf die ganze Welt projiziert wird.

---

[3] So verstanden ist das Absurde dem religiösen Denken keineswegs fremd. Daß der schuldige Mensch der gewaltigen Schöpfung gegenüber ein elender kleiner Wicht ist, findet sich im Pietismus ganz ähnlich wie bei Camus. Trotz seiner über jeden Zweifel erhabenen tiefen Frömmigkeit kämpfte Kierkegaard stets mit einem Grundgefühl des Absurden, das durch seine vollständige Hingabe an Gott nicht zerstreut, sondern nur etwas erträglicher wurde.

6
Das »absurde Grübeln«

> Allmählich hat sich mir herausgestellt, was
> jede große Philosophie bisher war: nämlich
> das Selbstbekenntnis ihres Urhebers und
> eine Art ungewollter und unvermerkter
> *mémoires* [...]. Umgekehrt ist an dem Philo-
> sophen ganz und gar nichts Unpersönliches;
> und insbesondere gibt seine Moral ein
> entschiedenes und entscheidendes Zeugnis
> dafür ab, *wer er ist...*
> F. NIETZSCHE, *Jenseits von Gut und Böse*

In einer kurzen Vorbemerkung zu *Der Mythos von Sisyphos*
erwähnt Camus »einen Sinn für das Absurde, wie er in unserem Jahrhundert weit verbreitet ist«. Er selbst liefert uns jedoch
ein »absurdes Grübeln«, mit dem er die formale »Logik« arg
überstrapaziert, ja, in seinem plumpen Kartesianismus oft sogar
vergewaltigt. Die Argumente sind wohlbekannt. Faktisch lernen
wir sie meist schon in der Oberstufe. Sauber formuliert, wären
sie vielleicht unwiderlegbar. Jedenfalls verschlagen sie uns oft
die Sprache, sind allerdings nicht weniger belanglos als jene
philosophischen Spitzfindigkeiten, die uns davon überzeugen
sollen, daß wir nie letzte Gewißheit darüber gewinnen können,
ob wir nun schlafen oder wachen.

Es gibt mindestens zwei einschlägige Argumentationsstränge,
die beide vom Begriff des Unendlichen ausgehen; beide finden
sich bei Camus. Der erste beruht auf rhetorischen Fragen wie:
Was ist der Wurm Mensch angesichts des unendlichen Universums? Was seine kurze Erdenfrist angesichts der Ewigkeit?
Wie erbärmlich ist unser Treiben, gemessen an der Geburt

von Galaxien? Oder unsere endliche Existenz an der erhabenen Unendlichkeit Gottes (von unserer Sterblichkeit ganz zu schweigen)? Das Ergebnis liegt auf der Hand: Wir sind fast nichts, unsere Handlungen und Regungen völlig belanglos. Doch der innere Protest gegen diesen Schluß erscheint ebenso unabweisbar wie die Argumentation überzeugend: »Für *mich* gilt das aber nicht!« (was einen unsterblichen Gott indes nur maßlos langweilen könnte).

Der zweite Gedankengang beruht darauf, daß mit jedem unserer Wünsche ein rechtfertigendes »Warum?« einhergeht: »Warum willst du das?« oder »Was wird dir das geben?« et cetera. Doch jede Antwort ruft wieder ein neues »Warum?« hervor und so fort *ad infinitum.* »Das letzte ›Warum‹ findet keine Antwort«, warnt Nietzsche. Selbstverständlich nicht, denn es gibt kein letztes. Die Rechtfertigungskette nimmt kein Ende, sie läßt sich nicht abschließen. Und weil das so ist, hängen alle unsere Wünsche und Werte in der Luft, sind grundlos, absurd und nichtig. Doch auch hier wäre wiederum der kindliche Protest angebracht: »Für *mich* gilt das aber nicht!«

Im nächsten Kapitel und im ganzen Rest dieses Buches geht es mir vor allem darum, diesen unbedarften Protest gegen die ausgeklügelten, abgesicherten Argumente der Philosophie in Schutz zu nehmen. Beginnen wir mit folgender Fragestellung: Das Grundproblem liegt im *Sinn* des Lebens. Was bedeutet »Sinn«? »Sinn«, bei Camus und auch sonst oft, ist das »Über-sich-hinaus-Verweisen«, ist also eine »Berufung« (im Sinne des Clamence) auf etwas Jenseitiges. Entsprechend definierte der zeitgenössische amerikanische Logiker Morris Cohen »Sinn« als »eine Bedeutung, die sich aus der Verbindung mit, dem Hinweis auf oder der Beziehung zu etwas außerhalb Angesiedeltem ergibt, so daß sie ihrem innersten Wesen nach auf diesen Zusammenhang verweist und sich in ihm offenbart«.[4] Es liegt auf der

---

[4] Morris Cohen, *Preface to Logic.*

Hand, daß Camus den »Sinn des Lebens« genau in diesem Sinne verstand – ob das Jenseitige nun Gott sein soll oder etwas anderes (wobei unklar bleibt, was sonst noch in Frage käme). »Mich interessiert nur, ob man unwiderruflich [das heißt, ohne Sinn] leben kann.« Das klingt nun so, als ob sich der Sinn des Lebens nur außerhalb des Lebens finden ließe. (»Meinen Sie nicht, daß das Leben gelebt werden will?« – »Ich kann mir kaum vorstellen, was man sonst mit ihm anstellen sollte!« Noël Coward)

Doch der Gedankengang ist nicht stimmig. Als kompromißloser »Rationalist« besteht Camus wohlweislich darauf, daß ausschließlich Sinnquellen *innerhalb* der Erfahrung zulässig sind – mithin keine willkürlichen »Sprünge«, keine mystischen »Eingebungen« und keine »Berufung« auf etwas außerhalb (»für mich gilt die Devise, mit dem auszukommen, was unmittelbar evident ist«). Wenn wir daher unter Sinn den Bezug auf eine transzendente Sinnquelle verstehen, so muß sich das Leben *selbstverständlich* als offenkundig sinnlos oder eben absurd erweisen.

Dieser Sinnbegriff wird, besonders seit Gödel und dem späten Wittgenstein, von den meisten Philosophen, Linguisten, Kritikern und Dichtern verworfen. Es trat immer deutlicher (wenngleich nicht gerade zwingend) zutage, daß das »Über-sich-hinaus-Verweisen« *innerhalb* eines semantischen Systems, wenn überhaupt, nur auf Teilaspekte anwendbar ist. Das System als solches kann weder »sinnvoll« noch »sinnlos« sein. (So hat im Deutschen das Wort »Redseligkeit« einen bestimmten Sinn. Aber welchen Sinn hätte es zu sagen, die deutsche Sprache sei sinnvoll oder sinnlos?) Insofern könnte man Camus' selbstkasteiender Suche nach dem Sinn des Lebens die Annahme gegenüberstellen, daß sich ein solcher Sinn (wie oben ausgeführt) nur im Kontext eines größeren Systems ergäbe – etwa dem der Natur oder der göttlichen Schöpfung. Aber das ist nicht unser subjektiver Blickwinkel, der »für uns« gilt, wenn wir über *unser*

Leben nachdenken. Wie dem auch sei, im Grunde kann es nur darum gehen, welchen Sinn es *in unserem* Leben gibt. Zu einem triftigen Urteil über den Sinn gelangen wir nur innerhalb des Lebens selbst. Wenn sich Philosophen oder Naturwissenschaftler einbilden, die Grundlagen unseres Daseins wie einen Virus unterm Mikroskop bestimmen zu können, so ist ihrem Ansatz bereits jene Geringschätzung der menschlichen Existenz eingebaut, die sie angeblich erst später daraus ableiten. Wenn Camus einen Blanko-Sinn für das Leben ausgestellt haben will, ist das trostlose Urteil über uns schon gesprochen, weil es offensichtlich keine Währung dafür gibt. Mit der Unterscheidung zwischen einem sinnvollen und einem sinnlosen Leben – ja sogar zwischen sinnvollen und sinnlosen Momenten (»Quantität bedeutet manchmal Qualität. [...] Zwanzig Jahre Leben und Erfahrung lassen sich nie mehr ersetzen.«) kann er deshalb nichts anfangen. Für Entscheidungen wie die Alexanders oder Salomos – etwa ein kurzes, ein heroisches, ein durchschnittliches oder ein klug geplantes Leben anzustreben – ist kein Raum. Genau an diesem Punkt sehen wir uns zum Einspruch genötigt, allerdings nicht gegen *das Absurde*, sondern gegen Camus' Metaphysik: Wir wollen auf einem Sinn des Lebens beharren, keinem *äußeren*, sondern einem *inneren*, den wir selbst durch unsere Leidenschaften *stiften*. Und gerade dieser Sinn macht uns das Leben lebenswert – oder eben nicht.

7
Die Leidenschaften des Sisyphos

Warum spricht Camus' Mythos so viele Leser an, obwohl sich seine Prämissen schon bei der oberflächlichsten philosophischen Prüfung als unhaltbar erweisen, seine Argumente in Nichts auflösen, seine Kategorien als Schemen und seine Schlußfolgerungen als Vorurteile entpuppen? Warum lassen sich Leser so sehr von Begriffshülsen wie »Absurdität«, »Berufung«, »Trotz«, »Rebellion«, »Verurteilung« oder »Heroismus« beeindrucken? Was an Camus (und uns selber) macht uns für diese Verführung derart empfänglich, obwohl das Gütesiegel der »Vernunft« hier lediglich dazu dient, fadenscheinige Argumente und persönliche Irrtümer, elegant als literarischer Essay vorgetragen, auch noch wissenschaftlich abzusegnen?

Camus gehört trotz mancher gegenlautender Beteuerungen nicht zu den Philosophen, die den Leser anhand einwandfreier Prämissen über fehlerlose Schlüsse schrittweise zur gebotenen Konsequenz führen. Dennoch vollziehen seine Leser die Trugschlüsse und Gedankensprünge mit und sind dabei offenbar auch gerne bereit, öfter einmal fünf gerade sein zu lassen. Im übrigen scheinen sie die hinter den schneidigen Wendungen stehende Weltanschauung zu teilen, wohlgemerkt keine formale Metaphysik – jene kühnen Theorien, die früher in kühlen lateinischen Begriffen konstruiert wurden –, sondern ein leidenschaftliches Bekenntnis. Also werden auch wir neugierig und wollen wissen, ob wir angesichts »des Absurden« ohne »Berufung« leben können. Wozu sollte eine solche Berufung überhaupt gut sein, und wieso lassen wir uns einreden, daß das

Leben absurd ist? Der Schlüssel zu dieser Frage liegt in den Emotionen, in der unreflektierten Sinnquelle unseres Lebens, die uns zugänglich oder aber verschlossen sein kann. Das zeigt sich nirgends deutlicher als an Camus' Texten selbst. Sisyphos ist letzten Endes weder durch seine Strafe noch durch seinen Gehorsam geprägt, sondern durch seine Leidenschaften: Er *lebt* »dank seiner Leidenschaften und dank seiner Qual«.

Was für Gefühle hat Sisyphos eigentlich? »Seine *Verachtung* der Götter, sein *Haß* gegen den Tod, seine *Liebe* zum Leben ...« Er ist ohne Hoffnung, ohne Macht, »*ohnmächtig*«, aber »*rebellisch*«. Doch verspürt er eine »ganz verschwiegene Freude«, so versichert Camus, und mehr noch: »Wir müssen uns *Sisyphos* als einen *glücklichen* Menschen vorstellen.« Das wäre in der Tat ein seltsames »Glück«.

Sisyphos ist der Held des Absurden, und zwar aufgrund seiner Gefühle. Diese Emotionen, aus ihrem vermeintlich heroischen Rahmen herausgelöst, offenbaren sich als altbekanntes Abwehrsyndrom, und gerade dieses Syndrom rückt die Welt in eine wahrhaft absurde Perspektive. Es beruht auf übertriebenen Erwartungen, mit denen zwangsläufig Verbitterung, Verdruß, Hilf- und Hoffnungslosigkeit einhergehen, aus denen wiederum Verachtung, stummer Trotz oder das sprichwörtliche Verschmähen der zu hoch hängenden Trauben erwachsen – ein Scheinglück also, die eigensinnige Freude am »Verneinen der Götter« als letzter Ausweg, um ein vergebliches, hoffnungsloses Leben trotz allem *annehmen*, womöglich gar *genießen* zu können. Nur ein Aspekt fehlt noch in diesem düsteren Bild des menschlichen Daseins, nämlich jenes *Schuldgefühl*, das Clamence an der Theke beschreibt: »Die höchste aller menschlichen Martern ist indessen, ohne Gesetz gerichtet zu werden, und in eben dieser Marter leben wir.« Während Sisyphos die emotionale Entlastung zuteil wird, von den Göttern verurteilt zu sein, sprechen wir unser Urteil selbst. Auch wenn es Camus mit großem literarischen Geschick gelingt, dieses trübe Szena-

rio als etwas Heroisches darzustellen, sollten wir es als das ansehen, was es ist: eine besonders erniedrigende, beschämende
und traurige Version der christlichen Selbstkasteiung. Beinahe
erdrückt vom Gewicht der Schuld und Sühne, hat das schwache
und elende Menschlein nichts außer Verdruß, Trotz und stiller
Verachtung (im Unterschied zur Verweigerung) aufzubieten,
um sich einen letzten Rest von Selbstachtung zu bewahren.
Das ist die Menschheit auf ihrem Tiefpunkt, der Mensch am
Boden, ein nichtsnutziges Wesen in einer Welt, die ihn nieder-
gestreckt hat. Aber sie hat ihm ja überhaupt nichts *angetan*,
auch er selbst hat nichts verbrochen – außer seine hochfahrende
Urteilskraft an einer Welt zu erproben, in der es keine göttliche
Allmacht mehr gibt, die allen menschlichen Aspirationen ge-
nügen könnte. Nicht im mindesten »gleichgültig«, ist Camus'
Welt vielmehr von der in sie investierten moralischen Urteils-
kraft beseelt.

Weshalb ist Sisyphos eigentlich glücklich?[5] Und weshalb geht
uns dieser Höhepunkt in seiner Darstellung als »Held des Absurden« so nahe? Weil wir alle die pervers ambivalente Lust am
Leiden kennen, die wir uns kurz vor der totalen Vernichtung
noch erlauben. Nachdem wir fast alles verloren haben und uns
nichts von unserem Stolz, unserer Würde, Ehre, Liebe, nicht
einmal mehr Haß oder Wut geblieben sind, wenden wir uns
wie ein von einem außer Rand und Band geratenen Jagdhund
gestelltes Eichhörnchen todesmutig dem Verfolger zu, blecken

---

[5] Diese sonderbare Glücksauffassung, die in der Regel mit einer starken Todessehn-
sucht einhergeht, zieht sich durch alle Romane Camus'. So endet *Der Fremde* damit,
daß Meursault in Erwartung seines Todes »zum erstenmal empfänglich [wird] für die
zärtliche Gleichgültigkeit der Welt«, glücklich ist und »nur noch eines zu wünschen
braucht: am Tag meiner Hinrichtung viele Zuschauer, die mich mit Schreien des
Hasses empfangen«. Ähnlich gipfelt *Die Pest* in dem Wunsch, daß »sie in einer glücklichen Stadt sterben«. Und Camus' erster Roman, der 1972 postum erschien, trug den
Titel *Der glückliche Tod*. Nur Clamence hält durch, aber auch er bekennt sich am Ende
seines Monologs zu jenem trotzigen Glück, zu dem wir auch Sisyphos verdammt sehen.
In gewissem Sinne können wir das sicherlich ganz und gar nicht nachvollziehen (schlim-
merweise in einer Hinsicht wiederum nur allzu gut).

in einem Akt hoffnungslosen Aufbegehrens die Zähne und schlagen damit überraschenderweise den übermächtigen Gegner aus dem Felde (wenn auch vielleicht nur deshalb, weil der inzwischen die Lust an dem Treiben verloren hat). Das Glück der Empörung ist die Erleichterung darüber, einen letzten Rest von Würde gerettet zu haben. Sisyphos teilt sein Glück mit jeder von Camus' traurigen, verurteilten Gestalten und letztlich mit uns allen; es ist das bittersüße Wiederaufleben einer kindlichen Rachsucht, einer Rache, die sich keinen Zwang antun muß (keine Verhaltensregeln kennt) und in nichts anderem gipfelt als der billigen Befriedigung der eigenen Eitelkeit.

Sobald der Scheinheroismus des Sisyphos entlarvt ist und die häßliche Grimasse des Ressentiments zutage tritt, verliert Camus' Jeremiade gegen das Absurde jede Überzeugungskraft. Sein Sisyphos muß in höhnischer Verachtung die Götter verfluchen und »Himmel und Erde anklagen«; Clamence brennt darauf, »Vergeltung zu üben«. Doch das Ressentiment ist im Grunde so ohnmächtig wie böse; die unbändige Raserei seiner Rachsucht verpufft wirkungslos. Von Camus' naiver Verachtung ist es nur ein kleiner – den Charakter und die Gesinnung betreffender – Schritt zur schadenfrohen, perversen Grausamkeit eines Marquis de Sade. Knapp anderthalb Jahrhunderte vor *Der Mythos von Sisyphos* hatte der Marquis ebenfalls eine angeblich gleichgültige Welt verflucht. Doch wo Sisyphos sich mit stummem, untertänigem Hohn begnügte, betrachtete der Marquis die phantasierten oder ausgelebten – »sadistischen« – Ausschweifungen in Form von Vergewaltigung, Mord und Sodomie als die logische Konsequenz aus einer ähnlichen Grundhaltung.

Sartre pries Camus als einen der großen Moralisten Frankreichs, als den »Kartesianer des Absurden, der insofern immer feste Grundsätze vertrat«. Doch wie schon Nietzsche gezeigt hat, kann das Ressentiment einen Menschen genausogut moralisch wie grausam machen. Und je stärker wir an der Oberfläche von Camus' absurdem Heroismus kratzen, desto deutlicher tritt das Bindegewebe von Hohn und Verachtung, nämlich das Ressentiment selbst, hervor. Und deshalb muß dieses Buch, das mit dem »Sinn des Lebens« und dem Problem »des Absurden« beginnt, eine *Philosophie der Emotionen* entwickeln.

Camus' »Liebe zum Leben«, das ist der Ertrinkende, der nach dem rettenden Strohhalm greift, nachdem ihm alle grundlegenden Emotionen – Leidenschaft, Haß, selbst Wut und Trauer – abhanden gekommen sind. Diese »Liebe zum Leben« gleicht der Hingabe an eine geliebte Person, die uns für immer verläßt. Camus beteuert: »Ich kenne zweifellos die dumpfe Resonanz, die heutzutage üblich ist. Aber ich sage mir das eine: Sie ist notwendig.« Damit wollen wir uns nicht abspeisen lassen. Nachdem wir jene beschämende Metaphysik durchschaut haben, der die Menschheit jahrhundertelang gehuldigt hat, können wir auch die eher säkularen, selbstverhängten Erniedrigungen entlarven, die sich scheinrational als »das Absurde« ausgeben. Zwar postuliert Camus unbeirrt: »Es geht darum, in diesem Zustande des Absurden zu leben«, aber das hieße nichts anderes als in eigensinniger Verachtung dahinzuschmoren wie ein unwillkommener Gast auf Erden. Kein trotziger Sisyphos sollte unser Leitbild sein, eher jener ebenfalls antike Mythos, den Nietzsche zur »ewigen Wiederkunft« ausgestaltete. Dieser verherrlicht nicht die endlos zu ertragende Verzweiflung, sondern benutzt das Immergleiche als äußerste Sinnprüfung:

> *Das größte Schwergewicht.* – Wie, wenn dir eines Tages oder Nachts ein Dämon in deine einsamste Einsamkeit nachschliche und dir sagte: »Dieses Leben, wie du es jetzt lebst und gelebt hast, wirst du noch einmal und noch unzählige Male leben müssen; und es wird nichts Neues daran sein, sondern jeder Schmerz und jede Lust und jeder Gedanke und Seufzer und alles unsäglich Kleine und Große deines Lebens muß dir wiederkommen, und alles in derselben Reihe und Folge – und ebenso diese Spinne und dieses Mondlicht zwischen den Bäumen, und ebenso dieser Augenblick und ich selber. Die

ewige Sanduhr des Daseins wird immer wieder umgedreht –
und du mit ihr, Stäubchen vom Staube!« – Würdest du dich
nicht niederwerfen und mit den Zähnen knirschen und den
Dämon verfluchen, der so redete? Oder hast du einmal den
ungeheuren Augenblick erlebt, wo du ihm antworten würdest:
»du bist ein Gott und nie hörte ich Göttlicheres!« Wenn jener
Gedanke über dich Gewalt bekäme, er würde dich, wie du bist,
verwandeln und vielleicht zermalmen; die Frage bei allem und
jedem: »willst du dies noch einmal und noch unzählige Male?«
würde als das größte Schwergewicht auf deinem Handeln liegen! Oder wie müßtest du dir selber und dem Leben gut werden, um nach nichts *mehr zu verlangen* als nach dieser letzten
ewigen Bestätigung und Besiegelung? –
FRIEDRICH NIETZSCHE, *Die fröhliche Wissenschaft*

II
Die neue Romantik

1
Die Leidenschaften und das Absurde

Alle Passionen haben eine Zeit, wo sie bloß verhängnisvoll sind, wo sie mit der Schwere der
Dummheit ihr Opfer hinunterziehn – […] Erstmals machte man, wegen der Dummheit in der
Passion, der Passion selbst den Krieg: man ver-
schwor sich zu deren Vernichtung – alle alten
Moral-Untiere sind einmütig darüber »il faut
tuer les passions«. […] Die Leidenschaften und
Begierden *vernichten*, bloß um ihrer Dummheit
und den unangenehmen Folgen ihrer Dummheit vorzubeugen, erscheint uns heute selbst
bloß als eine akute Form der Dummheit. Wir
bewundern die Zahnärzte nicht mehr, welche
die Zähne *ausreißen*, damit sie nicht mehr weh
tun…
FRIEDRICH NIETZSCHE, *Götzen-Dämmerung*

Die Gefühle bilden den Gegenpol zum Absurden. Zwar wird
es immer *Absurditäten* geben, schmerzliche Verwerfun-
gen zwischen der Realität und unseren Erwartungen – ob das
der frühe Tod eines Freundes ist, ein Präsidentenmord, eine
»unglückliche« Liebe oder ob das zermürbende Kämpfe mit der
Bürokratie sind. Solange wir Werte und Erwartungen haben –
kurz, solange wir leben –, gibt es davor kein Entrinnen; man
kann den Schmerz solcher Erfahrungen allenfalls lindern, indem man irgendwo Zuflucht sucht – bei der Stoa, dem Christentum, dem Zen-Buddhismus, dem Realismus, dem Nihilismus oder einem Schopenhauerschen Zynismus. Im Gegensatz
dazu ist *das Absurde* im Sinne der *Absurdität des Lebens* ver-

meidbar, denn es erwächst lediglich daraus, daß wir unser Gefühlsleben nicht als die grundlegende Sinnquelle anerkennen.

Das Absurde entstammt jenem blutleeren und zwanghaft »objektiven« Denken, welches alle emotionalen Impulse, und damit das Leben selbst, zu überschreiten trachtet. Dem entspricht das Beharren auf einer *anderen* Sinnquelle – sogar in einer »konkreten Philosophie« wie der Gabriel Marcels, der kategorisch verkündet: »Die Immanenz-Philosophien haben ausgedient.«[1] Doch wir kennen nur *immanente* Sinnquellen. Selbst das Absurde – also die Diagnose der Sinn*leere* – muß »immanent« oder *subjektiv* auf unser Leben bezogen werden. Wenn der ganze Lebenssinn auf dem Spiel steht, dann allein deshalb, weil wir persönlich mit *unserem eigenen* Leben – mit unseren Gefühlen – unzufrieden sind.

Heidegger zufolge sind unsere Gefühle (und besonders unsere Stimmungen) eine Form des auf die Welt »Abgestimmtseins«. Damit wird gut ausgedrückt, daß uns die Realität niemals schlicht gegeben ist, sondern stets mit bestimmten Lasten und Pflichten, Reizen und Widrigkeiten, Bedeutungen und Werten ausgestattet ist. Auch wir sind selbstverständlich niemals *einfach da*, sondern ebenfalls, um im Bild zu bleiben, »eingestimmt«. Meine Gefühle binden mich (besser: ich mich durch sie) an meine Erlebnisse und erzeugen dabei eine sichere, wenngleich nur vorübergehende Beständigkeit. So entstehen die Sinnquellen des Lebens, ob sie nun drei Stunden oder dreißig Jahre währen. Wer sich aus diesen Bindungen löst und sie aufbricht, also den Sinn des Lebens zeitweilig (und sei es nur für einen kurzen Moment) außer Kraft setzt, der läuft Gefahr, sie anschließend nicht durch andere ersetzen zu können. Jenes erschreckende *Unbekannte* – nicht was kommen, sondern was ausbleiben könnte – stellt die schlimmste Bedrohung des

---

[1] Gabriel Marcel, »Was ist ein freier Mensch?«, in: *Unterwegssein. Ansätze zu einer konkreten Philosophie. Dialog mit Zeitgenossen*, Paderborn/München/Wien/Zürich 1992, S. 107.

Lebens dar. Ich verlasse eine langweilige Party, und auf dem Weg zum Auto befällt mich plötzlich der Impuls, wieder zurückzugehen. »Doch was erwartet mich dort?« Es ist zwar nur ein kurzer Schwächeanfall, aber in solchen Augenblicken stellt sich häufig das Gespenst des Absurden ein. Das Eingebundensein der letzten paar Stunden im Rückblick plötzlich weg, verflogen wie ein leerer Wahn. Wenn man so mitten in der Nacht im Nirgendwo, also jenseits aller Sinnquellen, auf der Straße steht, erscheint alles sinnlos. Solchen Situationen gehen wir aus dem Weg. Wir haben unsere Ziele, Pläne und Pflichten, etwa Bücher zu schreiben, »richten uns heimisch ein«, was fortwährend Arbeit macht und dadurch sinngebende Werte begründet. Wir halten an Beziehungen fest, obwohl sie unbefriedigend sind, weil wir Erinnerungen und Gefühle – auch solche wie Neid, Groll, Haß und Empörung – mit ihnen verbinden. Denn jede noch so schwache Sinnquelle ist besser als gar keine. Gegen die Sinnleere spicken wir unseren Alltag mit Verabredungen und Terminen, so daß ein Sinnverlust allenfalls portionsweise und kontrolliert eintreten kann (etwa in einem Philosophieseminar, einem New-Wave-Film oder gelegentlich abends allein in einer Bar).

Sofern wir das Leben absurd finden, äußert sich darin weder *das Absurde* im Sinne Camus' noch die blanke Absurdität des Alltags. Denn das eine ist bloß die Ideologie eines Philosophen, das andere ein unabdingbarer Grundzug des Lebendigseins. Dazu, daß wir das Leben sinnlos finden, kommt es in Momenten der Isolation, des Bruches mit der Vergangenheit, solange sich in der Zukunft noch nichts Neues abzeichnet. Doch sind diese »Momente der Isolation« wirklich sinnlos? Oder ähneln sie nicht vielmehr jenen Phasen sozialer Entfremdung, die eine sehr spezielle Bedeutung haben, das heißt dem Verdacht, ausgeschlossen, »minderwertig« oder überflüssig zu sein und ein Schattendasein zu führen? Wenn sich eine Bindung im Rückblick als reinste Fessel darstellt, kann eine Trennung eine

Freude und eine Erlösung sein, wiewohl es noch keine konkreten neuen Aussichten gibt. Häufig meldet sich die Absurdität gerade in Momenten großer Nähe und starker Gefühle, bei heftigen Wut- und Gewaltausbrüchen oder in tiefer Trauer. So mögen wir vermuten (was Camus übrigens niemals tat), daß die Absurdität nicht aus der Sinnleere erwächst, sondern aus einer ganz bestimmten *Sinnvorstellung*. Die Quelle der Absurdität wäre also weder die »Konfrontation« mit einem »gleichgültigen Universum« noch der Anblick irgendeines Fremden, der in einer Telefonzelle gestikuliert, sondern das eigene Ich: Sie verdankt sich einem erniedrigenden Selbstbild und tritt deshalb auch nie in euphorischen, sondern nahezu ausschließlich in depressiven Zuständen oder anderen Verstimmungen auf. Nicht daß nicht alle Zustände gleichermaßen »sinnvoll« wären. Depressionen oder andere Verstimmungen mögen uns sogar stärker beschäftigen als eine ruhige Liebesbeziehung oder Freundschaft. Der einzige Unterschied liegt darin, welche Bedeutung wir ihnen *beilegen*. Die vermeintliche Sinnleere ist im Grunde nichts anderes als eine Übertragung von Minderwertigkeitssyndromen nach außen. Wenn Camus das Absurde auf die Welt projiziert, so steht dahinter sein Unvermögen, *sich selbst* anzunehmen, weshalb er seinen Konflikt durch eine Art Scheinwürde und durch die Auflehnung gegen Kräfte löst, die er aus sicherer Entfernung anprangern und verachten kann.

Das entgegengesetzte Gefühl, namentlich die »Liebe zum Leben«, strahlen Menschen aus, deren ansteckende Vitalität und Fähigkeit, sich für alles begeistern zu können, sie überall zum Liebling werden läßt. Doch »Liebe zum Leben« kann auch etwas anderes bedeuten, wie Camus' Angriff auf das Absurde zeigt. Sie hat dann nichts Überschwengliches, sondern erwächst aus der inneren Not eines Verurteilten oder Sterbenden, dessen Gefühlsquellen versiegt sind. »Der Fremde« im gleichnamigen Roman entdeckt diese Liebe vor seiner Hinrichtung und wird in dieser ausweglosen Lage »zum erstenmal empfänglich für die zärtliche Gleichgültigkeit der Welt«. Allerdings war die Welt ihm gegenüber nie »gleichgültig« gewesen, und das besondere Glück, das Camus ihm zuschreibt, steht symptomatisch für einen Verlust an *Lebendigkeit*, der seine gesamte Philosophie durchzieht. Nur an den Rändern des Lebens, an der Schwelle zum Tode, könne man »glücklich« sein. Hinter jener »Liebe« steckt die Sehnsucht nach einem bereits verlorenen Leben, ähnlich wie beim Liebeskummer nicht das Gefühl der Liebe, sondern das der Schmach die Oberhand hat. Das Absurde wird nur deshalb zum Problem, weil wir nicht bereit sind, die Bedeutung unserer alltäglichen Gefühle ernstzunehmen; und die »Liebe zum Leben«, die Camus dem Absurden entgegenstellt, hat ihren Nährboden in der gleichen Unzufriedenheit und Verstocktheit. Insofern hat das Problem denselben Ursprung wie seine »Lösung«, nämlich die *Lebensverachtung*. Das »Leben als solches« zu lieben, ohne es im einzelnen für sinnvoll zu halten, gebiert eine leere, trockene Philosophie, eine vergebliche Sinnsuche, die von Anfang an alle echten Möglichkeiten zurückweist. Darin genau liegt das Absurde: Gegen es aufzubegehren heißt bereits, das Problem zu verfehlen und die Sinnlosigkeit nach *außen* zu verlagern, obwohl sie doch nichts anderes ist als eine *innere* Leere.

Doch genug vom »schonungslosen Rationalismus« des Herrn Camus; ich für meinen Teil bevorzuge jene »Romantik«, die er anscheinend bekämpfen wollte.

> *Marat:* Bürger Marquis […]
> was du die Gleichgültigkeit der Natur nennst,
> ist deine eigene Apathie.
> PETER WEISS, *Marat/Sade*

2
Romantik

Leidenschaft ist unser Lebenselixier.
Der kopflastige Mensch muß trunken werden,
Denn das Beste am Leben ist der Rausch.
GEORGE GORDON BYRON, *Don Juan*

In der traditionellen Romantik entdeckt jeder andere Facetten, und kaum jemand, und sei er noch so akademisch distan-
ziert, ist ihr gegenüber frei von heftiger Parteilichkeit. In seiner
klassischen Analyse – oder besser »Diagnose«? – der romantischen Strömung wollte Irving Babbitt »ihren tiefen Egoismus
seiner idealistischen Bemäntelungen entkleiden und ihre ...
grundlegende Scheinheiligkeit aufdecken«. Arnold Hauser warf
den Romantikern aus marxistischer Sicht eine unverantwortlich
eskapistische, kindliche und irrationale Einstellung vor.[2] Goethe
hielt die Romantik für »krankhaft«, Dominique Ingres für »den
Kult des Häßlichen«. Stendhal stellte sie, durchaus rechtferti-
gend, als das Zeitgemäße dem Archaischen gegenüber, und
Victor Hugo verstand sie als ausgeprägte Freiheitsliebe. Neuerdings erklärte Jacques Barzun die Romantik mit »dem Bedürfnis, eine neue Welt auf den Ruinen der alten zu erbauen«, und

---

[2] »...daß die Romantik auf einen irrealen, irrationalen, undialektischen Weg gelangte.
Ihr revolutionärer Enthusiasmus war weltfremd ... naiv ... eine Lüge, eine Selbsttäuschung ... eine Flucht in die Utopie ... Furcht vor der Gegenwart ... psychotische
Scheu vor der Gegenwart. ... Ihre Flucht in die Utopie und das Märchen, das Unbewußte, das Imaginäre, das Unheimliche und Geheimnisvolle, zur Kindheit und zur
Natur, in den Traum und Wahnsinn waren lauter solche verschleierten und mehr oder
minder sublimierten Formen desselben Gefühls, derselben Sehnsucht nach Unver-
antwortlichkeit und Leidlosigkeit.« (Arnold Hauser, *Sozialgeschichte der Kunst und
Literatur*, München 1953, S. 683 ff. und 694).

Sir Herbert Read betonte ähnlich wie Hugo ihren Freiheits-
aspekt. Die Kontroversen zwischen den Romantikern und ihren
Gegenspielern, den Protagonisten der »Klassik«, wurden stets
erbittert ausgetragen. Gegen 1830 lief Théophile Gautier im
blutroten Smoking durch Paris, erklärtermaßen um »die Phili-
ster aus dem Häuschen zu bringen«. Bei Theaterpremieren ging
es damals im Saal oft aufregender zu als oben auf der Bühne,
weil es zu wüsten Redeschlachten, manchmal auch Prügeleien,
zwischen den verfeindeten Lagern kam.

Doch was ist eigentlich Romantik? Im wesentlichen eine
künstlerische Stilrichtung, die manche Gelehrte aus dem christlichen Mittelalter, andere sogar schon aus der griechischen
Antike ableiten. Als Weltanschauung mit philosophischer Pro-
grammatik sollte man sie jedoch auf die Moderne beschränken,
speziell auf die »romantischen Schulen« der Musik und Malerei,
Literatur und Poesie, die während des 19. Jahrhunderts in ganz
Europa (und Nordamerika) aufkamen. Zwar verbindet man
damit sofort Künstlernamen wie William Blake, Lord Byron,
Percy Bysshe Shelley, Théophile Géricault, Eugène Delacroix,
Victor Hugo, Alexandre Dumas, Hector Berlioz, Johannes
Brahms, Richard Wagner, John Constable, Joseph Turner,
Novalis, Caspar David Friedrich, August und Friedrich Schle-
gel, Ralph Waldo Emerson und Henry David Thoreau; aber wie
bei allen kulturellen Entwicklungen lagen die tiefsten Wurzeln
auch der Romantik in philosophischen Strömungen, die ihrerseits den »Zeitgeist« widerspiegelten. In diesem Sinne gilt Jean-
Jacques Rousseau als Urvater der Romantik. Sein schwärme-
rischer Naturalismus hat Kunst und Philosophie, in Frankreich
auch die Politik revolutioniert. Aus dem Denken von Kant,
Fichte und Hegel sowie mehrerer Generationen deutscher
Romantiker ist er nicht wegzudenken; er gehörte zu den Lieb-
lingsautoren Goethes, und Robespierre, Napoleon Bonaparte,
Beethoven und Delacroix haben ihn bewundert. So sehr die
romantischen Interpreten seine Gedanken entstellt haben, ihr

Grundtenor ist immer herauszuhören: »Der Mensch ist frei
geboren und liegt doch überall in Ketten«, seine »natürliche«
Freiheit und Güte habe er aufgrund der Normen und Konventionen der hierarchischen Gesellschaft verloren. Insofern solle
er lieber seinen ursprünglichen Gefühlen als dem Verstand
trauen. Diese Empfehlung wurde bald ins Extrem getrieben,
was zu einem regelrechten Krieg zwischen Kopf und Herz
führte – mit ideologischen und dann auch politischen Konsequenzen, die im Anschluß an die Französische Revolution kaum
noch übersehbar zutage traten. Der Wahrheitskern der Romantik, an dem ich festhalten möchte, liegt in ihrem Bekenntnis
zu den Gefühlen (allerdings *nicht* auf Kosten des Verstandes),
und meine »neue Romantik« steht für die Überzeugung, daß es
die Emotionen sind, die unserem Leben seinen tieferen Sinn
geben.

Wenn sich die Romantik in erster Linie als eine ästhetische
und damit philosophische Theorie darstellte, so war sie doch vor
allem eine weitverbreitete, fest in ihrer Zeit verwurzelte Weltanschauung und Grundstimmung. An der Oberfläche erschien
sie als eine inszenierte Schwärmerei mit pompöser Theatralik,
Melodramatik und Emotionalität, die sich in tragischen Romanzen gern bis zum krönenden Selbstmord steigern konnte oder
sich im Bedürfnis nach abenteuerlichen Geschichten mit
Happy-Ends niederschlug, das die zeitgenössischen Romane
und Schauspiele befriedigten. Bei Victor Hugos Werken waren
selbst seine engsten Freunde von deren »Rührseligkeit« manchmal peinlich berührt. Heinrich Heine, auf seine Weise ebenfalls
Romantiker, unkte (in der *Lutetia*) über die »unmännliche
Werther-Periode« mit ihrem »überschwenglichen Versinken in
den süßen Wahnwitz der Kunst« und einem »unheimlichen
Gelüste nach Traumweltgenüssen« (Goethes sentimentaler
Briefroman *Die Leiden des jungen Werthers* hatte eine wahrhaft hysterische Selbstmordlawine losgetreten). Glückliche wie
tragische Wendungen dienten demselben Zweck – die Tiefen

des Empfindens auszuloten. Nur das Empfinden machte das Leben lebenswert. Folglich schwelgten ganze Völkerscharen in den Phantasiewelten von Ritterabenteuern und zauberhaften Liebesromanzen – am besten kombiniert –, die ihnen vor allem englische, französische und deutsche Schriftsteller wie Sir Walter Scott oder Victor Hugo, aber auch Goethe, Schiller und viele andere am laufenden Band lieferten.

Von dieser grotesken Fassade, der die »Romantik« bis heute ihren schlechten Ruf des Süßlichen und Kitschigen verdankt, gab es in den großen metaphysischen Systemen Fichtes, Schellings, Hegels und Schopenhauers, aber auch außerhalb der Philosophie, äußerst fruchtbare Denkansätze, die sich der Romantik verdanken. Mehr als ein Jahrhundert lang hatte die »Aufklärung« die öffentliche Meinung mit Konzepten wie mechanische Ordnung, Weltgeist, Fortschritt und ewiger Friede beherrscht. Doch seitdem die Französische Revolution in den »Terror« ausgeartet war und die blutigen »Napoleonischen Kriege« den Zusammenbruch Frankreichs herbeigeführt hatten, schien das Programm endgültig gescheitert. Wenn *die Vernunft* ein solches Blutbad anrichtete, war von den Ausschweifungen *der Romantik* wohl kaum Schlimmeres zu befürchten; die leidenschaftlichen Dreiecksverhältnisse, um die es ging, endeten ja nicht immer tragisch mit Duellen oder Selbstmorden, und in den hanebüchenen Geschichten und Abenteuern ließ nur gelegentlich einmal ein Dichter fern der Heimat sein Leben.

Im neuen Denken kamen die *irrationalen* Kräfte des Inneren wie Äußeren zu ihrem vollen Recht. Die Natur galt nun nicht mehr als wohlgeordnet und vorherbestimmt, sondern als ein wirrer Wust von Möglichkeiten, derart chaotisch, daß selbst die kühnsten Phantasien nicht die in ihr beschlossenen Unausdenkbarkeiten ausschöpfen kann. Versucht wurde es trotzdem, und die romantische Kunst inspirierte sich rasch aus den Mysterien des Mittelalters und aus dem Okkulten, den tiefgründigen

neuen Religionen des Orients und den Abgründen des Unbewußten. Die Romantiker huldigten neben dem Schönen auch
dem Häßlichen, dem Grotesken und Schauerlichen. (Die Romantik, definierte Walter Pater, ist »die Ergänzung des Schönen
um das Fremdartige«.) Man sah das Leben als ein Abenteuer,
das ebensogut in einem tragischen Tod oder im Wahnsinn wie
im Sieg der Liebe enden mochte. Das Universum galt nicht
länger als ein berechenbarer, gesetzmäßig ablaufender Mechanismus, wie Newton oder Laplace es begriffen hatten, sondern
als ein lebendig pulsierender Organismus auf wilder Fahrt ins
Unbekannte. Schopenhauer mußte die ins Nirgendwo trei-
bende, blinde kosmische Kraft für seine düstere, von Kant
beeinflußte Willensmetaphysik nicht erfinden, sie lag »in der
Luft« und mußte nur formuliert werden. Schelling und Hegel
dagegen hatten die hellere Seite der Medaille gewählt, nämlich daß der lebendige »Weltgeist« – trotz der »Geschichte als
Schlachthaus« und der Allgegenwart des menschlichen Leidens
– wirklich zur Einheit und zur inneren Harmonie voranschritt.

Leidenschaft und Phantasie schätzten die Romantiker höher
als alle anderen Triebkräfte. Entsprechend verehrten sie die
außergewöhnlichen Motive und Visionen des Genies. In Europa
griff ein regelrechter »Geniekult« um sich, wenn auch nur
wenige seiner Förderer selber Genies waren. Da in jedem ein
Genie schlummerte, wurde der Rat der Romantiker, »alle Regeln in den Wind zu schlagen« und allein auf seine *innere
Stimme* zu hören, zur allgemeinen Losung. In der Kunst lebte
man von »Inspiration«, und im Moralischen ersetzte das »Gewissen« sämtliche Anstandsregeln. Der Individualismus feierte
Urstände. Zugleich wurde das Exzentrische, manchmal schon
fast Verschrobene von Figuren wie Byron oder Novalis fast
immer durch einen ebenso starken Universalismus abgemildert
– ein Grundzug der Romantik, der nur an der Oberfläche als ein
Widerspruch erscheint. Wie konnte sich ein Freiheitskult etwa
dem deutschen Nationalismus verschreiben? Oder ein Genie-

kult als Massenbewegung verstehen? Die Antwort auf solche
Fragen liegt im Emotionalen, in jenem seltsamen Gemisch aus
Subjektivität und intersubjektivem Humanismus, das viele
Kunst- und Politikgeschichtler am 19. Jahrhundert stark irritiert
hat. Wenn die Romantiker von Freiheit sprachen, dachten sie
an Gemeinschaft, nicht an Gesellschaft. Das freie Individuum
würde mit den von Rousseau gegeißelten Normen und Institutionen nicht gedeihen, sondern sich nur in einem offenen ver-
trauensvollen Gemeinschaftsleben je nach Eignung und Tem-
perament »organisch« beziehungsweise »natürlich« entwickeln
können. Dabei war das Genie, wie überspannt es sich auch
gerieren mochte, nicht mehr als die Avantgarde der Bewegung:
»Der Dichter dient als Laternenhalter der Menschheit«, schrieb
Victor Hugo. Politische Ideologien hat die Romantik denn auch
oft direkt unterstützt: in Deutschland den Nationalismus und
Sozialismus, in Frankreich den Freiheitskampf der Revolution.
(Wie weit das von jenem Eskapismus entfernt ist, den ihr viele
Kritiker unterstellten!)

Doch den Kern der Romantik in all ihren Spielarten bildete
ein neu erwachtes Bewußtsein für das *Leben*. »Das höchste Ziel
des Lebens ist das Leben«, postulierte Fichte. Newtons ent-
menschlichendem leblosen Mechanismus hielt sie einen lebenden Organismus entgegen; dem zum Frieden führenden Fortschritt der Aufklärer, der nur Gemetzel und Ernüchterung
gebracht hatte, ihren Abenteuergeist (ohne indes etwas anderes
zu beschwören als ein strebendes Bemühen); den kalt berech-
neten Projekten einer vernünftig geplanten Gesellschaft die
spontanen Aufwallungen von Leidenschaft und »Sympathie«;
den starren Regeln und zeitlosen Prinzipien der Klassik und der
Aufklärung schließlich die gelebte Erfahrung, Entwicklung und
Evolution.

Da das Universum unterdessen wieder entzaubert ist und der
Mensch »die unendliche schöpferische Musik des Weltalls zum
einförmigen Klappern einer ungeheuren Mühle« gemacht hat,

wie Novalis in *Die Christenheit oder Europa* beklagte, und die Verheißungen des Fortschritts nur furchtbare Ernüchterung zurückließen, da die »pragmatische« Realpolitik oft in Torheit oder Korruptheit umschlägt und uns starre Regeln nur noch spalten und schwächen, muß eine »neue Romantik« heute wieder für frischen Wind sorgen.

Dabei möchte ich betonen, daß die Romantik eine ausgesprochene Friedensbewegung ist. In Kriegszeiten schlagen die Wogen so hoch, daß es keiner Philosophie bedarf, um uns den Stellenwert der Emotionen vor Augen zu führen. Und wenn es ums nackte Überleben geht, muß man den Sinn des Lebens nicht groß begründen: Im absurden Kriegsalltag stellt sich das Leben paradoxerweise niemals als sinnlos dar. In England setzte sich die Romantik als eine Protestbewegung erst durch, als die Industrielle Revolution in einer längeren Phase des Friedens die Fratze der Ausbeutung und Entfremdung zeigte und den Himmel von Manchester und London mit dem schwarzen Rauchbanner des Fortschritts überzog. In Frankreich blühte die Romantik erst in der reaktionären, autoritären Restaurationszeit nach dem Sturz Napoleons auf und war ein Aufbegehren gegen den groben Materialismus der Bourgeoisie und das triste Einerlei der Epoche. In Deutschland erreichte die Romantik ihren Zenit nach der mißlungenen Einigung der Nation, als Antwort auf die Ohnmacht und Verzagtheit der Mittelschicht, die eine wirkliche Revolution bis dahin verhindert hatte. Kurz, die Romantik ist eine Schwester des Absurden, ein alarmierender Protestschrei gegen das Erstarren der Gesellschaft. Die Stunde ihrer vermeintlichen Antipodin – in Wahrheit jedoch Komplementärform –, der Klassik, schlägt, wenn es stürmt (etwa während und kurz vor der Französischen Revolution), wenn es nicht an heftigen Emotionen mangelt, sondern an Einheit und Ordnung. Die Romantik wühlt auf und gibt einem verödeten Leben wieder neuen Sinn. Sie ist eine zutiefst bürgerliche Bewegung, erwächst nicht aus Terror oder Schlachtgetümmel, sondern aus

Langeweile – aus dem leblosen, unerträglich gewordenen Alltagstrott. Daher kann sie das Revolutionäre genauso fördern wie das Konservative (was Frankreich respektive Deutschland belegen), bildet jedoch so oder so eine Kraft, die etwas *bewegt* und den Geist auffrischt. Die Romantik läßt das Leben wieder sinnvoll erscheinen, wenn alles erstarrt ist und nur das »absurde Grübeln« als »vernünftig« oder »sachgerecht« gilt, weil wir uns längst mit der Entwertung aller Werte abgefunden haben.

3
Rationale Romantik

Le cœur a ses raisons que la raison ne connaît
point.
BLAISE PASCAL, *Pensées*

Die Verkennung von Leidenschaft und *Vernunft*, wie als ob letztere ein Wesen für sich sei
und nicht vielmehr ein Verhältniszustand verschiedener Leidenschaften und Begehrungen;
und als ob nicht jede Leidenschaft ihr Quantum
Vernunft in sich hätte…«
FRIEDRICH NIETZSCHE, *Aus dem Nachlaß der
Achtzigerjahre*

Nicht nur in der Philosophie ist oft zu hören, der Verstand
müsse die Gefühle *beherrschen*; Hume dagegen schrieb:
»Die Vernunft ist nur die Sklavin der Emotionen[3] und soll es
sein.« Beide Ansichten sind gleichermaßen gefährlich. Wenn
wir den Menschen in Kopf und Herz zergliedern und einen
Machtkampf um die Herren- und Sklavenrolle zulassen, spalten
wir uns in zwei Lager, die kein harmonisches Ganzes mehr
bilden. Zwischen Denken und Fühlen besteht überhaupt kein
Grundkonflikt. Die Frage ist nur, wie wir uns auf *emotionale*
und wie auf *rationale* Weise wahrnehmen beziehungsweise
entwerfen. Im übrigen gibt es keine klar voneinander abge-
grenzten »Instanzen«, sondern lediglich verschiedene Maßstäbe
und Perspektiven.

---

[3] Th. Lipps übersetzt *passions* als »Affekte«, was weder dem Sinn noch der Intention
Humes entspricht (A. d. Ü.).

Ohne die Führung der Gefühle hätte der Verstand weder Grundsätze noch Kraftquellen. Von unseren »Empfindungen« abgeschnitten, könnten wir sogar begründen oder nachweisen, daß sich überhaupt nichts begründen läßt. Darauf legte Hume besonderes Gewicht. Brutal verdeutlichte er das mit dem Argument, es sei doch keineswegs »unvernünftig«, wenn ihn das Hinmetzeln von hunderttausend Orientalen weniger berühre als ein schmerzender Einstich in seinen kleinen Finger. Der Verstand kommt allein über die Emotionen mit Wertungen in Kontakt und soll sich nur im Sonderfall des *objektiven Folgerns* subjektiver Neigungen enthalten. Das geschieht jedoch weder »naturgemäß« noch vermittels der Logik, sondern aufgrund einer gewaltigen Anstrengung, die subjektiven und persönlichen Motive systematisch auszuschließen. Zwar hat das objektive Denken (sogar im Selbstbewußtsein) seinen Platz, es macht aber nicht den ganzen Verstand aus. Zudem ist dieser, gerade wegen seiner Abstraktheit und Regelhaftigkeit, keineswegs frei von persönlichen Ideologien, Vorurteilen und Präferenzen. Wenn der Verstand auch reflektiert und raumgreifend sein mag, so ist er doch ungeachtet seiner Objektivitäts- und Universalitätsansprüche nicht weniger subjektiv und persönlich.

Andererseits lassen sich die Emotionen sogar im Reich der Logik nicht ohne weiteres vom Denken trennen. Gewiß sind nicht alle, sondern in der Tat nur die wenigsten Gefühle reflektiert und voll bewußt. Nietzsche betonte durchaus zu Recht, daß sie oft »dumm« sind – trotz ihres fast unheimlichen Vermögens, Zusammenhänge »intuitiv« zu erfassen, die dem Denken gänzlich entgehen. So »spüren« wir etwa Argwohn und Mißtrauen gegenüber jemandem, der uns dafür momentan keinen »Grund« bietet, sich jedoch später als ein Halunke erweist. Solange wir die Gefühle nicht bewußt reflektieren, fehlt es ihnen jedoch an jenen kritischen Maßstäben oder Blickwinkeln, die uns zuallererst über den eigenen Tellerrand hinaussehen lassen. Emotionen können zwanghaft und kurzsichtig, ja, gleichsam mit Scheuklappen versehen sein. Oft verfehlen sie ihren eigentlichen Gegenstand und heften sich ans Nächstbeste, nur weil es verfügbar ist. Unser Ärger trifft einen Unbeteiligten, weil er eben gerade »da ist«; wir verlieben uns, ohne genau zu ahnen, geschweige denn zu klären, was wir von dem anderen Menschen wollen oder erwarten und was wir selbst zu geben bereit sind. Erst Reflexion bringt jene Kriterien und Perspektiven bei, die das ermöglichen, so daß sich ein verantwortliches Bewußtsein ausbilden kann, das über die unmittelbaren Begierden hinaus auf die Konsequenzen und die Belange anderer blickt. Dabei ist der Verstand allerdings weder ein bloßes »Anhängsel« an die Gefühle noch eine übergeordnete »Instanz«, die sie mittels strenger Diktate »beherrscht« oder »steuert«, sondern nur der bewußte Ausdruck oder die Verlängerung der Emotionen selbst. Denken ist transparent gemachtes Fühlen. Was gelegentlich als die »Dummheit« der Leidenschaften bezeichnet wird, bezeugt zugleich die Enge unseres Verstandes, also ein beschränktes Bewußtsein und Weltverständnis.

Wenn wir der »Trägheit« des Verstandes gerne die »Spontaneität« der Emotionen gegenüberstellen – und in starken Gefühlen können wir ja geradezu »aufgehen« –, ist das ein Phänomen, das erklärungsbedürftig ist. Solches »Aufgehen« bedeutet nämlich keineswegs, daß wir nicht für unsere Gefühle verantwortlich wären. Schließlich »ertappen« wir uns häufig genug nicht bei einer gewissen *Anwandlung*, sondern vielmehr dabei, bestimmte Gefühle – sogar mit Nachdruck – *aufzubauen*, uns »in eine Wut hineinzusteigern«, »Schuldgefühle einzureden« oder vor einem ersten Rendezvous genau auf jenen Zauber einzustimmen, dem wir dann mit unserer rosarot polierten Brille prompt »erliegen«. Solche Gefühle sind demnach nicht »spontan«. Und selbst, wenn sie uns so erscheinen, bleibt zu fragen, ob nicht ausschließlich deshalb, weil wir sie schon vielmals unter ganz ähnlichen Bedingungen erlebt, durchgespielt und verfeinert haben. Unsere Emotionalität ist im selben Sinn »spontan« wie das Genie eines Niccolò Paganini, eines James Whistler oder eines Thomas Mann; auch sie zehrt von vielen Jahren harter Arbeit und anstrengender Entwicklung. Fertige Meisterwerke wirken oft so, als seien sie von selbst entstanden.[4]

Im übrigen ist auch der Verstand oft, wenn nicht meistens, in diesem Sinne »spontan«. Eine Idee »kommt uns«; wir haben einen »Geistesblitz«. Und unsere besten Einfälle entspringen durchaus nicht immer aus angestrengter Selbsterforschung. Gewöhnlich gilt auch hier, daß sie uns buchstäblich »zufallen« und wir sie bloß »aufgreifen«. Gleichwohl würde niemand sie deshalb verwerfen. Erneut zeigt sich, daß die vermeintliche Kluft zwischen Denken und Fühlen bei näherer Betrachtung gar nicht besteht.

Verstandesurteile weisen wie Gefühle (die ich ja ebenfalls als Urteile ansehe) *begriffliche* Strukturen auf, sind also keine diffusen »Affekte«. Gefühle sind typischerweise aber nicht ihrem Wesen nach präreflexiv: Kein durch Selbstreflexion bewußt gemachtes Gefühl ist deshalb weniger Gefühl. Vielmehr strukturieren die Emotionen unsere Welt und bilden das, was ich als unsere »Surrealität« oder »Ichstruktur« bezeichnet habe. Ungeachtet ihrer vermeintlichen Inhalte sind alle Gefühle *selbstbewußt* und gehen vom Ich aus. Wenn sie jedoch schon ihrem Wesen nach begrifflich und selbstbewußt sind, dann ist es offenbar nur noch ein kleiner Schritt bis zu ihrer kritischen Reflexion, die gleichwohl mit Schwierigkeiten verbunden sein kann. Präreflexiv heißt nicht begriffslos, und der Übergang vom Begreifen zum kritischen Durchdenken ist allenfalls eine Sache des »Ausdrucks« oder, wie viele Psycholinguisten sagen würden, ein gradueller.

---

[4] »Nicht die Stärke, sondern die Dauer der hohen Empfindung macht die hohen Menschen.« (Nietzsche, *Jenseits von Gut und Böse*)

So überrascht es kaum, daß gute Gedichte oft in einer Art Trance, im Zustand der Verzweiflung oder Raserei, entstehen, wenn das nüchterne Verstandesdenken aussetzt (man denke an T. S. Eliot, wie er in einer Schweizer Absteige »The Wasteland« zu Papier brachte). Bekanntlich können begnadete Dichter im persönlichen Umgang ausgesprochene Langweiler sein. Sie seien besonders »empfindsam«, heißt es. Doch wie übersetzt sich diese »Empfindsamkeit« in Sprache? Die Antwort lautet gewöhnlich: »Durch ihre Begabung.« Wenn es sich allerdings um eine Trance handelt, so wäre zu fragen: »Wie sagen sie das Unsagbare? Wie fassen sie das Unfaßbare?« Bevor sie sich auf derartigen Unsinn einlassen, stellen viele den Wert der Empfindsamkeit völlig in Abrede, als sei Dichten ein kreatives, aber doch streng *rationales* Unterfangen. Die Konfusion erwächst aus dem Mißverständnis, Emotionen seien passive Sinneseindrücke oder Affekte. Dann wären sie allerdings buchstäblich unbeschreiblich oder, falls der Ausdruck überhaupt einen Sinn hat, »unübersetzbar«. Wenn Gefühle jedoch Begriffsschemata, Weltanschauungen und Felder von Metaphern (»Mythologien«) sind, dann fällt den Dichtern die Aufgabe zu, sie »auszudrükken« und darzustellen, also nicht zu übersetzen oder zu beschreiben. (Damit soll die Rolle von Begabung, »Inspiration« oder besonderem »Talent« nicht bestritten werden; doch bilden sie nicht die *Brücke zwischen* den Gefühlen und dem Gedicht, sondern sind bereits in jenen selbst angelegt.)

Ganz ähnliche Ansichten kursieren im Hinblick auf die Aggressionsneigung des Denkens und des Fühlens. Gemeinhin stellt sich der Zusammenhang so dar: Die Emotionalität ist ihrem Wesen nach gewaltsam, die Rationalität dagegen friedfertig (»vernünftig« heißt so viel wie »besonnen« sein). Dem scheint das romantische Modell Rousseaus diametral entgegengesetzt: Der seinen »natürlichen Regungen« überlassene Mensch sei friedlich, nur der »zivilisierte« Bürger mit seinen rational legitimierten Besitzansprüchen streite über Rechte an

Dingen und Menschen, schüre Haß und zettele Kriege an. Selbstverständlich sind beide Ansätze viel zu simpel und reichlich naiv. Es gibt destruktive wie konstruktive Gefühle, nicht nur Haß und Rachsucht, sondern auch Liebe und Achtung. Beim Denken ist das Bild noch um einiges vielschichtiger. Da Gewalt in der Regel nur Unheil anrichtet, weist der Verstand (und das reflektierte Gefühl) sie im allgemeinen zurück. Viele der aggressiveren Regungen zeugen von kurzsichtiger oder blinder »Unvernunft«; andererseits wissen wir aus der Geschichte, daß »vernünftige Erwägungen« beileibe nicht immer dem Frieden förderlich sein müssen. Ein »Vernunftfriede«, der aus opportunistisch-taktischen Gründen geschlossen wird, ist sicher weniger stabil als ein Friede auf Basis gegenseitiger Achtung. Denken und Fühlen schließen einander nicht aus. Wie es aggressive Regungen gibt, so auch triftige Gründe für Gewalt. Im übrigen kann jemand unfähig sein, seine Gefühle angemessen *auszudrücken*. So wird Herman Melvilles Romanheld Billy Bud weder durch sein Fühlen noch durch sein Denken in die Gewalt getrieben, sondern allein deshalb, weil er seinen Ärger nicht anders ausdrücken kann.

Im Chor mit den alten Griechen ist behauptet worden, Gefühle seien »Ausbrüche«, während die Vernunft an der Ruhe und Beständigkeit des »Ewigen« teilhabe. Es wäre jedoch irrig, die Emotionen auf ihre kritischen Phasen – die »überschäumende« Wut, die »rasende« Eifersucht – zu reduzieren. Selbstverständlich gibt es Gefühlsausbrüche, oft geben sich Gefühle erst durch Ausbrüche zu *erkennen*. Doch Emotionen müssen sich nicht explosiv äußern. Liebe etwa kann lange Zeit ohne irgendwelche Anfälle von Raserei oder Verzweiflung bestehen (die ja überwiegend im Vorfeld ihrer Konsolidierung oder schon gegen Ende auftreten). Wenn die Gefühle das Ich und seine Lebenswelt strukturieren, *müssen* sie fest und beständig sein. Anzunehmen, sie seien nur gleichsam auf der Kippe stark und »echt«, wäre grundverkehrt. Eben dies haben viele Romantiker

geglaubt und in ihren Romanen und biografischen Selbstinsze-
nierungen ihren Gefühlen häufig eine Art Dauerbelastung ver-
ordnet, da sie glaubten, nur in Krisen zeigten diese ihr »wahres«
Gesicht.

Wir können jahrelang tiefen Groll »hegen«, ihn mit einem
festen Panzer einfrieden, bis wir dann, wenn ein heftiger Angriff die eigene Abwehr bedroht, randalieren oder Amok laufen.
Gewöhnlich heißt es, bei solchen Ausbrüchen mache sich die
Wut »Luft«, so als habe man bis dahin, wie es die »hydraulische« Metapher nahelegt, immerfort »unter Dampf gestanden«.
Eine ganz lebenspraktische Konsequenz meiner Theorie lautet
jedoch, daß solche Ausbrüche – weit davon entfernt, etwas
»abzulassen« – die Wut, vom Denken und durch die Erregung
angeschoben, nur weiter steigern. Und da sich der Zorn nicht
im Ausbruch erschöpft, wird dieser ihn höchstwahrscheinlich
sogar noch fester (im Bewußtseinsstrom?) verankern.

Wir dürfen auch nicht vergessen, daß die Vernunft, obgleich
sie die traditionelle Philosophie gern zu etwas »Ewigem« oder
»Göttlichem« hochstilisierte, vor Dummheit nicht gefeit ist.
»Nüchternes Denken«, so gut es sich in der Mathematik, in
den Naturwissenschaften (oder bei Bridge und Schach) auch
bewährt, ist oft völlig lebensfremd. Das Genie, das kaum entscheiden kann, welchen Schuh es zuerst anziehen soll, ist
sprichwörtlich. Daß Intelligenz nicht für Lebensklugheit bürgt,
hat für den gesunden Menschenverstand nichts Überraschen-
des. Gewiß trieben die Frühromantiker dieses Motiv auf die
Spitze, als sie den »Mann auf der Straße« feierten. Man sollte
jedoch bedenken, daß es neben der »praktischen« auch eine
»theoretische« Vernunft gibt und daß moderne Denker sogar
den Sinn dieser Beiworte ernsthaft in Frage stellen. Zwar gibt es
fast keine »Praktiken«, die ganz ohne Theorie auskommen, und
vielleicht überhaupt keine Theorien, die keinerlei praktische
Anwendung zulassen, aber soviel steht fest: Die rein theoretische Vernunft ist mit den Alltagsproblemen nicht enger ver-

wandt als hohe Weinkennerschaft mit dem Auswechseln von Katzenstreu.

Bevor wir mit Kant in ein uneingeschränktes Loblied auf die »praktische Vernunft« einstimmen, gilt es zu bedenken, daß sie oft nur eine »Rationalisierung« – und keine rationale Erklärung – der Gefühle liefert. So preisen wir wortreich die Tugend der Nächstenliebe, bis uns dämmert, nur deshalb Moral zu predigen, weil uns nachträglich wurmt, daß uns an jenem Nachmittag ein Wohltätigkeitsverein ein kleines Vermögen abgeluchst hat. Oder wir rühmen das Ideal rechtschaffener Arbeit, nachdem uns gerade eine Gruppe bettelnder »Zigeuner« begegnet ist. Man könnte argumentieren (wie es Nietzsche in *Zur Genealogie der Moral* und *Der Antichrist* tat), daß eine jede abstrakte Ethik wie die christliche oder die kantianische nur darauf hinausläuft, tiefsitzende unerträgliche Impulse zu rationalisieren – insbesondere Neid und Ressentiment. Allerdings dürfen wir umgekehrt nicht annehmen, daß die Gefühle dabei das Denken *unterwandern* würden (wie Partisanen, die eine feindliche Funkstation besetzen). Im Verstand kommen *die Gefühle als reflektierte* zu sich selbst. Wenn man sich aber bemüht, sich ihrer zu entledigen, um rein »objektiv« zu denken, bleiben alle Wert- und Bedeutungsfragen zwangsläufig auf der Strecke.

Kurz, die Trennung von Denken und Fühlen beruht auf zwei irrigen Modellen: dem der Gefühle als eruptiver, krisenhafter Ausbrüche und dem des nüchtern, sachlich denkenden Verstandes, der sich ganz auf lebensferne formale intellektuelle Probleme beschränkt. Und wie es keine zwei »Instanzen« gibt, so auch keine Spaltung. Denken ist nur mehr oder minder bewußtes und transparentes Fühlen. Deshalb mein Plädoyer für eine »rationale Romantik«, für die die Trennung zwischen Denken und Fühlen keine wesentliche Rolle spielt.

4

Die Aufgabe der Vernunft

> Es gehört zu den vornehmsten Aufgaben der
> Vernunft, die Kunst des Lebens zu verfeinern.
> ALFRED NORTH WHITEHEAD

Nietzsche zufolge soll die Vernunft bestimmte Emotionen auf Kosten anderer fördern. Eine *erfolgreiche* Moral habe die *lebensverneinenden* Regungen zu bekämpfen, die tödlich wirken könnten, indem sie »mit der Schwere der Dummheit ihr Opfer hinunterziehen«.

Man mag es Nietzsche verzeihen, wenn er mit dieser Unterscheidung zwischen »lebensbejahenden« und »lebensverneinenden« Impulsen ein wenig in den Mythos der Leidenschaften zurückfiel. Sie ist zwar etwas grob, hebt aber etwas hervor, was den Romantikern wie nahezu allen Rationalisten regelmäßig entging: daß die Gefühle in unserem Leben sehr unterschiedliche Rollen spielen. Daher ist auch die Vernunft weder »für« noch »gegen« sie. Sie wimmelt sie nicht wie unwillkommene, störende Eindringlinge aus dem »Es« pauschal ab, sondern begegnet ihr differenziert. Jede Gefühlswallung, auch die allerdümmste und lebensverneinendste, schließt ihr »Quantum Vernunft« ein – allerdings sind seltsamerweise einige Quanten stärker als andere.

In der Philosophie, der »Liebe zur Weisheit«, ist von Weisheit heute kaum noch die Rede; nicht zuletzt deshalb, weil ihr das Emotionale fehlt, so als wäre sie Greisen vorbehalten, die am Lebensende alles abgeklärt und gelassen betrachten. Doch Weisheit ist nicht *Ataraxie*, sondern zielt darauf, sowohl klug als auch engagiert zu leben, jedes Gefühl mit Vernunft zu erfüllen und dem Licht der Reflexion auszusetzen. Die Kraft der Weisheit wurde zu Unrecht von der Emotionalität geschieden. »Weise« ist nicht jemand, der sich möglichst nicht einmischt, keine Leidenschaften hat, niemals aus der Haut fährt, die Ruhe liebt und seine Welt mit unbestechlichem »Realismus« beurteilt – man denke nur an Sokrates, der die Trunkenheit ebenso genoß wie die Euphorie seiner Schüler in den gemeinsamen Gesprächen; oder an T. E. Lawrence, der die Lust und völlige Hingabe neben selbstverhängten Qualen und Martern zu den »Säulen der Weisheit« rechnete; an Goethe, der als Inbegriff an Weisheit, Disziplin und Selbstbeherrschung gilt, aber gerne und ausgiebig trank und in Rom (wie später im Lotterbett mit Christiane) regelrechte Orgien feierte. Die Aufgabe der Vernunft, aus der die Weisheit erwächst, ist demnach, diejenigen Leidenschaften auszuwählen und zu fördern, die Nietzsche als »lebensbejahend« bezeichnete – also die Würde und Selbstachtung des Menschen zu steigern.

Anstelle wirklicher Weisheit scheint der moderne Mensch aufgrund seines Rationalismus den »gesunden« (oder den, wie er noch treffender bezeichnet wird, »gemeinen«) Menschenverstand anzubeten. Darin geht es kaum um das reflektierte eigene Erleben, geschweige denn um emotionales Engagement, sondern vielmehr darum, Erfahrungen durch eine anerzogene Übereinkunft mit dem »gemeinsamen« Fundus angesammelter Vorurteile zu ersetzen (die vor allem auf Mäßigung hinauslaufen). Um eine häufig mißverstandene Stelle des Aristoteles heranzuziehen (in der es eigentlich heißt, man könne nicht »zuviel des Guten« tun[5]), soll der »gesunde Menschenverstand« die Leidenschaften durch das Gebot dämpfen, »nichts zu übertreiben« und »in allem Maß zu halten«. Doch das Leben ist auch Ausgelassenheit und Rausch, so daß ich lieber Oscar Wilde als dem Pseudo-Aristoteles folgen möchte: »Alles, was überhaupt

---

[5] Aristoteles, *Die Nikomachische Ethik*, Drittes Buch.

wert ist, getan zu werden, verdient das Übermaß.« Mäßigung erzwingt ein sinnleeres, erfahrungsarmes, langweiliges und vor allem leidenschaftsloses Leben mit einer Fassadensubjektivität. Im anonymen »gemeinsamen« Fundus der Besonnenheit und der »rationalen« Öde liegt eine unerschöpfliche Quelle des Absurden. Wahre Weisheit ist jedoch nichts »Gemeines«, wie Sokrates mit seinem Märtyrertod bewies, als er unbeirrt an den Grundsätzen festhielt, derentwegen ihn die »gemeine« Masse verurteilt hatte.

Alle Gefühle haben das gleiche Ziel – die Würde und Selbstachtung zu steigern. Zwar sind sie aufgrund einer inneren Logik untereinander verbunden, doch neigt jedes Gefühl dazu, sich ganz von seinen eigenen Inhalten und Vorgaben einnehmen zu lassen, und wählt für sich die scheinbar beste Strategie. Aber der Blick aufs Ganze offenbart, daß ihre Initiativen einander widerstreiten und durchkreuzen können. Manche wirken so gut wie immer verheerend (wie blinder Eifer beim Fußball), weshalb die Vernunft korrigierend eingreift, um die Gefühle auf ein gemeinsames Ziel auszurichten (was jedoch bedeutet, daß einige von ihnen die meiste Zeit auf der Ersatzbank zubringen müssen). Doch sogar ein wohlkoordiniertes Vorgehen kann scheitern, und deshalb möchte ich die Vernunft ganz vorsichtig als Streben der Gefühle nach dem besten Weg zur Selbstachtung bestimmen. Was wir »Weisheit« nennen, ist das glückliche Erreichen dieses Ziels – die von den Griechen so hoch geschätzte »innere Harmonie« als Zügelung der Begierden und jenes Chaos, dem die Romantiker das Wort redeten. Aristoteles sprach in diesem Zusammenhang von *eudaimonia*, das heißt »dem guten Leben«, in dem weder die Leidenschaft noch die Vernunft fehlen durfte. Die tückische Aufspaltung beider werden wir allerdings erst einmal überwinden müssen, bevor uns die antiken Ideale der Selbstachtung, der Weisheit und der inneren Harmonie einleuchten können.

III
Der Mythos der Leidenschaften

Passion: Zustand, einer der eigenen Natur fremden oder äußerlichen Gewalt unterworfen beziehungsweise ausgesetzt zu sein.
Webster's Third New International Dictionary

Passion: Souffrance, série de tourments [...]
Mouvement, agitation que l'âme éprouve [...]
Émotion: trouble, agitation de l'âme.
Dictionnaire Petit Larousse

Leidenschaft: 1617 von Zesen als Lehnübertragung von französisch *passion* gebildet. Es bezeichnet im 18. Jahrhundert auch eine vorübergehende heftige Erregung [...], während wir unter L. gewöhnlich eine dauernde Charaktereigenschaft verstehen. Speziell ist L. = »heftige Liebe«.
HERMANN PAUL, *Deutsches Wörterbuch*, 1966

1

Die Leidenschaften

In dem Wort »Passion« ist das Element des *Leidens* enthalten (die »Passion Christi« ist der »Leidensweg Christi«). Auch wenn sich das semantische Feld von »Passion« inzwischen stark erweitert hat, scheint die Grundvorstellung – daß wir mit Passionen etwas *erleiden* – unverändert geblieben zu sein. Passionen, suggeriert das Wort, machen uns passiv. Für die »Leidenschaften« gilt das offensichtlich allgemein, bei glücklichen Regungen wie der Freude oder Liebe sieht das nicht anders aus als bei schmerzlichen wie der Trauer, der Sühne oder der Verzweiflung. Passionen wie Leidenschaften, auch positive wie die Freude und Liebe[1], meinen wir zu erleiden.

Leidenschaften »drangsalieren«, »überwältigen«, »verzehren« oder »lähmen« uns; wir »verfallen« oder »erliegen« ihnen und versuchen, sie »niederzuhalten«, »einzudämmen«, »unter Kontrolle zu bringen« oder »zu unterdrücken«. Sofern wir uns dabei überhaupt als aktiv wahrnehmen, *re*agieren wir lediglich auf Ereignisse, ohne diese irgendwie steuern zu können.[2] Das westliche wie auch östliche Denken neigte stets dazu, die Passionen gleichsam als »äußere« Kräfte aufzufassen, als Quellen unberechenbarer Eruptionen des Unbewußten, des »Es« im Sinne Freuds oder als kartesianische »Lebensgeister«, die durch ihre Umtriebe den Verstand auslaugen. Kurz, ob die Leidenschaften

---

[1] Paul Ricœur, der bedeutendste und einflußreichste unter den zeitgenössischen Fachphilosophen Frankreichs, betont in seinem umfangreichen Werk über die Willensfreiheit (*Philosophie de la volonté. Le volontaire et l'involontaire*, Aubier 1967), daß im Grunde alle Passionen »unglücklich« seien. Auf das Gegensatzpaar im Untertitel seines Werks bezogen, wären sie jedenfalls als »unfreiwillig« einzustufen.

[2] Vgl. dazu die drei nebenstehenden Definitionen.

nun gefürchtet, verhöhnt und verspottet oder (wie in der deutschen Romantik) gefeiert wurden, im Grunde lief es immer auf das gleiche hinaus: Sie waren Störenfriede.

Im Englischen ist das Wort »*passion*« etwas verstaubt; viktorianische Empfindsamkeit mit ihren halb hysterischen Gefühlsausbrüchen klingt mit. Einen ähnlichen Beiklang hat »*passion*« im Französischen, im Gegensatz zum neutraleren »*émotion*«.[3] Im deutschen »Leidenschaft« sagt das Wort gleich explizit, daß Leiden dazugehört, während »Gefühl«, das direkte Pendant zu »*emotion*«, sanftere und gefälligere Töne mitschwingen läßt.[4]

Wegen seiner wortgeschichtlichen Konnotationen, die alles mittransportieren, wogegen ich hier *ankämpfen* möchte,[5] ist das Wort »Passion« in besonderer Weise geeignet, als Oberbegriff für das gesamte Spektrum der Phänomene (um es zunächst neutral auszudrücken) zu fungieren, die uns gleichsam »bewegen«. Das passende Gegenstück zu dieser traditionellen Auffassung ist die Vorstellung, daß der Mensch ohne Leidenschaften im Zustand der Trägheit verharren würde. Diesem Mythos[6] gab Freud wissenschaftliche Weihen (als er zunächst vom »Erhaltungs-« und später vom »Nirwanaprinzip« sprach), wobei er stets argumentierte, daß der »psychische Apparat« von Natur aus zur *inertia* neigt, das heißt dem »Trägheitsgesetz« unterliegt, so als habe Gott den Menschen vor allem zum Schlafen

---

[3] Vgl. dazu etwa Théodule Ribot, *Essai sur les Passions* (Paris 1912): »Leidenschaften sind verlängerte und vergeistigte Gefühle, und sie sind *explosiv*.« Vgl. auch J.-A. Rony, *Les Passions* (Paris 1961): »Passionen sind heftige, unbezähmbare und zwanghafte Gefühle.« Allerdings stellt M. Pradines (*Traité de Psychologie*) im Anschluß an Rousseau das Heftige sowohl der Gefühle als auch der Leidenschaften der ruhigeren »Empfindsamkeit« gegenüber.

[4] Wie viele deutsche Wörter, die sich auf das Erleben beziehen, im Gegensatz übrigens zum Mischdialekt des Jiddischen; wenn dessen psychologisches Vokabular eher zum Pathos neigt, so geht die Etymologie hier wie so oft der Ethologie voraus.

[5] Ich verweise nochmals auf die Definitionen im Vorspann.

[6] »Es hat sich herausgestellt, daß Mythen die Wahrheit verstellen und große Macht entfalten können, wenn man sie immer wieder predigt oder zu einem Bestandteil im beruflichen Alltag macht.« (John D. Solomon)

geschaffen.[7] Doch weshalb überhaupt dergleichen annehmen? Und wenn schon physikalische Begriffe, warum sollte *Trägheit* und nicht *Impuls* die Gegebenheit sein, von der auszugehen wäre? Sollte der Mensch in irgendeinem Zustand einer »Ruhemasse« gleichen? Hätte er ohne Leidenschaften überhaupt eine Persönlichkeit oder auch nur Bewußtsein?

Ursprünglich hatte mir vorgeschwebt, meine Untersuchung auf eine kritische Analyse der überkommenen philosophischen Emotionstheorien zu stützen, besonders denen von Aristoteles, der Stoa, von Augustinus, Descartes, Hume, Spinoza, Hobbes, Rousseau, Whitehead und Sartre. Bald jedoch wurde mir klar, daß davon mein eigentliches Vorhaben erdrückt werden würde. Außerdem stellte ich (wie zu erwarten war) fest, daß in den Hauptwerken der meisten großen Philosophen kaum einschlägige Theorien entwickelt werden, sich allenfalls Korollare aus ihren Grundannahmen ableiten lassen, was als Analyse wenig ergiebig und befriedigend schien. Das gilt sogar für die wenigen Autoren, die wie Descartes und Hume eigenständige »Abhandlungen« über die Gefühle schrieben und ihnen einen wichtigen Platz in ihrem Gesamtwerk einräumten.

Als ich mich mit Aristoteles befaßte, namentlich seiner allgemeinen Darstellung der Emotionen in *Über die Seele*, aber auch den Detailstudien in der *Rhetorik*, versuchte ich zu rechtfertigen und zu erklären, warum Aristoteles die Psyche ganz anders begriff als wir Heutigen und völlig außer acht ließ, was wir als »Subjektivität« bezeichnen. Immerhin ist seine Auffassung der Emotionen als ein aktives »Tun« auf den ersten Blick nicht allzu weit von meiner Ansicht entfernt – auch wenn er unter »Tun« etwas ganz anderes verstand als ich. Ähnliches gilt für die Stoa, bei der ich in gewissem Umfang meine These vorformuliert

---

[7] Vgl. dazu Nietzsches Aperçu in *Also sprach Zarathustra*: »Keine geringe Kunst ist schlafen: es tut schon not, den ganzen Tag daraufhin zu wachen.«

fand, daß Gefühle *Urteile* sind. Doch bald forderte die akademische Wissenschaftlichkeit ihren Tribut, und ich sah mich vor die Wahl gestellt, entweder auf philologische Genauigkeit zu verzichten oder eine streng systematische Monographie zu schreiben. Ich entschied mich dann gegen beides, worauf meine schon angefangenen Studien über Descartes und Hume zu separaten kleinen Abhandlungen wurden. Nietzsches Äußerungen über die Emotionen sind so buntscheckig und vielschichtig, daß sie einen eigenen Band ergäben, obwohl sie lediglich über Fragmente und Aphorismen verstreut auftreten. Sartre, den ich an anderer Stelle ausführlich erörtert habe,[8] böte sich gewiß ebenfalls für eine umfassende eigene Untersuchung an.

Also habe ich jene Vorstudien lieber für eine besondere Publikation beiseite gelegt, um hier meine eigenen Gedanken zum Thema entwickeln zu können. Gelegentlich gehe ich auf überkommene Theorien ein, um mich von ganz abwegigen Positionen abzugrenzen, beispielsweise Kants Diagnose, wonach aus dem Blickwinkel der praktischen Vernunft Leidenschaften etwas regelrecht »Krankhaftes« sein müßten. Im übrigen überlasse ich es dem Leser, Übereinstimmungen mit oder Abweichungen von früheren Denkern festzustellen.

---

[8] »Sartre on Emotions«, mit Antworten Sartres auf Fragen, in: Paul Arthur Schilpp (Hg.), *Sartre*, The Library of Living Philosophers, LaSalle, Ill., 1977.

2
Gefühle, Stimmungen und Wünsche

Wir können zwischen drei Grundformen von inneren Regungen unterscheiden: (1) Gefühlen, (2) Stimmungen und (3) Wünschen. Sie treten in allen möglichen Intensitätsgraden von Inbrunst, Begeisterung, Motivation oder Identifikation auf, von bloßen Neigungen über Vorlieben bis zu Manien und Besessenheiten (zwar zählen auch diese zu den Leidenschaften, sollen uns hier aber nicht weiter beschäftigen). Alle diese Impulse zeichnet aus, daß sie unserem Leben *Sinn* geben können. Gefühle mögen eintönige, alltägliche Vorgänge in erregende Dramen oder Farcen verwandeln. Stimmungen »stimmen uns« (Heidegger) auf die Gegebenheiten der Welt ab oder »klinken uns aus« (wie es heute salopp heißt). Wünsche verwandeln »Dinge« in Mittel und Zwecke, »Sachverhalte« in Siege und Niederlagen, »Möglichkeiten« in Bedürfnisse, Erwartungen und Hoffnungen.[9] Alles Wert- und Sinnvolle gelangt – wie alles Gemeine, Verletzende oder Schmerzhafte – über die Emotionen ins Leben. Buddhistischen »Weisheitslehren«, die Gefühle, Stimmungen und Begierden zu überwinden raten, um Schmerz und Leid zu vermeiden, halte ich entgegen, daß »Weisheit«, »Zufriedenheit«, »Gleichmut« oder Leere sich nicht ohne »Emotionen« denken lassen. Unter den besagten drei Arten von

---

[9] Ich verstehe diese Zusammenhänge nicht in zeitlicher Abfolge, so als nähmen wir zuerst Dinge und dann Ziele, zuerst Fakten und dann Werte wahr (allerdings war dieses Mißverständnis in der Geschichte der Philosophie durchaus üblich). Vielmehr pflichte ich, wie bereits im 2. Kapitel dargelegt, Heidegger und Scheler darin bei, daß erst ein hochkomplizierter Akt der Reflexion, das heißt eine »objektive Betrachtungsweise« und nicht schon die Erfahrung selbst, zwischen diesen Ebenen unterscheidet.

Regungen scheinen die *Gefühle* die vielschichtigsten und kompliziertesten zu sein. Es ist das Gewebe unserer Emotionen, das menschliche Subjektivität ausmacht.

Stimmungen sind generalisierte Gefühle: Wenn diese sich auf mehr oder weniger klar abgegrenzte Inhalte und Situationen beziehen, richten sich jene auf die ganze Welt, und zwar gewöhnlich ohne spezifische Inhalte oder Situationen voneinander abzuheben. Die Depression zum Beispiel umfaßt schlechthin alles, besteht indes im Kern aus benennbaren Gefühlen, die bloß kein festes Ziel mehr haben. Stimmungen kristallisieren sich gleichsam um Gefühle herum aus. Die Unterschiede können jedoch verschwimmen, wenn sich Gefühle an sehr allgemeine Gegenstände heften. Auch mag sich der Horizont einer Stimmung so stark verengen, daß sie trotz ihrer Abstraktheit sozusagen fokussiert wird. (Da eine kleine Welt leichter überschaubar ist als eine große, bleibt man in der Depression gewöhnlich lieber zu Hause.)

Um Stimmungen zu verstehen, muß man jene Gefühle kennen, die sie gleichsam auf metaphysische Dimensionen bringen. So äußert sich zum Beispiel Religiosität häufiger in Stimmungen als in Gefühlen. Man könnte vermuten, daß dies mit der grundsätzlichen Allgemeinheit ihres Inhaltes zu tun hat, aber die Sache liegt wahrscheinlich genau anders herum: Die Allgemeinheit der religiösen Inhalte geht darauf zurück, daß wir uns ihnen regelmäßig in metaphysischen Stimmungen nähern. Ein konkretes Gefühl läßt das Angebetete zwangsläufig (wie es in allen Idolatrien deutlich sichtbar geschieht) auf feste Maße schrumpfen.

Selbstverständlich sind nicht alle Begierden gefühlsabhängig. So elementare Bedürfnisse wie Hunger und Durst zum Beispiel gehen den Gefühlen und Stimmungen voraus und können bei extremer Deprivation Mutlosigkeit oder Verzweiflung auslösen. Unter normalen Umständen strukturieren jedoch nicht solche elementaren Bedürfnisse das Leben, sondern ein emotionales

Geflecht, in dem sich Motive wie sozialer Rang und Status, Freundschaft, Erfolg, Selbstachtung und letzten Endes das Glücksstreben kreuzen. Weder »elementar« noch »triebhaft«, entspringen diese Wünsche, Ansprüche, Interessen und Hoffnungen einem raffinierten Wechselspiel von Begriffen und Wertungen, das überhaupt nur bei »rationalen« Wesen mit einer selbstbezüglichen, reflexiven Sprache zustande kommt.[10] Auch stützen sich solche Aspirationen und Wünsche, im Gegensatz zu den biologischen Grundbedürfnissen, auf emotionale Strukturen (weshalb ich die Analyse der Gefühle in den Mittelpunkt meiner Theorie stelle; ihr Verhältnis zu den Begierden ist überaus verzwickt, und beide lassen sich nicht immer eindeutig voneinander abgrenzen).

---

[10] Die Hierarchie der Bedürfnisse und die Besonderheit der Gefühle sowie ihrer vielschichtigen abgeleiteten Motive sind ausführlicher dargestellt bei A. Maslow (mit R. Leeper), »A Motivational Theory of the Emotions«, in Magda Arnold (Hg.), *The Nature of Emotion*, London 1962, S. 242, und bei Pradines, *Traité de Psychologie*, S. 718.

3
Die psychologische Erklärung
der Gefühle

Wir definieren Gefühle als organische Reak-
tionsmuster. Diese Formel bewährt sich im
Labor, obwohl niemand weiß, wie emotionale
von nichtemotionalen Mustern zu unterscheiden wären. Einer anderen Definition
zufolge sind Gefühle Störungen (Brüche
oder Risse), die sich in einem diffusen, übermütigen und ziellosen Verhalten äußern.
P. T. YOUNG, *Rede vor der Midwestern
Psychological Association*, 1941

Was ist ein Gefühl?« Man sollte vermuten, daß die Wissenschaft darauf längst eine Antwort hat, aber dem ist nicht
so, wie die umfangreiche psychologische Fachliteratur zum
Thema zeigt.[11] Als David Rapaport das Schrifttum in den fünfziger Jahren durchforstete, warf er den führenden Denkschulen
vor, den Gefühlsbegriff meist viel zu vage und terminologisch
unscharf im Sinne einer »Entladung« zu benutzen. Die Psychologen, meinte er, hätten »ganz unterschiedliche Phänomene

---

[11] Vgl. insbesondere Magda Arnold, *The Nature of Emotion*, London 1968, aber auch
David Rapaports inzwischen überholte Resümees im 1. und 2. Kapitel von *Emotions
and Memory*, New York 1971. Etwas spezieller angelegt sind D. K. Candland (Hg.),
Emotion: Bodily Changes, an Enduring Problem in Psychology, Princetown (N. J.) 1962,
P. H. Knapp (Hg.), *Expression and the Emotions of Man*, New York 1963, West und
Greenblatt, *Explorations in the Physiology of Emotions*, APA 1960, P. T. Young, *Motiva-
tion and Emotion*, New York 1961; M. L. Reymert, *Feelings and Emotions*, New York
1950, H. N. Gardiner, Ruth Metcalf und J. G. Beebe-Center, *Feeling and Emotion:
A History of Theories*, New York 1937, C. L. Stacey und M. F. De Martino, *Understanding Human Motivation*, Cleveland 1958.

zusammengefaßt, die man im Grunde streng auseinanderhalten muß«, und die »physiologischen Vorgänge in Gefühlszuständen zwar genau erforscht, dabei jedoch das Problem der ›empfundenen Emotion‹ etwas unter den Tisch fallen lassen«.[12]

Seither hat sich das Gesamtbild nachhaltig verändert, aber die »empfundene Emotion« (fast möchte man sagen: »das Fühlen«) führt nach wie vor ein Schattendasein. Das ist kaum verwunderlich, denn als ein überwiegend subjektives Phänomen gibt das Gefühl für eine nüchterne (um nicht zu sagen kalte) »objektive« Wissenschaft einen ziemlich sperrigen Gegenstand ab. W. A. Hunt bemerkte schon vor Jahren, daß Psychologen »die subjektiven Aspekte der Emotion zwar anzuerkennen und zu erörtern, allerdings nicht wissenschaftlich zu erforschen bereit sind«.[13] Und Magda Arnold fügte hinzu, »ob es einem nun gefällt oder nicht …, wenn man das *Erleben* ausschließt, so bleibt nicht mehr viel zu erkunden übrig«.[14] Die Psychologie als Disziplin scheint das Erleben selbst – im Gegensatz zu seinen handfesten physiologischen Korrelaten – prinzipiell zu übergehen. Sie befaßt sich, meinte Rapaport, »in erster Linie mit dem Problem der Gefühlsäußerung, das heißt im allgemeinen mit der Physiologie und im besonderen mit der Lokalisierung konkreter Nervenbahnen«.[15]

Nichts klingt heute törichter als die Thesen, die Psychologen in der Blütezeit des Positivismus glühend vertreten haben; K. Dunlap beispielsweise hatte 1928 beim maßgeblichen »Wittenberger Symposion« folgendes erklärt:

> Wir sollten die Inhalte des Erlebens erst dann anerkennen, wenn wir sie physikalisch und chemisch nachweisen können. Die *Gefühle*, von denen so viele Psychologen und die meisten Physiologen reden, sind keine derartigen Befunde. Deshalb

---

[12] Rapaport, *Emotions and Memory*, S. 271 und 236. (dt.: *Gefühl und Erinnerung*)
[13] W. A. Hunt, »Recent Developments in the Field of Emotion«, 1941.
[14] Magda Arnold, *The Nature of Emotion*, op. cit.
[15] Rapaport, *op. cit.*, S. 2.

interessieren sie mich auch nicht im mindesten. Prozesse im Körperinneren kann man nachweisen; wenn ich also den Begriff Emotion verwende, meine ich genau solche Abläufe.[16]

An der Besessenheit vom Quantifizier-, Meß-, Greif- und Sichtbaren hat sich aber bis heute nichts geändert.[17]

Der Psychologe steht vor folgenden Grundproblemen: Läßt sich ein rein inneres Phänomen überhaupt von außen erforschen? Wie soll man bekanntlich kaum zugängliche Seiten des menschlichen Erlebens beobachten oder messen? Man könnte sagen, daß »objektive Sachverhalte« sowohl »prozessuale« als auch »mentale« Tatsachen umfassen. Anfang des 20. Jahrhunderts machten sich Wilhelm Wundt und E. B. Titchener daran, subjektive Erlebnisse rein quantitativ zu bestimmen; mit ihrem naturwissenschaftlichen (insbesondere physikalischen) Paradigma gingen sie von der Theorie aus, daß Gefühle nichts anderes sind als komplexe Empfindungen. In der Folge sammelten sie (aufgrund falscher Fragestellungen) nur unnütze Daten, was lediglich den Verdacht vieler analytisch orientierter Psychologen bestätigte, daß solche experimentellen Methoden zu nichts führen. Heute setzen die meisten Experimentalpsychologen schlicht voraus, daß subjektive Phänomene nicht objektiv erforschbar sind. Ob diese Ansicht zutrifft, sei dahingestellt, sie wirft aber die reizvolle Frage auf, ob Psychologen überhaupt etwas Interessantes über die Gefühle zu sagen haben.

Die Antwort lautet selbstverständlich ja, denn der »äußere« Vorgang (»Was geschieht beim Fühlen?«) und das »innere« Erleben (»Wie fühlt sich das Fühlen an?«) sind offenbar zwei

---

[16] K. Dunlap, »Emotions as Dynamic Background«, in M. L. Reymert (Hg.), *Feelings and Emotions: The Wittenberg Symposium*, Worcester (Mass.) 1928.

[17] Davon zeugt, wie umstandslos etwa H. Harlow und R. Stagner (*Psychological Review* 1939) vom »Gefühl« zur »Gefühlsreaktion« übergehen; ähnlich schreibt F. H. Lund (*Emotions*, New York 1939) »Gefühl oder besser, emotionales Verhalten«; noch bezeichnender ist E. Duffys Programm »Eine Erklärung der ›emotionalen‹ Phänomene, ohne den Begriff der ›Emotion‹ zu verwenden« (in *Journal of General Psychology* 1941).

Seiten einer Medaille. Da man jedoch die eine niemals ohne die andere untersuchen kann, sind psychologische Analysen nur dann interessant – und sinnvoll –, wenn sie das *subjektive Erleben* des Fühlens mit einbeziehen. Aber es ist klar, daß sich mein eigenes Gefühlserleben nicht einmal für mich persönlich von der »Gefühlsäußerung« ablösen läßt und ein »objektiver« Beobachter meine Verhaltsmuster oft viel besser erkennen und durchschauen kann als ich selber. Psychologen beziehen den Begriff der »Äußerung« gerne auf physiologische Mechanismen, Handlungen, Gesten und »Sprechakte«.[18] Ich verstehe darunter jedoch ausschließlich die »objektive Kundgebung« einer bestimmten Art von Emotionen, namentlich der »sich äußernden«. Der Psychologe kann sein Problem demnach nur lösen, wenn er das Gefühl grundsätzlich als etwas *Subjektives* anerkennt, auch ohne deshalb die Innenwelt erkunden zu wollen. Allerdings ist zu bedenken, daß sich ein Gefühl subjektiv nicht klar von seiner Äußerung trennen läßt. Daher gehört eine nüchterne Betrachtung des eigenen Verhaltens und seiner Syndrome (»ein Fall von …«) zu den wichtigsten Mitteln der Reflexion, um Gefühle verstehen und abbilden zu können. Bisweilen wird einfach angenommen, jedes Gefühl habe ein physiologisches Korrelat im Zentralnervensystem – gemäß der schönen Theorie, wonach »alle Bewußtseinsfunktionen in entsprechenden neuronalen Substraten wurzeln«[19] –, und wir könnten dieses Wissen einsetzen, um uns zu verändern, also die Subjektivität objektiv umzugestalten.

---

[18] Rapaport erklärt in *Emotions and Memory*, S. 29: »Zu Äußerungen zähle ich auch motorische und physiologische Abläufe.« Siehe dazu Charles Sherrington, *The Integrative Action of the Nervous System*, New York 1947, sowie William James, »What Is an Emotion?«, *Mind* 1884.

[19] Ernst Gellhorn und G. N. Loofbourrow, *Emotions and Emotional Disorders*, New York 1963. Das große Problem liegt hier im Begriff des »Korrelats«, aber auch das Verhältnis zwischen Bewußtseins- und neurologischen Vorgängen bereitet erhebliche Schwierigkeiten. Vgl. dazu den 4. Abschnitt dieses Kapitels sowie meinen Aufsatz »Doubts About the Correlation Thesis«, *British Journal for the Philosophy of Science*, März 1975.

Mich interessiert vor allem der innere Vorgang des Fühlens, also die »empfundene Emotion« im Sinne Rapaports. Auch wenn das mit der Perspektive der Psychologie keineswegs unvereinbar erscheint, sollte man sich hüten, der subjektiven Darstellung Theorien und Modelle einzuverleiben, die dem objektiven Ansatz entstammen und allein in ihm plausibel sind. Mit der Fokussierung auf die subjekten Aspekte möchte ich jedoch nicht unterstellen, daß Gefühle selbst Erlebnisse *sind* oder daß die »empfundene Emotion« *alles ist* und der Rest bloßes Beiwerk. Denn das würde nur den Stellungskrieg verlängern, in dem die Experimentalpsychologen und Subjektivisten mit ihrem Dogma der »Gefühle als rein innerer Vorgänge« schon viel zu lange liegen.

Wer ein komplexes Phänomen wie das Gefühl untersuchen will, kann nicht einfach aufs Geratewohl vorgehen und jene Ansätze außer acht lassen, die eine eigenständige, institutionell von der Philosophie getrennte akademische Psychologie prägen. Der Subjektivismus neigt nämlich unbemerkt zur Objektivierung – etwa mit dem »hydraulischen Modell«, das sich für technische Zwecke, vielleicht sogar für die Neurologie eignet, aber gewiß nicht für die Beschreibung der eigenen Gefühle. Das gleiche gilt für Begriffe aus der Computersprache wie »Programme«, »Überlastung« und so fort. Falls solche Konzepte schon in ihrem ureigenen Gegenstandsbereich fehlerhaft sind, so muß sich das erst recht verheerend auswirken. Allerdings bürgt die Stimmigkeit eines Konzepts nicht dafür, daß es auch ein brauchbares Denkbild abgibt. Freuds Begriff des Unbewußten ist theoretisch sozusagen völlig unmöglich, trotz seiner schweren metaphorischen Defizite gibt es aber kaum ein besseres Modell des Seelenlebens. Dagegen dürfte die Annahme des Hypothalamus als Sitz der Gefühle theoretisch wohlfundiert sein, hat jedoch bislang wenig zu unserem Selbstverständnis beigetragen. (Vgl. dazu das 4. Kapitel.)

Auf der anderen Seite besteht die Gefahr, daß Psychologen

blanke Projektionen als objektive Befunde ausgeben.[20] Doch will ich hier nicht den experimentellen Ansatz aufs Korn nehmen, sondern lediglich das Eindringen objektiver Elemente in psychologische Theorien problematisieren. Dazu will ich kurz auf die Entwicklung der Psychologie im 20. Jahrhundert eingehen.[21] Vielleicht wird dadurch deutlicher, worum es mir geht.

---

[20] Darauf wies J. B. Watson hin, womit er sich einen festen Platz in der Psychologie verdiente, obwohl aus seinen Thesen viel Unsinn abgeleitet wurde. Er protestierte mit Recht gegen einen hemmungslos um sich greifenden Anthropomorphismus, der die Tierpsychologie seiner Zeit geprägt hatte. Doch ironischerweise engte seine etwas grob angelegte extreme Einschränkung der zulässigen psychologischen Daten und Begriffe das Spektrum der interessanten Aussagen über *menschliches* Verhalten derart ein, daß man die betreffende Täuschung – von der scharfen metapsychologischen Polemik B. F. Skinners einmal abgesehen – geradezu brauchte, um überhaupt noch geeignete Themenfelder zu haben.

[21] Wem ein solcher kurzer Abriß ungenügend erscheint, den verweise ich auf die geistesgeschichtlichen Resümees vieler psychologischer Bücher, zum Beispiel Rapaports *Emotion and Memory* (»diese knappen, notgedrungen historischen Skizzen«, S. 4 f.), Arnolds *The Nature of Emotion* (ein Satz, S. 10) oder John Atkinsons *An Introduction to Motivation*, New York 1964 (Einführung).

111

4

Das hydraulische Modell
und seine Tücken

…während die Affekte und Gefühle Abfuhr-
vorgängen entsprechen, deren letzte Äußerungen als Empfindungen wahrgenommen
werden.

SIGMUND FREUD, *Das Unbewußte* (1915)

Aus der Binnenperspektive wäre es schwierig, einen Über-
blick über die Entwicklung der amerikanischen Psycho
logie im 20. Jahrhundert zu geben, da so viele originelle Denker
mit zahllosen Theorien und Modellen an den Debatten dieser
Disziplin teilgenommen haben. Für einen Philosophen ist das
leichter – er sieht eher auf die grundsätzlichen und gemeinsamen Voraussetzungen und Paradigmen.[22]
Aus der Vielzahl von Denkansätzen möchte ich ein zentrales
Motiv herausgreifen, das trotz seiner mannigfachen Abwandlungen in diesem Jahrhundert das Erscheinungsbild, manchmal
sogar die Themen der Fach- wie der »Vulgär«-Psychologie
(Amerikas wie Europas) beherrscht hat. Gemeint ist das mehrfach erwähnte *hydraulische Modell*.[23] Nehmen wir ein Beispiel:

> Bei gewissen Menschen scheint die explosive Energie, mit der
> sich in kritischen Situationen ihre Leidenschaften äußern,
> daraus zu erwachsen, daß sie sich zwischenzeitlich aufgestaut

---

[22] J. L. Austin soll gesagt haben: »Die grobe Vereinfachung ist das Berufsrisiko, wenn
nicht gar der ganze Beruf des Philosophen.«

[23] Der Ausdruck stammt nicht von mir. Zum Beispiel findet er sich schon bei Elliot
Aronson (*The Social Animal*, San Francisco 1972), allerdings in einem etwas anderen
Kontext.

112

hat. [...] Die normale Ausdrucksweise des Sentimentalen ist der »Erguß«. Schließt man nun das entsprechende »Ventil«, so wird das kaum zu mehr »Nüchternheit« führen, sondern eher zu Apathie. Unterdrückt man die Leidenschaften eines »schlummernden Vulkans« auf Dauer und finden sie keinen geeigneten Auslaß, so werden sie irgendwann ganz erlöschen... WILLIAM JAMES, *What is an Emotion?*

Etwas überzogen, aber für die meisten Psychologen und Kritiker wohl akzeptabel, könnte man die jüngeren Entwicklungen als die Anstrengung resümieren, die Psychologie als eine Disziplin zu etablieren, deren Wissenschaftlichkeitsprestige nicht länger hinter dem der Naturwissenschaften zurückbleibt. Doch im Lauf des 20. Jahrhunderts hat sich das Wissenschaftsbild selbst grundlegend und auf beinahe unvorstellbare Weise geändert: Während der dreißiger Jahre vollzog der Positivismus eine starke Einengung bis fast zum Erstickungstod, und die sechziger Jahre brachten eine so wilde Relativierung, daß sogar die besten Wissenschaftstheoretiker keine verbindlichen Maßstäbe mehr fanden, um Astronomie klar von Astrologie oder Elektromagnetismus von Hexerei und anderen übersinnlichen Phänomenen abzugrenzen.[24] Der Psychologie machte vor allem die Wahl ihrer Paradigmen zu schaffen: Es scheint, als habe sich ihr Wissenschaftsbegriff immer mehr an den Standards der Vergangenheit als an den aktuellen Krisen anderer Disziplinen orientiert. Insofern neigen nach wie vor viele Experimentalpsychologen zu verstaubten positivistischen Methoden. (Diese schädliche Einstellung ist übrigens in geringerem Maße auch bei den Soziologen und Anthropologen[25] verbreitet.)

Da ihr Anspruch, als wissenschaftliche Disziplin anerkannt zu werden, noch Anfang des 20. Jahrhunderts meistens verlacht wurde, wandten sich die Psychologen naturgemäß dem wissenschaftlichen Paradigma zu, das damals den höchsten Respekt

---

[24] Siehe dazu etwa die Studien Paul Feyerabends.
[25] Vgl dazu E. Leach, *Claude Lévi-Strauss*, London 1971, S. 50, 54 ff. und 61.

genoß, nämlich dem Newtonschen Modell der Kräfte und Wirkungen sowie der quantitativen Bestimmung von Bahnen materieller Partikel. Im 17. Jahrhundert hatte Thomas Hobbes, ein Zeitgenosse Newtons, ein grobes psychologisches Schema entwickelt, das stark an dessen Ansatz erinnert. Es war sogar noch Ende des 19. Jahrhunderts sehr gefragt und liegt dem hydraulischen Modell zugrunde, das seelische – zumindest aber körperliche – Vorgänge im Sinne der Newtonschen Mechanik deuten möchte.

Die Geschichte der amerikanischen Psychologie folgte zwei großen Leitsternen: William James und Sigmund Freud. Den Gründer der Psychoanalyse hier anzuführen, mag abwegig erscheinen, doch muß man bedenken, daß Freud den entscheidenden Durchbruch nicht in Wien, sondern in Amerika hatte und nur dort nach wie vor als eine maßgebliche Autorität gilt.[26] Freud wie James sahen die Grundlage für eine wissenschaftliche Psychologie in der damals gerade entwickelten Neurologie (sicherlich eine »Naturwissenschaft«). James übertrug die neurophysiologischen Konzepte umstandslos direkt auf die Psychologie der Gefühle. Seiner Theorie zufolge ist Fühlen nichts anderes als das Gewärtigsein bestimmter physiologischer Vorgänge. Damit war das leidige *Empfinden* der Emotion auf ein bloßes »Epiphänomen« reduziert, und der Psychologe konnte

---

[26] Obwohl Freud die letzten Jahre in London verbrachte, blieb seine Wirkung in England trotz der Bemühungen von Ernest Jones und anderen Mitstreitern eher dürftig (wie R. Sutherland im Oktober 1974 beklagte). Wohl gibt es stark von Freud beeinflußte britische Autoren, darunter den Kunstkritiker E. H. Gombrich und den Philosophen R. Wollheim, doch im großen und ganzen kam die Psychoanalyse auf der Insel erheblich weniger gut an als in Amerika. In Deutschland und Österreich haben die Nazis der Psychoanalyse schwer geschadet, als sie Freud und die meisten seiner Anhänger ins Exil zwangen – die meisten wanderten in die USA aus. In Frankreich blieben Descartes, Pascal und Rousseau immer einflußreicher als Freud und die naturwissenschaftliche (an Newton orientierte) Psychologie. Zwar verfochten die Franzosen auf diesem Gebiet Anfang des 20. Jahrhunderts einen eigenständigen Ansatz (den Ribot und andere entwickelten, als William James in Boston und Freud in Wien arbeiteten), aber der war stärker durch Descartes' Subjektivismus geprägt als durch die experimentellen Akzente, die wir in Amerika und Deutschland vorfinden.

sich auf das fraglos wissenschaftliche Problem beschränken, nämlich die betreffenden physiologischen Vorgänge zu »orten«. Dieser Ansatz, zu dem auch unabhängig der dänische Psychologe C. G. Lange gelangte (weshalb man später von der »James-Lange-Theorie« sprach), dominierte die amerikanische und europäische Psychologie bis weit in die vierziger Jahre des 20. Jahrhunderts hinein. Doch auch als sein Einfluß schwand, fielen die physiologischen Korrelate des Gefühls weiterhin stärker ins Gewicht als dieses selbst – wichtiger noch: Das physiologische Modell der Neurologie beherrschte ungeschmälert die Auffassung des Emotionalen.

Die Psychoanalyse ist erheblich vielschichtiger angelegt als der schlichte Reduktionismus James'. Trotz immer wieder aufbrechender Zweifel hielt Freud ebenso wie James Zeit seines Lebens an einer neurologischen Verankerung psychischer Abläufe fest. Mehrfach koppelte er seine Darstellung des »psychischen Apparates« (oft sogar ausdrücklich) von den Befunden der neurologischen Anatomie und Physiologie ab. Dennoch beruhte auch das neue Modell, das er bis in die letzten Schriften hinein weiterentwickelte, vollständig auf Strukturen und Begriffen, die er bereits 1895 aus seinen neurologischen Studien übernommen hatte.[27] Das hydraulische Modell hat bei Freud seine entwickelte Form gefunden; er hat dem Zerrbild der Gefühle, das das westliche Denken seit der griechischen Antike prägt, die einflußreichste »wissenschaftliche« Gestalt gegeben.

In »vorwissenschaftlichen« psychologischen Modellen blieben Begriffe wie »Kraft« und »Energie«, »Lebensgeister« und »Säfte« (Blut, Schleim, Galle etc.) gleichsam als poetische Metaphern von einer näheren Untersuchung ausgenommen,[28] so daß sie die Darstellung der Gefühle uneingeschränkt (oft auf

---

[27] Näheres dazu in meinem Aufsatz »Freud's Neurological Theory of Mind«, in Richard C. Wollheim (Hg.), *Freud*, Garden City 1974.
[28] Im Sinne von Wittgensteins »die Sprache feiert«.

geradezu betörend dramatische Weise) im Sinne des hydraulischen Modells prägen konnten. Die menschliche Psyche wird buchstäblich als eine Art Druckkessel gedacht. Doch im Zuge der Verwissenschaftlichung mußte die Metaphorik handfest begründet werden, wofür James und Freud etwa gleichzeitig das Zentralnervensystem heranzogen,[29] auf das sie die Bewußtseinsphänomene noch im Jahr 1895 in quasi mechanischer Form zurückführten. So erklärte James rundheraus, Gefühle seien nichts anderes als *Affekte* neurologischer Vorgänge, namentlich Störungen, die sich irgendwie im Verhalten äußern müßten. Und Freud mutmaßte, daß Gefühle allgemein – bei ihm gibt es »Affekte«, »Impulse«, »Triebe«, »psychische« respektive »libidinöse Energien« oder »Kräfte« – nichts anderes seien als der Druck einer zu bestimmenden Quantität (»Q«) seelischer Energie, die durch die neu eingeführten Kanäle oder *Neuronen* des Nervensystems zirkuliert. Doch obwohl Freud schließlich den Versuch aufgab, sein Modell des psychischen Apparates direkt auf neuroanatomische Strukturen zu stützen, hielt er an hydraulischen Metaphern fest (so steht »Kathexis« für Stauung, »Katharsis« für Abfuhr; daneben finden wir Modelle wie »Fluß«, »Kanalisierung« und analoge Bilder für viele der sogenannten »Abwehrmechanismen«). Insofern hat Freuds berühmtes Konzept der »psychischen Energie« seine Wurzeln im »wissenschaftlichen« Nährboden der Newtonschen Physik.

Im Hinblick auf die Gefühle ist Freud freilich viel schwerer festzunageln als James, denn er unterscheidet nicht klar zwischen ihnen und anderen inneren »Impulsen« respektive »Trieben«. Auch den Begriff »Affekt« verwendet er höchst widersprüchlich: Oft scheint er ihn mit »Emotion« gleichzusetzen (und diese somit wie James nicht als eine Kraft, sondern als deren *Auswirkung* im Bewußtsein anzusehen); aber gelegent-

[29] Vgl. dazu James, *Principles of Psychology*, Bd. 1, Kap. 1 bis 5, und von Freud besonders »Entwurf einer Psychologie«, *Gesammelte Werke, Nachtragsband. Texte aus den Jahren 1885–1938*.

lich stellt er die Begriffe auch nebeneinander (vgl. das Motto zu diesem Abschnitt). In ein und demselben Aufsatz kann er sowohl behaupten, ein Affekt sei ein Trieb und dessen »Repräsentation« im Bewußtsein eine »Vorstellung«, als umgekehrt auch, der besagte Affekt sei lediglich eine Eigenschaft oder Begleitmusik von Vorstellungen (manchmal als »Affektivität« bezeichnet) und daher von diesen ablösbar. (Im dritten Abschnitt seines Aufsatzes über *Das Unbewußte*, unter der Überschrift »Unbewußte Gefühle«, behauptet er, bei einem unbewußten Gefühl sei der Affekt von seiner Vorstellung getrennt: Nur diese wurde verdrängt, der Affekt selbst dagegen nicht. Im selben Abschnitt erwägt er jedoch die Möglichkeit, daß sich der verdrängte Affekt in Angst verwandeln könnte.[30])

Soweit ich sehe, lassen sich in Freuds Schriften mindestens drei verschiedene Auffassungen der Gefühle nachweisen: als zum *Trieb* (der psychischen Kraft, die das Bewußtsein bedroht), zur *Vorstellung* (der Repräsentation des Triebes im Bewußtsein) oder zum *Affekt* (der bewußten Ausprägung eines Triebes, die eine Vorstellung begleiten kann) gehörig. Trotz der uneinheitlichen Terminologie möchte ich diese drei Begriffe als eigenständige Aspekte festhalten und wie folgt umreißen:

1. Die Emotion als der »Trieb« selbst, also jene Kraft, die mit ihrem Ausdrucksverlangen gegen das Ich wütet. Als Beispiele für »Triebe« nennt Freud in der Regel Gefühle, besonders Liebe, Wut, Haß, Eifersucht oder Schuld. Im Grunde sind sogar die meisten seiner »Triebe« – besonders die »Ich-Triebe« – eher Gefühle als bloße »Impulse«.

2. Die Emotion als Trieb, der eine Vorstellung begleitet. In der mittleren Schaffensperiode (1900 bis 1915) behauptet Freud häufig, daß ein Trieb im sogenannten »Sekundärvorgang« durch »Besetzung« einer Vorstellung an ein Objekt »gebunden« ist. Demnach wäre die Emotion nicht nur der Trieb, der

---

[30] Vgl. *Gesammelte Werke*, Bd. X, S. 275–279.

ohne eigenes Objekt auskommt, sondern darüber hinaus eine besondere Einstellung gegenüber einer bestimmten Person oder Sache.

3. Die Emotion als Affekt. Wie James liest sich auch Freud häufig so, als wäre das Gefühl lediglich ein Epiphänomen jener heftigen Wechselwirkung von Kräften, die im Bewußtsein als *Angst* erscheint. (Bemerkenswert ist, daß Freuds Einordnung der verschiedenen Triebe stets davon abhängt, welche Gefühlstheorie er gerade vertritt.)

Welche Auffassung man auch wählt (und alle drei nehmen in Freuds Abhandlungen breiten Raum ein), der Punkt, wo uns das hydraulische Modell unverhüllt entgegentritt, ist jeweils der Druck des Unbewußten, das sich im Bewußtsein »zu entladen« droht. Im übrigen erzeugen wir in keiner der drei Varianten unsere Gefühle selbst, sondern diese stoßen uns gleichsam zu – im ersten und zweiten Fall als beängstigende Kräfte, im dritten als deren Auswirkungen. Was auch im Bewußtsein abläuft, es beginnt außerhalb seiner selbst, in einem von ihm unabhängigen Kraftfeld.

Das hydraulische Modell benötigt also weder die Physiologie (es ging der Annahme von Einwirkungen des Nervensystems auf die Seele sogar um viele Jahrhunderte voraus), noch erfordert es ein Fundament wie Freuds Begriff des Unbewußten, sondern lediglich die Voraussetzung eines zur *Passivität* verdammten Bewußtseins, das heißt die Ansicht, daß unsere Leidenschaften und Gefühle im allgemeinen durch innere oder äußere Kräfte, auf die wir keinerlei Einfluß haben, hervorgerufen, ja sogar heraufbeschworen werden. Sie »entladen« sich dann im Verhalten, ob direkt (zum Beipiel durch einen Fausthieb, wenn uns jemand erzürnt hat), symbolisch (indem man gegen das Auto des Betreffenden tritt) oder völlig diffus und ziellos (durch Reaktionen wie Aufstampfen, Brüllen oder Zittern). Grundlegend für das hydraulische Modell ist jedenfalls die Auffassung, daß Gefühle und Leidenschaften (oder deren Auslöser) gänzlich unabhängig vom Bewußtsein existieren, dieses allerdings wecken (oder »affizieren«) und uns gewöhnlich zu einem eindeutig bestimmten Verhalten zwingen.

Der Beitrag James' und Freuds zum hydraulischen Modell bestand darin, den Einfluß des Bewußtseins auf ein Mindestmaß zu reduzieren,[31] so daß eine bewußte *Instanz* im Grunde sogar völlig entbehrlich wurde – entsprechend hielt James das Bewußtsein für ein Epiphänomen der Kräfte, die auf Entladung im Verhalten drängen. Von da aus ist es nur noch ein kleiner Schritt zu der Annahme, daß man bewußte Motive auch in der Analyse des Verhaltens vernachlässigen kann, und ein weiterer kleiner – allerdings metaphysisch verheerender – zu der These, daß man den Bewußtseinsbegriff in der Psychologie überhaupt nicht braucht.[32]

Anders gesagt, der »Behaviorismus«[33] ist im Grunde eine geschönte und bereinigte Spielart des hydraulischen Modells, befaßt sich nur noch mit den verhaltensrelevanten Variablen und ihren beobachtbaren Auswirkungen, ohne die »mentale Zwischenstufe« – um mit Skinner zu sprechen – des Bewußtseins einzubeziehen. Er erweitert das Modell, überzieht es vielleicht ein wenig, und nimmt dem Bewußtsein in der Psychologie *jede* Bedeutung.

---

[31] Man denke an eine grimmige Frage Nietzsches (der seinerseits stark zu einer hydraulischen Auffassung der »Energie« neigte): *Wozu* überhaupt Bewußtsein, wenn es in der Hauptsache überflüssig ist?« (*Die fröhliche Wissenschaft*)

[32] Diesen letzten Schritt machte Watson 1924 in seinem *Behaviorism*, nachdem die vorigen schon seit dreißig Jahren vollzogen waren. Wie die meisten »Revolutionen« war auch die behavioristische Wende der amerikanischen Psychologie zuvor bereits weitgehend abgeschlossen. Watson mag die Bastille gestürmt haben, jedoch erst, nachdem James und Freud die Insassen befreit und das alte Regime gefällt hatten. Wenn heutige Fachpsychologen ausgerechnet Freud oft belächeln, so vergessen sie wohl, wer die Überwindung belangloser Spekulationen in die Wege geleitet hatte.

[33] Abgesehen von jener Spielart, die eine »Black Box« unterstellt und auf totaler Inhaltsleere beharrt, also weder Hypothesen über innere Vorgänge aufstellt, noch Rückschlüsse auf unsichtbare Strukturen, Kräfte, Triebe und Mechanismen zuläßt, sondern nur unabhängige und abhängige Variablen. Diese Version hat nichts mit dem hydraulischen Modell zu tun, denn sie ist überhaupt kein Modell!

Natürlich sind nicht alle Psychologen im Lauf der letzten Jahrzehnte beim Behaviorismus gelandet, doch sogar bei jenen, die sich dem Sog des Reduktionismus widersetzten, haben die heftigen Angriffe gegen den Primat des Bewußtseins Wirkung gezeigt. Obwohl keineswegs alle Gefühlstheorien seit James und Freud dem hydraulischen Modell folgten und es besonders neuerdings gewisse Ausnahmen gibt (auf die ich später eingehen werde), ist dieses Konzept ohne Zweifel das vorherrschende, ja entscheidende Leitbild der Psychologie geblieben.[34]

Psychologische Gefühlstheorien konzentrierten sich entweder ganz auf physiologische Korrelate wie die »empfundene« respektive gefühlte Emotion oder auf bloße Verhaltensaspekte.[35] Gefühle rein physiologisch *definieren* zu wollen, gilt allgemein als ein hoffnungsloses Unternehmen, seit die James-Lange-Theorie in den dreißiger Jahren des 20. Jahrhunderts von W. B. Cannon widerlegt wurde.[36] Allerdings wurde ungewöhnlich viel Forschungsaufwand getrieben, um jene einschlägigen neurologisch-physiologischen Korrelate voneinander abzugrenzen und womöglich zu orten. Zumindest ein bekannter Theoretiker hat später noch einmal versucht, die streng physiologische Auffassung der Gefühle wiederzubeleben: In seiner Verteidigung der James-Lange-Theorie stellte D. O. Hebb die These auf, daß »der Begriff ›Emotion‹ in allererster Linie die nervlichen Vorgänge bezeichnet, aus denen das emotionale Verhalten resultiert«.[37]

---

[34] Sogar der Katholik David Rapaport legt ein hydraulisches Modell zugrunde, wenn er die »Entladung« der Gefühle erforscht (vgl. sein *Emotions and Memory*, S. 267–272). Das kann auch nicht überraschen, beherrscht diese Metapher unser vorwissenschaftliches Denken doch seit nunmehr gut zweitausend Jahren fast unangefochten.

[35] Vgl. dazu Rapaport, *Emotions and Memory*.

[36] Näheres dazu im folgenden Kapitel.

[37] D. O. Hebb, *The Organization of Behavior*, New York 1949: »Der Gefühlsbegriff verlangt keine speziellen Bewußtseinsvorgänge.«

Viele eher experimentell ausgerichtete Forscher und die meisten Nichtpsychologen halten an der althergebrachten deskriptiven Interpretation des Gefühls als eine Art Empfindung oder »Affekt« fest (begleitet von pulsierender Erregung, Angst, Anspannung, leichter Atemlosigkeit, Schwäche oder innerer Unruhe). Sie ordnen jeder Emotion bestimmte vage abgrenzbare Empfindungen oder Sinneseindrücke zu. Daß Gefühle Empfindungen sind, mag zwar trivial und nicht nach einer seriösen psychologischen Einsicht klingen, aber der Versuch ihrer wissenschaftlichen Fundierung ist der Ursprung der »experimentellen Methode« in der Psychologie.[38] Dennoch tut die Gleichstellung der Gefühle mit Empfindungen unserem Denken Gewalt an, ob sie nun mit einem hydraulischen Modell einhergeht oder nicht. (In der Regel gelten Empfindungen als bloße Epiphänomene, das heißt »Affekte« eines psychischen oder physiologischen Drucks. Näheres hierzu unten im dritten Abschnitt des siebten Kapitels.)

Die hydraulische Theorie blieb das Leitbild für viele Freudianer, die an Newtonschen Begriffen wie »Energie« und »Kraft« festhielten.[39] Das Konzept der »psychischen Energie« spielte in der Psychoanalyse lange eine Schlüsselrolle, sowohl in Freuds eigenem Spätwerk[40] als auch in neueren Arbeiten wie etwa denen von Morton Prince[41] und Kenneth Colby.[42] Allerdings ist dieses energetische Modell viel älter als seine »wissenschaftliche Fundierung« durch Freud. So lesen wir zum Beispiel in Spinozas *Ethik*: »Unter *Affekt* verstehe ich die Erregungen unseres Körpers, durch welche das Tätigkeitsvermö-

---

[38] Vgl. dazu E. B. Titchener, *Lectures on the Elementary Psychology of Feeling and Attention*, London 1908, und Wilhelm Wundt, *Grundriß der Psychologie*, Stuttgart 1920.

[39] Vgl. besonders S. Freud, »Entwurf einer Psychologie«, *op. cit.*

[40] Zum Beispiel im »Abriß der Pschoanalyse«, *Gesammelte Werke*, Bd. XVII.

[41] M. Prince in Reymert (Hg.), *Feelings and Emotions, op. cit.*

[42] K. Colby, *Energy and Structure in Psychoanalysis*, New York 1955.

gen eben dieses Körpers vermehrt oder vermindert, gefördert
oder gehemmt wird, und zugleich die Ideen dieser Erregungen.« Auch der Ansatz C. G. Jungs (Freuds Trieblehre mit dem
Konzept der symbolischen Archetypen zu verbinden) beruht
weitgehend auf dem hydraulischen Modell. »Emotionen sind
instinktive, unwillkürliche Reaktionen, welche die rationale
Ordnung des Bewußtseins durch elementare Ausbrüche stören.
Affekte werden nicht durch Willen ›gemacht‹, sondern sie
geschehen. Im Affekt erscheint nicht selten ein selbst dem unmittelbar Beteiligten fremder Charakterzug, oder verborgene
Inhalte brechen unwillkürlich hervor.«[43] Anders als der stets
nüchterne Freud betont Jung das Geheimnisvolle: »Die urtüm-
lichen ›Gefahren der Seele‹ bestehen hauptsächlich in den
Gefährdungen des Bewußtseins. Faszination, Behexung, See-
lenverlust, Besessenheit usw. sind offensichtlich Phänomene
der Dissoziation und der Unterdrückung des Bewußtseins
durch unbewußte Inhalte. Selbst der zivilisierte Mensch ist
nicht frei vom Dunkel der Urzeit.«[44] Die passive Rolle des
Bewußtseins entspricht genau dem hydraulischen Modell, das
dem Mythos der Leidenschaften zugrunde liegt. Ihn gilt es zu
bekämpfen: Jede Theorie, die Gefühle als ichfremde Kräfte,
Wirkungen oder Eingriffe (»Empfindungen« oder »Affekte«)
darstellt, ist im Interesse des Subjekts zurückzuweisen – ob sie
nun physikalistisch argumentiert wie Freud oder wie Jung auf
mythologische Archetypen zurückgreift.

Die maßgeblichen Ansätze der angelsächsischen Psychologie
sind weder dezidiert physiologisch, noch hydraulisch oder
deskriptiv. So griff zum Beispiel William McDougall einen
bestimmten Strang der Freudschen Theorie auf und kennzeichnete das Gefühl als »eine besondere Qualität, die affektive

---

[43] C. G. Jung, »Bewußtsein, Unbewußtes und Individuation«, *Gesammelte Werke*,
Olten und Freiburg im Breisgau 1989, Bd. 9/1, S. 296.
[44] *Ibid.*, S. 298 f.
[45] W. McDougall, *Introduction to Social Psychology*, Boston 1921, S. 49.

Seite einer *Triebregung*«,[45] eine »Art des Erlebens, die eng mit der Ausrichtung des Organismus zusammenhängt«.[46] Diese Instinkttheorie der Emotionen macht Anleihen bei der Biologie wie das hydraulische Modell bei der Physik. Ihre Erfolge feierte sie mit den weithin bekannten Versuchen von Konrad Lorenz[47] und Nikolaas Tinbergen[48], deren Ergebnisse Lorenz[49] und Desmond Morris[50] in fragwürdiger Weise auf den Menschen übertrugen. Sogar im Rahmen des Behaviorismus konnte sich die Instinkttheorie durchsetzen.[51] Wie beliebt auch immer, ob dem hydraulischen Modell mehr oder weniger nah verwandt, ist die Instinkttheorie nur ein weiterer fadenscheinig begründeter Versuch, den Menschen von der Verantwortung für seine Gefühle freizusprechen. Solche Ansätze mögen bei der Analyse von stereotypem, kontextindifferentem, nachweislich nicht angelerntem, ererbtem Paarungsverhalten einer bestimmten Raubfischart wirklich ergiebig sein, das heißt aber nicht, daß sie das auch bei der Analyse des Menschen sein werden. Wer auf eine »Natur« des Menschen pocht, der tut das im Dienst einer Selbsttäuschung und um sich aus der Verantwortung für sich selbst zu stehlen.

Meinen Absichten näher sind dagegen eine Reihe von neueren Theorien, die Gefühle als eine Art *Motive* darstellen[52] (wobei allerdings noch zu klären bliebe, auf welche Weise unsere

---

[46] W. McDougall, »Emotion and Feeling Distinguished«, in Arnold (Hg.), *The Nature of Emotion*, S. 62.

[47] K. Lorenz, »Über die Bildung des Instinktbegriffes«, in: *Über tierisches und menschliches Verhalten. Aus dem Werdegang der Verhaltenslehre, Gesammelte Abhandlungen*, Bd. 1, S. 283 ff.

[48] N. Tinbergen, *Instinktlehre*, Berlin 1979.

[49] K. Lorenz, *Das sogenannte Böse: Zur Naturgeschichte der Aggression*, München 1984.

[50] D. Morris, *Der nackte Affe*, München 1980; *Das Tier Mensch*, Köln 1994. Vgl. auch R. Ardrey, *The Territorial Imperative*, New York 1966.

[51] Vgl. R. Plutchik, *The Emotions*, New York 1962.

[52] Zum Beispiel T. W. Leeper, »The Motivational Theory of Emotion«, in Stacey und De Martino (Hg.), *Understanding Human Motivation*, S. 657–665, und »A Motivational Theory…«, in Arnold (Hg.), *The Nature of Emotion*, S. 203–221.

Motive entstehen) oder sich auf »Kognition« und »Wertung« stützen.[53] Letztere nehmen meine Theorie der Gefühle als wertende *Urteile* vorweg, zumal im Unterschied zu den blinden Kräften der hydraulischen Triebmodelle. Europäische – insbesondere französische – Denker ziehen dieses »kognitive« Gefühlsmodell schon seit langem den eher mechanischen hydraulischen Metaphern vor.

Pascal[54] zum Beispiel betonte, daß uns die Gefühle ganz eigene »Einsichten« eröffnen; und im 20. Jahrhundert verstand Henri Bergson[55] sie genau in diesem Sinne als »Intuitionen«. Leibniz verglich die Gefühle in der *Monadologie* mit »diffusen« Gedanken, und daran knüpften später der Psychologe Johann Friedrich Herbart und der Phänomenologe Max Scheler[56] an. Unlängst betonten mehrere britische Philosophen und Psychologen speziell die engen *logischen* Zusammenhänge zwischen Gefühl und Kognition.[57]

Die meisten der hier nicht ausdrücklich erwähnten Theorien sind deutlich vom Behaviorismus beeinflußte Varianten des hydraulischen Trieb- oder Instinkmodells.[58] Daneben gibt es auch Spielarten einer vom Commonsense geprägten Theorie

---

[53] Siehe R. S. Lazarus, »Emotion as a Coping Process«, in Arnold (Hg.), *The Nature of Emotion*, S. 249–260: »Jedem Gefühl liegt eine kognitive Bewertung und der durch sie ausgelöste Impuls zugrunde« (S. 253). Vgl. im übrigen auch die im 7. Kapitel erörterte These von Schachter-Singer.

[54] »L'ordre du cœur«, *Pensées*.

[55] H. Bergson, »Die beiden Quellen der Moral und der Religion«, in *Materie und Gedächtnis und andere Schriften*, Frankfurt am Main 1964, S. 247 ff.

[56] Max Scheler, *Wesen und Formen der Sympathie, Gesammelte Werke*, Bd. 7, Bern und München 1973.

[57] R. L. Gregory, *Eye and Brain*, New York 1973, A. Kenny, *Action, Emotion and Will*, London 1963, S. Hampshire, *Thought and Action*, New York 1960, und E. Bedford, »Emotions«, in D. F. Gustafson (Hg.), *Essays in Philosophical Psychology*, Garden City 1964. Vgl. auch Albert Ellis, »Rational-Emotive Therapy«, in *Psychology Today*, Juli 1973.

[58] Zum Beispiel die sogenannte Konflikttheorie: Gefühle als Trieb- oder Instinktkonflikte, so etwa bei John Dewey, »The Theory of the Emotions«, in *Psychological Review* 1894/95, oder Gardiner Murphy, *General Psychology*, New York 1933.

des »Empfindens«.[59] Sie spielen hier jedoch keine besondere Rolle. Vielmehr kämpfe ich ganz allgemein gegen die Ansicht, *daß wir unsere Gefühle nicht steuern können.* »Wir können wohl ein Leben lang meinen«, schrieb Jung, »dem eigenen Kopfe zu folgen, und entdecken nie, daß wir zur Hauptsache Statisten auf der Szene des Welttheaters waren. Es existieren aber Tatsachen, die wir zwar nicht kennen, die aber doch unser Leben beeinflussen, und das um so mehr, als sie unbewußt sind.«[60] Wie fast alle Psychologen zu allen Zeiten zählte Jung zu diesen Tatsachen auch die Gefühle. Ich dagegen möchte dafür plädieren, sie direkt im Bewußtsein anzusiedeln.

---

[59] Zum Beispiel im »Gestaltmodell« der Gefühle als »bedeutsame« oder »erregende« Erlebnisse, etwa bei F. Kruger, in Arnold (Hg.), *The Nature of Emotion*, S. 97–108, und Kurt Koffka, *Principles of Gestalt Psychology*, New York 1935.

[60] C. G. Jung, *Erinnerungen, Träume, Gedanken*, Zürich und Stuttgart 1962, S. 96.

IV
Physiologie, Empfindung
und Verhalten

1
Physiologische Komplikationen

>»... unser Empfinden aufkommender [körper-
licher] Veränderungen *ist* das Gefühl.«
WILLIAM JAMES, *What is an Emotion?* (1884)

>»... diese [inneren] Störungen können jeden-
falls nicht dazu dienen, zwischen Gefühlen zu
unterscheiden.«
W. B. CANNON, *The James-Lange Theory
of Emotion* (1927)

Selbstverständlich ist richtig, daß jedes Gefühl ihm zuzuord-
nende neurologischen Korrelate hat.[1] Das zu bezweifeln,
gibt es, in gewissem Sinne jedenfalls, keinen Grund.[2] Doch was
besagt das für *mein* Fühlen? Die meisten Philosophen würden
hierauf etwas voreilig mit »nichts« antworten, da ein Begriff
gewöhnlich nur das bedeute, was eine Sprachgemeinschaft als
seinen Inhalt anerkenne: Man könne ohne weiteres nachweisen,

---

[1] Siehe dazu Ernst Gellhorn und G. N. Loofbourrow, *Emotions and Emotional Disorders*, New York 1963, und M. Arnold (Hg.), *The Nature of Emotion*, Aufsätze 23 und
27, sowie ders., *Emotion and Personality*, New York 1960, D. G. Glass, *Neurophysiology
and Emotion*, Sage Foundation 1967, West und Greenblatt, *Explorations in the Physiology of Emotions*, APA Report 12, 1960.
[2] Ein schwieriges, oft unerkanntes Problem liegt darin, was worauf zu beziehen ist.
Das alte »phrenologische« Schema einer direkten Korrelation zwischen geistigen und
Hirnvorgängen wird von den meisten Neurologen zurückgewiesen. So simpel seien die
Abläufe in den »höheren« Hirnzentren eben nicht. (Vgl. dazu meinen Aufsatz »Doubts
About the Correlation Thesis«, in: *British Journal for the Philosophy of Science*, März
1975.) Doch gewiß läßt sich jene These so umformulieren, daß der wachsende Fundus
von »Korrelationen« und »Lokalisierungen« einen festen Platz in der Psychophysik einnehmen kann.

daß der alltägliche Gefühlsbegriff keine *logischen* Zusammenhänge mit der Neurologie herstelle. Zum Beispiel habe Aristoteles seine Gefühle sehr genau beschreiben können, ohne etwas von Neurophysiologie zu verstehen: Er ließ sie im Herzen und nicht im Gehirn entspringen. Obwohl »Otto Normalverbraucher« heute sehr wahrscheinlich weniger von Hirnfunktionen wisse als Descartes vor dreihundert Jahren, begreife er die Sprache der Gefühle. Dieser Einwand, so sehr er auf der Hand zu liegen scheint, trägt nicht besonders weit, da er die stetige *Anreicherung* des abendländischen Weltbildes (beinahe ein *Paradigmenwechsel*) durch physiologische Konzepte vernachlässigen zu können glaubt, die in jüngster Zeit besonders rasch vorangeschritten ist. Heute weiß jeder, daß bestimmte Drogen – Alkohol, Dexedrin, Barbiturate, Haschisch oder Meskalin – die Wahrnehmung erheblich verändern können und worauf das beruht: Sie stimulieren bestimmte Hirnströme, verstärken oder schwächen Synapsen, öffnen oder schließen neuralgische Schleusen. So krude das Allgemeinwissen darüber sein mag, es nimmt heute rasant zu, und man darf vermuten, daß »Otto Normalverbraucher« seine Gefühle schon in wenigen Generationen mit neurologischen Fachtermini beschreiben wird.[3] Wie zwischen der heutigen Allgemeinbildung und der späterer Generationen nur graduelle Unterschiede bestehen dürften, so wäre es auch abwegig, das Verhältnis etwa zwischen Aristoteles und der Moderne im Sinne eines fundamentalen Gegensatzes von Unwissenheit und Wissen aufzufassen. Ich möchte jedoch nicht den Anschein erwecken, als hielte sich die Psychoneurologie lediglich mit Details auf und als seien von dieser Wissenschaft keine »qualitativen« Erkenntnissprünge zu erwarten: Sie

---

[3] In einem heute als Klassiker geltenden Referat hat R. Rorty die extreme Zuspitzung dieser These – nämlich die Behauptung, daß ein solches neurologisches Verständnis unsere deskriptive Sprache der Gefühle vollständig *ablösen* könnte – überzeugend vorgetragen; vgl. den Text in: S. Hampshire (Hg.), *The Philosophy of Mind*, New York 1966.

130

überschlägt sich fast. Wir besitzen also reichlich Daten, die unsere Sicht der Gefühle prägen. Und wie Aristoteles wußte, daß Alkohol einen Menschen gefühllos und brutal machen kann – weshalb er Gefühle für »primitiver« hielt als den klaren Verstand –, so wissen wir, daß Drogen das Gefühlsleben stark bereichern, öffnen, aber auch eintrüben können, und darauf beruhen viele unserer Annahmen über die Emotionen (nicht zuletzt auch das bereits erörterte hydraulische Modell). Solche Annahmen verführten im übrigen James und Lange zu ihrer inzwischen berühmten Theorie des Inhalts, daß Gefühle *nichts anderes sind als* das Gewahrsein von (chemischen und physiologischen) körperlichen Vorgängen.[4] Insofern sollten wir genau klären, wie das angeblich so objektive Wissen unser subjektives Selbstbild beeinflußt.

Eine verlockende, aber ziemlich tückische Konsequenz liefe darauf hinaus, die »objektiven« Befunde der Neurologie als verbindliche Wahrheit einfach in unser Selbstbild einzubauen, also Empfindungen und subjektive Gefühlsbestandteile abwertend als bloße Illusionen oder Epiphänomene (Affekte) einzustufen. Diesen Reduktionismus verfochten James und Lange,[5] und er hat das psychologische Denken drei Jahrzehnte lang beherrscht. Seine Grundthese lautet, daß die Physiologie vorrangig und die »empfundene Emotion« lediglich aus ihr abgeleitet ist; bei James begründet das »den Primat der körperlichen Symptome gegenüber der empfundenen Emotion«:

> Üblicherweise stellen wir uns den Gefühlshergang so vor, daß die mentale Wahrnehmung eines Vorganges den mentalen Affekt namens Emotion auslöst und diesem Geisteszustand zu körperlichem Ausdruck verhilft. Demgegenüber behaupte ich, daß die körperlichen Vorgänge direkt auf die *Wahrnehmung*

[4] Dieses Postulat hob besonders Lange hervor.
[5] Vgl. William James, »What Is an Emotion?«, und *Principles of Psychology*, 2 Bde., New York 1890; C. G. Lange, *Über die Gemütsbewegungen*, Leipzig 1888; sowie James und Lange, *The Emotions*, 1922.

des Auslösers folgen und unser Empfinden eben dieser Vorgänge das Gefühl *ist*.
WILLIAM JAMES, *What is an Emotion?*

Die James-Lange-Hypothese wurde mit physiologischen Argumenten widerlegt, am klarsten von W. B. Cannon,[6] der schlüssig nachwies, daß ein und dieselben körperlichen Vorgänge durchaus verschiedene Gefühlszustände begleiten können und daß die künstliche Induktion solcher Vorgänge nicht die passenden Gefühle wachruft:

> Da sich organische Vorgänge zum Glück meist nicht sehr stark bemerkbar machen und da sie sogar im Fall extremer Störungen keine nennenswerten Emotionen auslösen, können wir jetzt auch verstehen, warum jene Störungen nicht dazu taugen, so ausgeprägte Gefühle wie Furcht und Wut voneinander abzugrenzen, oder warum Phänomene wie Frösteln, Scheintod, Überzuckerung, Fieber zwar mit Störungen, aber nicht mit Emotionen einhergehen...
> W. B. CANNON, *The James-Lange Theory of Emotion*

Seither wurden viele ähnliche Experimente durchgeführt,[7] die jedesmal als Durchbruch gefeiert wurden – so fest ist die *Denkweise* von James und Lange nach wie vor in der neueren Psychologie verwurzelt. Im Grunde betont sie das handfest Mechanische und vergißt oder mißachtet darüber die leichthin als »empfundene Emotion« bezeichnete Innenseite. Dabei kann es nicht überraschen, daß die James-Lange-Hypothese gerade zu der Zeit heftig angegriffen wurde, als sich in Amerika der Behaviorismus durchsetzte.[8] Nachdem die Identifikation der

---

[6] W. B. Cannon, »The James-Lange Theory of Emotion«, in *American Journal of Psychology*, Bd. 39, 1927.

[7] Zum Beispiel 1924 von Marañon und später von S. Schachter und J. E. Singer, »Cognitive, Social, and Physiological Determinants of Emotional States«, in *Psychological Review* 1962, Bd. 69.

[8] In Deutschland mußte sie dagegen der eher subjektiv orientierten Gestalttheorie weichen. Siehe dazu A. Lehmans frühe Kritik an James und Lange in Arnold (Hg.), *The Nature of Emotion*, S. 37–42.

Gefühle mit physiologischen Vorgängen nicht mehr verbürgt war, machten sich Psychologen daran, sie genauso starr an Verhaltensäußerungen zu binden. Wenn grundverschiedene Emotionen nicht anhand ihrer physiologischen Korrelate voneinander abgrenzbar waren, so gelang dies vielleicht anhand des Verhaltens – allerdings tunlichst ohne in die verbotene Zone der Subjektivität einzudringen.[9]

Seit Cannons Entthronung der James-Lange-Theorie spielt zwar der spezielle Fehler, die Gefühle als bloße Epiphänomene oder Affekte physiologischer Vorgänge aufzufassen, keine wesentliche Rolle mehr; allerdings hatte die Gefahr dieses Ansatzes ja weniger in seinen Einzelaussagen gelegen als in der Gesamttendenz zur Verdinglichung des Menschenbildes und der Gefühle.[10] Die mehr von Philosophen als von Psychologen vertretene Gegenposition bringt auch nicht weiter. Wäre die »empfundene Emotion« wirklich *alles*, hätten neurologische Aspekte *gar nichts* mit dem Ganzen zu tun.

Deshalb habe ich gleich eingangs darauf hingewiesen, daß unsere laienhaften Gefühlsauffassungen gewisse neurologische Sichtweisen und Erkenntnisse keineswegs ausschließen. Ob der Hypothalamus oder der Thalamus Priorität im Gefühlsleben hat, darüber mögen die Gelehrten streiten, für unser Verständnis der Emotionen spielt das so gut wie keine Rolle. Nur wenn wir ganz empirisch an die Neurologie herangehen – und Probleme wie die »Lokalisierung« neuronaler und endokriner Mechanismen den Experten überlassen –, wird die Sache wirklich interessant. Derzeit greifen neurologische Fachkonzepte praktisch nicht mehr in unsere Subjektivität ein, sofern man von einigen überkandidelten Spezialisten und Hypochondern absieht.

---

[9] Vgl. dazu den 2. Abschnitt des 6. Kapitels.
[10] Die »empfundene Emotion« war lediglich ein Zugeständnis an den kartesischen Dualismus.

Ein praktisches Beispiel: Heute morgen habe ich drei Tassen Kaffee getrunken. (Mein Limit ist eigentlich *eine* Tasse.) Ich war überdreht und gereizt, habe die Studenten verflucht, meine Sekretärin angemeckert, mich mit einem Autofahrer angelegt, und mittags bei Gino's hätte ich beinahe mein Essen unter bösen Flüchen zurückgehen lassen. Die Studenten haben mir nichts getan, im Sekretariat lief alles seinen gewohnten Gang, ich war es, der beim Fahren nicht aufgepaßt hatte, und das Essen bei Gino's war nicht schlechter als sonst. Ich war eben ärgerlich oder irgendwie daneben – mit meinen Studenten *ungeduldig* und über mein Sekretariat *empört*. Nun gilt zwar grundsätzlich der philosophische Einwand, daß die Belastung des limbischen Systems nichts mit meiner Stimmung zu tun hat. Aber wie sieht es im einzelnen aus? Offenkundig hat jeweils das Koffein meinen Koller *verursacht*. Der allgemeine Zusammenhang, daß ich reizbar bin, wenn ich zuviel Kaffee getrunken habe, ist mir bekannt. Irgendwann werde ich mich sicher zumindest bei meinen Studenten entschuldigen und dabei alles auf »den Kaffee« oder »die Reizbarkeit« schieben. Heißt das, daß das gar kein »wirklicher« Ärger war? Was hat das Wissen über die *Ursache* mit meiner Einschätzung des Ärgers zu tun?

Diese Fragen sind zunächst nur im Vorgriff zu beantworten, da wir bisher noch über keine tragfähige Definition von »Gefühl« verfügen und der Begriff »Ursache« also gar nicht greifen kann. Doch soviel läßt sich jetzt schon klären: Mein Gefühl als solches ist *ungeachtet der Ursache* »real« – oder vielmehr »surreal«. Das heißt, ich habe mich zwar *wegen des Kaffees* über die Studenten geärgert, aber das ändert nichts an der Tatsache des Ärgers selbst. Meine nachträgliche Entschuldigung ist sicherlich gerechtfertigt, anders dagegen mein Dementi, nicht »wirklich« oder »nicht *über sie*« verärgert gewesen zu sein. Das ist eine bloße *Ausflucht*, der Versuch, alles auf den Kaffee zu schieben (oder zu betonen, daß ich keine zweite und dritte Tasse hätte trinken dürfen). Gewiß war ich verärgert, nur eben grundlos. Und es ist gerade die *Grundlosigkeit* meines Ärgers, derentwegen ich mich entschuldigen muß. Das Koffein als die Ursache hat damit nichts zu tun. Wäre es anders, so könnte man bei Emotionen ja immer auf unschuldig plädieren! Wir alle erkennen auf diese oder jene Weise an, daß Emotionen neurologische Ursachen haben. Und obwohl wir überhaupt nicht wissen, was für Ursachen das sein könnten, akzeptieren wir sogar, daß *jedes* Gefühl hinreichende neurologische Gründe hat, auf die wir uns – während wir das Gefühl »wirklich« haben – mit unserer Entschuldigung berufen. Doch das ist widersinnig. Ob ich verärgert, verliebt, eifersüchtig oder sonst etwas bin, kann nicht von x-beliebigen Kausalfaktoren abhängen, wenngleich anzunehmen ist, daß die jeweiligen Gefühle tatsächlich konkrete Ursachen haben. (Schon bei dieser schlichten »Apologetik« erkennt man, warum das hydraulische Modell, das ja im Grunde stets auf kausal-apologetische Entlastungen hinausläuft, entschieden abzulehnen ist.)

Auch wenn Gefühle nicht physiologisch verursacht wären oder physiologische Vorgänge zumindest nichts mit ihrer »(Sur-)Realität« zu tun hätten, könnte mein *Wissen* um spezifische Ursachen oder Vorgänge diese Gefühle immerhin beeinflussen. Als mir später bewußt wurde, daß ich drei Tassen Kaffee getrunken hatte, war mir, da ich die Wirkung von Koffein auf mich kenne, sofort klar, *weshalb* ich an jenem Tag so ungewöhnlich reizbar war. Nehmen wir an, das wäre mir noch während der Verärgerung selbst und nicht erst anschließend aufgegangen. Was wäre dann geschehen? Ich hätte nervös und verlegen vor meiner Klasse gestanden und genau gewußt, daß ich zu Unrecht und ohne Grund an allem Möglichen Anstoß nehmen würde. Ich hätte dagegen anzukämpfen und alle derartigen Anwandlungen zu *unterdrücken* versucht (vielleicht sogar die Studenten gewarnt). Das Wissen um die Ursache *untergräbt* das Gefühl: Ich bin zwar trotzdem reizbar, lasse jedoch nicht zu, daß ich mich *über alles und jedes* aufrege. Den »Grund«, an dem sich meine Reizbarkeit und mein Ärger entzündet haben, kann ich nachträglich nicht wegräumen, aber ich kann immerhin den Prozeß beeinflussen. Damit steht der These, daß Gefühle nichts mit ihren Ursachen zu tun haben, anscheinend eine Antithese gegenüber: Die Kenntnis der Ursachen meiner Emotionen wirkt zersetzend auf sie. Das erklärt zum Teil, warum jede x-beliebige Psychotherapie – selbst die schrägste und obskurste – die Gefühle mildert. Schon die Zuschreibung einer Ursache, *irgendeiner* Ursache, reicht völlig aus.

In einem klassischen psychophysiologischen Experiment spritzten S. Schachter und J. E. Singer ihren Testpersonen Adrenalin – ein Hormon, das starke Gefühlseindrücke wie Erregung, Herzklopfen oder Angst auslöst – und setzten sie dann verschiedenen sozialen Kontexten aus. Dabei »entdeckten« sie, daß die physiologischen Vorgänge und die sie begleitenden Eindrücke nichts mit der Differenzierung des Gefühls selbst zu tun hatten, eine Konsequenz, die Cannon schon dreißig Jahre vorher gezogen hatte. In gefährlichen Situationen empfanden die Testpersonen Furcht, bei Aggressionen Ärger. Wer keine Wahrheit ohne solche Versuche gelten lassen kann, der findet hier die empirischen Belege für meine »introspektiv« aufgestellte Hypothese, daß die Körperchemie und die dadurch verursachten Eindrücke nichts mit den Gefühlen an sich zu tun haben.[11] Man sollte indes auch die Mahnungen der ebenfalls experimentell orientierten Kritiker dieser Versuche zur Kenntnis nehmen, die zu Recht bemerken, daß »die Verabreichung von Injektionen nur einschränkte Schlußfolgerungen über Gefühle im alltäglichen Miteinander zuläßt«.[12] Das ist noch milde ausgedrückt. Von dem leichten Injektionstrauma

---

[11] In der Regel wendet die staatliche Wissenschaftsförderung viel Geld und Zeit für eine empirische Erhärtung dessen auf, was jeder einigermaßen begabte Philosoph allein durch Nachdenken als logisch zwingend erweisen könnte (wobei Philosophen auch noch günstiger zu haben sind).

[12] So R. S. Lazarus in Arnold (Hg.), *The Nature of Emotion*, S. 260.

und der sterilen Laboratmosphäre abgesehen, greift hier sogar der theoretisch zwingende Einwand, daß das *Wissen* um die injektionsbedingte Stärke der Gefühle bereits genügt, um sie zu untergraben.

Emotionen haben jedoch nicht nur physiologische Wurzeln, und die beiden oben aufgestellten Thesen werden (im zweiten Abschnitt von Kapitel fünf) breiter entwickelt. Hier ging es mir allein darum zu zeigen, wie einfältig die üblichen Ansätze sind, das Verhältnis zwischen Gefühl und Physiologie zu bestimmen, es entweder auf physiologische Abläufe zu reduzieren oder deren Relevanz völlig zu leugnen. So einfach liegt die Sache nicht. Wir sind keine Druckpumpen, Dampfkessel oder Voltaelemente, die nebenbei noch Bewußtsein haben, das – wie ein Ventil oder Galvanometer – innere Spannung registriert, noch sind wir über die Zirbeldrüse mit einem pumpenden, pulsierenden Leib verkoppelte kartesische Geisteswesen, die keinen Einfluß auf ihre Emotionen haben. Vielmehr bestimmt unser Wissen mit, was wir fühlen, und das betrifft die Hirnfunktionen genauso wie die äußeren Gegebenheiten.

2
Empfindungen und Sinneseindrücke

Unter Nichtpsychologen – ob sie sich nun am hydraulischen Modell orientieren oder nicht – gelten Gefühle gemeinhin als eine Art *Empfindungen*, die in der Regel mit unverkennbaren *Sinneseindrücken* einhergehen.[13] Dieser Zusammenhang äußert sich auch sprachlich: Wir »empfinden« Ärger oder Eifersucht, Liebe oder Haß gegenüber anderen, während Mißachtungen oder Beschimpfungen umgekehrt »unser Empfinden verletzen«. Doch der Sprachgebrauch stiftet diesen offenkundigen Zusammenhang nicht, sondern folgt aus ihm. Was auch ihre verborgene Dynamik sein mag, die grundsätzliche Ausdrucksform der Emotionen soll das *bewußte Empfinden* sein. Daher betonte Freud immer wieder, daß seine Auffassung des Unbewußten dem gesunden Menschenverstand, der üblichen »Redeweise« (*façon de parler*) zuwiderlaufe.

»Leidenschaftlich« oder »emotional« zu sein geht augenscheinlich regelmäßig mit bestimmten Empfindungen und Sinneseindrücken einher (etwa Erregung, Herzklopfen, Nackenversteifung, Verspannungen in den Extremitäten, leichten Magenkrämpfen, Atemlosigkeit, Übelkeit, innerer Unruhe), woraus indes nicht folgt, daß diese selbst das Gefühl *sind*.

---

[13] Der Begriff »Empfindung« wird sehr unterschiedlich benutzt, vom Kälte-»Empfinden« (oder -Eindruck) über die Zufriedenheit, die man nach einem Erfolg »empfindet«, gewissen Formen von Angst oder Niedergeschlagenheiten bis hin zu dem »Empfinden«, etwas verändern zu müssen. Zweifellos besteht zwischen Empfindungen und Gefühlen (wie Liebe, Haß, Eifersucht und so fort) weitgehende Übereinstimmung. Doch wie ich den Begriff hier verwende, ist das Empfinden ein nicht zu lokalisierender Eindruck, etwa von »Ekel«. Im Zusammenhang mit der »Intentionalität« (siehe dazu den 1. Abschnitt des 5. Kapitels) werde ich ihn streng definieren und klar vom »Gefühl« abgrenzen.

Wie im vorigen Abschnitt erwähnt, pflichteten Freud und viele andere Psychologen der These James' bei, Gefühle seien nichts anderes als Affekte (Empfindungen); in bestimmten Spielarten des hydraulischen Modells konnten sie sogar die persönliche Dynamik beeinflussen (zum Beispiel als Energien, Triebe, Motive oder kognitive Bewertungen). Wie eng der Zusammenhang auch sein mag: Empfindungen begründen oder definieren Emotionen genausowenig wie ein Fliegenschwarm einen streunenden Hund. Empfindungen sind immer vorhanden, nehmen die Gestalt des Gefühls an, springen allerdings ohne weiteres von einem zum anderen über – etwa von der Liebe zum Haß, von der Furcht zum Ärger, von der Eifersucht zum Groll. Das Empfinden ist nur Beiwerk, nicht der Kern des Gefühls.

Das ist in der »Introspektion« leicht zu überprüfen (und hat sich auch im oben erwähnten Versuch von Schachter und Singer bestätigt). Betrachten wir etwa, wie sich alltägliche Gefühle, zum Beispiel Verlegenheit und Scham, im Hinblick auf das Empfinden voneinander unterscheiden. Zwar bleiben wir uns fast nie im unklaren darüber, welches Gefühl wir gerade »haben«, aber wenn wir zwischen ähnlichen Gefühlen differenzieren sollen, gehen uns schnell die Worte aus. Abstufungen zwischen Empfindungen und Sinneseindrücken sind oft ähnlich schwer zu beschreiben wie Nuancen unterschiedlicher Weinlagen und Jahrgänge. Doch das ist gar nicht das Hauptproblem, denn Gefühle unterscheiden wir ja nicht, indem wir sie voneinander abgrenzen. In der Tat können grundverschiedene Emotionen mit den gleichen Empfindungen und Sinneseindrücken einhergehen. Stellen wir uns zwei Situationen vor: Das eine Mal stehen wir in einer Schlange an, werden plötzlich von hinten geschubst, zu Fall gebracht und reißen dabei eine ältere Dame mit zu Boden; das andere Mal rempeln wir die Dame an, weil uns der Teufel reitet. Beide Male bekommen wir es mit einem erzürnten Opfer zu tun und empfinden eine

starke – ja, was? Im ersten Fall wohl Verlegenheit, im zweiten
eher Scham. Aber wissen wir auch, was wir in jedem anderen
hypothetischen Fall *empfinden* würden? Und können wir dessen wirklich sicher sein? Immerhin geben die an den beiden
erwähnten Situationen beteiligten Empfindungen und Sinneseindrücke kaum den Ausschlag dafür, welches Gefühl ihrer
»inneren Logik« entspricht. Im ersten Fall werden wir verlegen, weil uns die Sache peinlich ist, ohne daß wir etwas dafür
könnten. Im zweiten dagegen sprechen wir uns schuldig, obwohl wir ganz »spontan« und gedankenlos gehandelt haben.
Selbstverständlich stellen sich beide Male Empfindungen ein,
die bei näherem Hinsehen sogar gewisse Unterschiede aufweisen können. (Vielleicht macht die Scham leicht beklommen
und die Verlegenheit eher erregt. Physiologen können den
sogenannten Kampf- respektive Fluchtimpulsen zwei verschiedene Adrenalinvarianten zuordnen, so daß diese vermutlich
auch unterschiedlichen Empfindungen entsprechen.) Doch weder sind Gefühle bloße Empfindungen, noch sind Empfindungen das, was Gefühle verschieden sein läßt. (Das gilt übrigens
für alle Gefühlspaare wie Liebe und Haß, Ärger und Empörung,
Ressentiment und Neid, Reue und Traurigkeit, Schuld und Verzweiflung.)

Dagegen, Gefühle und Empfindungen in eins zu setzen,
spricht schon die Tatsache, daß wir häufig fühlen, ohne irgend
etwas Besonderes zu empfinden. So können wir Ärger oder
Neid mit der entsprechenden Disziplin im Zaum halten; das
macht sie zwar kaum schwächer, verhindert aber heftige Ausbrüche. Emotionen können so mächtig werden, daß wir nichts
mehr empfinden. In tiefster Empörung oder panischer Furcht
ist man oft wie betäubt. Im positiven Bereich gibt es die zarten
Momente der Liebe, in denen wir nichts mehr empfinden, weil
uns das Gefühl gänzlich ausfüllt. Gefühle mögen meist oder
immer Empfindungen einschließen, gehen aber nie in ihnen
auf; Fühlen ist umfassender als Empfinden. Wie man fühlen

140

kann, ohne etwas zu empfinden, so kann man auch etwas empfinden (darunter Symptome der Emotionalität wie Erregung
oder Herzklopfen), ohne das geringste zu fühlen.

Auf die Verwechslung von Fühlen und Empfinden, die einem
gefährlichen Mißverständnis der Gefühle entspricht, werde ich
im fünften Kapitel noch näher eingehen. Zwar gibt es kritische Zustände, in denen das emotionale oder leidenschaftliche
Empfinden kulminiert, da wir es gezielt vorbereitet haben,
zum Beispiel wenn wir einen Ärger monatelang »anstauen« und
dann »ausbrechen« lassen; solche Krisen bahnen sich meist
vor schweren Entscheidungen an, wenn es eng wird oder eine
Liebeserklärung ansteht. Aber das Fühlen beschränkt sich nicht
auf solche kritischen Momente. Man kann monatelang wegen
der längst »erledigten« (aber tiefsitzenden) Kränkung seitens
eines Freundes, jahrelang wegen eines Vertrauensbruchs in
früher Jugend oder gar jahrzentelang wegen kaum noch klar
erinnerter elterlicher Übergriffe hadern. Dabei müssen überhaupt keine typischen oder anhaltenden Empfindungen auftreten, noch muß es zu Situationen kommen, in denen das
Ganze wieder akut wird oder eskaliert. Der Ärger mag zwar nur
sporadisch »ausbrechen«, aber unterschwellig eine feste existentielle Grundstruktur ausbilden. Bestimmte Ressentiments
äußern sich oft nur anläßlich böser Pogrome oder Ausschrei-
tungen und nähren ansonsten tief im Verborgenen eine allumfassende Mißgunst respektive Verbitterung. Auf der anderen
Seite eignen sich hochbewegte Romanzen, die von ständigen
Krisen und Zweifeln leben, kaum als Prototyp der Liebe, obwohl sie in Romanen oder amourösen Abenteuern so häufig
vorkommen. Wenn Liebe auch im Idealfall nicht ungestört von
Empfindungen bleibt, so wäre es doch ein ernsthaftes neuro-
tisches Mißverständnis, zu unterstellen, sie sei nur in Krisen
»echt«. Am »echtesten« ist sie vielmehr, ähnlich wie der Ärger
oder das Ressentiment, in jenen stabilen Ruhephasen, wenn sie
sich weder rechtfertigen noch beweisen muß. Emotionen sind

keine Krisen. Der Zusammenbruch eines Gebäudes stellt dessen Statik auf die Probe, sagt aber nichts darüber aus, wie stimmig seine Struktur und Statik sind. Der Extremfall *muß* die Solidität zwangsläufig *aufheben*.

Bei mentalen Vorgängen stellen Philosophen »Episodisches« »Dispositivem« gegenüber, wobei letztere das Spektrum möglicher Episoden festlegen sollen.[14] (Zum Beispiel könne ein Glas nur deshalb zerspringen, weil es die Anlage der Brüchigkeit habe.) Nun lädt diese sehr einflußreiche Unterscheidung zu der oben geschilderten irrigen Vorstellung ein, daß Gefühle *entweder* bloße Episoden *oder* die ihnen entsprechenden Dispositionen sein müssen. Doch wie man Gefühle nicht in Sequenzen auflösen darf (mein Ärger erschöpft sich nicht im »Ärgerlichwerden«), so sind sie auch keine vorgegebenen Dispositionen für bestimmte Empfindungen. Sie strukturieren unsere Welt, was sich in gewissen Äußerungen des Empfindens oder Verhaltens niederschlagen kann. Gefühle *sind* weder diese Äußerungen selbst noch die Disposition dazu.

Oft beurteilen wir unsere eigenen Gefühle etwas von oben herab als »vernünftig« oder »unvernünftig«, »berechtigt« oder »unberechtigt«, »begründet« oder »unbegründet«, »anständig« oder »unanständig«, »verständlich« oder »töricht«, »edel« oder »gemein«, ja sogar als »richtig« oder »falsch«. Es fiele uns aber nicht ein, Kopf- oder Bauchschmerzen, Hitzewallungen oder Übelkeiten solchen Wertungen zu unterwerfen. Es gibt keine »vernünftige« Erregung, und sich zu ekeln kann niemals richtig oder falsch sein. Dennoch sagen wir ohne zu zögern: »Du warst zu Unrecht wütend auf ihn.« – »Er war grundlos eifersüchtig.« – »Es war falsch, sich in sie zu verlieben.« Und obwohl Philosophen vorsichtig gegenüber dem »gesunden Menschenverstand« sein sollten (zumal er sie oft zu Irrtümern über die Gefühle verleitet), könnten uns derartige Wertungen einen

---

14 Vgl. R. S. Lazarus in Arnold, *The Nature of Emotion*, S. 260.

weiteren Anlaß geben, die sich aufdrängende Gleichsetzung der Gefühle mit Empfindungen oder Affekten zurückzuweisen. Gefühle sind weder »vernünftig« noch »unvernünftig«, sondern einfach so, wie sie sind. Bewerten läßt sich aber nur das, was wir selber *machen*.

Ein weiterer Einwand gegen die Gleichsetzung von Fühlen und Empfinden liegt darin, daß wir uns häufig genug über unsere Gefühle täuschen. Wir leugnen, wütend zu sein, obwohl es unverkennbar so ist; wir lachen über die Mutmaßung, uns verliebt zu haben, und dementieren durch unseren leicht hysterischen Unterton prompt unser Dementi. Wir streiten unseren Ärger ab, lügen uns selbst etwas in die Tasche, durchschauen vielleicht erst nach Jahren vermeintlicher Nähe, daß unsere gepflegte Liebe eigentlich gar keine war, oder empören uns über uns selber, weil wir neidisch und mißgünstig sind. Manchmal halten wir uns für deprimiert, sind jedoch in Wirklichkeit nur verärgert, nehmen Antipathie für Zuneigung, verwechseln Eifersucht und Besitzansprüche mit Liebe, Traurigkeit oder Schuldkomplexe mit Depressionen. Wir ärgern uns über die Katze, meinen aber im Grunde den Polizisten, der uns gerade ein Strafmandat aufgebrummt hat. Wir lieben eine Frau, allerdings (sofern Freud recht hat) lediglich als Ersatz für unsere Mutter. Solche alltäglichen, vielschichtigen Irrtümer wären kaum verständlich, wenn sie nur auf mißverstandenen Empfindungen oder Empfindungspaketen beruhen würden. Wer irrt sich schon über Zahn- oder Kopfschmerzen, Übelkeit, Ekel, einen »Kater« oder einen »Turkey«? Zwar kommt es auch dabei zu Verwechslungen, die auf Unerfahrenheit beruhen, aber die sind weder so verbreitet noch so tückisch wie im Fall der Gefühle. Ohne Genaueres über die Struktur der Gefühle zu wissen, wird dieses Problem nicht zu lösen sein. Aber als weiteres Indiz, daß Gefühle viel ausgeprägter und differenzierter sind als Empfindungen, mag es an dieser Stelle sein Bewenden haben.

3
Gefühle und Verhalten

> Wir werden traurig, weil wir weinen, ärgerlich,
> weil wir um uns schlagen, und wir fürchten uns,
> weil wir zittern...
> WILLIAM JAMES, *What is an Emotion?*

> Sagt man, er handelte gefühlsmäßig ... so heißt
> das: »*Er konnte nicht anders*«.
> GILBERT RYLE, *Der Begriff des Geistes*

Wenn Emotionen weder Empfindungen noch Sinneseindrücke sind – so eine gängige Überzeugung –, sind sie als Verhaltensmuster oder, im Sinne des hydraulischen Modells, als »Impulse« respektive »Neigungen« zu bestimmten Reaktionen aufzufassen. Ärger etwa legt keine *konkreten* Reaktionen fest – aufstampfen, schreien, schlagen, treten, einen geharnischten Brief schreiben und so fort. Ärgerlich sein ist lediglich die »Disposition« für eines von unendlich vielen Verhaltensmustern, die sich nach den jeweils gegebenen Umständen richten.

Anders als die Verhaltenspsychologie, die das zum methodischen Prinzip erhebt (vgl. etwa R. Plutchik: »Emotionen sind in erster Linie aus Verhaltensdaten abzuleiten«[15], oder Tolman: »Gefühle sind Reaktionen auf auslösende Reize«), geht es mir nicht um eine Reduktion auf das, was sich im Verhalten äußert. Der Behaviorismus nimmt den Kampf mit der Commonsense-Philosophie erst dann wirklich auf, wenn er eine Polemik vom Zaun bricht und die radikale metaphysische These vertritt, daß ein Gefühl nichts anderes ist als das, was sich im Verhalten

---

[15] In Arnold, *The Nature of Emotion*, und in Plutchik, *The Emotions*.

144

äußert. Darauf würde der Commonsense erwidern: »Kompletter Unsinn! Gefühle sind Empfindungen, und was sich im Verhalten äußert, ist etwas völlig anderes.« Doch wie ich bereits gezeigt habe, ist Fühlen *nicht* gleich Empfinden. Wenn das aber zutrifft, sind dann die Verhaltensäußerungen wirklich »etwas völlig anderes«?

Der Behaviorismus (ich meine den philosophischen im Unterschied zum bloß methodologischen der Psychologie) beginnt mit einer unstrittigen empirischen Beobachtung, aus der er – meist von einem strikt antimentalistischen Standpunkt aus – eine allgemeingültige These ableiten zu können glaubt. Das besagte empirische Datum ist der regelmäßige Zusammenhang zwischen Emotionen und typischen Verhaltensmustern. Dazu bemerkt James: »Kann man sich das Gefühl der Rage ohne innere Aufwallung, Erröten, Zittern, Zähneknirschen, kurz, ohne heftige Impulse vorstellen…? Ich zumindest vermag das nicht.«[16]

Auch wenn die Forderung, sich einen Wutanfall in dieser Art auszumalen, unterderhand bereits bestimmte Äußerungsformen vorgibt, ist das Argument nicht ungeschickt gewählt. Wir können uns nämlich kaum vorstellen, daß jemand emotional sehr erregt ist, ohne irgendwelche »heftigen Impulse« zu verspüren. Dennoch wäre es wieder etwas anderes, das Gefühl direkt mit dem Verhalten *gleichzusetzen*. Zum Beispiel könnte es durchaus sein, daß sich konstantere Gefühle nur selten irgendwie im Verhalten äußern.[17]

---

[16] James, »What is an Emotion?«, S. 6.

[17] Darauf zielt Gilbert Ryles inzwischen klassische Analyse der Dispositionen: Gefühle seien keine »Episoden«, sondern komplizierte und vielschichtige »Dispositionen«. Ryle argumentiert jedoch auch, daß Emotionen immer auf einer »Erregung« oder Störung des Normalverhaltens beruhen (*Der Begriff des Geistes*, Stuttgart 1969, 4. Kapitel), obwohl er »das Mentale« im Unterschied zu den radikaleren psychologischen Behavioristen nicht völlig leugnet, sondern an diversen »Auslösern und Empfindungen« festhält, die kein Behaviorist akzeptieren würde. Er will »den Mythos vom Gespenst in der Maschine« bekämpfen (1. Kapitel), kratzt ihn jedoch nur ein bißchen an.

Wenn mich eine Steuernovelle ärgert, so kann ich a) als Mitglied der Opposition eine öffentliche Rede halten, b) als normaler Bürger einen gesalzenen Leserbrief schreiben, mich c) als Beamter am Riemen reißen und meine Frau schikanieren, aufs Sofa hauen oder die Abendzeitung zerreißen. Derartige »Dispositionen« sind »unendlich kompliziert«, denn mein Verhalten wird noch von ganz anderen Faktoren abhängen. Diskutiere ich etwa mit Freunden über das Steuerrecht, so äußert sich mein Ärger, indem ich schimpfe, zuviel trinke oder trotzig schweige.

Zwar sind bestimmte Verhaltensweisen ausgesprochen typisch für eine Verärgerung – etwa Drohgebärden, die Faust ballen oder aufstampfen –, aber unter besonderen Umständen könnte man nahezu *alles Mögliche* tun, um seinem Gefühl Ausdruck zu verleihen.

Angesichts der triftigen Einwände gegen die traditionelle Gleichsetzung von Fühlen und Empfinden scheint es plausibel, die Gefühle als Verhaltensdispositionen anzusehen. Aber was ist dann mit der Überlagerung, der Ambivalenz von Gefühlen, jemanden zu lieben und nun auf einmal zugleich – viel heftiger und spürbarer – zu hassen? In solchen Fällen dürfte sich die Liebe niemals im Verhalten äußern, so daß der Behaviorist endlose hypothetische Bedingungen einführen müßte, wohingegen der Betroffene selbst sein Gefühl mühelos feststellen könnte. Oder nehmen wir die vielen Fälle, in denen wir Gefühle vortäuschen und *nur so tun*, als hätten wir sie.

Wenn der Begriff »Vortäuschen« irgendeine Bedeutung haben soll, so muß zwischen Emotionen und ihrer Äußerung im Verhalten eine logische Kluft liegen. Ähnlich müßten wir irgendwie begründen können, warum wir nicht nur bei uns selbst, sondern auch bei anderen (besonders wenn sie uns sehr nahe stehen oder sich in einer ähnlichen Lage befinden) Gefühle wahrnehmen, die sich überhaupt nicht im Verhalten niederschlagen (»Ich weiß ganz genau, wie er sich fühlen muß).[18] Weiterhin gibt es den jederzeit an uns selbst und anderen feststellbaren Abwehrmechanismus, den Freud als »Reaktionsbildung« bezeichnete: Man äußert seine Gefühle *genau entgegengesetzt* zu den üblichen Verhaltenserwartungen (belohnt zum Beispiel jemanden, auf den man wütend ist, quält und demütigt einen geliebten Menschen oder preist einen verhaßten Feind). Alle diese Einwände gehen zu Lasten des Postulats vom inneren Zusammenhang zwischen Gefühlen und Verhalten; endgültig zu Fall gebracht wird es aber durch die Einsicht, daß Emotionen prinzipiell unendlich viele »typische Verhaltensmuster« zugrunde liegen können. Der »jeweils angemessene« Gefühlsausdruck kennt so viele Varianten wie das Produkt aus beteiligten Personen und möglichen Situationen. Entscheidend ist jeweils die *Absicht*. Warum äußert dieser Mensch seinen Ärger lieber so als so? Warum verstellt er sich? Warum verbirgt er seinen Ärger? Warum ist er trotzdem so freundlich und besorgt? Mit dem Reich der Absichten betreten wir jedoch auch wieder das der Subjektivität. Intentionen sind, anders als das vom Verhalten Intendierte, nicht beobachtbar; ebensowenig die Emotionen selbst. Damit schrumpft die These des Behaviorismus auf folgende Banalität zusammen: »Bei einem bestimmten Gefühl neigt man in bestimmten Kontexten zu einem ganz bestimmten Verhalten.«[19] Wie wahr! Doch was heißt es dann überhaupt, »ein bestimmtes Gefühl« zu haben?

Wer die verhaltensbezogene Analyse der Gefühle danach noch nicht für erledigt hält,[20] möge bedenken, daß Emotionen wesentlich *subjektive* Phänomene sind, zu denen der einzelne

---

[18] Vgl. J. L. Austin, »Pretending«, und G. E. M. Anscombe, »Pretending«, in Gustafson (Hg.), *Essays in Philosophical Psychology*. Siehe dazu auch den 3. Abschnitt von Kapitel 7.

[19] Ein hervorragend zugespitztes Argument gegen den Behaviorismus als solchen findet sich in Charles Taylors Studie *The Explanation of Behaviour*, London 1964.

[20] Frithjof Bergmann schrieb (in Anlehnung an Hegels Wort über das Christentum), der Behaviorismus sei kaum zu packen: »Welche seiner Varianten man auch kritisiert, am Ende wird immer jemand erklären: Das war aber nicht gemeint.«

einen bevorzugten (wenn auch gewiß nicht unfehlbaren) Zugang hat. Wären sie nichts anderes als Verhaltensmuster, müßte ihre Innenschau ein ganz besonderer Vorgang sein: Man würde sich selbst beobachten und dabei feststellen, daß man seinen Ärger in gewissen Situationen zeigt, in anderen dagegen nicht. Nun trifft das *manchmal* wirklich zu, dann nämlich, wenn die Eigenwahrnehmung getrübt oder blockiert ist. Die wichtigste Aufgabe von Psychotherapie – gleich welcher Spielart – liegt darin, eine *Selbstreflexion* im Sinne von Selbstaufklärung zu ermöglichen. Aber auch beim Selbstbetrug führt nicht der Blick »von außen« zum Begreifen der Gefühlsstrukturen, sondern nur die von außen angeregte »Innenschau«. Ich erkenne meine Gefühle insofern nicht durch Selbstbeobachtung (in Analogie zu denen Dritter), als sie zu den Grundstrukturen des Erlebens gehören, auf das mein Verhalten andere (und gelegentlich auch mich selber) allenfalls schließen läßt. Allerdings hebt die Verhaltensanalyse zwei Aspekte hervor, die man niemals vergessen darf: Gefühle sind keine bloßen durch Introspektion erkennbaren Empfindungen oder Sinneseindrücke; wie gewissenhaft wir auch herangehen mögen, ihre Innenschau kann immer wieder durch genaue Beobachtung des Verhaltens seitens unser selbst oder anderer umgestoßen werden.

Zumindest wäre dem Behaviorismus entgegenzuhalten, daß Gefühle nicht bloß Verhaltensdispositionen sind, sondern auch Neigungen zu gewissen Empfindungen, Einstellungen und Absichten. Beides ließe sich unter einen Hut bringen, wenn man sie als theoretische Konstrukte auffaßt,[21] mit denen sich äußerst vielfältige Verhaltens- und Erscheinungsweisen einheitlich erklären lassen. Im Unterschied zum behavioristischen läßt sich dieser Ansatz auch introspektiv auf solche Phänomene

---

[21] Vgl. dazu etwa R. Brandt und J. Kim, »Wants as Explanations of Actions«, in: *Journal of Philosophy* 1963, wo es um eine allgemeine Theorie der Motive geht. In meinem Aufsatz *Unconscious Motivation* (1967) habe ich mit etwas übertriebener Zuversicht eine ähnliche These vertreten.

anwenden, zu denen der Fühlende selbst »bevorzugten« Zugang hat.[22] So überzeugend das zunächst klingen mag, das Gefühl ist dabei offenbar selbst auf der Strecke geblieben. Insofern stellt sich hier das Kantsche Problem der »Synthesis«: Wie kann ein »hypothetisches Konstrukt« oder eine »komplexe Disposition« die zu verschiedenen Emotionen gehörenden Äußerungen auseinanderhalten? Was mag der Begriff »Äußerung« hier bedeuten? Was »äußert« sich darin? Auch wenn Gefühle unleugbar mit typischen Empfindungen und Ausdrucksformen einhergehen, beschränken sie sich nicht auf Dispositionen für jene. Vielmehr schreiben wir uns diese Dispositionen zu, *weil* wir entsprechende Gefühle haben – und um zu verstehen, warum solche Zuschreibungen gelten, müßten wir *zuvor* die betreffenden Gefühle kennen. Ein hypothetisches Konstrukt oder eine Analyse von Dispositionen nimmt also sogar in ihrer nichtbehavioristischen Form nur dessen Oberfläche und nicht das eigentliche Gefühl ins Visier. Im übrigen sind diese Analysen durchweg im hydraulischen Modell befangen und stellen das Gefühl als leblosen Komplex aus Affekten (Empfindungen) und Verhaltensmechanismen dar. Freud stand diesem Reduktionismus übrigens genauso nahe wie William James.

Zur Ehrenrettung der Verhaltensanalyse möchte ich jedoch an eine wichtige, oft übergangene Einsicht des Behaviorismus erinnern, die James (trotz etwas nebulöser Gründe) am klarsten formuliert hat. Es trifft zwar unstrittig zu, daß sich jedes Gefühl auf ganz typische Weise im Verhalten äußert, dies aber nicht, wie oft angenommen, in einem *kausalen Zusammenhang*. Wenn Emotionen nämlich tatsächlich lediglich »ihre empfundenen körperlichen Kundgebungen wären«,

> so ergäbe sich als zwingende Konsequenz, daß uns jede gezielt herbeigeführte sogenannte Kundgebung eines bestimm-

---

[22] Vgl. etwa A. MacIntyre, *Das Unbewußte. Eine Begriffsanalyse*, Frankfurt 1968.

ten Gefühls dieses selbst bringen müßte. […] Wie jedermann
weiß, wird Panik durch Flucht genährt und verstärken die
Symptome der Trauer oder Wut die zugrundeliegenden Gefühle selbst. Jeder Tränenausbruch steigert den Schmerz und
ruft einen noch heftigeren Anfall hervor, bis man schließlich,
offenbar durch das Erlahmen des Mechanismus, ermattet und
wieder zur Ruhe kommt. Ebenso sicher ist, daß wir uns durch
wiederholte Ausbrüche künstlich in eine Wut »hineinsteigern«
können. Man verwehre einem Gefühl seine Kundgebung, und
es wird ersterben. Wenn wir unserem Ärger nicht sofort Luft
machen, sondern erst einmal bis hundert zählen, erscheint
der Anlaß meist lächerlich. Das Pfeifen im Walde, um sich
Mut zu machen, ist nicht bloß eine Redensart. Wer umgekehrt
den Kopf hängen läßt, immerfort stöhnt und mit leidender
Stimme redet, der drängt sich geradezu mit Macht in die
Melancholie. Wie die Erfahrung lehrt, gibt es keine wertvol-
lere Erziehungsmaxime als diese: Wer unerwünschte Neigungen in sich besiegen will, der muß gewissenhaft und absolut
kaltblütig die *äußeren Aspekte* der Gegendispositionen ein-
üben, die er pflegen will. […] Glätte deine Stirn, laß deinen
Blick strahlen …, sprich freundlich, und dein Herz müßte
schon völlig erstarrt sein, würde es sich so nicht allmählich
öffnen![23]

Es ist erstaunlich, daß James diesen vielfach bestätigten Sachverhalt ausgerechnet auf sein hydraulisches Konzept der Gefühle als bloße Epiphänomene stützt. Denn im Prinzip bildet er
den Kern genau jener Theorie, die ich James und dem hydraulischen Modell entgegenstellen werde. Wenn Gefühle nun aber
keine bloßen Affekte sind, sondern *originäre Urteile*, so muß
sich jede bewußte Änderung des äußeren Verhaltens unweigerlich auch auf die Innenseite und damit auf die Gefühle selbst
auswirken. Diese Einsicht des Behaviorismus blieb in den
herkömmlichen Auffassungen der Emotionen als Empfindungen fast gänzlich unberücksichtigt. Seltsamerweise übersehen
die Behavioristen sie auch selber gerne. Zwar betonen sie die

---

[23] James, »What is an Emotion?«, S. 28 f.

Priorität des Verhaltens, scheuen aber die Vorstellung seiner »bewußten Änderung«, so als sei diese tiefgründig subjektivistisch verankert, was wohlgemerkt selbstverständlich der Fall ist, denn sie setzt ja »Absichten« voraus. Wer nicht überzeugend dartun kann, daß Gefühle sich in Verhaltensäußerungen erschöpfen, der sollte allerdings auch nicht dem anderen Extrem erliegen und behaupten, Verhaltensäußerungen hätten überhaupt nichts mit Emotionen zu tun. Wenn Emotionen Urteile sind, dann schließen sie ihre Kundgebungen sogar unabdingbar mit ein: Im Grunde läßt sich die Verhaltensabsicht gar nicht vom Gefühl selbst trennen. Darin ist James und den Behavioristen nur zuzustimmen – allerdings in dem ganz anderen Sinne, daß Gefühle ohne »starke Antriebsimpulse« (und seien sie nur auf ein symbolisches Verhalten wie Schmollen gerichtet) völlig undenkbar sind.

Gegen solche wohlfundierten Modelle möchte ich erneut einwenden, daß Gefühle weder Störungen und irrationale Anwandlungen noch Kräfte, Affekte, Empfindungen oder bloße Verhaltensneigungen sind, sondern die Grundstrukturen unserer (subjektiven) Welt, dank deren wir diese, das Leben und das Ich mit Sinn erfüllen. Gefühle werden nicht erlitten, sondern gemacht. Sie sind auch nicht bloß »in uns«, denn mit ihnen strukturieren wir ja *unsere ganze Welt*. Mein Ärger, auch der siedende, unterdrückte, der sich nicht äußern darf, ist eine Projektion auf die Welt, ein unausgesprochenes Urteil über jemanden, der mir Unrecht getan hat, oder Zustände, an denen ich Anstoß nehme. Ihn zu steuern heißt nicht (wie es die Begriffe »Unterdrückung« und »Verdrängung« nahelegen), die aus den unergründlichen Tiefen des »Innersten« auf mich eindringenden Kräfte abzuwehren. Der Ärger gehört nämlich ebenso zu mir wie das Steuern, und das »Unterdrücken« ist nur ein Teil jener Struktur, die ich der Welt auferlege. Andernfalls wäre es nicht *mein* Ärger und ich nicht für ihn verantwortlich.

151

Alle anderen, nur mich nicht, könnte Schuld treffen, in meiner Selbstgerechtigkeit wäre ich – erklärtermaßen oder stillschweigend – noch nicht einmal für mein eigenes Urteil haftbar. In diesem Sinne können wir den starken Anreiz für die herkömmlichen Ausflüchte verstehen: Wie gerne würden wir doch unsere Verlegenheiten und Grausamkeiten als etwas Fremdes, uns von außen Zukommendes, auffassen! Doch werden wir auch nicht annähernd in der Lage sein, uns selbst zu begreifen, geschweige denn zu verändern, solange wir nicht lernen, unsere Gefühle als unser eigenes Tun zu betrachten. Nicht: »Was hat dieses Gefühl *verursacht*?«, sollten wir fragen, sondern: »Welchen *Grund* habe ich, gerade das zu *fühlen*?«

V
Eine subjektive Theorie
der Emotionen

Wenn gelehrte Literaten ähnlich wie Leporello Buch führen, so fragt sich, was ihnen fehlt. Während Don Juan Frauen verführt und genießt, notiert Leporello Ort, Datum und besondere Kennzeichen der Dame.

SØREN KIERKEGAARD, *Tagebücher*

Was also fehlt Psychologen mit dem Leporello-Syndrom? Gefühle Dritter zu beschreiben ist eine Sache, die eigenen zu begreifen eine ganz andere. Das Wichtigste wäre, für sich, das heißt subjektiv, zu verstehen, was es eigentlich bedeutet zu fühlen.

1
Intentionalität

Bewußtsein ist immer Bewußtsein von etwas.
EDMUND HUSSERL

Gefühle sind zwar keine Empfindungen, aber Empfindungen gehen meistens, wenn nicht immer, mit Gefühlen einher. Dennoch beschränken sich Gefühle nicht auf Vorgänge im Nervensystem oder im Verhalten, auch wenn sich solche Prozesse stets nachweisen lassen mögen. Insofern habe ich bislang das herausragendste Merkmal der Gefühle, das sie von Empfindungen unterscheidet und zugleich fest in unsere Lebenswelt einbindet, noch gar nicht vorgestellt.

Gefühle handeln grundsätzlich *von etwas*. Man ist niemals einfach nur ärgerlich, sondern vielmehr verärgert *über* jemanden oder etwas. Sogar die »zornigen jungen Männer« sind über irgend etwas erzürnt (nämlich über alles). Verlieben kann man sich nur *in jemanden*, auch wenn dieser Jemand eine Projektion oder eine »Kompensation« für eine andere Person sein kann – die Mutter, einen verstorbenen Bruder oder eine unvergeßliche andere Liebe. Ebenso fürchtet man sich stets vor *etwas*, auch wenn dieses Etwas völlig unbekannt sein mag. Bestimmte Gefühle – Trauer zum Beispiel – haben beinahe immer spezifische Inhalte, während andere – Verzweiflung, Ressentiment oder Schuld – meist sehr diffus und allgemein bleiben. Letztere scheinen Auslöser zu brauchen, besondere Vorfälle, an denen sich etwas Wucherndes herauskristallisiert, das sich dann zunehmend im Bewußtsein niederschlägt.

Andere Gemütsbewegungen, nämlich die diffusen *Stimmungen*, brauchen weder besondere Anlässe oder Objekte noch müssen sie *von etwas* handeln. Gefühle unterscheiden sich *durch ihre Inhalte* von Stimmungen: Jene handeln von etwas, das sehr allgemein sein kann, während Stimmungen wie Euphorie, Melancholie oder Depression keinen besonderen Gegenstand haben (auch wenn ein bestimmter Vorfall sie auslösen mag), sich auf die ganze Welt erstrecken und mit ihrem Hell oder Dunkel wahllos alles übertünchen, was ihnen in die Quere kommt. Heideggers Metapher, auf die Welt »abgestimmt« zu sein, ist besonders auf Stimmungen gemünzt. Zwischen Emotionen und Stimmungen verläuft aber keine klare Grenze. Beide können einander fördern, ja sogar überlappen. Jedes Gefühl, sei es noch so konkret, strukturiert die Welt und beeinflußt damit unser ganzes Erleben; und jede Stimmung, sei sie noch so abstrakt, weist gewöhnlich eine Reihe von Schwingungsknoten auf, um die sich alles Weitere gruppiert.

Der neueren phänomenologischen Tradition folgend möchte ich diesen Aspekt der Gefühle als ihre *Intentionalität* bezeichnen; das heißt, sie alle handeln von etwas, das wir analog den *intendierten Inhalt* oder kurz »den Inhalt« nennen dürfen. Jedes Gefühl bezieht sich also auf einen besonderen Inhalt, auf den es sich gründet. Ihn muß man kennen, um es verstehen zu können. Hier liegt ein Problemfeld, das zu den schwierigsten der heutigen Philosophie zählt.

Insofern mögen die folgenden beiden Abschnitte dem Laien fast unzumutbar erscheinen, obwohl ich die Argumentation bereits stark vereinfacht habe (so sehr, daß Kollegen vermutlich mehrere große Lücken darin finden werden, die sich jedoch durch Fachpublikationen schließen lassen). Da sie für meinen Ansatz unerläßlich sind, bitte ich den Leser, nicht die Flinte ins Korn zu werfen. Die Hauptrichtung der Argumentation wird schnell deutlich werden.

Die Besonderheit des intendierten Gegenstandes tritt zutage, wenn man Fälle betrachtet, in denen er entweder *nicht existiert* (sofern es um Personen oder Sachen geht), *nicht zutrifft* (bei

Thesen und Aussagen) oder *nicht der Fall ist* (bei Tatsachen, Ereignissen und Sachverhalten). Ich kann mich vor Räubern im Schrank fürchten, auch wenn gar keine da sind, oder meine Freundschaft mit Hans kann zerbrechen, obwohl meine Überzeugung falsch ist, daß er meinen Wagen entwendet hat. Bei den meisten transitiven Verben läßt sich die Formel »*P* x *Q*« als eine Beziehung zwischen *P* und *Q* darstellen (zum Beispiel »Hans tritt Peter«). Doch mangels Räubern ist meine Furcht nicht als eine Relation zwischen mir und ihnen darstellbar, weshalb »die Räuber« nicht der Gegenstand meiner Furcht sein können. Und da Hans mein Auto in Wirklichkeit nicht gestohlen hat, kann sich meine Empörung auch nicht auf diesen Sachverhalt beziehen. Nur, worüber ärgere ich mich dann? Gewiß doch nicht über meine grundlose Annahme. (Warum sollte ich mich über sie ärgern und Hans die Schuld dafür geben?) Ich bin vielmehr darüber verärgert, *daß Hans mein Auto geklaut hat.*

Da der Bezugspunkt eines Gefühls nicht wirklich existieren muß, hat man postuliert, daß es sich dabei um eine Sonderform »nichtexistenter« (oder »unterstellter«, »irrealer«, »fiktiver«) Gegenstände handele. Ende des 19., Anfang des 20. Jahrhunderts bevölkerten die Logiker ganze Phantasiewelten mit solchen paradoxen nichtexistenten »Gegenständen«, um Gefühle (oder auch Überzeugungen, Behauptungen, Träume, Illusionen) erklären zu können, deren intendierte Inhalte nicht »real« sind. Bedenken wir nun jedoch den Fall, daß ich mich zu Recht fürchte oder ärgerlich bin, weil wirklich Räuber im Schrank sitzen respektive Hans mein Auto tatsächlich gestohlen hat: Sind die intendierten Gefühlsinhalte dann die Räuber oder die Fakten selbst oder (wie zuvor) mysteriöse Schemen, die »neben« oder »über« den realen stehen? Wie dem auch sei, hier lauern heillose Fallstricke und Paradoxien. Sofern man davon ausgeht, daß etwas Intendiertes eine Sache, Person, Handlung oder Tatsache in der realen Welt ist, wären sehr viele Gefühle nicht intentional. Kann Intendiertes auch nicht real sein, dann wird es sehr schwierig, die Fälle mit einwandfrei fundierten Inhalten zu erklären. Einerseits wollen wir behaupten, daß alle Emotionen mitsamt ihren Gegenständen »fundiert« und nicht bloß »eingebildet« sind; andererseits ist einzuräumen, daß kaum ein Gefühl absolut reale Inhalte hat, da diese teils eingebildet, teils verzerrt und speziell auf das jeweilige Empfinden abgestimmt sind.

In neuerer Zeit haben viele Philosophen eine Idee des genialen deutschen Logikers Gottlob Frege aufgegriffen, der bestimmte Sprachkontexte als »indirekt« definierte – heute nennt man sie gewöhnlich »opak«. Opake Wendungen, wie »Hans glaubt, daß…« oder »Fritz ärgert sich über…«, zeichnet aus, daß man sie nur in einer gewissen Richtung fortsetzen kann, ohne ihren Sinn und Wahrheitswert zu verändern. Beispielsweise könnte Hans glauben, »daß der Roman *Rot und Schwarz* von Stendhal stammt«. Nun ist Stendhal das Pseudonym von Henri Beyle. Also Beyle schrieb *Rot und Schwarz*, jedoch glaubt Hans nicht, »daß der Roman *Rot und Schwarz* von Beyle stammt«, weil er diesen Namen gar nicht kennt. Wenn Hans eine Maria liebt, die früher in Düsseldorf jahrelang der Prostitution nachging, ihm dies jedoch nie beichtete, wäre die Beschreibung, Hansens Herz schlage für die Exprostituierte Maria, nicht korrekt, obwohl die Fakten stimmen. Solche Kontexte heißen deshalb »opak«, weil die darin angesprochenen Glaubens- und Gefühlsinhalte auf das jeweilige Subjekt und nicht auf die Fakten abgestimmt sein müssen. Jemand mag sich vor seinem Schatten fürchten, auch wenn wir sicher sind, daß seine Furcht etwas völlig anderem gilt, das er *in* seinem Schatten sieht.

Der Begriff des »Opaken« soll dazu dienen, den Sprachmechanismus zu analysieren, mit dem wir gewisse »Regungen« und »Einstellungen« beschreiben, um das rätselhafte Problem der irrealen »intendierten Gegenstände« zu lösen. Angesichts der mit dem Intentionalitätskonzept einhergehenden Schwierigkeiten leuchtet die Nützlichkeit dieser Unterscheidung leicht ein. Allerdings liegt auf der Hand, daß sich Furcht oder Ärger niemals nur auf Sätze beziehen, sondern auf Personen, Ereignisse oder Sachverhalte, die »tatsächlich« existieren respektive gegeben sein können oder nicht. Was soll man zu solchen Inhalten sagen? Wie erklärt sich, daß ihre Umrisse »opak« sind?

Den vielfältigen Problemen, die das Modell der »Intentionalität« mit sich brachte, liegt ein tückischer Dualismus zugrunde, den ich bereits zurückgewiesen habe – die Kartesianische Spaltung zwischen »Geist« und »Körper«. Entsprechend wären bei den Emotionen zwei Aspekte zu unterscheiden: (1) das Fühlen selbst (also Empfindungen, Regungen oder Einstellungen zu haben) und (2) der Gegenstand (Personen, Sachen, Ereignisse, Sachverhalte oder Fakten).[1] Ersteres ist *geistig* oder subjektiv, letzteres *körperlich* und objektiv. Doch sobald man diese Unterscheidung trifft, nehmen solche »Gegenstände« einen äußerst problematischen Status ein. Wie kann ein Gegenstand »körperlich« sein, ohne zu existieren? Oder – falls man sagt, daß solche Inhalte nicht existieren müssen – wie könnten sie dann »körperlich sein«? Und wie steht es mit den Fällen, in denen die Gefühlsgegenstände unbestreitbar real und »körperlich« sind? Wie hängt die Emotion hier *logisch* mit ihrem Gegenstand zusammen?

Rätsel dieser Art verbergen sich auch hinter meiner »Theorie der Subjektivität« im ersten Kapitel. Gefühle sind subjektiv und ihre Inhalte keine »nackten Tatsachen« oder Bestandteile einer anonymen, wissenschaftlich nachweisbaren Realität, sondern Elemente *unserer Lebenswelt.* (Den Gegenstand von Stimmungen bildet unsere gesamte Welt.) Damit will ich indes keine Zwei-Welten-Theorie verteidigen, die in »private« Gefühlssphären und »öffentliche« Fakten gespalten wäre. Vielmehr gibt

---

[1] Vgl. dazu D. F. Pears in S. Hampshire (Hg.), *The Philosophy of Mind*, New York 1966.

es zwei Standpunkte, den distanzierten und den persönlich engagierten. Alle Gefühlsinhalte liegen im Raum des Surrealen: Realität kommt erst mit der Reflexion ins Spiel. Dabei fragt sich immer, ob und in welchem Maße die Gegenstände auch in *der* Welt und für jeden zugänglich sind. Es gibt Fälle, zum Beispiel tiefe Paranoia, Panik oder Verzückung, in denen die Gefühlsinhalte Phantasieprodukte ohne Realitätsbezug sind. Andererseits gibt es auch viele Fälle, in denen ihr Realitätsbezug völlig evident ist, zum Beispiel wenn man sich über ein reales Faktum ärgert oder einen leibhaftigen Menschen haßt. Doch Gefühlsinhalte sind selten eindeutig real oder unreal[2], sondern haben fast immer *einen gewissen* Realitätsbezug (noch der extremste Paranoiker *erfindet* die Gegenstände seiner Angst nicht), gehen auf der anderen Seite jedoch auch nie ganz in »der Realität« auf. Wenn wir unseren Gefühlsgegenständen großes Gewicht beilegen, so weiß die Realität nichts von derlei »persönlichen Bedeutungen«. Während mich die Dr.-Seltsam-Methoden der US-Regierung entrüsten, die in Chile einen Militärputsch anzetteln, ist es nüchtern betrachtet »nun einmal so«. Mir (und anderen) mögen solche Methoden an die Nieren gehen, doch anders als Fakten gehören die Irritationen nur *für uns* zu besagtem Sachverhalt. Insofern sind Gefühlsgegenstände *niemals* bloß reale, objektive Gegebenheiten (Personen, Ereignisse, Fakten), sondern entfalten ihre – meist nicht unerhebliche – Bedeutung allein in *unserer* Welt oder Surrealität, die durch eigene Belange und Werte geprägt ist; auch ohne Realitätsbezug gründen sie in der Welt, die wir erleben, deuten, unterstellen oder entwerfen. Mag eine geliebte Person auch voll und ganz unser Phantasieprodukt sein, etwas »Faktisches« oder »Reales« hat sie doch. Das gilt nicht nur für den schwärmerischen Überschwang (der Klugheit zum »Genie«, Schick zu »Schönheit« oder Begierde zu »Raserei« stempelt), sondern

---

[2] Im Deutschen gibt es den Zwischenbegriff »irreal«.

ebenso für jene extremen Phantasien eines Troubadours, der sich in eine blonde Locke oder einen Schuh verliebt, die er in der Nähe einer Höhle oder Burg findet: selbst er braucht eine Locke, einen Schuh, irgendeinen Namen oder ein Gerücht, worauf er sich beziehen kann.

Der intendierte Gegenstand ist allerdings kein Zwitter für Gefühle mit und ohne Realitätsbezug,[3] sondern wird ungeachtet seines Realitätsstatus subjektiv erlebt. Sogar im Fall von Täuschungen und Phantasien rechnen wir ihn »der Welt«, das heißt *unserer* Welt, zu. Um intendierter Gefühlsgegenstand sein zu können, sind Faktizität und die Frage, ob das Intendierte real oder unreal ist, unerheblich. Nur die Subjektperspektive kommt in Betracht; sobald man darangeht, sie aus einem objektiven Blickwinkel zu betrachten, entstehen nur heillose Verwick-lungen und Paradoxien.

Wenn wir nun wieder zum Subjektiven zurückkehren, so zeigt sich, was an der Aufspaltung der Gefühle in »Aspekte« so problematisch ist: Emotionen sind nicht von ihren Gegenständen getrennt oder auch nur trennbar, da diese nicht ohne sie bestehen könnten. Der Inhalt meines Ärgers über Hans ist weder der vermeintliche Diebstahl (der ja gar nicht vorliegen muß) noch Hans selbst, sondern *»daß-Hans-mein-Auto-gestohlen-hat«*. Doch auch das ist noch unvollständig. Wenn ich meinen Wagen schon lange loswerden wollte, könnte mich die Tat sogar *freuen*, und dann hätte mein Ärger denselben Anlaß wie meine Freude – allerdings nicht in dem Sinne, daß getrennte Empfindungen, Regungen oder Einstellungen sich auf ein und denselben Gegenstand beziehen könnten; mein Ärger entzündet sich an einem *Übergriff*, meine Freude an einer *Wohltat*. Es geht somit um verschiedene Gegenstände und Inhalte. Die Unterscheidung zwischen der Emotion und ihrem Inhalt wird

---

[3] Vgl. dazu A. Kenny, *Action, Emotion and Will*, New York 1963, und Robert Gordon, »The Aboutness of Emotions«, in *American Philosophical Quarterly* 1974.

deshalb brüchig, weil beide aufeinander beruhen – was jedoch nur in Extremfällen bedeutet, daß sich Gefühle ihre »Fakten« selbst schaffen. Es gibt keine zwei Hauptaspekte, meinen Ärger und seinen Gegenstand. Man könnte sagen, daß jedes Gefühl die einheitliche Form des »Mein-Empfinden-von...«, »Mein-Ärger-über...« oder »Meine-Liebe-zu...« hat. Das gilt es sich vor Augen zu halten, wenn man die Intentionalität der Gefühle begreifen will: Zwischen Emotionen und ihren Gegenständen bestehen keine grundlegenden Unterschiede. Jene sind nur durch diese und nichts anderes geprägt, denn ohne Gegenstand gäbe es überhaupt kein Gefühl.

Diese formale Erwägung hat auch eine sehr praktische Seite. Neue Überzeugungen beeinflussen in der Regel auch die Gefühle. Wie kommt es dazu? Wären Emotionen lediglich Empfindungen, so läge die Erklärung in einer Hypothese über psychosomatische Störungen – die berühmten Kopfschmerzen beispielsweise, die verfliegen, kaum daß die Schwiegermutter das Haus verlassen hat. Die meisten Empfindungen sind von unseren Überzeugungen abgekoppelt. Doch mein Ärger über den Autodiebstahl verfliegt, sobald ich erfahre, daß der Wagen die ganze Zeit über in der Garage stand: Er verraucht, nicht wegen irgendeiner Kausalität, die im Spiel ist, sondern weil ich anders denke. Ich kann nicht auf Hans wütend sein, wenn ich nicht mehr glaube, daß er es getan hat. Ähnlich hängt meine Bewertung von Situationen davon ab, ob ich gerade verlegen oder stolz bin – nicht nur im kausalen, sondern auch im strukturellen Sinne. Ich kann weder verlegen sein, ohne meine Lage für peinlich zu halten, noch stolz, ohne zu glauben, etwas Besonderes geleistet zu haben. Das Verhältnis zwischen Überzeugungen und Meinungen einerseits und Emotionen andererseits beruht nicht auf Ursachen oder Übereinstimmungen, sondern auf der *Logik*. Das Gefühl ist logisch nicht von seinem Gegenstand trennbar: Sobald dieser entfällt, gibt es auch keine Emotion mehr. Dagegen können Kopfschmerzen mit

ihrer besonderen Eigendynamik anhalten, nachdem der Auslöser schon minuten- oder stundenlang gar nicht mehr wirkt,
während der Ärger sofort nach der Entkräftung seines Grundes
verraucht.

Damit zeigt sich bereits, warum es so wichtig ist, zwischen
Gefühlen und Empfindungen zu unterscheiden und zu erkennen, daß diese nicht einmal Aspekte von jenen sind. Meist
schließen Gefühle Empfindungen mit ein; aber Empfindungen
sind weder notwendig noch hinreichend, um Emotionen zu
kennzeichnen. Ein Gefühl ist niemals bloß Empfindung – auch
nicht mit irgendeinem Zusatz. Man kann tage-, wochen- oder
auch jahrelang Ärger mit sich herumschleppen, ohne Ärger
zu empfinden. Allerdings hätte es keinen Sinn zu sagen, daß
jemand Ärger empfindet, der nicht ärgerlich *ist*. Im traditionellen Modell der Emotionen als Empfindungen hätte dieser
Zusammenhang keinen Platz: Warum sollte man nicht alle
Empfindungen des Ärgers haben können, ohne ärgerlich zu
sein? Doch die gleichen Empfindungen kann man auch durch
Koffein oder ein anderes Aufputschmittel wachrufen. Dabei
empfindet man keinen Ärger, sondern Symptome wie Aufwallung, Erregung, Reizbarkeit usw. Sollte ich derlei Empfindungen beim Ärger haben, so allenfalls als Begleiterscheinun-
gen, wie etwa die Erregung von Fans bei einem Fußballspiel.
Ich ärgere mich über Hans und erfahre dann, daß er gar nichts
gestohlen hat. Meiner Wut ist der Boden entzogen, sie verraucht sofort, aber die Empfindung – das heißt, die Erregung –
wirkt weiter nach. Obwohl sie durch den Ärger geweckt wurde
und ihn begleitete, empfinde ich jetzt keinen Ärger mehr, ich
bin allenfalls noch erregt. Man kann keinen Ärger empfinden,
ohne ärgerlich zu sein.

Intentionalität der Gefühle besagt, daß Gefühle in einem
inneren logischen Zusammenhang mit den Inhalten unserer
Welt stehen. Daher erschien es mir notwendig, den Begriff
der Subjektivität im ersten Abschnitt ausführlich zu erörtern.

Gefühle sind jedoch keine »mentalen« Zustände, Ereignisse oder Vorgänge in dem Sinne, lediglich unserem »Inneren« und nicht unserer Welt anzugehören. Ebensowenig sind sie »eingeschlossen« – sogar dann nicht, wenn sie mit Macht unterdrückt werden und sich nicht äußern können. Vielmehr bilden sie Strukturen, die uns an die Inhalte unserer Welt ketten und diese ordnen. Daher müssen wir das Wesen jener Strukturen und ihre gewaltige Bedeutung für unser Leben verstehen. Indem wir das alte kartesische Bild der Gefühle als Empfindungen und Sinneseindrücke überwinden, die in einem ganz beiläufigen (oder gar völlig mysteriösen) Zusammenhang mit unserer Welt und deren Inhalten stehen, schaffen wir ein solides Fundament für eine neue, eher subjektiv orientierte Theorie.

2
Gefühle, Inhalte und Ursachen

> Sie ist völlig blind vor Liebe zu mir, und
> deshalb liebt sie mich.
> GROUCHO MARX, *Ein Tag beim Rennen*

Die Intentionalität und das Wesen eines Gefühls hat nichts mit seinen *Ursachen* zu tun. Mein Ärger ist auch dann Ärger, wenn er durch eine Droge entfacht wurde – mich ärgert ja nicht die Droge oder ihre Einnahme (von der ich vielleicht gar nichts weiß). Ähnlich kann mich anhaltende sexuelle Abstinenz besonders anfällig für romantische Phantasien oder »Liebesromanzen« machen. Doch auch in diesem Fall würde die Enthaltsamkeit oder deren Brechung nicht zum Gegenstand und Inhalt meiner Liebe. Ob diese den Anlaß überlebt oder nicht: Was es veranlaßt hat, ist kein Bestandteil des Gefühls selbst.

Die rigide Unterscheidung zwischen Ursachen und Gegenständen von Emotionen ist absolut unverzichtbar, wenn man bedenkt, wie oft wir von Gefühlen abrücken, sobald wir ihre Ursachen kennen. Zum Beispiel kann sich unsere Weltsicht unter dem Einfluß von LSD dramatisch in Richtung allgemeiner Sympathie, ja sogar Euphorie, verschieben und unser Verhältnis zu anderen Menschen derart »verklären«, daß Liebe möglich wird, wo sie zuvor völlig undenkbar war. Auch eine drogenbedingte Äußerung von lange unterdrückten Gefühlen wie Ärger, Neid oder Haß mag emotionale Grundstrukturen konturieren wie ein Kontrastmittel sonst unsichtbare Zellmembranen. Zwar ist die Droge der Grund der Verklärung und der Gefühle, aber diese sind, was sie sind, und nicht dadurch weniger »real« (surreal), daß ihre chemische Ursache nun genau bekannt ist. (Der alltägliche Gefühlshaushalt beruht ja ebenfalls auf Chemie, ohne daß alle Emotionen deshalb weniger »real« respektive surreal würden.) Auch der Unterschied zwischen »echten« und »falschen« Gefühlen hat nichts mit Ursachen zu tun, denn Emotionen sind durch ihre Gegenstände geprägt, und die »Echtheit« (respektive »Surrealität«) der Gefühle hängt, ungeachtet ihrer Ursachen, allein davon ab, welche Rolle sie im subjektiven Erleben spielen.

Es gibt mehrere sehr unterschiedliche Typen von Gefühlsursachen; am leichtesten sind die bereits erwähnten physiologischen und chemischen vom Gefühlsinhalt abzugrenzen. Dabei darf man annehmen, daß gewisse neurologische Vorgänge und Gefühle von beliebig vielen Kausalmechanismen abhängen, die der Betreffende selbst nicht kennen muß (und bis auf die elementarsten meist auch nicht kennt). Etwas komplizierter sind Faktoren wie Temperamentsveranlagungen, die ebenfalls im verborgenen wirken können, sich aber gewiß auf genetisch gesteuerte biochemische Prozesse zurückführen lassen. Etwas Ähnliches mag für die menschlichen Triebe gelten, sofern man nicht statt von Trieben (Aggression? Revierschutz? Mutterliebe?) pragmatischerweise und fürs erste besser davon ausgeht, daß »Instinkte«, welches auch ihr physiologischer Nährboden sein mag, *psychische* Faktoren wie etwa Motive sind.

Die Unterscheidung zwischen *Ursachen* und *Gegenständen* wird dann knifflig, wenn man *psychische* Gefühlsursachen einführt. Zum Beispiel lassen sich erlernte Reaktionen (worunter vermutlich ausnahmslos alle fallen) kausal im Sinne emotionaler Grundzüge und Beschaffenheiten erklären (zum Beispiel »Übellaunigkeit«, »romantische Ader«, »Drang zur Eifersucht« oder »Mißmutigkeit«) oder auf frühe prägende Erfahrungen zurückführen. (»Seine Kindheit war grausam und lieblos.« – »Seine erste Liebe hat ihm das Herz gebrochen.« – »Als Dreijähriger mußte er den Beischlaf seiner Eltern mit ansehen, und seitdem…« – »Na, er wuchs eben bei *dieser* Bagage auf.«) Die Schwierigkeit liegt in der Frage, ob die Gefühlsursache grundsätzlich *erlebt* worden sein muß. Zwar wäre das in bestimmten Fällen eher harmlos. Ob man nun eingesteht, »übellaunig« oder »romantisch veranlagt« zu sein, oder nicht, solche Einflüsse beschreiben bloß emotionale *Muster*, denen sich die einzelnen Reaktionen zuordnen lassen. Anders ist es bei jenen Fällen, die für Freuds frühe klinische Studien eine so zentrale Rolle spielten: zwanghaft wiederkehrende Gefühle, die auf ein Kindheitstrauma verweisen, zum Beispiel sexueller Mißbrauch. (Zwar ist das Trauma in der Regel verdrängt, der Einfachheit halber sei angenommen, daß der Klient sich die hypothetische Ursache zu eigen gemacht hat und dank der Analyse jetzt versucht, die Auswirkungen des Traumas zu eruieren.) Was ist der Gegenstand eines derart verursachten Gefühls? Zunächst einmal könnte man auf den Mißbrauch tippen, doch der kommt für diese Rolle nicht in Betracht: Im Unterschied zu jenen Kausaltheorien, die Gefühle physiologisch erklären sollen, verlangt meine Hypothese einen inneren Zusammenhang zwischen Gefühl und *tatsächlichem Erleben*. Doch sogar der reicht nicht einmal annähernd hin.

Wenn sich seine Patienten richtig »erinnerten«, folgerte Freud zuerst, mußte das scheinbar wohlanständige Privatleben des Wiener Bürgertums in Wirklichkeit schockierend und pervers sein. Doch bald kam er zu dem Schluß, daß die meisten der von ihm behandelten Traumata auf Phantasien nicht auf Fakten beruhten, also keine Erinnerungen, sondern regelrechte Hirngespinste waren. Was die Gefühlsursachen anging, so mußten daher gar keine Tatsachen vorliegen: Was zählte, war allein das Erleben. Da Gefühle auf rein subjektiven Vorgängen beruhten, ließ sich zwischen Realität und Surrealität ohnehin kaum unterscheiden; wesentlich war allein das Innenleben. (Das stellte jene Psychologen vor große Probleme, die den

Auslöser eines Verhaltens in objektiv gegebenen Bedingungen suchen wollen – etwa tagelanger Nahrungsentzug oder irgendein äußeres Ereignis. Im übrigen haben sogar Ratten ihre eigene Surrealität und reagieren daher nie ausschließlich auf »Reize«.[4])

Doch auch das reichte noch nicht hin. Muß die Gefühlsursache, sofern sie im Erleben liegt, nicht mit dem Gefühlsgegenstand identisch sein? Die Antwort lautet nein. Denn erstens ist der Gefühlsgegenstand selbst kein Erleben, sondern das Erlebte: Nicht das Erleben ärgert mich – macht mir Schuld-, Scham- und Angstgefühle –, sondern das, was mir (vermeintlich oder nicht) angetan wurde. Außerdem liegt das Erleben als Gefühlsursache tief in der Vergangenheit, während der Gefühlsgegenstand stets gegenwärtig sein muß, auch wenn er sich auf etwas Vergangenes bezieht.[5] (Zweifellos wird der Inhalt des aktuellen Erlebens, wie Freud plastisch belegte, meist durch spätere Erlebnisse und Assoziationen stark retuschiert und geschönt.) Die Ursache bildet das ursprüngliche Erleben in dem Sinne, daß sich Freud zufolge bei Erwachsenen eine gewisse Erlebensart durch kausale Verallgemeinerungen mit späteren Emotionen und Fixierungen verquickt. Sofern die Ursache vergangen ist, kommt es nicht darauf an, ob ich ihrer jetzt gewahr bin; der Erlebnisgegenstand muß zum aktuellen Erleben gehören (und sei es als ein früheres Ereignis). Daher ist die Ursache etwas anderes als der Gegenstand, auch wenn sich beide auf ein und dieselbe Tatsache beziehen können.

Noch komplizierter sind jene Gefühlsursachen, die sowohl aktuell als auch auf den Gefühlsgegenstand bezogen sind. Man sagt beispielsweise, jemand habe sich über eine Zeitungsmel-

---

[4] Vgl. Jean-Paul Sartre, »Skizze einer Theorie der Gefühle« (1939), in: *Die Transzendenz des Ego. Philosophische Essays 1931–1939*, Reinbek 1982. Einführung und 1. Kapitel.

[5] Lévi-Strauss zum Beispiel argumentiert, daß alle »gesammelte Erfahrung« als die »gegenwärtige Erfahrung« zu behandeln sei (vgl. *Le Temps Retrouvé*, S. 62).

dung geärgert: Diese mag zwar seinen Ärger ausgelöst haben, aber im Grunde galt dieser wohl dem, wovon der Artikel handelte oder woran er ihn erinnerte. Analog mag man sich verlieben, weil jemand genau im richtigen Moment das Richtige sagt; man verliebt sich dabei nicht in die Äußerung, sondern diese löst vielmehr ein positives Gefühl für den ganzen Menschen aus. Ähnlich können gewisse sexuelle Reize bewirken, daß sich jemand verliebt; auch in solchen Fällen ist die Ursache nicht mit dem Gefühl selbst zu verwechseln, das sich immer auf den Menschen und nicht allein auf die Sexualität richtet (mag diese für eine Beziehung noch so zentral sein).

Am häufigsten kommt es zu Verwechslungen, wenn der Gefühlsgegenstand selber die Ursache zu sein scheint. Wenn es mich zum Beispiel ärgert (das heißt meinen Ärger verursacht), daß Hans mein Auto gestohlen hat, so könnte man sagen, daß Ursache und Gegenstand meines Ärgers identisch sind. Doch träfe das auch zu, wenn Hans gar nicht der Dieb wäre? In diesem Fall bildete zwar nach wie vor *sein Diebstahl* den Gefühlsgegenstand, die Ursache meines Gefühls wäre aber meine Annahme. Also sind beide nicht identisch – auch dann nicht, wenn der Grund meines Ärgers wirklich vorliegt. Der Gegenstand eines Gefühls kann *niemals* zugleich dessen Ursache sein: Er ist grundsätzlich etwas *Subjektives*, Bestandteil der eigenen Welt – ob er nun den Tatsachen entspricht oder nicht. Die Ursache dagegen muß, wenn sie als eine solche gelten soll, prinzipiell *objektiv* gegeben sein. (So hat es keinen Sinn, *A* als die Ursache für *B* zu bezeichnen, wenn *A* niemals der Fall war.) Darüber hinaus darf eine Ursache nicht nur *für mich* bestehen, sondern muß nach objektiven wissenschaftlichen Kriterien *für jeden* als solche nachvollziehbar sein. Ursachen kommen auch in allgemeinen Regeln vor, die nur durch Extrapolation oder Vergleich mit mehr oder weniger ähnlichen Fällen begründbar sind. Mein Ärger ist auf die Einnahme von Amphetaminen zurückzuführen; und einer von der Erfahrung aufgestellten Regel zufolge gilt, daß diese Stoffe einen Menschen reizbar machen können. Der Gegenstand meines Ärgers hingegen muß nicht durch Regeln bestätigt werden. Er kann insofern als einzigartig gelten. Das soll allerdings weder heißen, daß die Gegenstände meines Ärgers keinem klar umrissenen oder gar bekannten Muster unterliegen, noch, daß ich sie immer kenne. Es heißt lediglich, daß die Gegenstände meines Ärgers und aller anderen Emotionen streng subjektiv und persönlich sind, ihre Ursachen dagegen nicht. Von einer Ursache meines Ärgers über Hansens Diebstahl kann nur insofern gesprochen werden, als sich zeigen läßt, daß das Wissen um derartige Taten nachweislich solche Reaktionen auszulösen vermag. Wenn Hans meinen Wagen schon öfter gegen meine Willen »geliehen« hätte, mich das jedoch vorher nie gestört hätte, müßte es für meinen aktuellen Ärger noch weitere Faktoren oder Ursachen geben, auch wenn ich wirklich sauer wäre, daß er sich einfach mein Auto genommen hat.

Psychologie und Physiologie fragen nach den objektiven (das heißt wissenschaftlichen) Aspekten der Emotionen. Entsprechend suchen sie hauptsächlich ihre Ursachen – und zwar indem sie Regeln über Zusammenhänge zwischen bestimmten Reizen oder Bedingungen und typischen Reaktionen aufstellen. Wenn nun das Typische an Gefühlen nicht ihre Ursachen, sondern die Gegenstände sind, so können wir ungefähr ermessen, wie weit beide Disziplinen noch von einem angemessenen Verständnis entfernt sind. Als Gegengewicht dazu (und ich muß den »objektiven« Ansatz ja nicht verurteilen) verbleibe ich mit meiner Analyse ganz auf der subjektiven Seite und spekuliere nicht über die besonderen Ursachen der Gefühle (ihre »Ätiologie« im Sinne Freuds). *In meinen Augen* gestalten und strukturieren die Gefühle meine Welt, gleichgültig was in den Synapsen des Gehirns vor sich geht, welche längst vergessenen Kindheitstraumen vorliegen und welche Chemikalien dabei mitwirken. Gewiß beeinflussen ursächliche Faktoren auch den

Gefühlshaushalt. Doch was die Gefühlsursachen so tückisch macht (ob es nun frühkindliche »Komplexe« oder Chemikalien sind), ist ja gerade der Umstand, daß sie im Erleben überhaupt nicht auftauchen.

Kausale Prozesse, die das Erleben beeinflussen können, fallen nicht in die Zuständigkeit des Philosophen, sondern eher des Neurologen, des Entwicklungspsychologen oder des Pharmakologen, die sich stark für die »Erlebenstechniken« interessieren, also Instrumente und Methoden zur Steuerung des Bewußtseins »von außen« entwickeln. Mich als Philosophen dagegen interessiert weit mehr, was R. D. Laing als die »Erlebensstrategien« bezeichnete, nämlich wie man sich selbst von innen heraus verändert. Erlebensstrategien zielen auf Überzeugungen und ändern an den Gefühlsgegenständen mehr als an den Gefühlsursachen. Wie nachhaltig man Menschen auch durch Konditionierungstechniken beeinflussen kann: mich interessiert hier allein die Selbstüberwindung. Wie Lévi-Strauss in *Die traurigen Tropen* schrieb, kann man immer nur die eigene Gesellschaft verändern. Entwicklungen müssen von innen ausgehen, sonst sind sie zerstörerisch. Andere zum »Guten« oder »Schlechten« zu verändern hieße in gewissem Sinne, sie zu *zerstören*, sich selbst zu verändern dagegen hieße zu *wachsen*.

3
Gefühle als Urteile

> Die Urteilskraft macht es allererst mög-
> lich, ja notwendig, außer der mechanischen
> Naturnotwendigkeit sich an ihr auch eine
> Zweckmäßigkeit zu denken...
> IMMANUEL KANT, *Kritik der Urteilskraft*

Was sind Gefühle? Als fundamentale Urteile oder Urteilskomplexe[6] bilden sie existentielle *Initiativen*, die unsere
Surrealität und deren »intendierte Gegenstände« begründen,
uns und unsere Stellung in der Welt bestimmen, Werte, Ideale,
Strukturen und Mythologien entwerfen, nach denen wir uns
richten und in deren Rahmen wir erleben.

Insofern hängen Gefühle stark von Meinungen und Überzeugungen ab. Geänderte Überzeugungen (etwa wenn ich nicht
mehr glaube, daß Hans mein Auto genommen hat) beeinflussen
meine Gefühle (in diesem Fall meinen Ärger), ohne sie jedoch
zu »verursachen«. Ärgern können wir uns nur in der Annahme,
daß jemand uns Unrecht getan oder geschadet hat. Man kann
also sagen, daß der Ärger ein *moralisches* Urteil, eine Berufung
auf moralische Normen und nicht allein persönliche Werte

---

[6] Im Grunde ist es gleichgültig, ob man Urteil oder Komplex sagt. Wenn man einzelne Urteile schlicht in der Form »*a* ist *b*« darstellen würde, so wäre jedes Gefühl ein
Urteilskomplex. Doch dieses Kriterium ist jedenfalls willkürlich. Denn wie viele Urteile
stecken in »Kurt ist ein widerwärtiger, geiler Langweiler«? Eines? Zwei? Oder gar drei?
Alle Gefühle beruhen auf komplexen, mehrdimensionalen Urteilen, wobei es auf die
genaue Anzahl nicht ankommt.

[7] Es ist nicht immer klar, daß der Ärger solche Normen einschließt, doch manchmal
trifft das zu. Dem widerspricht John Rawls in *Eine Theorie der Gerechtigkeit,* Frankfurt
2000, Abschnitt 73) und stellt dem Ärger die Empörung gegenüber.

einschließt.[7] Mein Ärger *ist* jener Urteilskomplex. Analog *ist* meine Verlegenheit die Feststellung, mich in einer peinlichen Lage zu befinden. Meine Scham *ist* die Feststellung, für etwas Mißliches verantwortlich zu sein. Traurigsein, Leiden oder Trauern artikulieren unterschiedlich starke Urteile über erlittene Verluste. Gefühle sind wertende (oder »normative«) Urteile: über meine Lage sowie über mich und/oder alle anderen.

Unnötig zu sagen, daß dies kaum dem üblichen Bild entspricht. Gewöhnlich heißt es, Gefühle *folgten* aus Urteilen, vielleicht sogar erst mit einer gewissen Verzögerung, seien aber nicht mit diesen identisch. Doch meist fehlt der Urteilsbegriff voll und ganz, denn Gefühle sollen sich – als »Reaktionen« – an bestimmte Ereignisse anschließen. (So halten James, McDougall und ein Großteil der Motivationsforscher Gefühle für Empfindungen, die bei der Wahrnehmung »äußerer« Störungen aufträten, und die meisten Behavioristen betrachten Gefühle, sofern sie den Begriff überhaupt verwenden, lediglich als Vorbereitungs- oder Vermeidungsreaktionen in bezug auf störende »Reize«.) Doch Ereignisse oder deren Wahrnehmung allein können kein Gefühl erklären, das ja immer eine *persönliche Wertung* über die jeweiligen Prioritäten einschließt.[8] Wie ließe sich sonst erklären, weshalb verschiedene Personen auf gleiche Anlässe emotional sehr unterschiedlich »reagieren«? Auch entsprechende »Biographien« und »Konditionierungen« liefern nur die Genese, reichen aber niemals an die wesentlichen Unterschiede heran. Diese erschließen sich indes, sobald wir das übliche Modell der Gefühle als passiver »Reaktionen« aufgeben. Gefühle sind wertende Deutungen, jedoch nicht in einem reaktiven Sinne, sondern als *Wertsetzungen*. Gewiß könnte man Emotionen gleichwohl »reaktiv« (als bewußte Ur-

---

[8] Vgl. Jean-Paul Sartre, »Skizze einer Theorie der Gefühle« (1939), in: *Die Transzendenz des Ego. Philosophische Essays 1931–1939*, Reinbek 1982.

teilsreaktionen) auffassen – nur »passiv« sind sie allenfalls insofern, als sie irgendein Geschehen voraussetzen. An Gefühlen ist nichts außer den jeweiligen »Fakten« vorgegeben, und diese gleichen lediglich den vorbereitenden Notizen, anhand deren ein Autor später seine Helden und Schurken, Themen und Motive, Höhepunkte und Nebenlinien ausgestaltet.

Nicht alle Werturteile sind Gefühle. Um in einem Streit zwischen zwei Freunden zu schlichten, wäge ich beide Positionen interesselos gegeneinander ab. Im Supermarkt entscheide ich beiläufig, daß eine Melone besser riecht als eine andere. Nach einer Bogart-Retrospektive komme ich nüchtern zu dem Schluß, daß mir *Casablanca* gelungener erscheint als *To Have and Have Not*. Zwar könnte ich – je nachdem, wieviel ich persönlich »investiere« – bei jedem dieser Themen auch »emotional« werden, je nach meiner Vorliebe für einen der Freunde, für gewisse Melonen oder für Ingrid Bergman respektive Lauren Bacall. Doch sind die meisten Urteile, bei denen es auf »Sachlichkeit« ankommt, weder »emotional« noch überhaupt Gefühle. Emotionen sind engagierte und daher ziemlich *starke* Werturteile. Sie schließen immer implizit oder explizit die eigene Person und noch etwas anderes mit ein – zum Beispiel Streitigkeiten, Melonen, Filme, Figuren oder Situationen. Die Urteile und Gegenstände unserer Gefühle sind uns besonders wichtig und bedeutsam, denn sie betreffen Dinge, die uns am Herzen liegen. Daher kann es nicht überraschen, daß die meisten Gefühle um Menschen kreisen, für die wir uns interessieren, oder um Beziehungen, um Vertrauen und Nähe, Mißtrauen und Verrat, Identifikation und Abgrenzung.

Das Spektrum der Gefühlsgegenstände ist im Prinzip unbegrenzt. Man kann seine Emotionalität in alles mögliche investieren – etwa in Tiere und Pflanzen, Schiffsmodelle oder Münzen – und dabei eine Leidenschaft aufbringen, die man sonst seinen Liebsten oder Kindern vorbehält. Emotionen prägt allerdings entscheidend, *daß* (und nicht *wie*) sie werten und dadurch unserem Leben einen Sinn geben. Wer sein Leben als sinnlos empfindet, der ist emotional nicht oder nur noch scheinbar engagiert. Gerade das verstand Camus unter »dem Absurden« – nicht das »sich Stellen«, sondern die Leere, nicht die unbarmherzigen Konsequenzen der Vernunft, sondern die triste Logik eines Grübelns bar aller leidenschaftlichen Impulse.

Gefühle sind nicht nur in dem Sinne engagiert, daß sie uns etwas bedeuten; sie handeln auch *von uns*, das heißt vom Ich – ob direkt oder indirekt. Als etwas einzigartig Subjektives enthält jedes Gefühl ein Urteil über das Ich und dessen Surrealität. So gründen wir uns auf unsere Gefühle. Vielfach kommt das Engagement klar zum Ausdruck, wie im Fall von Stolz und Scham, Eigenliebe und Schmach. Emotionen, die uns besonders eng an andere binden, nenne ich »bipolar«: Sie betreffen einen selbst und den anderen, indes nicht nebeneinander, sondern *gemeinsam*, etwa Liebe und Haß, Ärger und Eifersucht. Viele Gefühle lassen das Ich-Urteil unausgesprochen oder verborgen; so zum Beispiel Bewunderung und Verehrung, Empörung und Neid. Der Ärger enthält immer ein Aufbegehren des Ich, kann sich aber gleichwohl strikt nach außen gegen einen anderen richten. Während das Ressentiment offenkundig selbstbezogen ist und abwehrt, schützt es das Ich durch einen Panzer projizierter Objektivität und konzentriert sich ganz auf die vermeintlichen Angreifer. Erkennbar im Vordergrund oder nicht: das Ich ist ein Hauptpol der Emotionalität, nämlich der Standpunkt, von dem aus wir über unsere Welt und andere Menschen urteilen.

Im Grunde zielen unsere emotionalen Urteile immer auf den Schutz der persönlichen Würde und Selbstachtung. Welches auch ihre besonderen Gegenstände und Strategien sein mögen – ob man bloß Briefmarken sammeln oder ganz Asien beherrschen will –, Gefühle betreffen letzten Endes die persönliche Stellung, die Selbstachtung und den Ort in der eigenen Welt. Sofern sie »anderen« gelten (wie etwa Liebe und Haß, Ärger oder Mitleid), wird im Rahmen einer vielleicht durch Rivalität oder Ähnlichkeit geprägten intersubjektiven Beziehung angestrebt, die eigene Selbstachtung zu steigern. Manchmal, wie bei Liebe, gegenseitiger Achtung oder Bewunderung, wirken Menschen gezielt zusammen, um ihre Selbstachtung zu stärken, sei es durch Identifikation (so in der Liebe oder im Haß), sei es durch »Selbsterweiterung« (das heißt Einverleibung anderer in das eigene Ich). Beim Ärger scheint die Strategie eher darauf hinauszulaufen, sich mit Vorwürfen aufzublähen und den Märtyrer oder denjenigen zu spielen, der für »Recht und Gerechtigkeit« sorgt. Im Mitleid kann man die eigene Selbstachtung durch den Vergleich mit anderen steigern – die einem zwar ähnlich, aber erheblich schlechter dran sind als man selbst. Auch jene Emotionen, die sich scheinbar nicht auf uns selbst richten (wie Neid und Ressentiment, Zutrauen und Verehrung), hegen letztlich die Selbstachtung. Das muß nicht immer gelingen. Im siebten Kapitel werde ich zeigen, daß zwar alle Gefühle die gleichen Ziele anstreben, einige dabei aber erheblich erfolgreicher sind als andere.

Gefühle urteilen nicht nur über die Gegenwart, sondern auch über die Vergangenheit, tragen also die zahllosen Vorgänge und Impulse der eigenen Lebensgeschichte zu einer nach unserem aktuellen Urteil sinnvoll geordneten Erbschaft zusammen. (In der Liebe etwa neigen wir dazu, unser gesamtes Vorleben nur als eine Art Vorbereitung anzusehen; sind wir indes auf die betreffende Person böse, so deuten wir die Geschichte schnell im Sinne von Betrug und Verrat um.) Noch wichtiger ist, daß Gefühle auch Vorgriffe auf die Zukunft enthalten, namentlich zu *handeln*, uns und die Welt zu verändern: im Ärger uns zu rächen, in der Schmach zu bestrafen, in der Scham wiedergutzumachen, in der Verlegenheit zu rehabilitieren, im Mitleid zu helfen, in der Liebe zu umsorgen und im Ressentiment den Gegner (möglichst aus sicherer Distanz) zu vernichten. Im nächsten Abschnitt werde ich diesen vorgreifenden Aspekt der

Emotionen als ihre »Ideologie« bezeichnen. Auch sie ist ein integraler Bestandteil besagter Urteile – sogar jener, die sich ganz auf die Vergangenheit zu richten scheinen, wie etwa Reue, Traurigkeit und Trauer.

Man muß immer wieder den Unterschied zwischen der Emotion selbst als einem Urteil und den reflektierten Urteilen über sie betonen (die Urteile über Urteile sind). Sich zu ärgern heißt urteilen; den Ärger zu erkennen ist ein reflektiertes Urteil über ihn (ähnlich wie das, ob der Ärger gerechtfertigt ist, das heißt ob der Betreffende ihn verdient oder nicht). Der Ichbezug des Ärgers beschränkt sich jedoch nicht auf das in ihm angelegte Urteil; er kann auch die reflektierten Urteile mit umfassen, die zur Steigerung der Selbstachtung beitragen mögen. Reflektierte Urteile erscheinen oft objektiver: »Ich sehe mich wie von außen.« Doch emotionale und reflektierte (Meta-)Urteile sind logisch und praktisch so eng miteinander verquickt, daß sie sich nie sauber isolieren lassen. Wenn ich urteile, daß ich »mich ärgere«, so trägt das erheblich mit zu meiner Verstimmung bei. (Wir erzeugen den Ärger oft, nur weil wir meinen, uns ärgern zu müssen.) Umgekehrt kann auch das Leugnen des Ärgers (wenn man sich tatsächlich ärgert) diesen beeinflussen, was nicht heißt, daß er dadurch schwächer werden oder schneller verschwinden würde. (Im Grunde besagt die traditionelle Theorie, besonders Freuds, daß Leugnen den Ärger fast immer verstärkt.) Doch das Leugnen eines (Gefühls-)Urteils zieht, ähnlich wie das Lügen, das auch gegen unsere unausgesprochenen Überzeugungen (siehe Abschnitt vierzehn in Kapitel sieben) verstößt, unweigerlich Schwierigkeiten bei der Ausprägung weiterer Urteile oder Selbstbilder nach sich. In den verschiedenen Varianten des Mythos der Leidenschaften galt der Ärger stets als eine Art Urkraft oder Empfindung, die sich selbst gleich blieb, ob sie nun der Reflexion zugänglich (»bewußt«) wurde oder nicht. Doch das verankert den Ärger in einem dichten Geflecht emotionaler Urteile, dem auch die

177

Metaurteile über unsere Emotionen angehören. Anerkannter und geleugneter Ärger sind aber keineswegs miteinander identisch, sondern erzeugen grundverschiedene emotionale Surrealitäten.

Wenn Gefühle im Grunde Urteile sind, warum scheint es dann so, als »widerführen« sie uns? Warum »erinnern« wir uns nicht daran, sie *gemacht* zu haben, wie man sich an einen Weg erinnert, den man eingeschlagen hat? Und können wir überhaupt irgend etwas tun, ohne davon zu wissen?

Urteile müssen weder reflektiert noch klar formuliert sein. Als »Prototyp« des Urteils gilt das Urteil bei Gericht, aber nicht alle Gefühle sind so explizit: Wir können Tag für Tag Tausende von Urteilen fällen – das Licht einschalten, auf die Uhr schauen, die Teelicht im Stövchen ausblasen –, wahrnehmungsbezogene, ästhetische oder moralische Entscheidungen treffen, ohne sie kundzutun, bewußt zu erwägen oder anschließend zu überdenken. Solche Urteile sind Gefühle – von ganz wenigen Ausnahmen abgesehen (in der Art: »Soll ich mich ärgern?« – »Soll ich sie weiterhin lieben?«). Gefühle können bewußt werden, ohne an Stärke zu verlieren (auch wenn das dem traditionellen Gegensatz von »Kopf und Herz« widerspricht); selbstverständlich können sie artikuliert werden (indem man sie ausspricht), und wir alle wissen, daß Gefühle oft erstarken, indem wir sie äußern. (Das ist erklärungsbedürftig, zumal Freud und die meisten seiner Nachfolger eher annehmen, daß sich Emotionen durch Äußerung gleichsam verflüchtigen, durch Unterdrückung hingegen verstärken.) Und Gefühle können *sich selbst reflektieren* und so ihre Absichten und Inhalte bewußt machen. Doch nicht alle bestehen eine solche Prüfung. Und wer hat nicht schon einmal erlebt, wie sich grundloser Ärger im Lichte der Reflexion auflöst?

Da Urteile fix und fertig vorliegen müssen, um reflektiert zu werden, können wir sie als »nicht von uns erzeugt« auffassen. Indem wir uns auf die Empfindungen und Erregungen konzen-

3. Gefühle als Urteile

trieren, die Gefühle oft in kritischen Phasen begleiten, entsteht der Anschein, als sei die (nicht mit der Empfindung zu verwechselnde) Emotion eine unfreiwillige, unerwünschte Folge von Sekretionen des selbständig operierenden Nervensystems. Doch diese strategische Vertauschung von Ursachen und Wirkungen ist nur eine Flucht aus der Verantwortung: Sie soll jene Anfälle von närrischer Empfindsamkeit entschuldigen, die im Grunde unser Leben prägen.[9] Aber es ist umgekehrt: Das Gefühl verursacht die Empfindung, und das Urteil löst den Adrenalinstoß aus. Der Mythos der Leidenschaften hat das Modell der Passivität so tief in unserem Denken verankert, daß wir nicht mehr ermessen, was wir aus eigenem Antrieb machen. Doch sobald dieser Trug platzt, offenbart sich, daß wir uns in der Tat ärgerlich, depressiv respektive verliebt *machen*. Wir sind wie Babys, die immer ihre Beinchen herumzappeln sehen, bis sie eines Tages feststellen, daß sie selbst es sind, die mit ihnen strampeln. Diese Lektion verlernt man nicht mehr – niemand läßt sich die einmal übernommene Verantwortung für seine Gefühle wieder entgleiten.[10]

---

[9] Eine der wenigen Fragen, bei denen ich die christliche Tradition vor den heftigen Angriffen Nietzsches in Schutz nehmen möchte, ist die Willkür der Gefühle. Nietzsche verwirft die biblische Doktrin, wir seien für unser »Fühlen« genauso verantwortlich wie für unser Tun, als ausgesprochen unverständlich. Doch darin kann ich ihm nicht folgen und muß eine Einsicht der christlichen Psychologie verteidigen, die zu lange hinter der Metaphysik ihrer Theologie verborgen lag. Allerdings sei auch auf seine Auseinandersetzung mit »den vier Irrtümern« (in *Die fröhliche Wissenschaft*) hingewiesen, worin die strategische Vertauschung von Ursache und Wirkung eine zentrale Rolle spielt.

[10] Vielleicht sollte ich unterscheiden zwischen dem Aufkommen der emotionalen Zustände (dem anfänglichen Urteilen) und ihrem Erleben (also zwischen Wütendwerden und Wütendsein). Doch das würde nichts Wesentliches ändern. Werden und Sein erfordern – wie Gottes Schöpfung und ihre Erhaltung – ein unablässiges Engagement. Kurz, wir sind genauso dafür verantwortlich, in einem emotionalen Zustand zu sein, wie in ihn zu gelangen.

4
Eine Anmerkung zur Ethik und Ästhetik

Verallgemeinere ich nun meine obige Aussage und sage »Das Stehlen von Geld ist unrecht«, dann äußere ich einen Satz, der keine faktische Bedeutung hat, das heißt, der keine Proposition ausdrückt, die entweder wahr oder falsch sein kann. Es ist so, als ob ich geschrieben hätte »Das Stehlen von Geld!!« – wobei, durch eine entsprechende Konvention, Gestalt und Dicke der Ausrufungszeichen zeigen, daß damit das Gefühl einer besonderen Art moralischer Mißbilligung ausgedrückt wird.

ALFRED JULES AYER, *Sprache, Wahrheit und Logik*

Allein der Ausdruck des Empfindens verleiht den Künsten ihre Bedeutung.

LEO TOLSTOI, *Was ist Kunst?*

Die Behauptung, daß Gefühle Werturteile sind, wirft einige liebgewordene und lange gepflegte Ansichten über Ethik und Ästhetik über den Haufen.

Einerseits haben die Moralisten in der Vergangenheit immer wieder verkündet, daß es in der Ethik um Grundsätze von Vernunft und Pflicht gehe und daß Gefühle darin entweder keine oder allenfalls eine Hilfs- und Nebenrolle spielen dürften (wie im Fall von Schuld und Reue).

In Kants Schema der »sittlichen Werte« beispielsweise tauchen Gefühle gar nicht erst auf, und er bezeichnet sie, wo es um

180

die Pflicht zu tun ist, sogar als »krankhaft«.[11] Andererseits lehrt eine ebenso alte Tradition, daß Werte, auch moralische, nicht auf Verstandesurteilen, sondern auf dem Fühlen und Empfinden beruhen. Humes bereits zitierte Maxime: »Die Vernunft ist nur die Sklavin der Gefühle und soll es sein«, kennzeichnet einen solchen Ansatz und gilt nach wie vor bei manchem angelsächsischen Philosophen als Grundstein jeder brauchbaren Ethik. Doch im Prinzip enthalten alle Gefühle grundlegende Urteile, so daß der alte Streit zwischen rationalen oder kognitiven und teleologischen oder emotiven Konzepten kaum fruchtbar ausgefochten werden kann. Eine Prinzipienethik weicht nur darin von einer Gefühlsethik ab, daß sie ihre Urteile aufwendiger rechtfertigt oder kanonisiert. Wenn erstere hauptsächlich auf Vorurteilen beruht, so letztere auf Dogmen.

Ähnliche Erwägungen zieht der alte Streit über die verschiedenen Theorien des künstlerischen »Ausdrucks« nach sich, die immer wieder den Gemeinplatz auskramen, Kunstwerke könnten, da sie Gefühle ausdrücken, in irgendeinem (gewöhnlich eher rätselhaften) Sinne auch unsere Emotionalität unmittelbar ansprechen. Da feiert dann wieder das hydraulische Modell fröhliche Urstände, als seien Gemälde und Gedichte etwas wie »Ergüsse« oder »Ausbrüche« von Kreativität. Die Theorien sind fast durchweg *kausal* angelegt: Da wird etwa der *Affekt* des Rezipienten durch das Werk *ausgelöst*, das seinerseits in der Kreativität des Künstlers seinen Grund haben soll. Sie suggerieren, daß eine naive und möglichst wenig durch kritisches Denken getrübte Rezeption die angemessenste sei (das erklärt die allgemeine Verachtung »überreflektierter« Kritiker, die sich dem freien Fließen der Emotionen hartleibig verschließen). Wenn die Kunst Gefühle ausdrückt und anspricht (was gewiß ein Hauptmotiv der Ästhetik ausmacht), dann ist das Ästheti-

---

[11] Rawls (*Eine Theorie der Gerechtigkeit*, Frankfurt a.M. 2000) vertritt eine etwas mildere Version der gleichen Ansicht, vgl. besonders den 3. Abschnitt.

sche bereits mit Urteilen durchtränkt, darunter solchen über das Medium, das Thema, den Künstler und die Kunst als solche. Insofern müssen die traditionellen Varianten der »Ausdruckstheorie« – ebenso wie die Einwände gegen sie – einer kritischen Prüfung unterzogen werden.[12]

---

[12] Kants Empfindungsbegriff, mit dem er in seiner dritten *Kritik* Gefühle von bloßen Sinneseindrücken abgrenzt, wäre insofern ein historischer Prototyp, als er zwischen dem »Subjektiven« und dem »Objektiven« Platz für eine »intersubjektive« Geltung eröffnet hat, die in solchen Kontexten eindeutig das Gebotene ist. (Wir könnten allerdings beklagen, daß er dergleichen nicht auch im Bereich der moralischen Urteile erwogen hat.)

5
Emotionale Grundlagen:
»Wie die Welt ist«

Tatsachen gibt es nicht, nur *Interpretationen*.
FRIEDRICH NIETZSCHE, *Aus dem Nachlaß
der Achtzigerjahre*

Die Welt hat kein Sosein.
NELSON GOODMAN, *The Way the World Is*

Gefühlsurteile sind *grundlegend*. Sie finden weder Deutungen oder Wertungen bezogen auf unsere Welt vor noch Anlässe der Furcht und Abscheu, des Trotzes und der Liebe, der Bindung oder Trennung, der Über- oder Unterordnung: Sie *erschaffen* sie. Auch wenden sie nicht bloß Deutungs- und Wertungsnormen auf das Erleben an, sondern *steuern sie bei*. Nicht, daß Gefühle die Werte und Ideale unserer Welt ganz neu erfinden würden; so originell muß wahrlich niemand sein. Auch erzeugen Gefühle nicht »die Welt der Fakten«. Daß die objektive Realität unabhängig von unseren Gefühlen besteht, kann man sofort einräumen, aber für uns gibt es eben kein nacktes Sosein der Welt. Wir leben nicht in *der Realität*, sondern in einer Surrealität, einer Welt, geprägt durch Wertungen und Ängste, Gewinn und Verlust, Lohn und Strafe, Vertrautheit und Fremdheit. Wenn Leidenschaften – und besonders Gefühle – diese Welt *herstellen*, so *setzen* sie den Rahmen, in dem Tatsachen überhaupt Bedeutung oder »Relevanz« für uns haben können. Emotionen sind also insofern grundlegende Urteile, als sie unsere Surrealität nicht vorfinden, sondern »bilden«: Sie wenden das Wertesystem, das dem Erleben eine Bedeutung gibt, nicht an, sondern stellen es bereit.

Betrachten wir die Differenz zwischen einem Richterspruch – »Der Angeklagte ist schuldig« – und dem Prozeßbericht eines Gerichtsreporters. In gewissem Sinne sagen beide, daß der Angeklagte schuldig ist. Doch gibt es einen gravierenden Unterschied. Das Urteil des Richters spricht den Angeklagten schuldig und *macht* ihn zum Verurteilten, während der Reporter die Verurteilung lediglich vermeldet. Im Hinblick auf unsere Gefühle nehmen wir immer den Richterstuhl ein (und spielen in der Reflexion darüber hinaus oft auch die Reporterrolle). Emotionen sind selbsttragende Urteile über uns und unsere Welt oder, wie man in Anlehnung an J. L. Austin sagen könnte, sie sind vorsprachliche Analogien zu »Performanzen« – Urteile, die Sachverhalte *gestalten*, nicht nur darstellen und bewerten.[13] Im Ärger können wir die flapsige Bemerkung eines Freundes als beleidigend verurteilen; doch Ärger ist nicht nur eine affektive »Reaktion« auf einen Übergriff, sondern verkündet – wie ein Richter sein Urteil –, daß die Bemerkung beleidigend war. Wir ärgern uns also nicht, weil etwas *beleidigend wirkt*, sondern etwas wirkt beleidigend, weil wir es zum Gegenstand des Ärgers gemacht haben. Macht man zum Beispiel einem größenwahnsinnigen Künstler das Kompliment, er setze die Farben genauso raffiniert ein wie Pierre Bonnard, so könnte ihn das ärgern, weil er sich eben *besser* wähnt als Bonnard. Die Äußerung als solche ist gewiß nicht beleidigend, sie wird es erst durch seinen Ärger. Ähnlich wie Richter finden Gefühle ihre Urteilssprüche nirgendwo geschrieben vor, sondern zeichnen für sie selbst verantwortlich.

Selbstverständlich können Urteile wieder aufgehoben werden, richterliche zum Beispiel in der Berufungsinstanz. Gefühle mögen vor dem Tribunal der Reflexion abwegig und absurd erscheinen, werden deshalb aber nicht »unrichtig« oder »falsch«.

---

[13] J. L. Austin, *Zur Theorie der Sprechakte (How to Do Things with Words)*, Stuttgart 1972 (OA 1962).

Diese Begriffe gelten nämlich nur für Beschreibungen, die »den Fakten entsprechen« sollen, nicht jedoch für Urteilssprüche, die nichts abbilden. Um ein Beispiel Austins aufzugreifen: »Ich taufe dieses Schiff auf den Namen *Albanien*.« Der Name mag lachhaft, politisch unangemessen oder einfach ungeschickt sein, aber das macht die Taufe und Namensgebung nicht ungeschehen, sie ist »geglückt«, weil das Schiff vorher ja noch keinen Namen hatte. (Austin spricht hier von »mißglückten« im Gegensatz zu »falschen« Urteilen.) Ein Richterspruch mag unüberlegt, unbegründet, unverantwortlich, dumm und, bei Überschreitung von Zuständigkeiten, sogar verfassungswidrig sein – doch grundsätzlich liegt eine rechtliche Befugnis vor, über Schuld und Unschuld zu befinden.

Demnach könnten wir sagen, *das Rechtssystem als solches* mache den Angeklagten durch Vorgaben von Gesetzen und Auslegungen schuldig.[14] Ähnliches gilt für Gefühle. Ärger mag alles mögliche sein: Er kann ungerechtfertigt sein (da die vermeintliche Beleidigung eigentlich ein Kompliment war), grundlos (da er auf einem Mißverständnis oder Irrtum beruht), übertrieben (da er in keinem Verhältnis zum Anlaß steht) oder einfach absurd (da er völlig aus der Luft gegriffen ist). Und für die Reflexion ist er deshalb manchmal tatsächlich unvernünftig, unangemessen, ungerecht oder töricht. Dem Ärger selbst erscheint die betreffende Äußerung deshalb nicht weniger beleidigend (und die Aufwallung nicht weniger »echt«), als wenn er ganz vernünftig, angemessen und berechtigt wäre. In seiner Eigenschaft als Urteilsspruch ist er nie nur »unangemessen« oder »falsch«. Er hat nicht nur etwas gesagt, sondern etwas in die Welt gesetzt, konstituiert.

---

[14] Die Gerichte »sprechen schuldig«. Daraus leitete de Sade einen perversen Rechtsrelativismus ab: »In Istanbul hängt man einen Mann einer Tat wegen, die man ihm in London reich belohnen würde.« Denn Begriffe wie Schuld und Unschuld bezögen ihren Sinn allein aus konkreten Rechtssystemen (von daher das Aperçu, man könnte das Verbrechen vollkommen beseitigen, indem man einfach das Strafrecht abschaffte).

Ein bestimmtes Gefühl mag beliebig viele andere fast stereotyp wiederholen (etwa wenn man »eingeschnappt« ist oder amouröse Abenteuer am laufenden Band hat) und dabei nur (gleichsam instinktiv) festgefahrenen Mustern folgen. Betrachtet man Gefühle isoliert, so scheinen sie sich eher an den Strukturen der persönlichen Surrealität auszurichten als diese zu konstituieren; in ihrer Gesamtheit jedoch bilden sie ein organisches System projizierter Regeln und Normen, worin jedes einzelne Gefühl seinen Platz findet und dieses System – wie der Richter das Gesetz – nicht nur voraussetzt, sondern auch stets dazu beiträgt, es konstruktiv fortzuentwickeln. Jedes Gefühl ist ein Urteil, das den ganzen Reichtum früherer emotionaler Urteile beerbt, die als historischer Kontext gleichsam seine »Präzedenzfälle« bereitstellen; doch jedes Gefühl ist auch ein persönlicher Richterspruch – ob nun mutig voranpreschend oder bloß bestätigend. Keine zwei Fälle und keine zwei Gefühle sind jemals miteinander identisch – und wenn sie sich nur in ihrer Abfolge unterscheiden. Im Emotionalen spielt diese an sich triviale Differenz eine erheblich größere Rolle als im Recht: Manche Wiederholungen werden gleichsam ritualisiert (in der Sexualität, bei Kultopfern), andere als deplaziert und anstößig verworfen (eine Warnung oder ein Rat kann sehr willkommen sein, beim zweiten oder dritten Mal aber aufdringlich oder respektlos wirken).

Wir erfinden die Deutungsmuster und Wertungsnormen unserer emotionalen Urteile nicht selbst, sondern übernehmen sie von Eltern, Freunden, Lehrern oder Vorbildern. Das Problem zumindest moderner Gesellschaften liegt darin, daß es fast immer alternative Muster und Normen, das heißt einander widerstreitende Regeln und Imperative gibt. Normalerweise herrscht zwischen unseren Eltern und Kameraden, Lehrern und Idolen wenig Übereinstimmung. Man lehrt uns, zugleich egoistisch und altruistisch, aggressiv und demütig, ehrgeizig und zurückhaltend, durchsetzungswillig und kompromißbereit,

solidarisch und selbständig zu sein. In der einen Welt sind wir
überlegen, in der anderen unterlegen, zugleich bombardiert
man uns mit der Ideologie, daß wir alle irgendwie »gleich« sind.
Wir sollen uns wehren, aber auch »die andere Wange hinhalten«, sollen an den Segen des Eigentums glauben, gierig
oder habsüchtig sollen wir aber dennoch nicht sein. Am Ende
müssen wir immer zwischen Alternativen wählen, was viele
unserer Gefühle zu regelrechten Entscheidungen macht. Der
kleinste Ärger und die flüchtigste Romanze können insofern
zum existentiellen Engagement für eine Grundbeschaffenheit
und für ein bestimmtes Sosein unserer Welt werden.

Sogar dort, wo es feste Maßstäbe gibt (zum Beispiel in jenen
zeitlosen kleinen Gesellschaften, die Anthropologen, etwas von
oben herab, als »primitiv« bezeichnen), ist jede Regelanwen-
dung faktisch ein gesetzgebender Akt, der für das ganze bestehende System Geltung erlangt. Philosophen und Juristen
wissen seit langem, daß es ungeachtet der Qualität von Gesetzen
bei ihrer Anwendung prinzipiell niemals eine Verbindlichkeit
geben kann.[15] Im Hinblick auf die Gefühle spielt das eine wichtige Rolle, und zwar jedesmal, wenn wir entscheiden müssen,
ob zwei Fälle »gleichartig« sind, wobei jede dieser Entscheidungen einen bestimmten Präzedenzfall für künftige Urteile
setzt oder verstärkt. Auch wenn klar ist, daß Verbalinjurien
Ärger oder Entrüstung auslösen, bleibt immer offen, was in
welchem Kontext beleidigend wirkt. So benutzen etwa Jugend-
liche untereinander häufig Redensarten wie »deine Alte…«
oder »hast du 'ne Ahnung…«, die anderweitig Anstoß erregen,
zumindest unangebracht scheinen würden, ihnen schiene es
aber geradezu lächerlich, sich über solche Formeln aufzuregen.
Nicht wenige Menschen mögen (wie unser größenwahnsinniger
Künstler) erzürnt oder verärgert auf Komplimente reagieren,

---

[15] Das Anwendungsproblem hat Kant vor allem in der *Metaphysik der Sitten* gründlich erörtert.

und manche quittieren sogar den bösesten Spott mit Dankbarkeit. Aus alledem folgt, daß wir bei keinem Gefühl feste Deutungs- und Bewertungsnormen besitzen, sondern vielmehr *jedes einzelne* als eine grundlegende existentielle Entscheidung über unsere Weltsicht betrachten müssen.

Das Fundamentale der Gefühle erklärt (und rechtfertigt) zum Teil ihren häufig angeprangerten »blinden Dogmatismus«. Wer emotional ist (so wird stets beklagt), der kann nicht »unvoreingenommen« sein, sondern hat vorab beschlossen, was er wahrnehmen will und was nicht. Das trifft zwar zu, aber Gefühle spielen im Leben nicht die gleiche Rolle wie jene »sachlichen« Urteile, in denen wir auswählen und vergleichen, experimentieren und beobachten, um später dann zu überprüfen und gegebenenfalls zu bestätigen. Ein Gefühl ist keine Hypothese, die aus bestimmten Forschungsmethoden folgt und wahr oder exakt sein soll; es ist ein fester Wertungsrahmen, der eigene Regeln und Richtlinien *setzt*. Wenn sich zum Beispiel ein Kind vor Hunden fürchtet, so ist das keine Hypothese oder Annahme – die sich bestätigen oder widerlegen ließe –, sondern ein Erwartungshorizont, in dem Hunde als gefährlich *gelten*. Zwar mögen solche Gefühle »irrational« sein und aus einer latenten Symbolik erwachsen, deren manifester Inhalt unbegründet ist; »Phobien«, wie Freud sie nannte, unterscheiden sich strukturell kaum von der verständlichen Furcht eines Kindes, das schon mehrfach von Hunden angegriffen und gebissen wurde. Obwohl hierbei die Furcht gewöhnlich andere Ursachen und Gründe hat – wie sich in der Reflexion oder Therapie zeigt –, ist jedes Gefühl ungeachtet seiner Ursachen und Gründe vorhanden ein konstitutives Urteil und eine Prädisposition, so oder so zu reagieren. Im Vergleich mit der »unvoreingenommenen« Neugier haben solche Voreinstellungen etwas Dogmatisches. Doch wir *leben* nun einmal nicht so, daß wir offen und unvoreingenommen einfach alles nehmen, wie es kommt. Vielmehr können wir prinzipiell nur mit gewissen

Voreinstellungen und Hoffnungen überleben, wobei wir fest entschlossen sein mögen, Grausamkeit abzulehnen, für Freundlichkeit oder Respekt dankbar zu sein, statt sie selbstverständlich hinzunehmen und jede Gelegenheit zu nutzen, nach unseren festen Idealen zu handeln. Den »Dogmatismus« der Gefühle sollte man in erster Linie als eine Tugend betrachten, die zwar vielleicht immer mit Offenheit Hand in Hand gehen sollte, deren Borniertheit oder *Entschlossenheit* (um es mit Heidegger etwas positiver auszudrücken) die Voraussetzung für eine moralisch verantwortliche Einstellung ist. Sofern es um Sinnstiftung und die Geltung von Normen geht, ist »Offenheit« bloß ein anderer Ausdruck für ratloses Wischiwaschi.

Untersuchen wir, was es bedeutet, »sich zu verlieben«. Vor allem ist es nichts Passives, sondern eine Grundentscheidung. Was besagt das? Unser Sprechen über die Liebe setzt auf Passivität – diese Neigung bricht sich in Lyrismen Bahn wie in halbreligiösen oder pseudowissenschaftlichen Bildern und Formeln (»füreinander geschaffen« zu sein). Jedenfalls beginnt die Liebe oft mit einer scheinbar spontanen »Attraktion« oder »chemischen Reaktion«, wobei das Gefühl entstehen kann, jemand sei der oder die Richtige, so als ob die Maßstäbe des Zusammenpassens vorab schon festgestanden hätten. Faktisch standen sie auch fest – jedoch nicht *für*, sondern *durch* uns. Die Liebe ist keine Konklusion, kein auf die gründliche Abwägung von Tugenden und Lastern, Vor- und Nachteilen gestützter, wohlfundierter Qualitätsbefund, sondern ein Entschluß, den geliebten Menschen nur von der besten Seite sehen zu wollen.

Die Reize und Vorzüge des Menschen, den wir zu lieben beschließen, finden wir nicht vor, sondern erschaffen sie. In der verzweifelten Einsamkeit lockern wir unsere Kriterien, um mehr Auswahl zu haben. Notfalls können wir die Ansprüche sogar auf das Mindesterfordernis herunterschrauben, daß die andere Person uns liebt (oder wenigstens zu lieben vorgibt). Freilich ist selbst dieses völlig offene, wahllose Engagement

eine Identifikation und damit eine Basis für gemeinsame Erlebnisse und Übereinstimmungen, die alsbald »das Liebenswerte«
gebären. Daneben gibt es die »Liebe auf den ersten Blick«, oft
ohne jede Ähnlichkeit mit früheren Vorbildern. Doch auch hier
kommt es nicht darauf an, Vorzüge zu »finden«, die unsere
Liebe »wecken«, sondern Eigenschaften zu entdecken (oder
wiederzuentdecken), die oft ein Leben lang durch unsere emotionalen Urteile vorgezeichnet waren.

Stendhals berühmtes Bild der »Kristallisation« zielt auf das
gleiche Phänomen, nämlich ein konsequentes Engagement und
keine bloße »Entdeckung«. Man könnte sagen, daß Liebende
Tugenden nicht vorfinden, sondern unablässig »erzeugen«. Vielleicht sind gewisse »Fakten« gegeben; doch statt ihrer werden
neue Interpretationen entdeckt. Es gibt keinen Makel, der nicht
als interessant, keine Charakterschwäche, die nicht als »sündi-
ger« Reiz gelten könnte. André Gides abgeleiteter Begriff der
»Dekristallisation« bedeutet in diesem Sinne nicht, daß ein ge-
liebter Mensch seine Tugenden verliert oder daß neue Fehler
und Mängel an ihm hervortreten, sondern schlicht, daß sich
wieder der frühere Zustand der *Getrenntheit* einstellt. Den
Extremfall bilden Pathetiker, die ihre Persönlichkeit so entschlossen schützen, daß sie alle anderen für mangelhaft und
ihrer Liebe »unwürdig« halten. Selbstverständlich finden sie
immer treffliche Einwände gegen diesen oder jenen (und wo
gäbe es schon keine Einwände?).

Die Leitsterne der Liebe sind selbstverhängte Ideale und
Normen. Sie können so eng und speziell sein, daß nur ein
einziger Mensch oder unversehens überhaupt niemand ihnen
genügt, oder aber so weit, wahllos und promisk, daß fast alle sie
erfüllen. Wie dem auch sei, Liebe ist nicht so sehr »Anziehung«
wie der engagierte Entschluß, zu vertrauen und zu teilen, einander zu loben, zu trösten, zu ermutigen und zu schätzen.

Und was für die Liebe gilt, gilt für alle Emotionen: Jedes
Gefühl setzt einen Rahmen, in dem wir uns für unsere Welt

und für andere Menschen engagieren – oder eben nicht; jedes stellt Normen auf, denen die Realität, andere Menschen und vor allem wir selbst genügen sollen. Manche erinnern allerdings an die provisorischen Regeln von Kinderspielen, die momentan absolut gelten sollen, bis die nächste Laune sie wieder umstößt und anders definiert. Bei einem Fest regt uns auf, wie unmöglich sich jemand verhalten hat, der »aus der Rolle gefallen« war, oder wie hölzern sich ein anderer nur an seinem Glas festhielt. In der Reflexion erkennen wir, daß beide Emotionen nur selbstgerechte Abwehrmechanismen gegen wachsende Unsicherheit und selbstverhängte Isolation waren und wir nur nach Haaren in der Suppe suchten, damit uns das ganze Fest als eine fremdartige, unwirtliche Szene erscheinen konnte, aus der wir uns gerne ausgeschlossen fühlten und noch lieber bald wieder absentierten. Wenn wir nicht nachdächten und uns manchmal »ertappten«, würden solche Selbsttäuschungen dazu führen, daß wir uns wegen der willkürlichen und widersprüchlichen Maßstäbe, die nur der momentanen Abwehr dienen, in eine »Liebesunfähigkeit« hineinsteigern, in der man »niemand Geeigneten findet«, weil alle Kandidaten nach spontan gebildeten Maßstäben durchfallen (der eine ist »zu klein«, der andere »zu groß«, der eine »zu kopflastig«, ein anderer »nicht intelligent genug«).

Widersprüchlichkeit und Willkür bringen die Emotionen in Verruf; durch Reflexion und Konstanz, die an die vorweg feststehende »Entschlossenheit« des Emotionalen aufbaut, bilden sich Liebe und Achtung, die allen Idealen und Werten ebenso wie aller Verantwortung und Solidarität zugrunde liegt. Unser Sosein (und unsere Welt) resultiert in einem systematischen Sinne aus den je nach Person und Zeitpunkt sich wandelnden Urteilen über Konzepte wie Werte, Ansehen, Macht, Verantwortung, Vertrauen und Nähe. Mit Shelley zu sprechen, könnte man sagen, daß die Gefühle »die geheimen Gesetzgeber unserer Welt« sind.

6
Die Mythologie der Emotionen

> ... wir anthropomorphisieren nicht weniger
> hemmungslos als die unverbesserlichsten
> Wilden. In diese Falle gehen wir jedesmal,
> sooft wir mit Wärme an irgend etwas denken
> – und schon haben wir es mit menschlichen
> Attributen versehen.
>
> BERNARD BERENSON, *Italian Painters*
> *of the Renaissance*

Die Gefühlsurteile bilden eine systematische Einheit, die genau ihren Gegenständen entspricht. Was ich den »Gegenstand« und »Inhalt« von Gefühlen genannt habe, ist im Grunde nur ihr Fokus, der ein Ereignis, eine Person oder Handlung zwecks besonderer Erwägung herausgreift. Der Status von Gegenständen der Furcht, der Anbetung, der Liebe, des Ärgers, des Hasses oder des Neides hängt von ihren relativen Positionen in der Gesamtsurrealität ab. Daher gehören die Gegenstände wie die sie tragenden Gefühle einem umfassenden System an. Äußerstenfalls, zum Beispiel in Stimmungen oder bei sehr ausgeprägten Gefühlen (sei es eine Romanze oder eine Wut, die praktisch das ganze Leben prägen), können die systematischen Zusammenhänge von Gefühlsgegenständen unsere Surrealität vollständig besetzen und überschwemmen. In seltenen Fällen mögen Gefühle so stark aus dem Rahmen fallen oder Situationen so ungewöhnlich sein, daß kaum Verbindungen mit anderen Inhalten bestehen. Doch meistens gehören die Gegenstände einzelner Emotionen übergreifenden Dramen an, die ganze Erlebensbereiche strukturieren. Um die Dramatik (und Phantastik) der systematischen Zusammenhänge beson-

ders hervorzuheben, bezeichne ich jene Gefühlsinhalte als
»*Mythologien*«.

Subjektiv gesehen reorganisieren Emotionen unsere Welt,
in ihrem Hang zur Theatralik benutzen sie Gestalten aus der
Realität als epische Helden oder Figuren. Wir selbst, unsere
Freunde und Feinde, werden damit zum Brennpunkt unserer
Welt, die die Bühne für unsere persönlichen Alltagsdramen
abgibt. Machtpolitische Realitäten steuern lediglich die Rah-
menhandlung, also das mit den *dramatis personae* vorgegebene
Skelett, bei, bestimmen jedoch nicht die im Umfeld konstruierte Surrealität. Gefühle erzeugen ihre eigenen Rang- und
Statushierarchien wie auch Machtansprüche – oft indes angesichts objektiver Ohnmacht. Sie verfolgen eine spezielle
surreale Politik, wobei ihr Kampf um Status und Macht imaginäre Züge tragen kann und oft zu nichts anderem führt als
»innerer« Befriedigung.

Eine »Mythologie« ist nicht eine etwas unbedarfte, primitivere Theorie, die die Phänomene, die *wir* richtig verstehen –
Mythologen sind immer die anderen –, falsch, aber phantasiereich erklärt:[16] In dieser Auffassung steckt meist ein gehöriges
Maß an Überheblichkeit, wenn nicht Zynismus. Mythologien
sind auch keine bloßen »Spielereien und Spekulationen« (Lévi-
Strauss). Ebensowenig sind sie »Welterklärungen«. Dieser
verbreiteten Auffassung zufolge wäre der Mythos der Gegenpol
zu wissenschaftlichen Erklärungen, die (besonders in unserer
»fortschrittlichen« Form) ihm naturgemäß überlegen sind. Der
Zweck von Mythologien liegt eher in der *Sinnstiftung* (was
eine bestimmte Art der Welterklärung impliziert – auch wenn
nicht dasselbe ist). Mit ihrer klaren Abgrenzung des *logos* vom
mythos unterschied die griechische Antike zwischen begriff-
licher Wahrheit und bildhafter, sinngebender Phantasie:

---

[16] In meiner Auseinandersetzung mit dem »Mythos« der Leidenschaften oder der
Unschuld verwende ich den Begriff genau in diesem Sinne.

Im hellenischen Sprachgebrauch stehen *logos* und *mythos*, das heißt »Begriff« und »Bild«, für zwei gegensätzliche Denkweisen. Ersterer schließt alles ein, was sich vernünftig fassen läßt, auf objektive Wahrheit zielt und vom Betrachter unabhängig ist; letzterer alles, was sich nicht überprüfen läßt, sondern die Wahrheit in sich oder, was auf dasselbe hinausläuft, in der Überzeugungskraft trägt, die aus seiner Schönheit erwächst.

P. GRIMAL, *Larousse World Mythology*

Im Unterschied zu den christlichen Glaubenslehren, die natürlich keine »Mythologien« sind, sondern das »wahre Evangelium«,[17] galten die griechischen Mythologien niemals als »Wahrheiten«, sondern nur als allegorische Phantasieprodukte, die ein anregendes, dramatisches Bild der Welt zeichnen.[18]

Wenn Mythologien nicht buchstäblich »wahr« sind, können sie auch nicht »falsch« sein, denn sie wollen ja, worauf sie auch fußen, nichts erklären, sondern lediglich deuten. Sie sind weder einfach Märchen noch quasi wissenschaftlich-objektive Befunde,[19] sondern subjektive Weltanschauungen, die zwar eine

---

[17] Ernest Renan grenzte 1855 die »Semiten« von den anderen Völkern der Antike ab, da sie »nie eine Mythologie gehabt« hätten, sondern nur eine »klare, einfache Gottesidee«. Deshalb geschieht es so häufig, daß der Begriff des »Mythos« fremden Ideologien vorbehalten bleibt. Da es zum Beispiel in den ägyptischen Allegorien viele Tierseelen und in den griechischen Sagen viele anthropomorphe Götter gibt, gelten beide als prinzipiell »mythisch«, die Legenden des Alten und Neuen Testaments über göttliche Wunder oder Strafen jedoch nicht, obwohl sie in der Regel genauso phantastisch sind wie die Geschehnisse in den ägyptischen und hellenischen Fabeln.

[18] Siehe dazu etwa P. Grimal, *Larousse World Mythology*, Paris 1968. Ich danke meinem Bruder Jon D. Solomon für seine hochinteressanten Diskussionsbeiträge zu diesem Thema.

[19] Die heute beliebte These, auch die moderne Wissenschaft sei eine Mythologie, hat manches für sich, zumal wir sie gerne benutzen, um »primitivere«, »magisch orientierte« Ideologien ins Lächerliche zu ziehen. Trotzdem stiftet sie mehr Verwirrung, da der Mythos der Wissenschaft vor allem darin voraus ist, daß er weder unparteiisch-sachlich sein muß, noch die Welt areligiös erklären will. Die moderne Wissenschaft ist zwar an sich kein Mythos, nimmt aber dessen Stellung ein und hat von ihm nichts zurückgelassen als die »Neugier«. (Vgl. dazu Nietzsches Äußerungen über den Mythos in *Die fröhliche Wissenschaft*, wo er gegen Ende des 19. Jahrhunderts vor den verzweifelten Machtkulten warnte, die bald jene sehr menschlichen, ja, allzumenschlichen und

Realitätsbasis benötigen mögen, sich aber genausogut auf Allegorien oder Phantasien stützen können. Sowenig eine Mythologie »die Fakten« leugnen will, sowenig gibt sie sich mit Fakten zufrieden. Die Mythologie der Emotionen versetzt die Fakten in einen dramatischen Kontext und bewerkstelligt das mit kraftvollen und eindringlichen Bildern. Da unsere Kultur von den Mythologien der Sexualität und des Christentums dominiert ist, kann es kaum überraschen, daß sich unsere Gefühle mit einem »fick dich«, »gottverdammt«, »geh' zum Teufel« oder »leck mich« Luft machen. Wo gute Ehen »im Himmel geschlossen werden«, werden Liebende vom göttlichen Funken beseelt. In einer agrarischen Kultur beziehen die Mythologien ihre Bilder eher aus der Tier- und Pflanzenwelt, wurzelt das Humane im Biologischen und nehmen Mächte und Gottheiten animalische Gestalten an. Überbleibsel davon finden wir in Schimpfwörtern wie »du elende Ratte« oder »du Sau«; oder wenn wir Menschen, an die uns viel bindet (Freunde, Geliebte, Feinde), mit Tieren vergleichen (einem Vogel im Käfig, einem Fisch im Aquarium, einem »Küken«, Insekt oder Wurm).[20] Selbstverständlich ist eine hoch urbanisierte Kultur ärmer an solchen Bildern als eine agrarische. (Der Anthropomorphismus, den wir im alten Ägypten, in Babylonien und in »primitiveren« Gesellschaften überall entdecken, ist nur eine Sache des Verhältnisses von Erfahrungen und Allegorien. Wenn wir einen Feind »zum Teufel schicken«, so ist das gewiß nicht weniger primitiv, als – wie im alten Ägypten – von der »göttlichen Gleichgültigkeit« einer verwöhnten Katze zu sprechen.)

Basal und elementar (im Sinne von Jungs »Archetypen«) ist, daß es dabei immer um Macht und Status geht; ob sich Intentionen in naturalistischen, religiösen oder gar »wissenschaft-

---

grausamen Mythen ablösen würden, die das Leben bisher strukturiert und mit Sinn erfüllt hatten.

[20] Vgl. dazu Karl Kraus: »Da das Halten wilder Tiere gesetzlich verboten ist und die Haustiere mir kein Vergnügen machen, so bleibe ich lieber unverheiratet.«

195

lichen« Bildern äußern, ist unerheblich.[21] Auch spielt es keine
Rolle, wie wörtlich man Begriffe jeweils zu nehmen hat. Wenn
etwa James Cagney einen Gegner als »elende Ratte« be-
schimpft, zerbricht sich niemand den Kopf über irgendwelche
zoologische Merkmale, weil völlig klar ist, welche Rolle damit
in Cagneys Welt einem Gegner zugeschrieben wird und wie er
zu behandeln ist. Und natürlich denkt keiner an einen Abstieg
in die Unterwelt, wenn wir jemanden »zum Teufel schicken«,
aber die Verwünschung sitzt, weil wir wirklich gerne hätten,
daß der Betreffende eine Zeitlang im Höllenfeuer schmoren
müßte. Wenn jemand ein Stoßgebet murmelt, muß er nicht an
Gott glauben, aber er hat seinem Gefühl der Hilflosigkeit und
Verzweiflung klar Ausdruck verschafft.

Auch wenn sich Mythologien und Gefühle gern bunt und
phantasiereich kostümieren, wurzeln sie in dem, worum sich
das Leben dreht: Macht und Ohnmacht, Identität und Wandel,
Integration und Ausgrenzung, Autonomie und Interdependenz.
Sie transponieren solche Inhalte in Bilder; in Schöpfungs- und
Reinkarnationsmythen stecken Modelle für Aktivität oder Passivität, Himmel und Hölle sind Metaphern für oben und unten,
während Sexualität oder Stoffwechselprozesse (bei Lévi-Strauss
oder in Freuds Schema der »Identifikation«) Bildmaterial dafür
liefern, wie Innen- und Außenverhältnisse erlebt werden können. Die Grundelemente des Mythos artikulieren, wie Lévi-
Strauss zeigt, meist Verwandtschafts- und Statusverhältnisse,
darunter die scheinbar eigenständigen, aber nachweislich kol-
lektiv erlebten Rituale des Essens, der Sexualität, von Angst und
Panik, Macht und Ohnmacht, der Einverleibung (fressen oder
gefressen werden) und Ausschließung (Exil), der Opferriten

---

[21] Claude Lévi-Strauss und die *Strukturalisten* kümmerten sich in erster Linie um
strukturelle Analogien zwischen Mythen. Ich werde ihre Grundeinstellung hier nicht
unterstützen, behaupte aber, daß Mythen rationale Strukturen sind, mögen sie auch
literarisch oder allegorisch ausgemalt sein. Siehe zu diesem Komplex besonders *Die
traurigen Tropen*, *Das wilde Denken* und *Mythologica I*.

und der Magie, des Tötens und der Verehrung. In diesen Kategorien *leben* wir, ob allegorisch ausgeschmückt oder nicht, und nur ein blinder, bornierter Wissenschaftsfetischismus kann ignorieren, wie real diese Surrealitäten sind, die den phantastischsten Märchen der Mythologie zugrunde liegen. Wie jede Mythologie einer eigenen Logik gehorcht – also gerade kein Phantasiegespinst ist und sich auch nicht in das Prokrustesbett der klassischen Unterscheidung von *logos* und *mythos* zwingen läßt – , folgt auch jedes Gefühl einer eigenen Logik. (In Kapitel sieben werde ich die »Logik der Gefühle« näher erörtern und zeigen, daß wir auch eine solche Strukturanalyse »mythologisch« nennen können. Die Logik des Mythos ist freilich nicht mit der des objektiven Denkens zu vermengen, denn in gewisser Weise unterscheiden sich beide sehr stark voneinander).

Die Mythologie des Gefühls ist eine dramatisierende Konstruktion der Surrealität. Insofern anthropomorphisiert sie immer Tiere, Pflanzen, menschenähnliche Idole und Halbgötter (wobei zwischen der Vergottung des Menschen und einer Säkularisierung Gottes kaum ein Unterschied besteht). Allerdings ist der Anthropomorphismus keineswegs überall gleich stark. Wo teleologische Weltbilder vorherrschen, entwickelt er sich ungehemmt; in Kulturen wie unserer, in der man immer nach lückenlosen Kausalketten sucht und die Teleologie ausnahmsweise und zur Not duldet,[22] wird der Anthropomorphismus stark zurückgestutzt. Nur noch die Menschen (bei radikalen Behavioristen und Reduktionisten noch nicht einmal die) dürfen unwidersprochen »anthropomorph« verstanden werden. Zum Teil erklärt das (auch wenn der Schuß leicht nach hinten losgehen könnte), daß unsere Gefühle überwiegend intersubjektiv sind und andere Menschen zum Gegenstand haben. Wenn wir es uns gestatten, uns über das Wetter zu ärgern und uns in Blumen oder Autos zu verlieben, sind das Anwand-

---

[22] Vgl. etwa Immanuel Kants *Kritik der Urteilskraft, passim.*

lungen, die unbestreitbar anthropomorphe Züge tragen, und uns dann vielleicht auch prompt kindisch, töricht oder lustig vorkommen, wenn wir darüber nachdenken. Im Grunde stellen uns jedoch alle Gefühle die Welt im Gewand sinnhafter, will sagen *menschlicher* Mythologien dar. Insofern liegt sie meist mit der Wissenschaft überquer, die anonyme mechanische Naturkräfte betont. Wenn Wissenschaft und Mythologie sich einander annähern sollten, so müßte sich unser Verhältnis zur Natur verändern. Da wir teleologische Zusammenhänge nur im Zwischenmenschlichen (zur Not vielleicht noch bei Haustieren) gelten lassen, beschränkt sich unsere Sinnsphäre auf das Soziale, während das Natürliche sich uns um so gründlicher verschließt, je mehr wir es beherrschen. Und vielleicht können Physiologen ja irgendwann sogar das menschliche Verhalten kausal erklären...

Es ist immer gefährlich, Mythologie und Wissenschaft zu vermengen und sie nicht, wie die Griechen, strikt auseinanderzuhalten. Da man letztere neuerdings relativiert und erstere aufwertet, verschwimmt die Grenze zwischen beiden zunehmend, werden eindeutig mythologische Disziplinen zu Theorien erhoben und umgekehrt wissenschaftliche Erkenntnisse als bloße Mythologien enthüllt. Man erkennt ohne weiteres, wie es dazu kam: Da die Wissenschaftler zunehmend das *Konstruierte* ihrer Hypothesen und Theorien einsahen, verlagerte sich der Akzent von der *Wahrheit* auf die Schlüssigkeit, Angemessenheit, Eleganz und Reichweite ihrer Erklärungen. Durch diese Verschiebung sind früher verworfene Konstruktionen wieder diskutabel geworden, während anerkannte Theorien ihren Ausschließlichkeitsanspruch einbüßten. Da sich Wahrheits- und Inszenierungskriterien vermischten, ist die Grenze zwischen Wissenschaft und Mythologie völlig verschwommen. So verkündet die Wissenschaft ungerührt, die Bewegung von Sternen und Planeten richte sich allein nach den Gesetzen der Gravitation. Wie leblos! Und was *bedeutet* uns dann noch der Himmel? Was gäbe es dann daran noch, was wir anstaunen könnten? Nehmen wir nun statt dessen aufgrund derselben Tatsachen (nebst einigen etwas gewagten Korrelationen) an, daß die Himmelskörper kein großes Uhrwerk bilden, sondern unsere Anlagen und Fähigkeiten, unser Leben und Schicksal direkt beeinflussen. Um wieviel »sinnvoller« würden die Sterne dadurch! Zwar mag es schwerfallen, jene zusätzlichen Korrelationen oder postulierten »Einflüsse« objektiv nachzuweisen; subjektiv geht es aber gar nicht um Beweise, sondern um Sinn. Und da solche – bewußt vagen – Korrelationen keinerlei Bruch mit der Erfahrung bedeuten, vermag der objektive Ansatz den subjektiven weder zu widerlegen noch zu dikreditieren, zumal dieser obendrein den Reiz hat, daß wir uns – wie spannend, wie dramatisch! – den Launen kosmischer Kräfte ausgeliefert sehen. Daß er falsch sein *kann*, oder doch zumindest beliebig erscheint, spielt subjektiv gesehen fast keine Rolle.

Die Grenze zwischen subjektiv und objektiv oder mythologisch und sachlich mag gefühlsmäßig schwer nachzuvollziehen sein, doch in den meisten Fällen lassen sich die Fronten klären.[23] Wie es immer Legionen von Schwärmern geben wird, die lieber an aufregende (brandneue oder uralte) Entwürfe glauben als an wohlfundierte wissenschaftliche Theorien, so werden auch die sturen Realisten nicht aussterben, die ausschließlich das gelten lassen, was den kalten Kriterien der Wissenschaft genügt. Im übrigen hat das Leben so viel Raum für (und Bedarf an) Mythologien, daß wir das Feld gar nicht betreten müssen, das die Wissenschaften besetzt haben. Wissenschaftlich wäre die Frau, die ich liebe, ein Konglomerat von ein paar wertvollen chemischen Stoffen, eine beliebige Illustration beispielsweise für den Herztyp A, soziologisch ein Exemplar der *Bourgeoise americana* (Unterart *Bohemia re-*

---

[23] Das ist Sartres Problem in *Das Sein und das Nichts*, Erster Teil, 2. Kapitel, 3. Abschnitt.

bellia). Für mich jedoch ist sie die Erfüllung eines Traumes, die Verkörperung meiner Ideale, Wünsche und Hoffnungen. Niemals, auch nicht als strebsamster Medizinstudent oder als abgebrühtester Dermatologe, könnte ich ihre Haut als von Warzen, Haaren, Talgdrüsen und Narben besiedelte Epidermis wahrnehmen; meine Liebe duldet das nicht: Solange ich sie liebe, kann ich ihren Teint nur in (mehr oder weniger blumigen) Metaphern beschreiben. Nennt das einer »unwissenschaftlich«, schert mich das keinen Deut. Ebensowenig lüge ich, wenn ich sogar ihre Klugheit und Schönheit, ihre Talente und ihre Sinnlichkeit rühme, ich muß keinerlei »Fakten« leugnen, ich huldige ihr nur, wie Sektenmitglieder die Eigenschaften ihres Gurus feiern oder lobpreisen. Man könnte auch einwenden, daß kein Gefühl »objektiv« ist, aber wie die Allegorien der Griechen zielen Gefühle ja gar nicht auf »Wahrheit«, sondern auf Sinngebung im Surrealen. Liebe muß nicht blind sein; »objektive Fakten« über die geliebte Person und uns selbst anzuerkennen verträgt sich mit ihr aufs beste.

Aber noch einmal (siehe Kapitel zwei und drei) sei gewarnt: aus der Ich-Perspektive kann es kein sicheres Kriterium geben, um zwischen Realität und (Selbst-)Täuschung zu unterscheiden. Mythologien können uns in die Welt der Paranoia hineinsteigern lassen oder in eine Welt der halluzinierten Wunscherfüllung; sie können, wenn wir in einen Roman, einen Film oder auch nur in eine Welle intensiver Emotionalität eintauchen, für abartig theatralische oder abenteuerliche Darbietungen herhalten, die alle Feinheiten einem derben, mit den Differenzierungen unseres Realitätssinnes kaum vereinbaren Manichäismus opfern. Doch Realität und Mythologie sind wie Objektivität und Subjektivität nicht nur Gegensätze, sie stützen einander auch: Jene liefert dieser ihre Probleme und Konstanten, ihre Faktizität und Chronologie; diese deutet, wählt aus, personifiziert, vergrößert und dramatisiert jene und gibt ihr Bedeutung. In der Realität ähneln wir alle Rekruten, die

Schlange stehen, um sich von einem Stabsarzt mustern zu lassen. Doch in der Mythologie betrachten wir uns und andere als Mitstreiter für eine gemeinsame Sache. Es gibt keine Realität, die so grau wäre, daß man sich in ihr nicht zum Märtyrer und einen anderen zum Unterdrücker stilisieren könnte, von dem man sich befreien muß, um Rache zu nehmen. Jeder Verlust kann ein Anlaß zum Trauern und Gedenken an die Vergänglichkeit des Glücks werden, jeder Fehler zum Gegenstand einer christlichen Moritat über Schuld und Erlösung und jeder Mensch zum Partner, mit dem man etwas teilen kann. Indem wir unsere Alltagswelt (in der Langeweile ein wesentlicher, wenn auch meist nicht beherrschender Aspekt ist) mythologisieren, machen wir das Leben dramatischer. Das ist zwar noch keine kreative Großtat, öffnet aber Räume für Kreativität, die viel zu selten genutzt werden – die Fälle einmal beiseite gelassen, wenn wir in blinder Verzweiflung unsere Phantasie versessen dazu mißbrauchen, mißliebige oder unverdauliche Sachverhalte in eine schlüssige Mythologie umzubiegen. Gefühle sind Projektionen. Wenn die emotionalen Surrealitäten etwas Uniformes bekommen, wenn unsere Projektionen etwas Entmutigendes, Herabwürdigendes und fast durchgängig Defensives haben, so ist das nur ein Anzeichen dafür, daß wir unsere stärksten Mittel individueller Sinngebung – die Gefühle – abgestumpft haben: Sie können sich kaum noch regen, gefesselt und eingeschnürt vom blinden Glauben, daß nur dem Denken zu trauen sei.

VI
»Was tun?«

Jedes einzelne Gefühl verwandelt die ganze Welt.
JEAN-PAUL SARTRE, *Skizze einer Theorie der Emotionen*

1
Persönliche Ideologien:
»Wie die Welt sein sollte«

> Eine Tafel der Güter hängt über jedem
> Volke. Siehe, es ist seiner Überwindun-
> gen Tafel; siehe, es ist die Stimme seines
> Willens zur Macht.
>
> F. NIETZSCHE, *Also sprach Zarathustra*

Durch Gefühle bilden und mythologisieren wir unsere Welt,
projizieren wir Werte und treffen wir Urteile über uns
und andere, unsere Lage und die verschiedenartigen »intendierten Gegenstände«, in die wir unser Interesse stecken. Doch
Emotionen sind nicht bloß distanzierte, kritische Einschät-
zungen einer starren Außenwelt. Vielmehr geht es darin stets
um *unsere* Welt. Wenn ein Historiker Wellingtons Strategie in
der Schlacht von Waterloo einschätzt, so urteilt er nachträglich darüber, ohne etwas am gegebenen Tatbestand ändern zu
können. Wir dagegen *leben* unsere Surrealität, stehen mitten im
Kampfgetümmel, statt lediglich im Rückblick bequem, sicher
und ruhig darüber nachzudenken. Unsere Gefühle sind nicht
nur Projektionen, sondern mit *Handlungsabsichten* aufgela-
dene, auf intendierte Inhalte zielende *Projekte*, die das »Seinsollen der Welt« ebenso betreffen wie ihr »Sosein«. Kurz, jede
Emotion bildet eine persönliche Ideologie, einen Zukunfts-
entwurf und ein Schema von Hoffnungen und Wünschen,
Erwartungen und Anstrengungen, Absichten und Strategien,
unsere Welt umzugestalten.

Oft wird behauptet (so von Ryle und vielen anderen Psychologen), die Gefühle durchkreuzten unser zweckgerichtetes

Handeln und seien insofern bloß störende, ablenkende »Agita-
tionen« oder »Affekte«. Doch nichts könnte abwegiger sein.
Alle Gefühle, auch die augenscheinlich rückwärtsgerichteten
(wie Traurigkeit und Scham), orientieren sich an der Zukunft
(»Was soll ich jetzt machen?«). Meistens liegen die Zusammenhänge zwischen den Emotionen und ihren jeweiligen Wünschen
oder Bedürfnissen klar auf der Hand (Ärger will strafen, Haß
verletzen, Liebe teilen, nahe sein, liebkosen, Eifersucht will
wegnehmen, Traurigkeit wiederherstellen, Scham will büßen,
Verlegenheit sich verbergen oder entschuldigen, Dankbarkeit
sich dankbar erweisen, Zorn will zerstören). William James hielt
eine Wut ohne die »Neigung zur Heftigkeit« für »undenkbar«.
Man kann sogar konkreter werden: Die »Heftigkeit« (auch wenn
sie sich darin erschöpft, den Abzug zu betätigen oder einen
geharnischten Brief zu schreiben) fordert eine Bestrafung,
und zwischen dem Gefühl und dem Strafen besteht ein innerer,
logischer Zusammenhang. Zur Rage (Empörung, Heftigkeit,
Entrüstung etc.) gehört der Strafwunsch. Ärger fällt ein Urteil,
das *ver*urteilt; er konstruiert eine juristische Mythologie, in
der ein Richter, der zugleich Schöffe ist, wie beim wirklichen
Gericht über einen Angeklagten urteilt und über die Straf-
zumessung befindet. Zwar übernimmt der Richter – der Erzürnte – nicht immer auch den Strafvollzug, aber Strafbedürfnis
und Verurteilung sind beide feste Bestandteile des Ärgers.
Prinzipiell gehört zu ihm nicht nur eine Anklage und ein
Schuldspruch, sondern auch die Forderung nach ausgleichen-
der Gerechtigkeit und Sühne.[1]
    Ähnliches gilt für Liebe und Haß. Einen Menschen zu lieben
heißt nicht nur, ihn von ferne zu preisen oder sich eine vertrauensvolle Beziehung vorzustellen, sondern geht auch mit

---

[1] Wenn die christliche Ethik vom Ärger handelt, so beharrt sie auf »Vergeben und
Vergessen«. Doch warum beides erwähnen? Das Vergeben bezieht sich auf die Schuld,
das Vergessen auf die Strafe (die ja ohnehin in Gottes Hand liegt).

einem Bedürfnis nach Nähe, Beistand, Berührung und Identifikation einher. Die Ideologie der Liebe möchte das ganze Universum am Glück der geliebten Person ausrichten und gleichsam den kosmischen Zement liefern, der für den Zusammenhalt bürgt. (»Wir sind füreinander geschaffen.«) Umgekehrt zielt die Ideologie des Hasses auf Verletzung, aber weniger, um zu bestrafen, wie um das Übel ein für allemal aus der Welt zu schaffen, so als sei der Gegner ein monströser Drache oder Troll, eine verfluchte Mißgeburt, die es zu vernichten gilt. Die Mythologien von Liebe und Haß haben etwas, was an mittelalterliche Moritaten erinnert. Ihre Ideologien sind überladen mit Bildern von Schuld und Unschuld, Gut und Böse sowie mit romantischen Vorstellungen von Heroismus und Ritterlichkeit.

Nicht alle Ideologien müssen aber Wünsche oder Absichten einschließen. Viele Gefühle betreffen unbeeinflußbare Situationen, so daß ihre Ideologien eher um Hoffnungen und Erwartungen kreisen. So hofft Neid stets das Schlimmste (für einen anderen), Glauben möchte das Beste, und zwar ganz ohne eigenes Zutun. Achtung für andere geht mit einem breiten Spektrum von Erwartungen bezüglich ihres Verhaltens einher, will allerdings keinerlei Einfluß nehmen. (Im Grunde zeigt sich der Respekt gerade darin, daß man nicht meint, eingreifen und andere steuern zu müssen.) In vielen Fällen enthält die Ideologie der Emotionen unerfüllbare Erwartungen: Trauer, die einen unersetzbaren Verlust wiedergutgemacht haben will, oder Schuldgefühle, die nichts mehr ersehnen, als etwas »ungeschehen« zu machen (genau darin unterscheiden sie sich übrigens am deutlichsten von Schamgefühlen, bei denen eine Entlastung immer noch möglich bleibt). Bemerkenswert ist, daß die extremste Schuldideologie, die christliche Erbsündenlehre, diesen Gefühlsinhalt – die Ohnmacht gegenüber der Schuld, die ihrem Wesen nach keine Entlastung zuläßt – sehr klar erfaßt hat. Wie entwürdigend und unsinnig uns jene Doktrin auch manchmal erscheinen mag: in der Tat empfindet niemand

Schuld, ohne zu spüren, daß ihre nach wie vor starke Mythologie eine tiefe Einsicht enthält und daß es nur ein kleiner Schritt ist von einer unauslöschbaren Verfehlung (oder »Sünde«) bis zu der für die »Erbsünde« typischen fundamentalen Selbstanklage.

Bei gewissen Emotionen haben die Wünsche und Absichten ein so großes moralisches Gewicht, daß man zu Recht von Engagements spricht. Zum Beispiel scheint die Empörung im Unterschied zum simplen Ärger eine moralische Selbstverpflichtung zu verlangen, gegen den angeprangerten Mißstand anzukämpfen – nicht bloß aus persönlichen Gründen (wie beim Ärger über eine häßliche Beleidigung), sondern um des Prinzips willen. Das gleiche gilt für den Zorn, bei Reue und Scham. Vermutlich sind solche Ideologien des Engagements auch bei Liebe und Haß im Spiel, auch wenn sie keine Moralprinzipien einschließen müssen. Besonders zur Liebe scheint eine gewisse Selbstverpflichtung zu gehören, die sehr allgemein angelegt ist (auf nichts Geringeres nämlich, als sich das Wohlergehen des Partners zu eigen zu machen) und im Einzelfall (sexuelle Treue, finanzielle Hilfe, Bindung »bis daß der Tod uns scheidet«, Unterordnung oder Gehorsam) stark variieren kann. Ähnlich scheint Haß, im Unterschied zu simplem Ärger und vielen anderen »negativen« Regungen (Verachtung, Zorn, Neid, Ekel, Geringschätzung), mit einem heftigen Engagement, einer unausgesprochenen Kriegserklärung einherzugehen.

Wünsche und Absichten anderer Emotionen laufen gerade *nicht* auf Handeln, sondern darauf hinaus, die Welt so hinzunehmen, »wie sie ist«. Selbstverständlich ist auch das eine Ideologie (im Sinne einer konservativen oder reaktionären politischen Grundeinstellung). In der Resignation zum Beispiel akzeptieren wir (wiewohl widerstrebend) eine mißliche Sachlage, in der Zufriedenheit hingegen eine zuträgliche; jemanden zu verabscheuen ist ebenfalls nichts Aktives; anders als beim Haß wird die Existenz des anderen geduldet (wird er sogar gefeiert), ohne ihm gegenüber irgendwie initiativ zu werden.

Ähnlich gibt es das jedem vertraute Gefühl der Gleichgültigkeit (das bei näherem Hinsehen alles andere als gleich-gültig ist), geprägt vor allem durch die mangelnde Bereitschaft, sich gegenüber dem anderen auch nur im geringsten zu engagieren – ihm die leiseste Anerkennung zu zollen.

Im Prinzip bringt jedes Gefühl, indem es unsere Welt konstituiert, eine Ideologie mit sich – das heißt einen Komplex von Wünschen, Hoffnungen, Forderungen, Erwartungen –, der es zu genügen strebt. Wenn dies in Übereinstimmung mit unseren Werten geschieht, so folgt daraus noch *nicht*, daß wir die Welt gestalten, wie wir sie gerne hätten. Die Konstitution unserer Welt durch Emotionen ist eine Sache, die Einlösung unserer emotionalen Ideologien eine völlig andere. In der Empörung etwa stellen wir ein Verhalten als grausam dar, nur um es nachdrücklich verurteilen zu können. Doch verurteilen heißt noch nicht wiedergutmachen. Der Ideologie zu genügen wird in vielen Fällen ein wirksames Handeln erfordern. Mal müßte ein Außenstehender tatkräftig eingreifen, mal lediglich »viel Glück« wünschen. Bei Gefühlen, deren Wünsche unerfüllbar sind (wie der Trauer oder Schuld), gibt es keine Einlösung; doch selbst bei denjenigen mit klaren und offenbar erfüllbaren Wünschen können Komplikationen auftreten, da uns gerade die Wunscherfüllung als solche oft unzufrieden macht. Das treibt die Ideologien der Gefühle (genau wie die politischen) in ein unablässiges dialektisches Wechselspiel zwischen ihren Wünschen und den Gesamtstrategien.

Offenbar liegt die Hauptschwierigkeit bei vielen Gefühlen darin, daß wir nicht allmächtig sind. Wir ärgern uns über Bonzen, können ihnen aber nichts anhaben; wir lieben jemanden, der außer Reichweite bleibt und uns weder erhören noch sonst irgendwie helfen will; wir beneiden Helden oder Berühmtheiten, die in einer eigenen, abgesonderten Welt leben; wir bereuen unabänderliche Fehltritte oder trauern über unwiederbringliche Verluste. Solche Emotionen müssen unerledigt bleiben, während die erledigten ebenso wie gestillte Bedürfnisse in der Subjektivität keine Rolle mehr spielen. Unerledigte Gefühle schmerzen nicht wie Stiche, sie speisen eher wie unsichtbare Quellen ein Unbehagen, das in sich verzweigenden Rinnsalen unsere ganze Welt durchzieht und andere Gefühle nach seinem Vorbild modelt.

Oft heißt es, ein »geäußertes« Gefühl sei damit auch abgetan. Wo die Entäußerung selbst erledigend wirkt, da gilt das in der Tat. Nur ist dies nicht immer der Fall, zumal sich viele Projektionen – wie Glaube und Hoffnung – als ihrem Wesen nach als selbstbestätigend, das heißt auch selbsterledigend erweisen. Außerdem kann »Entäußerung« bei Gefühlen sehr Verschiedenes bedeuten, etwa eine echte Handlung oder rein symptomatische Verhaltensweisen (wie Grimassen oder Gesten). Viele Entäußerungen sind nur indirekt, auf dem Umweg einer möglicherweise komplexen emotionalen Strategie, mit dem Gefühl selbst verbunden; andere sind rein »symbolischer« Natur, so daß sie gar nicht zur Erledigung führen können. Wieder andere dagegen, wie James' Herzklopfen oder Erröten, sind überhaupt keine Entäußerungen. In den folgenden Abschnitten werde ich solchen Komplikationen etwas weiter auf den Grund gehen.

Der Eindruck von Ohnmacht entsteht gleichermaßen, ob wir Gefühle nun nicht erledigen *können* oder *wollen*. Letzteres mag sich daraus ergeben, daß unerträgliche Konsequenzen drohen. Wenn ich mich über den Zwei-Meter-Mann an der Bar ärgere, erst recht, wenn ich richtig wütend auf ihn werde, könnte mir mein Gefühl die David-und-Goliath-Ideologie (oder besser: Mythologie) andienen, und ich könnte mir ausmalen, ihn mit einem einzigen wohlplazierten Hieb zu fällen; aber so dumm bin ich nicht. Ich weiß genau, was mir beim geringsten Mucksen blühen würde. Mein Mütchen kühlen, ja. Nur mit welchen Folgen? Also lasse ich meinen Zorn besser unerledigt oder erledige ihn auf eine andere, weniger gefährliche Weise.

Eine weitere Quelle der Ohnmacht sind widerstreitende Emotionen. Ärger kann etwa mit Stolz, Liebe oder Verachtung konfligieren. Wer sich für einen Ausbund an unerschütterlicher Toleranz und Fairneß hält, sperrt sich meist gegen spontane Unmutsausbrüche. Wie leicht irgendein Ärger zu erledigen wäre, sein Stolz würde ihm das verbieten. Ärgert man sich (ob zu Recht oder zu Unrecht) über eine geliebte Person, so kollidieren zwei Emotionen miteinander: die eine mit dem Ziel des Strafens oder Verletzens, die andere mit den Leitmotiven der Zuneigung, Fürsorge und Vergebung. Das bleibt ein Konflikt, und da mag Aggression für Liebesbeziehungen noch so wichtig oder unvermeidlich sein. Im Fall der Verachtung stößt der Ärger auf den mächtigeren Impuls der Vermeidung, kommt es also zur Abwägung zwischen engagierter Konfrontation und Distanzierung. Viele Gefühle bleiben einfach deshalb unerledigt, weil ihnen stärkere im Wege stehen (wie dringliche politische Sofortmaßnahmen wegen langfristiger und grundsätzlicher ideologischer Erwägungen zurückgestellt werden).

Eine noch weitaus interessantere Komplikation ergibt sich allein aus der Stellung der Gefühle im Lebensalltag, ungeachtet der Folgen ihrer Erledigung sowie ihrer internen Konflikte. Zwar heißt, Gefühle oder Wünsche zu befriedigen, in gewisser Weise, sie »loszuwerden«. Aber Emotionen sind nicht nur dringende Bedürfnisse, denen man möglichst schnell nachkommt, und dann ist es auch gut – ungefähr so wie das dringende Bedürfnis, seine Blase zu entleeren. Vielmehr geben sie dem Leben einen Sinn. Sämtliche Gefühle ein für allemal zu erledigen (was etwas ganz anderes wäre, als sich rundum befriedigt zu fühlen) hieße daher im Grunde, das Leben leer zu räumen und sinnlos zu belassen (wie im dubiosen »Frieden« des »Nirwana«, der im Buddhismus und später auch bei Freud so eng mit dem Tod verbunden ist). Denn oft ist das Gefühl oder der Wunsch selbst befriedigender als die Erfüllung. Um ein simples Beispiel zu geben: Die angestaute sexuelle oder sinnliche Vorlust zu verlängern ist oft weit lustvoller, als sich in die rasche Lustbefriedigung zu stürzen. Gestillter Ehrgeiz ist keiner mehr, und oft gehen solche »Erfolge« mit tiefen Depressionen oder Gefühlen der Leere einher. Schiller klagte einmal, die verzweifeltsten Augenblicke seines Lebens seien jene kurz nach der Vollendung und (gleichgültig wie erfolgreichen) Erstaufführung seiner Stücke gewesen; und Goethe ließ seinen Faust lamentieren: »So taml ich von Begierde zu Genuß, und im Genuß verschmacht ich nach Begierde.«

Unsere emotionalen Ideologien beruhen nicht nur auf Wünschen und Erfüllungsansprüchen. Sie spielen auch eine entscheidende Rolle bei der Sinngebung; und es sind gerade die *unerledigten* Gefühle, auf die sie besonders haltbare Strukturen bauen können. Ärger und Empörung gehen mit einer gehörigen Selbstgerechtigkeit einher, die zu pflegen viel befriedigender sein kann, als Strafwünsche erfüllt zu sehen. Ähnlich kennen wir alle das unglücklichste Ende einer sinnstiftenden Leidenschaft, wenn wir nämlich merken, daß der Mensch, den wir verzweifelt begehren, uns nicht minder verzweifelt begehrt: Auf momentane Euphorie folgt dann der scheinbar unerklärliche Zusammenbruch. (»Warum bin ich trotzdem so unbefriedigt, obwohl ich jetzt doch genau das habe, was ich wollte?«) Stendhal, der so wunderbare Romane über die romantische Liebeskunst geschrieben hat, predigt stets, daß die Liebe »Ungewißheit« verlange *(De l'amour)*: stets wechselnde Begierden, die so zu befriedigen seien, daß die Liebe dabei überlebe – denn *sie* sei viel wichtiger als die Erfüllung ihrer Wünsche. (Eine gewisse Keuschheit entfacht manchmal mehr Liebe als wiederholte befriedigende Ausschweifungen.)

In diesem Sinne läßt uns auch nichts verlorener dastehen als der endgültige Sieg über einen verhaßten Feind. (Was blieb dem Heiligen Georg, *nachdem* er den Drachen überwältigt hatte?) Wenn das Streben selbst unseren Lebenszweck bildet, so entfällt dieser mit dessen Befriedigung, die das Gefühl erledigt. Im allgemeinen erwächst die Kraft der Sinngebung aus einer Spannung zwischen den Emotionen und ihrer Erledigung, also zwischen dem »Sosein« und dem »Seinsollen«. Enttäuscht wünschen wir uns oftmals die Befriedigung aller unserer Bedürfnisse. In Tagträumen und kosmischen Phantasien ist die ganze Welt nur darauf angelegt, unsere Wünsche zu erfüllen. (Camus' Ernüchterung führte direkt zum Gegenteil – dem »Absurden«, der *gleichgültigen* Welt.) Und da der Lebenssinn mehr in der Stetigkeit als in der Erledigung unserer Gefühle wurzelt, hegen und pflegen wir ausgesprochen gerne emotionale Bedürfnisse, die sich prinzipiell nicht befriedigen lassen. Auch wenn wir den Weisheitslehren zustimmen, denen zufolge das Leben »ohne solche übertriebenen Ansprüche« leichter, ja sogar wonnevoller wäre, verstehen wir die Gefühle nicht, solange wir diesen überragend wichtigen, wiewohl vielleicht etwas überraschenden Aspekt nicht begreifen: daß uns ihr Unerledigtsein im Grunde oft mehr bedeutet als die befriedigende Entäußerung.

Die verschiedenen Ideologien der Gefühle haben *ein* gemeinsames oberstes Ziel, nämlich die persönliche Würde und Selbstachtung zu steigern – das höchste Streben der Subjektivität. Oft zielen ihre konkreten Ansprüche auf Objektives, das heißt, sie fordern eine Veränderung sowohl *der Verhältnisse* als auch *unserer Welt*. Im Ärger zum Beispiel genügt es nicht, sich im Recht zu *glauben*, man will es auch *wirklich sein*; ähnlich genügt in der Liebe kein *scheinbares*, sondern nur ein *tatsächliches* Wohlbefinden. Wenn die Befriedigung der konkreten Ansprüche unserer Gefühle indes oft von *der Realität* abhängt, während ihr Ziel im Grunde subjektiver Natur ist, so tut sich eine faszinierende Komplikation auf: Das Ausleben eines Gefühls kann äußere Veränderungen erfordern, die eigene Befriedigung – das heißt die Steigerung der Selbstachtung – jedoch unmittelbar vom Unerledigtsein des Gefühls abhängen. Damit steht letzten Endes die *gesamte* Surrealität, und nicht die konkrete Erfüllung einzelner Wünsche oder Bedürfnisse, auf dem Spiel. Selbstachtung mag sich durch minimale Veränderungen steigern lassen; zum Beispiel kann ein ursprünglich niederdrückender Verzicht auf die eine oder andere Weise kompensiert werden: mit stoischem Gleichmut (»Es ist das Beste so.«), durch Umwandlung in eine selbstüberhöhende Paranoia (»Alle wollen mich nur darum betrügen.«) oder durch Abwehr, Neid, Trotz und Ressentiment (»Die haben es ja nicht besser verdient.«). So können wir aus dem Verzicht heraus auf die Schlechtigkeit der Welt deuten und uns selbstgerecht als unschuldige Opfer begreifen.

Mythologien werden ideologisch, wenn wir selbst eine Rolle darin spielen, in ihnen leben, handeln und Partei ergreifen. Nur gibt es sehr verschiedenartige Rollen – vom Helden, Heiligen oder Märtyrer bis hin zum Paria, Hanswurst oder Nebbich –, und mit ihnen können Sieg oder Niederlage, Allmacht oder Ohnmacht einhergehen. Gleichermaßen können sich emotionale Ideologien direkt in Taten äußern oder, ähnlich wie ihre politischen Pendants, komplexe, anspruchsvolle, quasi historisch legitimierte Manifeste aufstellen, um die Zukunft unumstößlich aus der Vergangenheit abzuleiten, was zum direkten Handeln zwingen (oder einladen) mag, aber nicht muß. In der moralischen Entrüstung etwa fordert die Ideologie des erlittenen Unrechts irgendeine geeignete Maßnahme, um Rache oder Vergeltung zu üben. Im Neid und Ressentiment dagegen ist unsere Ohnmacht gleichsam fest mit in die jeweiligen Ideologien eingebaut. Die Heilslehren der christlichen Evangelien und des Marxismus sind nur ein kanonisierter und »objektivierter« Ausdruck der Hoffnungen und Befürchtungen solcher starken subjektiven Gefühle.

Unsere emotionalen Ideologien erreichen ein subtiles Gleichgewicht zwischen Handlungsimpulsen und rein subjektiven Korrekturen. Kein Gefühl ist bloß ein isolierter Impuls, und wer »seine Empfindungen einfach auslebt«, dem stehen ver-

214

mutlich nur ausgesprochen verarmte Mythologien und Ideologien zur Verfügung. Handlungsgebote sind im Grunde nur ein
Nebenaspekt von Emotionen; sie werden durch Hoffnungen
oder Erwartungen genährt, durch Konflikte oder Gegengebote
gehemmt. Doch tatenloses Fühlen ist oft schädlich, denn es
errichtet eine Abwehr, die zwar Sicherheit bietet, uns aber von
anderen abriegelt und die Chance verbaut, die Welt auf unsere
Gefühle einzustellen. Entsprechend kompliziert ist es, jenen
Gefühlen *Ausdruck* zu verleihen, die gewöhnlich keine direkt
wirksame Handlung verlangen, sondern nach komplexen umwegigen Strategien, nach symbolischen, quasi magischen Gesten oder stummen Beschwörungen ohne sichtbare Auswirkungen. Den vielfältigen »Launen« des Ausdrucks werde ich mich
im folgenden Abschnitt zuwenden.

2
Gefühle und ihre Ausdrucksformen

Meinem Freunde zürnte ich:
ich sagte es ihm, der Zorn entwich.
Ich zürnte meinem Feinde: doch
ich sagte es nicht, der Zorn schoß hoch.
WILLIAM BLAKE, *Der Giftbaum,*
aus: *Lieder der Erfahrung*

aß es raus!« – so lautet ein Gebot, das zu den neuen zeitgenössischen Tugenden zählt. Dabei wird angenommen,
und manchmal zu Recht, daß nicht entäußerte Gefühle dazu
neigen, die ganze Persönlichkeit zu vergiften – wie Harnstoffe,
die nicht auf normalem Wege ausgeschieden werden, das Blut-
bild belasten. Der Vergleich ist nicht aus der Luft gegriffen,
denn das herkömmliche Modell des Gefühlsausdrucks – das
hydraulische nämlich – beschreibt »aufgestaute« und »unterdrückte« Gefühle unmißverständlich als ein Gift für die Seele,
das den Charakter schwächt und die »normalen« Geistesfunk-
tionen stört. Einen Schlüssel zum Freudschen Therapieansatz
zum Beispiel bildet die Annahme, man könne schädliche Gefühle durch »Katharsis« neutralisieren. Analoge hydraulische
Konzepte prägen die meisten therapeutischen Maßnahmen vom
Urschrei über die Gruppendynamik bis zum »Schleudersitzen«
der Gestaltpsychologen. Daß man seine Emotionen offen zeigen kann, gilt seit langem als ein Merkmal psychischer Gesundheit; sie zu unterdrücken oder zu verdrängen dagegen als der
Grund, wenn nicht gar die Indikation der meisten bekannten
Neurosen.

Was ist »Gefühlsausdruck« und warum soll er so notwendig
sein? Schon das Sprachliche birgt gewisse (erneut hydraulische)

Anhaltspunkte, nämlich Anklänge an das lateinische *ex-primere* (»herauszwingen«).[2] Die darin angelegte Metapher kennen wir bereits: Wenn die Leidenschaften toben, »kocht« das Blut und erzeugt im geschlossenen System der Seele Druck. Doch mit Geschick und Not und Mühe lassen sich die Energien eindämmen und kanalisieren, streuen oder umleiten – etwa auf die Kunst, den Sport oder andere Felder der »Sublimierung«.

Entsprechend dem hydraulischen Schema läßt sich das Ausdrucksbedürfnis leicht als Druckbehälter veranschaulichen. Damit wird die Psychologie gleichsam zu einer Sparte der Urologie, etwas weniger handgreiflich, aber genauso mechanisch: Wir müssen schädliche Gefühle einfach ausscheiden wie Exkremente. Im Prinzip können wir den Vorgang steuern, allerdings nicht mehr bei zu hohem Druck. (Die »Tötung im Affekt« wirkt schuldmindernd; und wer hat nicht schon um Nachsicht gebeten, weil er »unter Hochdruck« oder »unter starker Spannung« stand?) Wenn es heißt, daß wir unseren Emotionen nicht kampflos »nachgeben« sollen, deutet schon die Wortwahl auf das hydraulische Modell und stellt den Sachverhalt so dar, als lägen die Gefühle mit ihrem Ausdrucksverlangen gänzlich jenseits unseres Zugriffes. Diese Kräfte und Bedürfnisse könnten wir nur unterdrücken oder kanalisieren, damit sie sich nicht peinlich, störend oder anstoßerregend bemerkbar machen. In die höchsten Ränge der Gesellschaft steigt nur auf, wer »Selbstbeherrschung« übt und kühl bleibt – gegenüber fürchterlichen Gegnern ebenso wie Gefühlen, Schmeicheleien und Affekten.

Als metaphorisch-pseudowissenschaftliche Gestalt des Mythos der Leidenschaften trägt das hydraulische Modell unübersehbar dazu bei, uns von Verantwortung zu entlasten: Wenn man Ausbrüche früher nur auf überwältigende Leidenschaften schieben konnte, darf man heute angesichts des nachfreud-

---

[2] Vgl. dazu Richard Wollheim, »An expression is the secretion of an inner state«, in: *Art and Its Objects*, New York 1968, S. 27.

schen Offenheitsfetischismus und der neoromantischen Attak-
ken gegen Gehemmtheit und Zugeknöpftheit noch die letzten
Gemeinheiten herauslassen und zeitweise ausleben – im Namen
»geistiger Hygiene«.[3] (»Ich sage dir bloß, was ich empfinde,
also hast du kein Recht, mir böse zu sein.«) Doch nicht jede
Gefühlsäußerung hat etwas mit »Ablassen« oder »Ausstoßen«
zu tun. Selbst bei den direkten Abreaktionen. liegt auf der
Hand, daß sie oft weder beabsichtigen noch bewirken, Emotionen zu erledigen, sondern vielmehr zu *verstärken*. Ärger und
Verdruß auszubrüten etwa schürt eher weiteren Groll, als der
Beschwichtigung zu dienen. Liebende »treiben« einander bewußt auf die Höhen der Leidenschaft, inszenieren aufgrund
vager Zweifel regelrechte Dramen, nur um sich gegenseitig
aufzuputschen. Das Trauern dient keineswegs dem Vergessen,
sondern in erster Linie dem Erinnern, ja dem Vertiefen der
Gram.

Liebe und Achtung sind nichts, wovon wir »erlöst« werden
wollten. Ähnliches gilt für den Stolz. Sogar die schmerzlichen
Regungen von Scham oder Reue verlangen nicht nach »Katharsis«, sondern eher nach Vergebung und Wiedergutmachung.
Ärger will gestillt und nicht »abgelassen« werden. Solange wir
uns ganz auf die wenigen Gefühle konzentrieren, die zu Freuds
quasi urologischem Modell passen, muß uns die Vielfalt und
Wandelbarkeit des Gefühlsausdrucks ein völliges Rätsel bleiben. (Oder aber wir neigen mit Freud dazu, sämtliche Gefühle
von jener geheimnisvollen Kraft herzuleiten, die er als »libidinöse Energie« bezeichnete. Als ob die männliche Potenz als
Paradigma für nahezu alle Gefühle taugen könnte!)

Noch verwickelter wird das Konzept des Gefühlsausdrucks
dadurch, daß man es auf die unterschiedlichsten Bereiche an-
wendet. So gibt es die Mimik, den »Gesichtsausdruck«, das

---

[3] Vgl. dazu Richard Sennett, *Verfall und Ende des öffentlichen Lebens. Die Tyrannei
der Intimität*, Frankfurt am Main 1984.

Stirnrunzeln oder Grimassieren, Lächeln oder Grinsen. Allerdings weiß man oft nicht, was sich darin »äußert«. Manchmal sind lediglich *Symptome* oder *Anzeichen* von Gefühlen erkennbar. William James rechnete das Herzklopfen und das Erröten zu den Gefühlsäußerungen, und viele Psychologen würden ihnen *jede* bestimmbare Manifestation zuordnen, darunter auch neurologische Vorgänge.

Das hydraulische Modell sowie einige von der Etymologie gelieferte Argumente legen nahe, den Gefühlsausdruck oder das »Expressive« als eine Art psychischer Emission oder Exkretion zu verstehen. So verwundert nicht, daß Quietscher, Schreie und sonstige unverständliche, anscheinend herausgepreßte Laute geradezu zum Paradigma des Gefühlsausdrucks avanciert sind. Der »Urschrei« spielte bis vor nicht allzu langer Zeit die Hauptrolle in einer der simpelsten und teuersten Übungen seit dem Exorzismus des Mittelalters. Zwar mögen Schreie, Rufe und dergleichen zum festen Bestand unseres Ausdrucksrepertoires zählen (wie Darwin im 19. Jahrhundert argumentierte), doch als Paradigma sollte man besser das *Handeln* wählen, namentlich das unmittelbare, das sich einer emotionalen Ideologie verdankt. Hierzu gehören naturgemäß auch Sprechakte; eine gezielte Bemerkung wirkt oft noch viel direkter und treffender als ein harter Schlag oder Tritt. Auch ein böser Blick oder ein triefendes Lächeln kann unsere Gefühle völlig angemessen äußern. Als Faustregel mag gelten, daß ein Ausdruck derjenige Impuls ist, den die Logik und Ideologie eines Gefühls unter den gegebenen Umständen verlangen. Mimik kann sehr treffend und ausdrucksstark sein, sofern sie der Ideologie des Gefühls dient, aber auch ein gewohnheitsmäßiges Symptom oder Anzeichen. In diesem Sinne sind physiologische Reaktionen (wie Erröten oder Herzklopfen) überhaupt nicht als Ausdruck anzusehen.

Was das Sprachliche angeht, so müssen wir unterscheiden zwischen dem »Ausdruck« als *Agieren*, um den es hier geht, und dem *Artikulieren*, etwa wenn man »einen Gedanken ausdrückt«. Diese Abgrenzung erscheint geboten, weil sich der sprachliche Ausdruck von Gefühlen nicht der Form, sondern der Funktion nach von ihrer *sprachlichen Beschreibung* beispielsweise in der Reflexion unterscheidet. »Ich bin wütend« oder »Ich liebe dich« könnten sowohl ein treffender Gefühlsausdruck als auch eine nüchterne Selbstdarstellung ohne jede Ausdrucksfunktion sein. In der Tat kann ein sprachlicher Ausdruck seine Intention auch *falsch* beschreiben, etwa wenn der verstörte Liebhaber ausruft: »Ich hasse dich«, aber unverkennbar »liebe« meint. Der sprachliche Ausdruck bedient sich der Wörter. Gefühle ehrlich darzustellen muß jedoch nicht bedeuten, sie auszudrücken, zumal noch das aufrichtigste und offenste Bekenntnis nicht unbedingt ihre Erledigung befördern mag. Allerdings ist das Verhältnis zwischen Darstellung und Ausdruck oft schwierig genug, und einzelne sprachliche Äußerungen können beide Funktionen gleichzeitig erfüllen (wenn ich zum Beispiel zu einem »Es tut mir leid« ansetze, mir aber »Ich bin zornig« herausschlüpft; damit scheine ich meinen Zorn sowohl zu begründen als gleichzeitig auch anzuerkennen).

Im allgemeinen ist der Gefühlsausdruck eine Maßnahme mit dem Ziel, die Forderungen der emotionalen Ideologie zu erfüllen. Demnach wäre der »natürliche« Ausdruck des Ärgers eine Strafaktion, die so direkt und wirkungsvoll sein sollte, wie unter den gegebenen Umständen möglich. Ist dieser Weg aber versperrt, findet der Ausdruck äußerst verschlungene Pfade.

Noch komplizierter sind jene vielen Formen des Gefühlsausdrucks, die augenscheinlich weder direkt noch indirekt wirken. Nachdem der Polizist mir ein Strafmandat wegen zu schnellen Fahrens überreicht hat, schlage ich vor Wut auf das Lenkrad. Der vom Chef gerüffelte Angestellte kehrt fluchend an seinen Schreibtisch zurück und wirft dem Papierkorb böse Blicke zu. In meiner Unsicherheit, wie ich meiner Angehimmelten meine Liebe erklären kann, streichle ich die Sessellehnen. Beim Neid und Ressentiment knirschen wir mit den Zähnen, schlucken heftig oder ballen die Faust in der Tasche. Auch das sind durchweg Ausdrucksformen und keine bloßen Symptome (wie das besagte Erröten oder Herzklopfen), sollen aber offenkundig nicht dazu dienen, Forderungen der emotionalen Ideologie zu erfüllen. Entsprechend werden sie oft als rein »kompensatorisch« oder »symbolisch« bezeichnet, sind also de facto keine Ausdrucksformen, sondern Als-ob-Operationen. Der zum Papierkorb hin gemurmelte Fluch wird so ausgesprochen, *als ob* er dem Chef gälte; der Schlag auf das Lenkrad erfolgt dergestalt, *als ob* er das Kinn des Polizisten träfe. Doch die Logik des »Als-ob« birgt eine augenfällig Besonderheit, auf die ich im nächsten Abschnitt noch näher eingehen werde.

Soeben war von einem »natürlichen« Gefühlsausdruck die Rede als dem direktesten oder wirksamsten Mittel, ideologische Forderungen zu erfüllen. Selbstverständlich ist das nur eine Umschreibung. Dem hydraulischen Modell zufolge wären bestimmte Ventile von der Natur vorgegeben, was eine Abfolge stereotyper, einheitlicher Gesten und Verhaltensweisen ergäbe, festgelegt wie das Paarungsritual der Stachelfische. Doch in diesem Sinne kann ein Gefühlsausdruck nicht »natürlich« sein. Beim Ärger bestimmen die vorhandenen Mittel und die Verwundbarkeit des Gegenübers, welche konkrete Form der Strafe angebracht ist. Bei Kindern mag schon ein böser Blick genügen; bei Freunden eine bissige Bemerkung; bei Feinden Beschimpfungen, vielleicht sogar Handgreiflichkeiten oder brutale Gewalt. Im Liebesleben beruht der »natürliche« Ausdruck gewiß auf der Natur der Zuneigung, der Empfindsamkeit und den Wünschen der Beteiligten. Berühren wollen (oder berührt werden wollen) mag die Regel, muß aber nicht »natürlich« sein, zumindest nicht in dem Sinne, daß es jeder Liebesideologie eigen wäre. (Man denke nur an die Liebe von Nonnen zu Christus: Sollte sie allein deshalb, weil das Berühren oder Berührtwerden in ihrer Ideologie nicht vorkommt, ein »Gefühl anderer

Art« sein?) Kurz, der »natürliche Gefühlsausdruck« kann nur jene Gruppe direkter wirksamer Maßnahmen kennzeichnen, die der jeweiligen Ideologie genügen – bei Haß zu verletzen, bei Neid und Mißgunst wegzunehmen, bei Bewunderung zu loben und bei Eitelkeit zu posieren. Doch dabei ist niemals ein spezifisches Tun vorgegeben. Der natürliche Gefühlsausdruck hat folglich nichts mit der »Natur« zu tun.

Die Logik des Gefühls diktiert die des Ausdrucks: Entsprechend verlangt der Ärger einen ärgerlichen, die Liebe einen liebenden. Auch da, wo ein direktes wirksames Handeln nicht möglich ist, bleibt die Logik intakt und nimmt die fehlende Aktionsfähigkeit oder -bereitschaft mit in ihre Parameter auf. In der Verzweiflung verstecken wir unseren ohnmächtigen Groll hinter einem überlegenen Lächeln oder einer arroganten Maske. Doch selbst für den maskierten Ausdruck ist die Logik des Gefühls der Dreh- und Angelpunkt: Sie wird in der Weise vorausgesetzt und mißbraucht, wie ein gewiefter, skrupelloser Anwalt oder Politiker genau jenes Recht zu verteidigen vorgibt, das er zum eigenen Vorteil zu beugen sich anschickt.

Das hydraulische Modell hat den Zusammenhang zwischen Emotionen und ihrem Ausdruck immer verrätselt. Aus welchem Grund soll ein gewisser Druck »in uns« ein ganz bestimmtes Ventil öffnen oder schließen, oft eine sehr komplizierte und raffinierte Verhaltensweise auslösen? Etwa deshalb, weil die Psyche – ähnlich wie die Blase – festgelegte Ausscheidungskanäle besitzt? (Dem entspräche die alte Begeisterung für »Karten« der Seele, von den »Chakras« der Hindu bis zu den verschiedenen »Topiken« in der Freudschen Hydraulik.) Warum werden nicht alle unsere »aufgestauten« Gefühle mit einem einzigen Urschrei, einem Boxhieb, einem hemmungslosen Fick, diversen Drinks oder Sedativa freigesetzt? Wie wäre es im hydraulischen Schema möglich, sich ein Gefühl »von der Seele zu reden« oder »auszuagieren«? Und warum kommt es darauf an, *worüber* und *mit wem* man redet?

In meinem Ansatz läßt sich der Zusammenhang zwischen der Emotion und ihrer konkreten Äußerung leicht erklären, besonders wenn diese ein direktes Tun ist. Sie folgt in der Regel deren Ideologie sowie unseren Urteilen über die jeweiligen Umstände. Im klaren Gegensatz zu den Wechselwirkungen zwischen Newtonschen Kräften sind Emotionen vermittels der »praktischen« Logik aristotelischer »Syllogismen« an ihren Ausdruck gebunden: »Missetäter sollten bestraft werden. Sokrates ist so ein Missetäter. Am empfindlichsten trifft es ihn, wenn man eine Satire über ihn schreibt. Daher…« Gefühle werden also nicht »herausgepreßt«, sondern verwirklicht. Der Ausdruck ist lediglich ein (manchmal zu schwaches) Bemühen, die Welt so zu *gestalten*, wie sie nach dem Urteil unseres Gefühls *sein sollte*.

Im hydraulischen Modell klafft zwischen Emotion und Ausdruck eine logische Kluft. Der Zusammenhang ist rein äußerlich, zum Beispiel durch willkürlich entwickelte Gewohnheiten oder unerklärbare »Instinkte« bedingt. Daraus erwächst ein seltsames »Kontingenzproblem«, das in abstrakter Form in der angloamerikanischen und europäischen Philosophie seit einem Jahrhundert umgeht und von N. Hartmann als »das Problem des geistigen Seins« bezeichnet wurde. Es kursiert aber auch im Alltag: als Skepsis, die Kulturen ausbilden, in denen sich hinter einem ewigen Lächeln oft Ärger oder Wut verbergen; als nagender Selbstzweifel am Ende einer Liebesbeziehung: »Hat er/sie mich jemals geliebt oder mir bloß etwas vorgemacht?«; als Paranoia, wenn wir uns fragen, ob wir überhaupt irgend jemandem trauen können. Das »Kontingenzproblem« erwächst aus dem Verdacht, daß wir die wirklichen Gefühle anderer eigentlich nie erkennen können. Verhalten – Äußerungen, Mimik und Gestik – gibt bestenfalls Fingerzeige. Da es jedoch keinen logischen Zusammenhang zwischen »innerem« Gefühl und sichtbarem Ausdruck gibt, können wir nie gewiß sein. Zwar mögen wir *annehmen*, daß andere uns nichts »vormachen« –

doch warum sollten wir ihnen grundlos trauen? Wir wissen ja, wie oft Gefühle nicht nur im Theater, sondern auch im Alltag bei Trauerfeiern, Hochzeiten, öffentlichen Debatten nur vorgetäuscht werden, um andere zu manipulieren oder zu betrügen. Was wäre, wenn das *immer* so der Fall ist?

Was wir gegenüber Dritten befürchten, gilt subjektiv – das heißt für uns selbst – indes nicht: Wir wissen nur zu genau, wie schwer es ist, einem Menschen, den wir verachten, Sympathie, oder einem, den wir lieben, Gleichgültigkeit vorzuspielen. Wenn unsere Gefühle nur rein äußerlich mit dem Verhalten zusammenhingen, so wäre es leicht genug, ein beliebiges Repertoire einzuüben, und zwar durchaus »echt« zu fühlen, dabei aber immer nur im eigenen Interesse zu handeln. Doch wie kalt und verräterisch ist ein Lächeln ohne Freundlichkeit, wie hohl klingt eine bloß gespielte Empörung. Wir kennen die Schwierigkeit, den Ausdruck auch nur geringfügig vom Gefühl abzulösen. Wir versuchen, unsere Depression nicht zu zeigen, doch was dabei herauskommt, sind schrilles Lachen und fadenscheiniger Sarkasmus; wir wollen jemanden, den wir verachten, freundlich behandeln, aber unsere bemühten Komplimente klingen geheuchelt und kalt. Wir spielen den Vertrauten und Herzensbrecher und wirken ölig und klebrig (eben »künstlich«).

In *Die Falschmünzer* zeigte André Gide, daß zwischen geheuchelten und echten Gefühlen viel engere Zusammenhänge bestehen, als man gemeinhin annimmt. Doch wir alle kennen das. Um uns bei neuen Freunden einzuschmeicheln, fallen wir in ihre Empörung ein – und sind auch rasch wirklich empört. Wir wissen, daß Neid und Ressentiment, Liebe und Vernarrtheit leicht »echt werden«, indem man sie vortäuscht. Für meine Begriffe ist das kaum überraschend: Gefühle zu haben heißt, Urteilskomplexe mit bestimmten Mythologien und Weltanschauungen aufzubauen und zu verschmelzen. Ein Gefühl vorzuspielen bedeutet, in einen fremden mythologisch-ideologischen Komplex einzutreten. Gefühle zu heucheln (jedenfalls für länger als wenige Minuten) erfordert also nicht nur, ein bis zwei x-beliebige Verhaltensweisen anzunehmen, sondern sich eine ganze Lebenseinstellung oder Weltanschauung anzueignen. Damit die Täuschung gelingen kann, muß man also vorher schon viele Urteile und Voraussetzungen dieser Art geteilt haben. Und da Gefühle ihrem Wesen nach unsere persönlichsten und wichtigsten Urteile, ja die Grundstrukturen unserer Welt sind, gleicht ihre Simulation einem Spiel mit dem Feuer, bei dem wir letzten Endes *gegen* uns selbst leben und unsere eigene Welt verleugnen müssen. Insofern kann es niemals dem wohlverstandenen persönlichen Interesse dienen, auf Dauer über seine wahren Gefühle zu täuschen.

Auch gibt es Grenzen des Scheins, der ja nur deshalb wirkt, weil er die Logik der Gefühle voraussetzt, wenn er sie überspielt. Es mag immer gewiefte Roßtäuscher geben, die einen um den Finger wickeln können. Doch man fällt nicht wegen des Kontingenzproblems auf sie herein, sondern aus Blindheit oder weil man nicht sehen wollte: Weil das Unechte immer wieder Momente der Echtheit haben muß, gibt es immer wieder Brüche, an denen es sich verrät. Ich halte dem Kontingenzproblem entgegen, daß zwischen dem Gefühl und seinem Ausdruck immer ein logischer *innerer* und nicht bloß ein beiläufiger Zusammenhang besteht – wie verschlungen jene Logik auch im einzelnen erscheinen mag. *Gefühle wollen sich äußern.* Als Projekte und als Projektionen auf unsere Welt können wir sie allenfalls vorübergehend von dem ihnen eigentümlichen Ausdruck ablösen.

Um »das Problem des geistigen Seins« zu erörtern, greift man oft auf eher uninteressante, banalere »Ausdrucksformen« wie Mimik zurück. So wird zum Beispiel ins Feld geführt, daß die Chinesen ihre Augen aufreißen, um Ärger zu zeigen, wir hingegen kneifen sie zusammen. Edgar Rice Burroughs stellte sich einmal vor, daß ein Volk mit den uns »entgegengesetzten« Gefühlskundgebungen vor Freude weinen oder vor Leid lachen würde. Solche kulturrelativistischen Gedankenexperimente sind nur so lange plausibel, wie wir uns an wenig bedeutsamen Minimalformen halten, die meist gar keine Äußerungen sind. Was *nicht* von Kultur zu Kultur oder Person zu Person abweicht, das ist das *Wesen* der Kundgebungen, wie fremdartig und unterschiedlich die jeweiligen Konventionen, Werte und Strategien, auf denen die Logik der Gefühle beruht, auch sein mögen.

Im allgemeinen zeigen sich Gefühle in Handlungen und Äußerungen, Gesten und Posen, die den Anforderungen der emotionalen Ideologien genügen – wo möglich direkt, wo nötig indirekt und auf verschlungenen Schleichpfaden. Doch auch da, wo das weder direkt noch auf Umwegen gelingt, kann man von einer »Kundgebung« sprechen. Erbost gegen ein Möbel zu treten oder jemandem zu »gestehen«, daß man seine Liebe nicht erwidere, kann man schlecht *nicht* als Gefühlsäußerungen bezeichnen. Nur, was zeigen sie eigentlich? Welche Rolle spielen sie für die Emotionen selbst und für unser Leben?

3
Gefühl und Magie

> Wenn mich etwas ärgert, schlage ich manch-
> mal mit meinem Stock auf den Boden oder
> gegen einen Baum. Deshalb meine ich aber
> nicht, daß die Erde schuldig wäre oder daß
> Schlagen irgendwie helfen könnte. »Ich
> mache lediglich meinem Ärger Luft.« Und
> von dieser Art sind alle Rituale.
> LUDWIG WITTGENSTEIN, Rezension von
> J. G. Frazers *Der goldene Zweig*

Jean-Paul Sartre kennzeichnete die Gefühle als »magische
Verwandlungen der Welt«.[4] Das ist ein sehr zutreffender
Ausdruck für die mitunter irrationalen mythologischen Forderungen, die wir an uns und unser Leben stellen. Ich verliebe
mich, und alles »verwandelt« sich so tiefgreifend, als sei gerade ein schreckliches Unheil abgewendet worden – obwohl
sich objektiv überhaupt nichts verändert hat. Oder auf mir
lastet etwas Übermächtiges, doch statt dagegen aufzubegehren,
flüchte ich in stumme Anklagen und Verurteilungen oder betrachte mich als Opfer und Märtyrer für eine große Sache.
Wiederum hat sich objektiv nichts verändert. Daher entspricht
die – nach Sartre – »magische« Kraft der Emotionen dem Vermögen, die Surrealität umzuwandeln und je nach persönlichem
Bedarf immer wieder neu zu konstituieren.

---

[4] Sartre, »Skizze einer Theorie der Emotionen«, in: *Die Transzendenz des Ego.
Philosophische Essays 1931–1939*, Reinbek 1982; siehe auch meinen Artikel »Sartre on
Emotions« in: Paul Arthur Schilpp, Hg., *Sartre*, The Library of Living Philosophers,
La Salle (Ill.) 1977.

Wo ein direktes wirksames Tun ausgeschlossen ist, fordert die Ideologie des Gefühls eine umsichtige, oft hochkomplizierte Logik. Die Phantasie ist aufgerufen, gestalterisch zu planen, und das direkte Tun wird durch ein rein strategisches ersetzt. Ein Angestellter, der über seinen Chef erbost, aber dringend auf den Arbeitsplatz angewiesen ist, kann seinen Ärger unmöglich direkt äußern. Er mag Böses planen und Ränke schmieden, Mittel und Wege finden, den verhaßten Chef auf indirekte Weise zu bestrafen, indem er ihn in einem anonymen Brief denunziert, Gerüchte über ihn in Umlauf setzt, Büroklammern klaut oder die Bilanzen fälscht. Solche Ersatzhandlungen mögen auf den ersten Blick die kuriose Konsequenz haben, ihm genau das Gegenteil der »natürlichen« oder direkten Gefühlsäußerung abzuverlangen. Um der angestrebten Rache willen ist es besser, sich tunlichst zu beherrschen. Wer eine Frau liebt, die jedoch ihm gegenüber gleichgültig ist, wird ihr ebenfalls die kalte Schulter zeigen, nur um die ersehnte Nähe herstellen zu können. Diese invertierten Ausdrucksformen brechen nicht mit der Logik des Gefühls, sondern erweitern sie. Je mehr direkte Ausdruckswege versperrt sind, desto komplizierter und raffinierter müssen die indirekten, umwegigen werden, die an ihre Stelle treten. Bei flüchtiger Betrachtung mögen Gefühlsäußerungen durchaus irrational erscheinen; doch sobald ihre Parameter verstanden sind, erscheinen sie als die unter den gegebenen Umständen bestmöglichen Strategien (vgl. dazu den folgenden Abschnitt). Herablassende Schmeicheleien oder Komplimente können gleichermaßen von Ärger zeugen wie ein rechter Haken oder wie Ohrfeigen von Liebe. Unter entsprechenden Bedingungen eignet sich fast jedes Tun als ein wirkungsvoller Gefühlsausdruck.

Die eigentlichen Probleme treten erst auf, wenn es weder direkte noch indirekte Wege gibt (oder zu geben scheint), um die Ziele des Gefühls zu erreichen. Angesichts einer widerspenstigen Realität macht sich das Gefühl an den Umbau der

Surrealität, wobei es freilich Veränderungen in dieser mit solchen in jener verwechseln kann. Sofern ihm ein wirksamer Ausdruck verwehrt ist, entsteht eine verzweifelte Lage. In der Reflexion mögen wir die Hindernisse durchaus erkennen und unsere Erwartungen darauf einstellen, zumindest aber das Mißlingen plausibel »erklären«. Doch zunächst einmal neigen Gefühle zu rein subjektiven und eher verzweifelten Reaktionen. Wenn sie nicht imstande sind, sich ihre Ohnmacht einzubekennen und gewisse ideologische Prioritäten fallenzulassen, erweitern sie ihre Mythologie hemmungslos, belasten so die Phantasie und gehen über alles hinweg, was ihnen auf dem Weg der sachlichen Reflexion begegnet. In solchen Fällen gewinnt der Begriff »Magie« für die Auffassung der Gefühle ein ganz besonderes Gewicht. Wo eine direkte oder auch indirekte kausale Beeinflussung der Realität unmöglich ist, nehmen Gefühle mit einem »magischen« Schein oder Als-ob vorlieb – wie es Sartre in seinem Aufsatz darstellte – und verändern ihre Surrealität, als ob damit der Realität beizukommen wäre.

Emotionen bringen oft, ja fast regelmäßig, eindeutig irrationale oder zumindest zwecklose Verhaltensweisen hervor. Im Ärger schlägt jemand mit seinem Stock gegen einen Baum oder stampft mit dem Fuß auf; eine trauernde Frau tut so, als wäre ihr verstorbener Mann noch am Leben. Die Mimik ist in diesem Sinne übrigens stets nutzlos und irrational – also etwa die finsteren Blicke des Ärgers, das Erblassen vor Neid, der umflorte Blick der Liebe oder das stumme Schlucken des verletzten Stolzes. Was ändern aufgeworfene Lippen und gerunzelte Brauen am Anlaß unseres Ärgers? Was trägt das grollende Ressentiment zur Verwindung der erlittenen Schmach bei? Gewiß können solche Mienen unter bestimmten Umständen ein sogar direkter wirksamer Ausdruck sein, zum Beispiel um kleine Kinder einzuschüchtern; doch ebenso liegt auf der Hand, daß sie in der Regel lediglich »Kundgebungen« sind, die nicht das geringste bewirken.

Schmollen und Zähneknirschen, gemurmelte Flüche oder geflüsterte Liebeserklärungen, gegen Sachen zu treten oder unter Eisenbahnbrücken wilde Schreie auszustoßen scheinen bestenfalls entartete Ausdrucksformen zu sein – und doch steckt auch in ihnen eine besondere »Logik«. Freud hat gerade die »zwecklosen« und »irrationalen« Kundgebungen genau untersucht – ausnahmsweise unter Verzicht auf das hydraulische Modell (demzufolge die Emotion den Ausdruck *verursacht*) – und nahm an, daß sie einen »tieferen Sinn« haben. Entsprechend war das sonderbare Verhalten von Neurotikern nicht durch Emotionen verursacht, sondern bezeugte vielmehr, daß diese sich gegen unüberwindliche Hindernisse durchzusetzen versuchten. Zwar mögen solche Bemühungen (allerdings nicht die Emotionen selbst) in gewissem Sinne wirklich irrational und nutzlos sein: den Baum statt denjenigen zu schlagen, der uns geärgert hat. Aber wir durchschauen die Grundstruktur der Gefühle erst dann, wenn wir die tendenziöse und oft seltsame »Logik« kennen, die solchen manchmal bizarren wirkungslosen Äußerungen zugrunde liegt.

Wer sich im Wirtshaus über einen Schnorrer ärgert, kann seinen Gefühlen freien Lauf lassen; wer sich über seinen Chef ärgert, wird seine Rachegefühle besser auf Umwegen befriedigen und komplizierte Ränke schmieden. Allerdings gibt es auch Menschen, die ihren Ärger grundsätzlich nicht herauslassen können, so daß er sich genausowenig auflöst wie ihr Rachebedürfnis. Doch gerade wenn wirksame Äußerungen unerwünscht sind, wird es genügend unwirksame geben (erbostes Schweigen, giftige Blicke, bissige Bemerkungen im Familienkreis, gemurmelte Flüche, Verwünschungen, Stoßgebete an einen göttlichen Rächer, der seine Blitze vielleicht in Form fallender Börsenkurse schleudert). Alles frei nach dem Motto: »Wenn Blicke töten könnten« – aber das können sie eben nicht.

Wie soll man erklären, daß viele alltägliche »Gefühlsäußerungen« scheinbar gar nicht dafür taugen, ihre Ziele zu erreichen

oder die Verhältnisse auf bestimmte emotionale Ideologien einzustellen? Das sprichwörtliche »Druck ablassen« – das hydraulische Modell läßt grüßen – erklärt nichts. Wenn sich der Ärger
nur in gemurmelten Flüchen äußert, wird er eher noch *wachsen*; und eine Liebe, über der jemand brütet, anstatt sie zu
erklären, wird leicht zwanghaft (bleibt allerdings trotzdem
weniger erdrückend als manche Prosa des Alltags). Eine an-
haltend gepflegte Trauer schlägt in Gram und dann in Verzweiflung mit zwanghaften, oft hysterischen Ritualen um. Freud
hat das an vielen seiner frühen Patienten beobachtet. Wenn
wir gegen einen Baum treten, auf den Tisch eines Psychiaters
hauen oder unter einer Eisenbahnbrücke schreien, machen wir
uns vielleicht etwas Luft, jedenfalls eher, als wenn wir grol-
len, schmollen, mit den Zähnen knirschen, die Stirne runzeln,
schlucken oder die Faust ballen.

Alle diese Ersatzhandlungen kennzeichnet, daß sie verstüm-
melte, entartete oder verschobene Versionen gerade der Maßnahmen sind, die tatsächlich wirksam sein *könnten*, also Rituale
einer vorgespiegelten Wunscherfüllung sind. Den Baum anstelle der gemeinten Person zu treten ist dafür ein genauso
typisches Beispiel wie der gemurmelte Fluch, der, offen ins Gesicht gesagt, verheerende Auswirkungen hätte. Wenn ein verzweifelter Liebhaber seiner Angebeteten gegenüber sitzt und
innerlich beschwörend wiederholt: »Liebe mich doch bitte!«,
tut er so, als könne sein Wunsch auf magischem Wege in Erfüllung gehen. Als Trauernde sehnen wir uns nach dem Verstorbenen und reden uns ein, er lebe noch, indem wir uns in konkrete
Situationen versetzen, in denen er die Hauptrolle spielte.

Gelegentlich können die verschiedenen entarteten Aus-
drucksformen und Rituale als bloße Schatten einst wirksamer
Maßnahmen oder, wie Darwin sie bezeichnete, »zweckmäßiger
Gewohnheiten« erscheinen,[5] so daß man fast sagen möchte, alle

---

[5] Ch. Darwin, *Über den Ausdruck der Gemütsbewegung bei Menschen …* 1872.

Gefühlsäußerungen seien von dieser Art. Zum Beispiel kann eine ehemals wirksame Kindheitsstrategie, seinen Willen zu bekommen – etwa Heulen, Aufstampfen oder Einnässen –, auf das Erwachsenenleben übertragen werden, worin sie auch in subtilerer Form (Jammern, Meckern, ungeduldiges Herumtippeln mit Händen oder Füßen, Vorschieben körperlicher Bedürfnisse, um andere zu schikanieren) ihren Zweck nicht mehr erfüllt. Vielleicht, könnte man sagen, geht das Ballen der Fäuste im Ärger auf die urzeitliche Vorbereitung zum Kampf zurück, den wir uns heute verbieten; das Zähneknirschen mag der Überrest einer Drohung, eines Fluches oder gar des Impulses sein, den Widersacher zu beißen. Solche scheinbar »natürlichen« Gefühlsäußerungen sind sicherlich nur überkommene und gedankenlose Gewohnheiten. Das heißt aber nicht, daß sie als solche keinen Zweck erfüllten.

Angesichts der fixen Ideen und Zwangsmechanismen von Hysterikern vermerkte Freud, daß man deren verschiedenartige Gefühlsäußerungen – scheinbar wirkungslose Gesten, Rituale und Zauberformeln – nicht als bloße »Gewohnheiten« abtun und verwerfen dürfe. Vielmehr seien sie auf eine *verzweifelte* Weise intentional, zweckmäßig und »sinnvoll«. In der tiefsten Verzweiflung ist einem jedes Mittel recht, gegen alle Vernunft. Wenn die Schulmedizin einem Krebskranken nicht mehr helfen kann, wendet er sich an einen Wunderheiler. Warum auch nicht? Der junge Atheist fängt im Schützengraben zu beten an, denn zu verlieren hat er nun nichts mehr. Ich hatte gesagt, daß unsere Emotionen prinzipiell in dem Sinne intentional sind, auf die Steigerung der persönlichen Würde und Selbstachtung zu zielen. Das ist der Zweck, dem die Äußerung von Gefühlen – womöglich auch durch die Beeinflussung der Verhältnisse – dient.

Doch gerade bedrohliche Umstände sind oder erscheinen oft unserem Zugriff entzogen. Wir bringen uns aber trotzdem zur Geltung, nicht durch »wegwerfende« oder leere Gesten und Rituale, um »Druck abzulassen«, sondern um angesichts widriger Umstände die Selbstachtung zu wahren.

Warum folgen wir derlei zwecklosen Impulsen? Manchmal *können wir einfach nicht mehr tun*, und solange die geringste Hoffnung besteht, ist jedes Aufbegehren besser als gar nichts. In der Panik handeln wir oft irrational und nehmen Zuflucht bei Handlungsweisen, die uns in ruhigeren Momenten eindeutig widersinnig erscheinen; nun jedoch gilt das sonst »Abwegige« als die beste der möglichen Alternativen. Der junge Atheist hat nie an Gott geglaubt und auch jetzt keinen Grund zu glauben. Doch da sich keine anderen Alternativen mehr bieten: Was, wenn möglicherweise doch…? Halten wir sein Gebet unter diesen Umständen immer noch für »irrational«? (Womit nicht gemeint sein soll, wie es oft heißt, daß uns solche Extreme der Verzweiflung allen *Grund* geben, auch sonst an Gott zu glauben. Es gibt viele Menschen, die *nur* in Schützengräben keine Atheisten sind.)

Die Logik der Verzweiflung geht fast immer bizarre Wege. So sind wir in höchster Not (zumindest scheinbar) bereit, an magische Kräfte oder göttliche Eingriffe zu glauben, die wir normalerweise nicht einmal *in Erwägung ziehen würden*. In der völligen Ohnmacht setzen wir auf das Unwahrscheinliche, das Irrationale, wie ein Ertrinkender nach jedem Strohhalm greift. In heilloser Panik heften sich Emotionen oft an geheimnisvolle *magische*, quasi kausale Kräfte, die es nur in der Phantasie gibt. Was Freud über zwei frühe Patientinnen berichtet, illustriert das gut: eine Frau, die täglich bizarre Rituale vollführt, um eine offensichtlich traumatische Hochzeitsnacht immer wieder neu zu evozieren; obwohl ihr Mann längst tot ist, macht sie ihr Hausmädchen wie unter Zwang auf fiktive Flecken im Bettlaken aufmerksam. Oder jenes kleine Mädchen, das jedesmal vor dem Schlafengehen im Elternschlafzimmer die Vasen und Kissen so umräumt, daß Vater und Mutter nicht miteinander verkehren können. Wie soll man solche »Schrullen« anders als durch die

Hypothese erklären, beide hätten für sich akzeptiert, daß ihre Wunschvorstellungen im Ritual durch Magie in Erfüllung geht? Zwar würde bei näherer Prüfung weder die Frau noch das Mädchen behaupten, an einen solchen Zusammenhang zu *glauben*, aber wer alle Selbstachtung verloren hat und in seinem Urvertrauen getroffen wurde, der pfeift auf Wahrheit, Vernunft und gesunden Menschenverstand. (Verzweiflung wirkt manchmal befriedigender als Befriedigung.)

Oft heißt es, solche wirkungslosen Äußerungen seien rein »symbolisch« und sollten unterdrückte wirksamere und direktere »ersetzen«. Diese Erklärung hat den klaren Vorzug, ohne die gängige Hydraulik-Metaphorik auszukommen; daß solche Ausdrücke und Gesten immer einen *Sinn* haben, ist ein viel hilfreicheres Erklärungsmodell. (Bei Freud lagen diese beiden Ansätze stets im Konflikt miteinander, da er sich nie klar für den einen oder anderen entscheiden konnte.) Im übrigen paßt das Schema des »symbolischen Ausdrucks« gut zu meinem Theorem der *Mythologien* und *Ideologien* von Emotionen. Doch mit dem Begriff der »Symbolik«, den Literatur, Politik, Psychoanalyse und Philosophie neuerdings recht locker verwenden, wird das Grundproblem keineswegs gelöst, sondern nur umformuliert. Warum suchen wir unser Heil in symbolischen und nicht in vollwertig wirksamen Gesten? Einen gewissen Hinweis gibt uns die Politik: Rein »symbolische« Aktionen sind oft der Absicht nach annehmbar, aber im Ergebnis wirkungslos. Worin liegt also ihr Zweck? Nicht in den tatsächlichen, sondern vielmehr, so könnte man sagen, in ihren *surrealen* Konsequenzen. Und in Fällen tiefster Verzweiflung sind solche wirkungslosen Äußerungen alles, was einem bleibt. Daneben gibt es allerdings viele Fälle von *gespielter* Verzweiflung (wie im Ressentiment und Neid, in der selbstgerechten Empörung oder schüchternen Liebe), in denen man eine Doppelstrategie zu verfolgen scheint: Man führt die verzweifelte wirkungslose Geste aus, *als ob* sie vielleicht doch wirken könnte, obwohl man sich des

Gegenteils absolut sicher bleibt. Aus Wut über seine Frau tritt jemand gegen einen Baum, als könnte er ihr durch magische Umleitung (»Wudu«) Schmerz zufügen. Faktisch mag das alles sein, was ihm zu Gebote steht. Doch in gespielter Verzweiflung kann er sich, um sein Gefühl zu nähren, gerade deshalb für diese völlig untaugliche Strategie entscheiden, *weil* er weiß, daß sie wirkungslos ist. Hätte er sie tatsächlich verletzt, würde sein Zorn abkühlen und an dessen Stelle vielleicht ein Schuldgefühl treten. Die wirkungslose Äußerung ist kein »Ablassen«, wie das hydraulische Modell nahelegt, sie wurde vielmehr gewählt, weil sie das Gefühl *nährt*, wenn nicht gar *verstärkt*.[6]

Verzweifelte Gefühlsäußerungen beruhen oft auf einem *Als-ob*: als ob gemurmelte Flüche oder Verwünschungen wahrhaftig wirkten (»Fahr' zur Hölle!«, »Soll dich der Teufel holen...«), als ob jene Ersatzhandlungen oder Wudu-Phantasien handfeste Ergebnisse hätten, als ob die Geliebte spürte, daß man ihren Brief oder ihre Haarlocke küßt, als ob im Trauerritual der Verstorbene unter uns weilte. Irrationale Überzeugungen und Strategien dieser Art können überraschende Wirkungen haben – zumal bei sonst nüchternen oder »rationalen« Menschen. Wie oft hantieren wir unbedacht mit Vorurteilen und abergläubischen Vorstellungen, die der Reflexion keinen Moment lang standhalten würden? Und wie oft verteidigen wir – sogar reflektiert – halsstarrig Positionen, bloß weil sie direkt aus einem emotionalen Engagement folgen? Dem Verzweifelten ist die möglichst lange Sicherung des Investierten erheblich wichtiger als die anonyme Objektivität rationaler Überzeugungen.

Die Zweischneidigkeit der simulierten Verzweiflung zeigt sich an folgendem Gedankenspiel. Nehmen wir an, wir hätten, weil wir stinksauer auf jemanden waren, gemurmelt: »Der Kerl soll tot umfallen!« – was der dann unverzüglich tut. Da uns

---

[6] Fanatische Patrioten streben keineswegs Lösungen oder Siege an, sondern vielmehr die »détente« oder den Dauerkonflikt.

okkulte Neigungen abgehen, nehmen wir zwar nicht an, seinen Tod persönlich verschuldet zu haben, aber ein merkwürdiges Schuldgefühl wird dennoch zurückbleiben (und wir werden die Wendung: »Der soll tot umfallen« in Zukunft nicht mehr so schnell in den Mund nehmen). Oder jemand stellt fest, daß jedesmal, wenn er aus Zorn über seinen Chef gegen den Schreibtisch trat, der Vorgesetzte tatsächlich einen heftigen Schmerz am Schienbein verspürte, die »symbolische« Geste offenbar tatsächlich wirkte. Ein hoffnungslos Verzweifelter würde solche unerklärlichen Kräfte vielleicht begrüßen; doch wer Verzweiflung nur spielt, weil er sein Gefühl aufladen will, würde anders reagieren; erschrocken, daß seine »symbolischen« Gesten gefährliche Waffen sind, würde er sie tunlichst verbannen. Wie zweischneidig die Strategie ist, Gefühle bewußt wirkungslos zu äußern, wird hier deutlich: Wie im Kinderspiel soll alles nur Spiel sein; sobald gehandelt wird, ist aber alles ernst, und nur zu oft erwächst aus der gespielten Entlastung nur Enttäuschung oder Frustration. Was Schiller von der Dichtung sagte, gilt auch vom magischen Gefühlsausdruck: Er ist eine überaus ernste Form des Spiels. Er dient nicht dem Genuß, sondern dem Aufbau und der Stärkung surrealer Gefühlsstrukturen. Und er lebt von einer doppelten Ambivalenz: einer Skepsis, die immer wieder überspielt, stets aber auch bewahrt werden muß, und dem Fingieren eines Ausdrucks, bei dem nie vergessen werden darf, daß er nur gespielt und »symbolisch« ist. Gefühle, heißt das, wollen nicht unbedingt erledigt sein, sondern vor allem genährt und gestärkt werden.

Um unsere Gefühlsstrukturen zu sichern, entscheiden wir uns demnach für jene Emotionen, deren Erledigung am unwahrscheinlichsten ist – wir schwärmen für Filmstars, die uns nie erhören würden, verzehren uns nach alten Lieben, die nichts mehr von uns wissen wollen, und verehren leidenschaftlich Tote, denen wir nie begegnet sind. Daneben gibt es das »Hinhalten der anderen Wange« im Kampf, nicht in christlicher

Feindesliebe, Ritterlichkeit oder gar Feigheit, sondern einfach, um die tragenden, nun sogar verstärkten Strukturen der Wut und Empörung am Leben zu erhalten. Ironischerweise prägen gerade die *unstillbarsten* Regungen unser Leben vielleicht am stärksten: der falsche Ehrgeiz, die unerfüllte Liebe, die nagende Furcht oder Wut, der nicht überwundene Haß oder die untilgbare Schuld. Unsere Gefühle äußern sich (ob aus Ohnmacht oder Willensschwäche) weitgehend in unwirksamen magischen Gesten, Ritualen und Beschwörungen. Nur in äußerster Verzweiflung nehmen wir diese für bare Münze, und selbst dann nur für die Dauer der betreffenden Krise. Doch eben diese Magie prägt auch viele der Emotionen, deren Rituale und Gesten uns so vertraut geworden sind, daß wir sie allzu leicht als »irrational« und »sinnlos« verwerfen, zumal es bequemer ist, nicht zu wissen, was sie bedeuten, und sich für einen Beobachter zu halten, auf dessen Taten es gar nicht ankommt. Wir könnten über die »Magie« der Gefühle sagen, was Stanley Cavell einst auf die »Magie« des Films bezog, nämlich daß er »einen nicht direkt mit der Welt konfrontiert, daß er sehen läßt, ohne gesehen zu werden. Das zeugt nicht von Machtgelüsten, sondern eher von dem Wunsch, keine Macht zu brauchen, ihre Bürde nicht tragen zu müssen«.[7]

---

[7] S. Cavell, *The World Viewed*, New York 1971, S. 40.

4
Die Vernunft der Gefühle

> … als ob nicht jede Leidenschaft
> ihr Quantum Vernunft in sich hätte …
> F. NIETZSCHE, *Aus dem Nachlaß*
> *der Achtzigerjahre.*
>
> Kunstgriffe erscheinen oft als Irrtümer.
> A. POPE, *Essay on Criticism*

Das habe ich nicht so gemeint. Ich wußte nicht, was ich tat. Ich war gedankenlos, unvernünftig und völlig außer mir.« Wie oft bekommen wir das zu hören! Man muß über solche Ausreden nicht rechten wollen und spürt trotzdem, wie unecht und hohl die Verzweiflung klingt, die aus solchen banalen, halbherzigen Entschuldigungen spricht. »Ich war völlig außer mir« krönt gleichsam das Plädoyer für momentane Unzurechnungsfähigkeit. Doch wir wissen es besser: Das hast du »genau so gemeint«, dein einmaliger sogenannter »Ausrutscher« hat mir mehr über dich verraten als dein gezwungenes Schweigen in den letzten Jahren. Du hast *genau* gewußt, was du tust, und nur die Gelegenheit genutzt, ganz gezielt den wundesten Punkt zu treffen. Du hast sehr wohl gewußt, was am tiefsten verletzen und schmerzen, aber auch, was uns das kosten würde. Jahrelang hast du gebrütet, jeden Schritt gründlich geplant und dir das Ganze ausgemalt. Und nun soll der »spontane« Ausbruch keine Strategie, bloß ein »irrationaler« Ausrutscher gewesen sein! Rationaler, berechnender, radikaler und zielstrebiger hättest du gar nicht vorgehen können. In diesem Gefühlsausbruch hat sich alles zusammengedrängt, was dir am meisten bedeutet, zu dir gehört, auch wenn du es nicht wahrhaben willst. Hinter diesem Ausbruch steht deine ganze Lebenserfahrung, er ist die raffinierteste List und zielstrebiger als alles, was du je getan hast. Würdest du trotz der Konsequenzen wirklich sagen, daß du es gerne ungeschehen machen möchtest?

Aber die Platitüde, Gefühle seien »irrational«, scheint unausrottbar. Töricht, einfältig, kindlich oder kindisch sollen sie sein, primitive, animalische Überbleibsel unserer Vorgeschichte und unserer unzivilisierten Ursprünge. Daß sie unsere Grundabsichten durchkreuzen, uns in Verlegenheit bringen, uns bloßstellen, Karrieren oder Ehen ruinieren, Freundschaften zerrütten, bevor sie sich festigen konnten: für alles müssen sie herhalten. »Alles ging gut, bis ich mich emotional engagierte.« – »Es wäre in Ordnung, wenn du keine Schuldgefühle hättest.« – »Es war ein nettes Dreiecksverhältnis, bis er eifersüchtig wurde und alles verdarb.« Emotionen, heißt es, verwirren unser Denken und bringen uns vom rechten Weg ab. In immer neuen Abwandlungen erzählt uns der Mythos der Leidenschaften: Sie sind wilde unbezähmbare Kräfte, die aufbegehren, sie sind roh, gedankenlos, nicht nur unnütz, sondern schädlich und oft lächerlich.

Mit dem Gemeinplatz, daß Gefühle »irrational« seien, darf man sich nicht arrangieren. Nein, sie sind sehr vernünftig. Nicht nur, daß sie sich nahtlos unserem Gesamtverhalten und »Persönlichkeitsmustern« anschmiegen, sie lassen sich mit Hilfe psychologischer Ansätze schlüssig auf Ursachen zurückführen. Das alles wäre schon triftig genug. Doch Gefühle sind auch in anderer wichtigerer Hinsicht vernünftig, sie sind intentionale und intelligente Urteile, nicht weniger vernünftig als andere Urteilsformen. Sie erfordern hohes Differenzierungsvermögen, einen ausgewachsenen Selbst-Entwurf, ein gewisses Abstraktionsniveau, beträchtliche Klugheit und Selbstachtung und können ausgesprochen zweckorientiert nach sehr elaborierten Regeln und Strategien verfahren. In diesem Sinne habe ich von ihrer »Logik« gesprochen. Sie springt zwar nicht immer in die

Augen, läßt sich in ihrer Regelhaftigkeit aber doch entschlüsseln. Schon die ursprünglichsten Gefühle, Todesangst oder
Mutterliebe, zeigen Spuren von Intelligenz, Abstraktion und
Logik. Doch die meisten gehen viel weiter und sind anspruchsvolle, bemerkenswert geschickte Strategien zur Steigerung der
Selbstachtung. Oft kritisieren wir die Dummheit, Haltlosigkeit
und Narrheit unserer Emotionen, doch nicht selten spüren wir
auch, wie berechtigt und begründet, wie schlau und erfolgreich
sie sind. Sie zu loben oder zu tadeln setzt im übrigen bereits
voraus, daß es sich um eine rationale Struktur handelt, ein logisches intelligentes Strategiespiel, das aufgehen, natürlich aber
auch mißlingen kann. Kopfschmerzen oder allgemeine Empfindungen unterziehen wir bezeichnenderweise keinen derartigen Bewertungen: Wir nehmen sie einfach hin (und freuen uns
gelegentlich über den willkommenen Grund, ein langweiliges
Fest oder Konzert verlassen zu können). Im Gegensatz zu
den Empfindungen sind die Gefühle rational und weisen eine
Zweckmäßigkeit, Logik und Intelligenz auf. Sie haben gewiß
mehr mit geplantem Handeln als mit Sinneseindrücken gemeinsam. (Wir wissen, was es bedeutet zu sagen, daß ein Ärger
grundlos ist; doch könnte auch ein Ekelanfall »grundlos« sein?)

Rationalität besitze nur das reflektierte Denken, sagt man
und denkt an die komplexen Berechnungen eines Mathematikers oder die kühle Weitsicht eines Staatsmannes. Doch wir
alle verstehen recht gut, gewissen rationalen »Intuitionen«[8] zu
trauen – einem kleinen Schachstrategen oder Napoleon in uns,

---

[8] »Intuitionen« gelten nur deshalb als etwas Geheimnisvolles oder Unaussprechliches, weil wir meistens das Denken als verbindliches Modell der Rationalität betrachten und unreflektiertes Erleben oder Urteilen als weites und offenes Feld gern den
Künstlern und Poeten überlassen sowie allerlei selbsternannten Weisen oder Dunkelmännern. Doch die Ratio ist keine Enklave der Reflexion, und das intuitive Erleben
und Urteilen sind ihrem Kanon genauso unterworfen wie die Systematik der Philosophie und anderer kritischer Disziplinen. »Intuition« muß weder oberflächlicher oder
naiver noch tiefer oder einsichtsvoller sein als Reflexion. Zwar fehlt ihr deren kritische
Schärfe, aber das ist kein Grund, aus dem sie ihr unter- oder überlegen sein muß.

der ohne Reflexion auszukommen scheint und einer unbestreitbaren Logik folgt. Obgleich die Ratio der Gefühle eine vorreflexive (oder »intuitive«) Logik ist, kann sie – wie jede Logik – in der Reflexion nachvollzogen und bewußt gemacht werden. Das ist lange unterblieben, weil man angenommen hat, daß Gefühle so gut wie keine Logik haben und Rationalität immer durch Klarheit glänzt und eigentlich nur noch formalisiert, nicht aber ergründet werden muß. Doch die Reflexion selbst kann reichlich unvernünftig sein, schwerfällig, unzusammenhängend und verführerisch pseudorational, wenn es darum geht, die im Hintergrund wirkenden intelligenten Gefühle auszuschalten. Wenn »rational« nicht mit »reflektiert« synonym sein soll und wenn »Rationalität« für ein intelligentes, zweckmäßiges Handeln steht – hochreflektiert oder intuitiv, bewußt oder nicht –, so sind die Emotionen entgegen ihrem Ruf geradezu prädestiniert, dessen Ideal zu verkörpern.

Die Intelligenz der Gefühle besagt nicht nur, daß sie in unserem Innenleben eine bedeutende Rolle spielen (soviel würden fast alle Psychologen einräumen, auch wenn sie meine Auffassung, daß die Gefühle grundlegende rationale Urteile sind, rundum ablehnen); aus ihr folgt auch, daß sie im gleichen Maße zweckgerichtet sind wie unser Handeln und etwas ausrichten oder verändern wollen. Die Zwecke der Gefühle liegen im Realen wie im Surrealen, sie verändern unser Weltbild und formulieren zugleich Gestaltungsabsichten. Bei bestimmten Emotionen kann die Gestaltung rein subjektiv ausfallen – so etwa beim Neid oder Ressentiment, die kaum zu praktischen Schritten neigen, dafür aber unsere Ansichten und Werte von Grund auf zersetzen; ähnliches gibt es bei den bloß »magischen« Regungen. Andere Gefühle, zum Beispiel die Furcht, wollen unmittelbar die Außenwelt selbst beeinflussen. Der Neider gleicht seine Unterlegenheit mittels einer »Rationalisierung« aus, ohne das geringste an »der Realität« zu verändern. Der Ärgerliche erhebt mit seinem Mißmut eine subjektive Anklage des Feindes, die aber möglichst aller Welt kundgetan und zu einer echten Strafe führen soll. (»Der Blitz soll ihn treffen, ein Unfall oder eine saftige Geldbuße.«) Ebensowenig will eine Liebende mit ihren Affekten nicht bei sich selbst bleiben; neben den äußeren Zeichen von Bewunderung und Vernarrtheit will sie ihre Hingabe durch Geschenke und Aufmerksamkeiten bekunden. Alle Welt soll davon wissen. Doch am meisten wünscht sie sich natürlich, daß ihre Gefühle erwidert werden.

Gefühle fordern Veränderungen in unserer und in der ganzen übrigen Welt. Für sie gilt, was Marx und Engels auf die Bourgeoisie gemünzt haben: »Sie zwingt alle Nationen, die Produktionsweise der Bourgeoisie sich anzueignen, wenn sie nicht zugrunde gehen wollen; sie zwingt sie, die sogenannte Zivilisation bei sich selbst einzuführen, d. h. Bourgeois zu werden. Mit einem Wort, sie schafft sich eine Welt nach ihrem eigenen Bilde.«[9]

Die Rationalität der Emotionen findet ihren Ausweis darin, Wege zu bahnen, unsere Selbstachtung zu steigern. Wo sie objektiv nichts ausrichten, mögen sie sich mit subjektiven Korrekturen begnügen. Wir können uns freilich auch standhaft weigern, die Verhältnisse zu ändern, und uns um der Bewahrung unserer Gefühle willen auf die Subjektivität beschränken. Verwirklichte Ideen seien langweilig, unkte Schopenhauer, für Emotionen gilt das erst recht. Insofern wird ihr Verlangen, sich wirksam im Handeln zu äußern, praktisch immer durch das Bedürfnis nach dem Gefühl selbst abgemildert. (Der seit Rousseau und Freud heftig umstrittene Bruch zwischen dem »zivilisierten Menschen« und dem »Wilden« ließe sich durchaus in diesem Sinne darstellen: Die komplexe Welt der Zivilisation beruht auf einem subtilen Gleichgewicht zwischen einerseits der wirksamen Äußerung oder Befriedigung und andererseits dem anerkannten Wunsch nach der Bewahrung von Gefühlen, also

---

[9] *Manifest der Kommunistischen Partei*, 1848.

der Vermeidung des Ausdrucks. Wenn man Ausdrucksvermeidung als eine »unnatürliche Verdrängung« oder »Hemmung« bezeichnet, so liegt darin bereits ein unterschwelliger Vorwurf gegen die Zivilisation. Was dagegen den Wilden prägt, ist nicht, wie herkömmlich angenommen wird, der »natürliche Reichtum« seiner Emotionen, sondern vielmehr deren Armut und entsprechende »Roheit«.)

Emotionen können genauso vielschichtige Zwecke verfolgen wie Handlungen, ihre Ziele sehr konkret (»Der Bastard soll seine Strafe bekommen.«) oder sehr abstrakt sein (sich für gut halten). Doch letzten Endes haben sie alle das gleiche Ziel: die Steigerung der Selbstachtung. Zwischen den konkreten Zielen spezifischer Emotionen und dem Ziel, das sie alle verfolgen, könnte man eine Zweck-Mittel-Verkettung konstruieren, etwa nach dem Muster: »Er ärgerte sich über den Abfall, weil er einen Vorwand brauchte, sie zu bestrafen, nachdem sie (schuldlos) das Auto kaputtgefahren hatte, worüber er sich aber nur deshalb ärgerte, weil er wegen ihrer Affäre mit dem Mechaniker eifersüchtig war, die ihn bedroht und verunsichert hat, weil er sich unerwünscht fühlte...« Keine Frage, die Logik des »Um-zu« auf diese Weise als lineare Verkettung darzustellen, wäre ziemlich ungeschlacht und abwegig. Alle Gefühle verfolgen ein gemeinsames Ziel. Doch der Zusammenhang, den sie bilden, ist eben ein Netzwerk einander stützender Urteile. Ein Geflecht, ein Gewebe, keine Kette bildet die Grundstruktur unserer Welt.

Die Zweckrationalität der Gefühle diktiert eine gewisse »Logik«, sie sind der Form nach abstrakt, zugleich aber stets auf die Besonderheiten und »Fakten« der konkreten Situation abgestimmt. Zu sagen, Gefühle seien »abstrakt«, meint, daß sie nie nur mit Einzelfällen zu tun haben. Ihr konkreter Inhalt (oder »Gegenstand«) bildet zwar *in der Regel* den Mittelpunkt der emotionalen Strategie und Mythologie, aber darin erschöpfen sich Emotionen nie. Meistens steht ihr Inhalt für eine besondere Investition, eine besondere Gefahr oder besondere Verheißung, wobei es immer um die Bedeutung dieser Besonderheit geht. Der Gegenstand kann aber auch bloß ein Vorwand sein – beispielsweise die »mißbrauchte« Geliebte, die man um der eigenen Selbstachtung willen liebt, sozusagen eine halbe Liebe, die für das Glück und die Eigenarten des Partners oder der Partnerin kein Organ ausbildet. Ebenso kann man einen kleinen Verlust »mißbrauchen«, um groß zu trauern, Mitleid einzuheimsen oder im Selbstmitleid zu schwelgen. Aber das sind alles Extremfälle. Meist repräsentiert der Gefühlsgegenstand genau und unverwechselbar eine konkrete Investition in die Selbstachtung, die einem allgemeineren surrealen Muster entspricht, sich aber nicht umstandslos durch andere, ähnliche Gegenstände vollziehen ließe. Wer geliebt wird, wird um seiner selbst willen geliebt, zum anderen aufgrund des abstrakten Bedürfnisses nach Selbstachtung. Vielleicht sollte man Freuds berühmte These umkehren, wonach hinter zwanghaften Bedürfnissen – zum Beispiel mit möglichst vielen Frauen respektive Männern ins Bett zu gehen – immer sehr spezifische, verdrängte Bedürfnisse stecken, nämlich – um beim Beispiel zu bleiben – mit seiner Mutter respektive seinem Vater zu schlafen. Freuds Genesemodell einmal beiseite gestellt, könnte man eher sagen, daß hinter dem Wunsch, mit einer konkreten Person zu schlafen (meinetwegen auch der eigenen Mutter respektive dem Vater), das abstrakte Bedürfnis steckt, für sich selbst zu sorgen, indem man mit (irgend) jemandem schläft. Sofern man immer komplexere »Investitionen« in die Liebe zu einem praktisch (nicht logisch) einzigartigen Objekt steckt, konkretisiert und fixiert sich das abstrakte Bedürfnis nach Selbstachtung.

Wie andere Strategien verliert die emotionale Logik niemals ihren abstrakten Endzweck – die Steigerung der Selbstachtung – aus dem Auge und paßt sich den jeweiligen Inhalten und Situationen an. Die »Rationalität« einer Emotion findet darin ihren Ausweis, wie gut das jeweils gelingt: ob ihr Inhalt *taug-*

lich und sie selbst unter den gegebenen Umständen *optimal* erscheint. Während die Gefühle etwas Subjektives sind, ist ihre *Logik* etwas Objektives und Beurteilbares. Nun besagt eine weithin anerkannte Halbwahrheit, jedes Gefühl habe seine eigene Logik. Wahr daran ist, daß Gefühle etwas Subjektives sind und von den besonderen Perspektiven und Investitionen des Fühlenden abhängen; ebenso wahr ist, daß die meisten Gefühle von allen Völkern geteilt werden, ungeachtet der unterschiedlichen Sprachen, Bräuche, Religionen etc. Demnach ist die Logik der Emotionen keine »Privatsache«, sondern ist, sobald man ihre Parameter kennt, allgemein zugänglich. Nehmen wir unsere Einwände beim Betrachten eines schlechten Films oder beim Lesen eines »Schundromans«, deren Handlung »abwegig« erscheint: »Ich würde jemandem, den ich wirklich liebe, so etwas niemals antun.« Oder: »Sie hätte sich garantiert nicht so verhalten.« Da wir solche Brüche in der Logik der Gefühle erkennen, dürfte es dem Regisseur oder Schriftsteller kaum helfen dagegenzuhalten, daß wir »seine Charaktere nicht verstehen«. Die Logik diktiert einen bestimmten Verlauf der Gefühle, und genau den erwarten wir auch.[10] Ähnlich kritisieren wir im Rückblick unsere eigenen Gefühle; und wenn wir sagen, sie seien töricht und dumm, haltlos und ungerechtfertigt, setzt dies voraus, daß wir aufgrund objektiver logischer Strukturen einen ganz bestimmten Kurs von ihnen erwarten.

Denken wir nur an die Tragödien Shakespeares (verglichen mit den zeitgenössischen französischen oder auch mit seinen eigenen Komödien): Die Handlung folgt weder einer Logik der

---

[10] Wie Philip Slater in einer Fußnote zu *The Pursuit of Loneliness* sarkastisch anmerkt, gilt es, diese Erwartung zu dämpfen, indem wir einsehen, wie unbegründet unsere an andere (aber kaum an uns selbst) gerichtete Erwartung ist, ihre Gefühle sollten schlüssig und berechenbar sein. (Nicht nur im Roman soll der Finsterling immer finster, der Liebende immer liebevoll sein etc.) In eigener Sache wissen wir allerdings: *Wir* sind *nicht* so einfach gestrickt. Die Logik der Gefühle weist immer Gegensätze auf (wie den zwischen Liebe und Haß, Ressentiment und Empörung oder Verehrung und Groll), die nur ein psychologisch Naiver für Widersprüche halten könnte.

Ereignisse (oft passiert eher wenig[11]) noch einem feststehenden Schema (etwa dem »Schicksal« des klassischen Dramas), sondern einer Logik der Gefühle. Im *Hamlet* liegen viele Handlungen in der Vergangenheit, kommen erst ganz am Schluß oder werden nur beiläufig erwähnt, als fiele ihnen kaum dramatisches Gewicht zu. Der Treibsatz liegt im Charakter Hamlets selbst. Macht man, wie meist, aus dem Stück das Drama eines Zauderers, dann bleiben sein Charakter wie die Handlung auf der Strecke. Hamlet ist in keiner einzigen Szene wankelmütig, angesichts der gegebenen Umstände und seiner emotionalen Bedürfnisse (etwa daß sein Onkel nicht ohne den öffentlichen Schuldnachweis sterben und als Mörder keinen Platz im Himmel finden soll) folgt er einer makellosen Logik.[12] Die Handlung ruht in seiner Subjektivität, angereichert durch orestische Motive, wie etwa das Verstoßen Ophelias, die durch seine Schuld wahnsinnig wird und ertrinkt, oder die Ermordung ihres Vaters Polonius. Beides berührt ihn erstaunlich wenig, was die emotionalen Wurzeln seiner Rachsucht offenbart. Das ganze Stück folgt allein der Logik dieser Rachsucht, die, unterdrückt, sich bis zur Besessenheit steigert. Ähnlich könnte man im Fall des *Othello* argumentieren: Seine eigene Eifersucht ist trivial und ergäbe nur den Stoff für eine ziemlich fade Tragödie oder eine banale Verwechslungskomödie. Das interessante, eigentlich tragende Motiv ist Iagos Neid (der sich Othellos Eifersucht lediglich zunutze macht).

Ich möchte jedoch nicht Shakespeare psychologisieren, sondern einen Leitsatz aufstellen: Die emotionale Logik und Strategie, die die Dynamik dieser Dramen ausmacht, ist äußerst »rational« und raffiniert. Gefühle sind keine eindimensionalen Impulse oder Empfindungen wie Freude und Schmerz, son-

---

[11] T. S. Eliot hat die abstrakten Ziele der Gefühle gut verstanden: »Die tiefe Bedeutungslosigkeit von Ereignissen kann nur verkennen, wer noch nie etwas erlebt hat.«

[12] Sanford Weimer vom Langley-Porter Institute hat das Stück überzeugend im Sinne von Bays' Entscheidungstheorie analysiert.

dern Urteilskomplexe mit endlosen logischen Komplikationen oder Verwicklungen; von einem Genie dargestellt, springt die subjektive Geltung jener Logik geradezu in die Augen. Ein drittklassiger Romancier oder Regisseur kann einen solchen Stoff ohne weiteres so verhunzen, daß man vor lauter Brüchen von dieser Logik nichts mehr ahnt. Wie dem auch sei, der Mythos der Leidenschaften webt so dichte Schleier, daß wir die Logik der Gefühle trotz ihrer tragenden Rolle oft nicht erkennen. (Sogar von besseren Kritikern bekommt man zuweilen zu hören: »Es ist irgendwie unbefriedigend«, oder: »Es haut einfach nicht hin«, ohne daß genauer auf die emotionale Logik eingegangen wird, die dabei verletzt wurde.)

Gefühle sind vernünftig. Niemandem käme in den Sinn zu leugnen, daß wir uns infolge von Gefühlen (»aus Ärger« oder »aus Liebe«) oft schrecklich dumm und zerstörerisch verhalten; halten wir also ruhig fest, daß Emotionen, trotz ihrer Logik und ihrer Strategien, auch irrational sein können. Doch wie können sie rational und irrational zugleich sein? Erst recht, wenn alle Gefühle Urteile sind, eine eigene Logik haben und Strategien verfolgen? Und was heißt das überhaupt, ein Gefühl sei irrational?

Wenn wir zwischen zwei Formen von *Rationalität* unterschieden, so wären im ersten Fall alle und im zweiten nur einige Gefühle rational. Man sagt zum Beispiel, der Mensch sei »ein rationales Wesen«, und meint damit, er sei intelligent genug, um geometrische Probleme oder Kreuzworträtsel zu lösen, den Abbruch viktorianischer Herrenhäuser zu planen, um Raum für spießige Büroblocks zu schaffen, oder sich Kokosnüsse ins Haus liefern zu lassen, anstatt sie persönlich von der Palme zu schütteln. »Rational« in diesem Sinne heißt, mit Begriffen arbeiten, Pläne oder Strategien entwerfen und sich auf neuartige Situationen einstellen können. In *diesem* Sinne sind alle Gefühle rational.

Wer mit Begriffen umgeht oder Pläne und Strategien entwirft, muß dabei jedoch nicht unbedingt Erfolg haben. »Rational« im zweiten Sinne will bewerten, ob das gelungen ist; in diesem Sinne ist ein Handeln »rational«, wenn es seine Strategie schlüssig und erfolgreich umsetzt (»Rationalität« im ersten Sinne wird dabei also vorausgesetzt). In diesem zweiten Sinne sind Gefühle zwar nicht immer rational – aber per se auch nicht irrational. Wenn gesagt wird, Gefühle seien »irrational«, sind damit so gut wie immer (inkonsistenterweise) beide Bedeutungen gemeint. Einerseits sollen Gefühle geist- und zwecklos sein (die wirkenden »Kräfte« des hydraulischen Modells), andererseits gelten sie als dumm und kurzsichtig (womit ihnen immerhin eine gewisse Intelligenz und das Bemühen bescheinigt wird, über den Tellerrand hinauszublicken). Ich habe ausführlich dargelegt, daß Gefühle im ersten Sinne prinzipiell rational sind, bin jedoch bisher noch nicht auf die zweite Bedeutung von »rational« eingegangen. Die Ansicht, alle Gefühle seien so gut wie immer irrational (im zweiten Sinne des Wortes wenigstens), beruht auf einem schwerwiegenden Mißverständnis. Versuchen wir zunächst, es auszuräumen.

Wie ist dieser Ansicht zu begegnen, Emotionen seien grundsätzlich störend, töricht, lähmend, verwirrend und schädlich für uns selbst und andere (das Dogma des Mythos der Leidenschaften)? Zunächst einmal ist das Endziel der Gefühle und damit das Kriterium, an dem wir ihren Erfolg und Vernunftgehalt messen, eine subjektive Norm – nämlich die persönliche Würde und Selbstachtung –, die man nicht bloß nach äußeren Kundgebungen beurteilen kann. Wenn wir manchmal ohnmächtig wirken oder auf eine Befriedigung verzichten, um ein Gefühl bewahren zu können, so spricht das gewiß für eine augenscheinliche Unvernünftigkeit. Zwar scheitern gefühlsbedingt oft ehrgeizige Projekte, aber genauso oft erkennen Gefühle bestimmte Sachverhalte, die unsere Reflexion außer acht läßt – Selbstachtung findet also weniger in *objektiven Erfolgen* ihren Ausweis als an der eigenen *Subjektivität*. Demnach können solche Gefühle im Sinne ihrer internen Endziele hochrational sein, obwohl sie, nach *externen* Erfolgskriterien beurteilt, dumm und untauglich erscheinen.

Die Rationalität von Gefühlen ist auch dann nicht mit jener von Handlungen zu vermengen, wenn sich in diesen eindeutig Gefühle äußern. Wer seinen Beruf als entwürdigend erlebt, mag irgendwann die Selbstbeherrschung verlieren und seinem Chef einmal kräftig »Bescheid stoßen«. Wenn er im Gefolge nun Arbeitsplatz, Wohnung und Familie verlieren wird, so ist sein »Ausbruch« von einer höheren Warte aus gesehen irrational, wie begründet sein Ärger über einen vielleicht unerträglichen Alltag auch sein mag. Was »Irrationalität« der Gefühle genannt wird, ist meist eher die Wahl eines falschen Zeitpunktes oder der falschen Mittel, die Emotionen selbst sind aber durchaus gesund und »rational«.

Wenn es heißt, Gefühle wirkten vielfach »störend«, so sind damit oft gar nicht sie selbst gemeint, sondern eher ihre Auslöser. Emotionen, um das nochmals zu wiederholen, soll man nicht allein an ihren kritischen Phasen messen; auch in diesen aber sind nicht die Gefühle selbst »unvernünftig«. Es sind Ausnahmesituationen, in denen die normalen Reaktionen plötzlich unangemessen scheinen – subjektiv wie objektiv. Zwar erlernen wir durch Erfahrung ein zunehmend raffiniertes, stimmiges Gefühlsrepertoire und mögen durchaus annehmen, daß die Bewältigung solcher Krisen ein Hauptkriterium für die Tauglichkeit emotionaler Strategien ist; aber gewiß hängt die Vernünftigkeit von Gefühlen nicht allein vom Ergebnis jener gewöhnlich seltenen Ausnahmesituationen ab. Auch wenn die Eigenart der Gefühle sie besonders anfällig für Gefahren und Krisen macht (ein emotionsloser Mann bleibt in Krisen »kühl« oder »eiskalt«), spielen sie eine ganz wesentliche und generelle Rolle für unsere Selbstachtung.

Die Vernunft der Emotionen hat auch eine anthropologische

Seite: In einer Kultur, die »kühles« Verhalten oder stereotype Reaktionen zu Paradigmen der Rationalität erklärt, müssen Gefühle als unvernünftig gelten. Ob aber dieses Rationalitätskonzept selbst rational (wiederum nach dem Kriterium der gesteigerten Selbstachtung) und ob es letzten Endes nicht vielleicht sinnlos und untauglich ist, wäre noch die Frage. Denken wir an den kruden amerikanischen »Pragmatismus«, demzufolge die Gefühle dem gesunden Geschäftssinn und nüchternen (das heißt leidenschaftslosen) Urteil in die Quere kommen. In Amerika (und England) gilt demnach nicht, daß die Vernunft »die Sklavin der Leidenschaften« sein sollte. In Kulturen, die Emotionen tabuisieren – sie beim Mann ächten und bei der Frau schmähen –, stehen Leidenschaften dem beruflichen Ehrgeiz und Erfolg nur im Wege. In Situationen, vor allem, wenn es um Kopf und Kragen geht, hat »ein kühler Kopf« naturgemäß entscheidende Vorteile. Doch »kühles« Verhalten – das bekannte Paradigma der Rationalität – ist insofern heillos unvernünftig, als es sich über alle Strukturen hinwegsetzt, die dem Leben einen Sinn geben und die Selbstachtung fördern. Sie werden dem Erfolg und der öffentlichen Anerkennung geopfert.

Vom Mythos der Leidenschaften geblendet, kommen wir oft zu falschen Urteilen über unsere Gefühle und halten sie für irrational, obwohl sie im Grunde die vernünftigsten und verläßlichsten Ratgeber des Ich sind. Als subjektive Strategien darf man sie nicht allein an Taten und deren Konsequenzen messen, sondern danach, inwieweit sie der Selbstachtung dienen. Falls »äußere« Erfolge für diesen Zweck untauglich sind, weil wir emotional in diese Projekte nicht investieren können, müssen wir zugeben, daß Gefühle klüger sind als die rationalsten »Commonsense«-Strategien, die man uns andienen will. Zur eigenen Überraschung stellt ein vom Ehrgeiz Getriebener plötzlich fest, daß er sich am wohlsten fühlt, wenn seine erklärten Ziele in weiter Ferne liegen. Wer meint, nichts sehnlicher zu wünschen als den »vollständigen Besitz« eines geliebten Wesens, mag entdecken, daß ihm nur an der unerfüllten Liebe gelegen ist. Die Vernunft der Emotionen geht verschlungene Pfade, deren subjektive Seiten wir vom »objektiven« Standpunkt aus häufig mißverstehen. Und wenn man sagt, nicht die Gefühle sind irrational, sondern eher die Menschen, muß das noch nicht einmal ironisch gemeint sein.

VII
Die Logik des Fühlens

1
Mytho-Logik der Gefühle

Wer die Welt vernünftig ansieht,
den sieht sie auch vernünftig an,
beides ist in Wechselbestimmung.
G. W. F. HEGEL, *Vorlesungen über
die Philosophie der Geschichte*

Logik des Fühlens«: Wenn diese Wendung sonderbar klingt,
so gewiß nur deshalb, weil die Emotionen schon seit langem
durch den Mythos der Leidenschaften entwertet und mit den
vermeintlich »göttlichen« Mächten der Vernunft konfrontiert
worden sind. Da sich diese jedoch als nicht ganz so göttlich er-
wiesen, können wir das Gleichgewicht unserer Selbstachtung
vielleicht wiederherstellen, indem wir beweisen, daß Gefühle
weit mehr sind als animalische »Lebensgeister«, die wir von
unseren Vorfahren ererbt haben. Freud erklärte wiederholt, der
Gattung eine dritte narzißtische Kränkung zugefügt zu haben,
indem er zeigte, daß »der Mensch nicht einmal Herr im eigenen
Hause« ist – weil unser scheinbar rationales Ich durch geheimnisvolle Mächte determiniert sei. Doch wenn wir für unsere
Gefühle selber verantwortlich wären, könnten wir jene persönliche Souveränität, die Freud uns absprach, vielleicht wiederherstellen. Emotionen sind keine blinden, unserer Steuerung
entzogenen Impulse, sondern Urteile: insofern durch eine vernünftige, logische Begrifflichkeit geprägt, die sich offenbart,
sobald wir uns nicht mehr vom Mythos der Leidenschaften irre-
führen und ablenken lassen.

Den Ausdruck »logisch« gebrauche ich im Sinne Kants, der in
seiner *transzendentalen Logik* die Grundbegriffe und Katego-

rien analysiert (zum Beispiel »Ursache«, »Substanz« oder »Möglichkeit«), auf denen unsere Erfahrung beruht. Allerdings beschränke ich mich hier auf unsere Konstitution der *Surrealität* mit Hilfe von Werten und Selbstbildern (was die Kantsche Frage offenläßt, wie wir *die Realität* verstehen). Als grundlegende Urteile erheischen auch die Emotionen eine »logische« Analyse, also die Feststellung und Prüfung jener subjektiven (aber bestimmt nicht »a priori« allgemeinverbindlichen) Grundbegriffe und Kategorien, die unsere *Lebenswelt* strukturieren. Vernunft darf man nicht vom engagierten Handeln ablösen. Wenn sich ihre »Logik«, anders als die des Verstandes, nicht in kalten blutleeren Berechnungen erschöpft, so ist sie doch *Logik*: Sie ist Logik des Lebens.

Die Urteile vieler Gefühle – insbesondere Ärger, Scham, Empörung und Schuld – haben einen eindeutig moralischen Einschlag. So geht zum Beispiel der Ärger mit Anklagen oder Vorwürfen einher. Gewisse Emotionen und die meisten Stimmungen sind Projektionen umfassender metaphysischer Systeme; Sühne, Freude, Verzweiflung oder Depression setzen philosophische Akzente, wie Sünde und Erlösung, Hoffnung und Hoffnungslosigkeit. Gefühle weisen uns einen Platz in der Welt zu: Scham läßt uns »im Boden versinken«; im Ressentiment steckt so etwas wie ein Einbekenntnis von Minderwertigkeit, eine Minderwertigkeit, die jedoch im Gefühl selbst wurzelt. Dann gibt es zurechnende Emotionen, die »Buch führen« – Trauer als eine Art Verlustbilanz, Dankbarkeit oder Eitelkeit als Gewinnermittlungen, Eifersucht oder Neid als Reaktionen auf konkurrenzbedingte Verluste. Die meisten Gefühle betreffen direkt oder indirekt das Verhältnis zu anderen Menschen, den hergestellten Abstand, die gesuchte Nähe, die Offenheit, das Vertrauen oder die Abwehr. Den Kern jedes Gefühls bildet eine ontologisch wertende Grundeinstellung, aus der sich ergibt, in welchen Mythologien und mit welchen Ideologien wir leben. Jede Emotion – ob Eifersucht, Verlegenheit, Fanatismus oder Empörung – birgt ein metaphysisches und ethisches Mikrosystem in sich, mithin ein Stück Philosophie, das wir entsprechend würdigen sollten.

Die Analyse der Gefühle fördert die in ihnen angelegten Mythologien zutage. Insofern könnte man sie als eine »Mytho-Logik« bezeichnen. Das Element des *Mythos* unterstreicht, daß es hierbei um *subjektive* Urteile und Standpunkte, Projektionen und Interpretationen geht, wohingegen jenes der *Logik* daran gemahnt, daß diese keine individuellen Kreationen sind, sondern alle dieselben emotionalen Grundstrukturen besitzen. Wie persönlich ein Gefühl auch sein mag: einzigartig in dem Sinne, daß dem Rest der Welt seine Struktur unbegreiflich wäre, ist es jedenfalls nicht! Bohrende Kopfschmerzen entziehen sich einer Beschreibung, aber Gefühlsstrukturen lassen sich genauso systematisch darstellen wie andere logische Schemata auch.

Meine Studenten halten mir oft entgegen, dadurch würden Gefühle instrumentalisiert oder neutralisiert. Darauf erwidere ich in der Regel, daß dem Analysierten durch die Analyse nichts weggenommen wird, Analyse und Analysiertes sind zweierlei; sowenig die Analyse Gefühle in der Weise »einfangen« kann, daß sie in der Analyse »erzeugt« würden, sowenig kann sie diese abwürgen. Oft sind die untersuchten Gefühle tot, stammen aus den Archiven der Erinnerung oder sind unter dem kritischen Blick der Reflexion erstarrt. Sie zu verstehen wird sie nicht zu neuem Leben erwecken. Doch fortan werden unsere Emotionen klarer und einsichtiger. Oder aber sie haben sich im Licht der Einsicht aufgelöst. Dann wären sie zu Recht erloschen (wir könnten sie etwa im Geiste Athens untersuchen und im Geiste Spartas über sie urteilen). In diesem Kapitel werde ich zunächst versuchen, die »Logik« der Gefühle in einer breiten Strukturanalyse darzustellen[1] und dann vorzuführen, inwiefern Gefühle

---

[1] Das hier gewählte Verfahren ähnelt dem der *Mythologica* von Lévi-Strauss. Ich beginne (einen großen emotionalen Erlebensfundus voraussetzend) mit einer Matrix

durch typische Urteile geprägt sind. Der Vorzug dieses Verfahrens gegenüber bloßen Fallstudien liegt darin, daß es eine gewisse Einheit herstellt und uns die Grundstrukturen der Gefühle und jene Logik verstehen hilft, die sie aneinander bindet oder voneinander scheidet. Das beleuchtet sowohl ihre allgemeinen Mutationen als auch die notwendigen Zusammenhänge zwischen bestimmten Emotionen und Weltanschauungen. Die Gefahr, durch ein derartiges Verfahren die Gefühle in ein Prokrustesbett zu zwingen, besteht aber nicht wirklich, da wir alle über eine intime und überaus gründliche Vertrautheit mit ihnen verfügen. Ich gehe von nichts anderem aus als von den Gefühlen selbst, präpariere und vergleiche sie miteinander und entwickle auf dieser Grundlage Schritt für Schritt eine Theorie.

von verschiedenartig kombinierten mythologisch-ideologischen Grundstrukturen oder Archetypen, um mir erst danach die Häufigkeiten und Variationen wirklicher Strategien und Strukturen von konkreten Gefühlen vorzunehmen.

2
Richtung

Letzten Endes sind alle Gefühle intentional, sie »betreffen« uns und unsere Welt, auch wenn sie sich unterschiedlich stark an den beiden »Polen« der Subjektivität ausrichten. Einige – die Empörung beispielsweise – gehen ganz in Situationen oder Ereignissen auf (die Verwerflichkeit der empörenden Untat) und kennen fast keinen Selbstbezug. Andere sind so selbstbezogen, daß sie keine Notiz von der Außenwelt zu nehmen scheinen; darunter fallen die Schuldgefühle ebenso wie jene besondere Form der Verehrung, deren Inhalt so abstrakt ist, daß man im Prinzip restlos bei sich selbst bleiben kann.[2] Ein Hauptunterschied zwischen Emotionen liegt in dem etwas simplen, aber durchaus nützlichen Merkmal, ob sie »innen-« oder »außengerichtet« sind (wobei nur die Metapher und nicht die Analyse selbst stark kartesianische Züge trägt).

»Außen-« oder »fremdgerichtete« Gefühle zielen auf konkrete Situationen, Personen oder Sachen. So ist zum Beispiel Furcht (im Gegensatz zur Angst) auf eine äußere Bedrohung oder Gefahr gerichtet. Auch wenn dabei immer ein gewisser Rückbezug zum Erlebenden besteht, ist dessen Aufmerksamkeit vollends außengerichtet, und er verfolgt jede kleinste Entwicklung genau. Unserer selbst kaum bewußt, reagieren wir automatisch auf die Gefahrenlage, ohne dabei auf das eigene

---

[2] Flaubert hat eine solche Anwandlung in *Madame Bovary* beschrieben: »Da wurde sie plötzlich von Rührung ergriffen, fühlte sich schwach und preisgegeben wie eine Flaumfeder im Sturm; und sie schlug den Weg zur Kirche ein, ohne sich dessen bewußt zu werden, bereit zur Hingabe, wenn nur ihre Seele darin aufginge und das ganze Dasein darin verschwände.«

Ich zu reflektieren. (Geschickt oder vorsichtig zu sein bedeutet also nicht, selbstbewußt zu handeln.) Man ist völlig eingenommen von dem, was »da draußen« vor sich geht.

Ganz ähnlich sind Ärger und Empörung oft, wenn auch nicht immer, primär »außengerichtet«. Wiewohl *man selbst* durch die betreffende Situation oder Tat erregt wird, konzentriert sich alles auf den »Anlaß« des Ärgers: »daß der Kerl mir die Brieftasche geklaut hat« oder »daß es im Flugzeug nicht genügend Sitzplätze gibt«. Entsprechend stellt sich Empörung (wie vielfach auch Ärger) als etwas regelrecht Selbstloses dar: »Es geht nicht um mich, sondern ums *Prinzip*.« Diese Prinzipienreiterei ist ein reines Ausweichmanöver, um das Interesse von dem besonderen Fall, der *mich* betrifft, aufs Grundsätzliche zu lenken, worin ich überhaupt keine Rolle spiele.

Bei bestimmten »außengerichteten« Gefühlen kann der (offenkundig bestehende) Selbstbezug unausgesprochen bleiben. Wer traurig oder besorgt ist, nimmt Anteil, und es ist klar, daß hier eine Unbill für *ihn* oder vielleicht sogar für *alle*, nicht nur »ein Ungemach als solches« vorliegt. Gewisse »außen«- und besonders »fremdgerichtete« Gefühle blenden gezielt, fast rücksichtslos, jeden Selbstbezug aus und richten ihren Fokus *ausschließlich* auf den Gegenstand. Das geschieht häufig bei der Empörung und fast immer beim Ressentiment: Nur »der andere« ist schuld; ich habe nichts mit der Sache zu tun.

»Innengerichtete« Emotionen machen das Ich zum Mittelpunkt. Scham, Verlegenheit, Schuld, Reue, Bedauern, Stolz, Eitelkeit, Eigenliebe, Selbsthaß oder Selbstmitleid lassen äußeren Vorgängen kaum Raum und spielen allenfalls implizit eine Rolle, etwa wenn in der Verlegenheit die »Blicke« anderer das Tribunal bilden, vor dem das Ich verurteilt wird. Bei Stolz und Scham bezieht sich das Gefühl zwar auf Glanz- oder auf Missetaten, der Akzent liegt aber auf dem Subjekt: Das war mein Werk. Wenn andere einbezogen werden, denen man sich überlegen oder unterlegen fühlt (Stolz respektive Scham), dann

allenfalls im Hintergrund, der Blick geht nach »innen«, auf
das Ich. Auch wenn sie außengerichtet erscheinen (wie die Verlegenheit einer Mutter über den Fauxpas ihrer Tochter oder die
Scham eines Vaters über den verbrecherischen Sohn), gehört
»der Andere« nur insofern zum Gefühlsinhalt, als sich die für
ihre Kinder verantwortlich fühlenden Eltern mit der Tochter
oder dem Sohn identifizieren.

Sofern Emotionen offene Urteile über *Beziehungen* enthalten, sind sie grundsätzlich »bipolar«. In gewissem Sinne trifft
das auch für alle übrigen zu, denn sie schließen ja zumindest
implizit Urteile über einen selbst im Verhältnis zu etwas anderem – ob Personen, Situationen, Taten oder Ereignisse – ein.
Bipolare Emotionen setzen jedoch voraus, daß die Beziehung
als solche in ihrem Urteil zur Sprache kommt. Im Fall der Liebe
etwa himmelt man nicht bloß, wie häufig unterstellt wird, die
Vorzüge und Tugenden des geliebten Menschen an oder sorgt
sich auf »selbstlose« Weise um sein allgemeines Wohlergehen;
auch erschöpft sie sich nicht im narzißtischen Selbstbetrug,
wie es Zyniker so gerne anprangern. Liebe ist im Prinzip ein
bipolares Urteil, das eine Ich-Du-Beziehung behauptet. Bemerkenswert erscheint, daß solche bipolaren Urteile nur einseitig
gelten können. Man mag sich sogar in Menschen »verlieben«,
die einen überhaupt nicht kennen, bezieht sie auf sich und
sich auf sie, was sie auch von einem halten mögen (oder eben
nicht). Sobald sich die Liebe völlig auf den einen oder den anderen Pol richtet, »entartet« sie – »fremdgerichtet« in schwär-
merischer Anbetung oder »innengerichtet« in Eitelkeit. Ähnliches gilt für Haß oder Eifersucht; bei der Eifersucht kommt
es zu einer direkten Konfrontation und Anklage (während im
Gegensatz dazu der Neid »fremdgerichtet« bleibt und mehr
Abstand hält). Sogar ein typisch »fremdgerichtetes« Gefühl wie
der Ärger kann, wenn der Anlaß respektive die eigene Verletztheit stark betont wird, bipolar werden. Sofern er zur Empörung
neigt, ist der Ärger streng fremdgerichtet. Er kann sich aller-

dings auch ganz auf den Beziehungsaspekt konzentrieren, beispielsweise bei einem Vertrauensbruch, also nicht allein den Affront betonen. Wendet er sich nach innen, konzentriert sich stur und ausschließlich auf die *eigene Verletztheit*, so geht er in Selbstmitleid über.

Auch Mitleid ist ein bipolares Gefühl. Nietzsche läßt Mitleid sonderbarerweise grundsätzlich in einer »Herr-Knecht-Beziehung« wurzeln. Wie dem auch sei, jedenfalls ist das »Mitleiden« – als eine Art »*Sym*pathie« oder »*Mit*gefühl« – bipolar ausgerichtet.

3
Umfang und Fokus

Man muß nur Ein Wesen recht von Grund
auf lieben, da kommen einem die übrigen
alle liebenswürdig vor.
J. W. GOETHE, *Die Wahlverwandtschaften*

Außengerichtete Gefühle können verbissen engstirnig sein
und die Aufmerksamkeit auf ein winziges Detail oder einen
einzigen Vorfall richten, sie können aber auch unsere gesamte
Surrealität einschließen, wie das bei Stimmungen der Fall ist.
Sie können sich mehr oder weniger stark auf gewisse Punkte
und Aspekte fokussieren oder versuchen, alles mit äußerster
Klarheit zu durchdringen (wobei die fotografischen Assoziationen in der Tat zutreffend sind). Umfang und Fokus jedes Gefühls beziehen sowohl das Netz der Zusammenhänge ein, die
eine Surrealität prägen, als auch die konkreten Vorgänge, die
Emotionen auslösen oder verursachen, ob wir uns nun bewußt
auf sie konzentrieren oder nicht. Wenn wir in der Grundstimmung sind, uns über die Ungerechtigkeit der Welt im allgemeinen zu ärgern, kann sich der Ärger zusammenklumpen und sich
am kaum wahrnehmbaren Unterschied zweier ungleich großer
Portionen Lasagne festmachen. Im nachhinein wischen wir das
dann gern als Banalität, über die wir uns grundlos geärgert
haben, beiseite, vergessen dabei aber die Grundsätzlichkeit der
persönlichen Einstellung, die einen solchen Ausbruch möglich
machte. Statt zusammenzuklumpen, kann der Ärger aber auch
alles überschwemmen und finstere Urteile über den Gesamt-
zustand der Welt heraufbeschwören. Ein Teenie, der gerade

einen Korb bekommen hat, übersetzt seine konkrete Enttäuschung in eine allgemeine Tirade gegen die »blöden Weiber«
oder daß nichts auf der Welt irgendeine Anstrengung wert sei.
Bevor man solche Exzesse einfach auf dem Konto der »Ratio-
nalisierungen« verbucht, wäre zu bedenken, daß Umfang- oder
Fokuserweiterungen zur Einsicht wie zur Selbsttäuschung führen können.

Meistens sind Gefühle indes weniger abstrakt und etwas fall-
bezogener. Wenn wir am liebsten »die ganze Menschheit um-
armen« würden, gibt es irgendwo auf unserem grandiosen
Panorama meist eine neue Liebe oder Freundschaft, die den
Pinsel führt und das Stimmungsbild tönt. Wir verlieben uns
in einzelne Züge oder bestimmte sexuelle Reize, doch selbst
der Fetischismus beruht auf einer Liebe zur ganzen *Person* und
nicht bloß zu *einzelnen Aspekten*. Der Fokus der meisten Gefühle kennt, wie der Fokus von Kameras, variable Schärfentiefe
und Brennweiten, es gibt Abstufungen von klar und verschwommen, bezogen auf Figur, Vorder- und Hintergrund. Wir
lieben eine bestimmte Person, zugleich lieben wir in ihr aber
auch einen gewissen *Typ*. Manche Eigenschaften an ihr lieben
wir mehr als andere, und gewöhnlich achten – und lieben –
wir auch ihre Freunde. Ähnlich haben auch Ärger und Traurigkeit, Furcht und Ressentiment ihren spezifischen Umfang
und Primärfokus, die von einem diffusen und doch konkreten
Hintergrund bis zu stark hervorgehobenen Details reichen.

Auch innengerichtete Emotionen weisen einen Umfang und
Fokus auf, sie beziehen sich ja nicht einfach pauschal auf das
Ich, sondern auf bestimmte Motive oder Handlungen. Zwar
kann man sich prinzipiell abgrundtief schuldig fühlen, aber für
benennbare Verfehlungen schämen wir uns gewöhnlich, während uns banalere Fehler verlegen machen. Allerdings muß
jedes ichbezogene Gefühl – zumindest als Voraussetzung, wenn
nicht als Hintergrund – sämtliche Rollen und Verhältnisse mit
einbeziehen, in denen wir uns definieren. Auch innengerichtete

Gefühle können sich eng an Details heften (mein häßliches Kinn, meine dekuvrierend dumme Bemerkung) oder ganze Weltanschauungen stützen (Kierkegaards Existenzangst oder Hegels arrogantes Selbstvertrauen).

4
Gegenstand

Der erste Gegenstand des Menschen
ist der Mensch.
KARL MARX, *Pariser Manuskripte*

Richtung, Umfang und Fokus zimmern die Bühne; welche
spezifischen Gegenstände eine Rolle im Stück bekommen,
bestimmt das Gefühl. Insofern besitzt jedes Gefühl eine eigene
ontologische oder *kategoriale* Zuordnung. Einige können sich
ausschließlich auf den Menschen beziehen, andere nicht: Moralische Empörung und romantische Liebe scheinen sich weitest-
gehend auf die Menschenwelt zu beschränken; Ausnahmen,
die es nicht nur in der Mythologie gelegentlich gibt, kommen
uns leicht überspannt vor. Dagegen gehen Furcht und Trauer
weit über die Humansphäre hinaus; vor Bären oder Lawinen
kann man sich ebenso fürchten wie vor geldgierigen Anwälten
und Vorstadtbanditen. Das Aussterben einer Spezies kann man
ebenso betrauern wie den Tod eines Freundes. Bei einigen
Gefühlen schließt der Gegenstand ein Handeln oder Tun mitsamt einem Täter ein, wie zum Beispiel beim Ärger den *Affront*.
Empörung scheint sinnlos, sofern man niemanden beschuldigen
kann, und die innengerichtete Scham setzt eigene Verantwortung für einen Fehler oder Schnitzer voraus. Bei anderen Emotionen trifft dies nicht zu; Liebe oder Haß etwa können, müssen
aber nicht auf fremde Handlungen bezogen sein. Manche Gefühle verlangen, daß ihr Gegenstand eine Bewußtseinsqualität
aufweist; Mitleid richtet sich nur auf Geschöpfe, denen man
ein Empfindungsvermögen zuschreibt (Schaben oder Pflanzen
bemitleidet, wer ihnen eine gewisse Sensibilität unterstellt.)

Zu den wichtigsten konstitutiven Urteilen von Gefühlen gehört die Entscheidung, Gegenstände als *human* anzusehen oder nicht. »Human« soll in diesem Zusammenhang kein bloß deskriptiver zoologischer Begriff sein, der eine fest umrissene Primatenart kennzeichnet. Einerseits können wir Katzen und Hunde (auch Autos oder Computer) wie humane Wesen behandeln, andererseits wird beileibe nicht allen Angehörigen der Spezies *Homo sapiens sapiens* die Ehre zuteil, als humane Wesen geachtet zu werden. Wer einem Gegenstand etwas Humanes zuschreibt (das Wort »Gegenstand« bezeichnet normalerweise gerade das, was *nicht* human ist; ihm Humanes zuzuschreiben heißt aber, ein Objekt zum Subjekt zu erklären), überträgt ihm Verantwortlichkeit und beschließt, einen anderen als potentiell[3] ebenbürtig anzusehen, so daß dieser neben Empfindungen auch Rechte hat. Jemanden als Menschen zu behandeln heißt zwar noch nicht, ihn als ebenbürtig anzuerkennen und zu achten, bedeutet aber gegenüber dem Vokabular des Vorurteils immerhin schon den qualitativen Sprung, daß Fremde weder minderwertig noch Tiere ohne Rechte (und Pflichten) sind.

Das Humanitätsurteil schreibt Verantwortung zu, legt also ein *potentielles* Bekenntnis zum Respekt vor Ebenbürtigen ab und öffnet das Tor zur Intersubjektivität, von der »Untermenschliches« ausgeschlossen bliebe. Gewisse »Gegenstände« dem Untermenschlichen zuzuordnen muß sie nicht abwerten; Mitleid mit Schaben oder Kakteen zu haben macht sie ein Stück weit zu einem Humanum, da es ihnen eine Art Empfindungsvermögen – zumindest für Schmerz – zutraut, aber eben nur ein Stück weit, weil sie damit nicht gleichsam für ihren Seinszustand verantwortlich gemacht werden, als hätten sie etwas tun oder lassen können oder sollen. Wenn wir Menschen allerdings so qualifizierten, würde das als erniedrigend gelten; in

---

[3] Die Bedeutung dieser Einschränkung wird sich erst im 6. Abschnitt erweisen.

der Verachtung und im Abscheu zum Beispiel werden sie zu
»Kreaturen« wie »Ratten« oder »Schlangen« degradiert. Doch
Menschen *muß* man ausnahmslos human behandeln. (Das gilt
vielleicht sogar für Tiere, allerdings nicht für Pflanzen, und
wenn auch nur aus einem ganz pragmatischen Grund, nämlich
dem, daß wir uns von Schuldgefühlen frei ernähren können.)

Die dritte Kategorie bildet das Außerhumane, das heißt jene
harten und weichen Stoffe, aus denen das »unbelebte« Universum aufgebaut ist. In dieser Hinsicht fällt auf, daß viele
emotionale Mythologien bei den eher »objektiven« Klassifizierungen Schiffbruch erleiden. Menschen werden oft genug
dehumanisiert, kurioserweise wird das Außer- oder Untermenschliche noch weit öfter humanisiert. Ohne die geringsten
Hemmungen personifizieren und beseelen wir die materielle
Welt. So richtet sich zum Beispiel der Ärger normalerweise vor
allem gegen verantwortliche Menschen, doch oft ärgern wir uns
auch über schlechtes Wetter, klemmende Schubladen, streikende Autos oder abstürzende Computer. Bei »kühler« Besinnung lächeln wir über solche Personifizierungen, auch wenn
wir im übrigen tagtäglich mit unserem Computer oder Auto
sprechen. Philosophisch entscheidend ist indes, daß wir uns nur
insofern über das Wetter ärgern können, als wir es personifizieren (»Petrus«) und humanisieren (»Mutter Natur«). Ohne
weiteres können wir Himmel und Erde verfluchen, aber nur,
wenn wir irgendwo einen Verantwortlichen sehen, den wir in
die Pflicht nehmen können.[4]

Vielleicht muß ich als vierte Kategorie noch das *Über*menschliche hinzufügen, das wir geflissentlich dem »Humanen« (das
heißt »*Allzu*-Menschlichen«) einverleibt haben. Einen »Gegen-

---

[4] Camus' Sisyphos hat den erheblichen Vorteil, seinen Groll gegen sichtbare Götter
richten zu können. Der Autor, ein strammer Atheist, personifiziert seine Welt wie sein
Held im Mythos. Gerade diese in sich unschlüssige mythologische Personifizierung mit
anschließender Verleugnung hüllt den ganzen Ansatz »des Absurden« in eine widersinnige christliche Sentimentalität.

stand« der Anbetung etwa achten wir nicht nur als höchstes, vollkommenstes Wesen, sondern verehren ihn als »Gott«, wobei es – wie die jüdisch-christliche Tradition beweist – schwierig, wenn nicht unmöglich ist, in einer nichtmenschlichen Form auszudrücken, was das bedeuten soll. Auch Liebe und Haß vergeben und verleihen manchmal »übermenschliche« Züge.

Die kategorialen Abgrenzungen zwischen dem Humanen, dem Unter- und dem Außermenschlichen verweisen ein weiteres Mal auf die Eigenart der Gefühle, die Welt zu »mythologisieren« und nach unseren persönlichen, nicht nach objektiven wissenschaftlichen Erfordernissen zu gestalten. Im Grunde haben Urteile über human, unter- oder außermenschlich wenig mit »den Fakten« zu tun, die bestenfalls objektive Parameter sind. Daß ein Geschöpf biologisch gesehen ein »Mensch« ist, macht es nicht *human* – denn das Humanitätsurteil mündet erst jenseits »des Faktischen« in die Entscheidung, wie man es zu *behandeln* hat. In diesem Sinne ist der Umstand, daß Autos und Computer nachweislich nicht auf Lob und Tadel reagieren, kein Gegenargument und Hinderungsgrund, sie wie Menschen anzusprechen. Die vor einiger Zeit gefundenen »Beweise« oder Belege für die Sensibilität von Pflanzen mag Blumenfreunde darin bestärken, ihre Schützlinge liebevoll zu hegen. Dessenungeachtet könnte man nicht nur Pflanzen, sondern auch Tiere und Menschen als unbeseelt ansehen: Wie wir Gefühlsgegenstände beurteilen, hängt nie nur von den »Fakten«, sondern immer auch von unseren eigenen Bedürfnissen ab.

5
Kriterien

Das Dasein ruft im Gewissen sich
selbst. – Der Ruf kommt *aus* mir
und doch *über* mich.
M. HEIDEGGER, *Sein und Zeit*

Weil Emotionen mit Werturteilen einhergehen, müssen sie sich auf gewisse Normen oder Kriterien stützen. Zwar können diese erheblich schwanken (wie etwa die Größe des Verlustes in der Trauer, der Schuld im Ärger, des Fremdvorteils bei Neid und Eifersucht, der Gefahr in der Furcht, des Schmerzes im Mitleid, des Lobes in der Bewunderung und Liebe), trotzdem stellt sich vorab die prinzipielle Frage, welcher Rang diesen Kriterien zukommt. Faßte man die Kriterien als etwas Absolutes und von Eigeninteressen Unabhängiges auf, so wären sie »objektive« *moralische* Maßstäbe. Solche fast »Kantschen« Normen spielen unübersehbar bei Gefühlen wie Empörung, Schuld, Ärger und Scham eine Hauptrolle, bei Stolz (nicht bei Eitelkeit), bei der Reue (nicht beim Bereuen) und bei der Anbetung (nicht bei der Liebe) geben sie sich mit einer Nebenrolle zufrieden, und beim Ressentiment haben sie gern einen Auftritt, bleiben aber öfter auch in Wartestellung hinter den Kulissen.

Die Kriterien emotionaler Urteile können auch ganz individueller Natur sein. So vermag nur der Betroffene selbst einzuschätzen, wie tief ihn ein betrauerter Verlust macht, und die Vorzüge eines geliebten Menschen hängen von persönlichen Präferenzen selbst dann ab, wenn es sich um moralische Tugenden handelt (und wären es Laster, so würden sie gewiß nicht minder angehimmelt). Mitleid richtet sich allein danach, wie man das Leid des anderen veranschlagt (als Marxist würde sich mein Mitleid über den Diebstahl eines Rolls-Royce gewiß in vergleichsweise engen Grenzen halten), und beim Neid kommt alles darauf an, wie sehr man sich im Verhältnis zum Beneideten benachteiligt glaubt (im übrigen kann man ohne weiteres jemanden um eindeutig unmoralischer Vorteile willen beneiden).

Zu beachten ist, daß gewisse persönliche Kriterien im Grunde gar nichts taugen müssen. Manchmal fällen wir Pauschalurteile, die völlig *beliebig* sind – etwa wenn ich Professor K. vorgestellt werde und sofort *weiß*, daß ich ihm mißtraue. Das Urteil mag auf üblichen Indizien beruhen (er wich meinem Blick aus und hatte einen zu weichen Händedruck), aber gewiß sind das keine echten Kriterien. Auch könnte sich das Urteil auf bestimmte Vorerfahrungen stützen. Daß Professor K. einem Tutor ähnelt, der mich zu Unrecht hat durchfallen lassen, ist bestimmt kein solides Kriterium. Zwar kann ich nach konkreten Belegen oder Anzeichen suchen, um mich und andere davon zu überzeugen, daß ich recht hatte, nur geschieht das leider nicht im Vorfeld, sondern erst nachträglich. Solche »willkürlichen« Urteile prägen viele Gefühle (die daher mit Recht als »unkritisch« gelten). Liebe und Haß urteilen – im Unterschied zur Verehrung und zum Ärger – in diesem Sinne willkürlich über Vorzüge und Nachteile eines Menschen. Oftmals lieben oder hassen wir jemanden, bevor wir irgendwelche triftigen Gründe dafür haben (so »verliebt« man sich eben); allerdings mögen sich die Gründe nachträglich finden. Genauso beliebig sind Urteile über Unter- respektive Überlegenheit, die Gefühlen wie dem Ressentiment oder Stolz zugrunde liegen. Doch selbstverständlich müssen nicht alle persönlichen Urteile willkürlich sein. Sorge und Furcht, Eifersucht und Mitleid zum Beispiel basieren in der Regel auf klaren und strengen persönlichen Kriterien.

Eine dritte Art von Kriterien springt ins Auge, wenn wir uns der Verlegenheit zuwenden: Daß mich etwas verlegen macht, hängt nicht von ethischen Normen ab (ich reiße mir die Hose auf, als ich gerade eine Mark für einen Bettler herausholen will; heldenmütig stelle ich mich einem vermeintlichen Dieb in den Weg; ausgerechnet in einer Spielhölle halte ich moralische Prinzipien hoch). Zur Verlegenheit gehören immer die Blicke oder Meinungen anderer, die mich peinlich berühren. Was ich zu Hause oder bei Freunden ohne weiteres tun könnte, das läßt mich *in einem bestimmten Kontext* erröten. Daher sollten wir eine dritte Art von Kriterien einführen: Gefühle, die von der Meinung anderer abhängen, mit Moral nichts zu tun, aber auch »überpersönliche« Geltung haben. Sie prägen zum Beispiel die Eitelkeit (im Gegensatz zum Stolz), denn diese ist eine manchmal fanatische Besorgtheit darum, was andere von einem halten, woran weder das Moralgefühl noch der persönliche Geschmack in einem nennenswerten Maße beteiligt sind.

6
Der individuelle Status

Liebe sucht nicht ihresgleichen,
sondern sie macht gleich.

STENDHAL, *De l'amour*

In der Menschenwelt kämpfen wir (anders als in der Sphäre darunter oder daneben) ständig um Positionen, suchen Anerkennung oder Zustimmung und streben nach »Besserung«. Gleichzeitig beurteilen und bewerten wir andere Menschen, ermutigen oder demütigen sie. In erster Linie suchen wir Gleichgestellte, die sich als Freunde eignen; aber auch Idole, die uns als Vorbild und Stimme des Gewissens dienen können, unterlegene Lakaien als nützliche, das Ich stärkende »Jasager« oder einfach Nichtsnutze, an denen sich ein schwindendes Selbstvertrauen wieder aufzurichten vermag. Wenn das alles kaum schmeichelhaft klingt, so sollten wir uns nur einmal selbst beobachten, wie sehr wir damit beschäftigt sind, überall nach Halt und Sicherheit, Selbstbestätigung und Kompensationen für unsere Schwächen zu suchen. Ich will zwar nicht, daß sich unser Umgang mit anderen in Statuskämpfen und Bündnisabkommen erschöpft, aber die Logik der Emotionen wird nur der verstehen, der erkennt, wie wichtig konkurrenzorientierte Urteile für die Persönlichkeitsstruktur sind. Daß alle Menschen als gleichwertig beurteilt werden *müßten*, ist ein Ideal, aber der Glaube, daß es unsere alltäglichen emotionalen Urteile prägt, wäre ein frommer Selbstbetrug.

Manche Gefühle *erfordern* Gleichheit, allen voran die romantische Liebe. Zwar könnte ich mich in einen Filmstar oder in eine Prinzessin verknallen, aber wenn ich sie wirklich liebte –

nicht nur anhimmelte oder verehrte –, müßte ich sie als meinesgleichen wahrnehmen. Da die Liebe uns einem bewunderten Wesen gleichmacht, *steigert* sie die Selbstachtung so nachhaltig wie fast kein anderes Gefühl – nur der Haß, ihr Antipode, steht ihr in dieser Hinsicht nicht nach. (Im Haß sind das abgrundtief Böse und Gemeine unser Gegenüber, das bei uns, den Guten, alle Kräfte mobilisiert. Was immer man gegen ihn auch einwenden kann, Haß ist eine unerschöpfliche Quelle des Selbstvertrauens und des Sendungsbewußtseins.) Auch der Ärger ist ein Gleichmacher; so ärgern sich Erwachsene nur in dem Maße über Kinder, wie sie diese bereits für erwachsen halten. Ähnlich ist die Eifersucht eine Regung unter Gleichen. Das Urteil: »Er hat, was ich mir wünsche«, würde, auf Ungleiche angewandt, in Neid oder Verachtung umschlagen. In diesem Zusammenhang bildet das Mitleid ein verblüffendes Beispiel: Nietzsche hielt es für ein Gefühl, das den anderen abwertet, und sah darin sogar seine tiefere Absicht. Mir scheint jedoch Hume der Wahrheit näher gekommen zu sein, als er erklärte, daß Mitleid gewöhnlich nur unter Gleichen aufkomme, da es das verbindende »Mit« des Fühlens und Empfindens sei. Zwar spreche für die Minderwertigkeit »des Anderen«, daß man lediglich Menschen – oder Geschöpfe – zu bemitleiden vermöge, denen es momentan schlechter gehe als einem selbst, aber diese Urteile seien stets *Vergleiche*, setzten also prinzipiell *Gleichheit* voraus.

Gefühle wie Anbetung und Verehrung, Ressentiment und Neid ordnen uns anderen eindeutig unter, solche wie Verachtung oder Behütung dagegen genauso eindeutig über. (Für das Patriarchat ist es symptomatisch, daß der Mann die Frau behütet, während diese meist zu ihm aufblickt. Ähnlich könnte jemand sein Haustier oder Auto behüten, ohne sie jedoch irgendwie zu verehren.) Betrachten wir die Triade Ressentiment, Haß und Verachtung, so zeigt sich, daß gleichermaßen negative fremdgerichtete Regungen eine völlig andere Gestalt annehmen können, je nachdem, wie wir die eigene Stellung gegenüber anderen beurteilen. Das Ressentiment beruht auf der ohnmächtig-ängstlichen und zugleich allumfassenden Anklage gegen einen Mächtigen – der das böse Blut da unten wahrscheinlich nicht einmal bemerkt. Für Nietzsche hat die Tarantel das Ressentiment verkörpert: Ihr abstoßendes Äußeres, ihr giftiger Biß, ihre ständige Abwehrhaltung mit rück- und seitwärtigem Ausweichen, ihre Feigheit und Furcht vor offenen Angriffen – in der Tat, all das steht für die erzürnte Ohnmacht des Ressentiments. Der Haß dagegen (mit dem es gerne gleichgesetzt wird, weil der besser ist fürs Renommee) beruht, selbst wenn er sich gegen mächtige und eindeutig überlegene Personen richtet, im Grunde auf Gleichheit. Die Überlegenheit der Verachtung läßt Taten oder Rachemaßnahmen gleichgültig erscheinen (»Warum sich mit einem solchen Wicht abgeben?«); während sich das Ressentiment an andere heftet wie ein Blutegel, macht sich die Verachtung völlig frei von ihnen und erklärt sie für unwichtig. Demgegenüber stellt Haß oft eine gegenseitige Bindung an andere her, die nicht weniger stark ist als die der Liebe. Der Haß läßt sich auf genau den Kampf ein (begrüßt ihn sogar), den das Ressentiment umgeht und den die Verachtung für unter ihrer Würde hält.

Es sind Urteile, um das nochmals zu betonen, die unseren individuellen Status, wie alle Strukturen unserer Gefühlsmythologien, *konstituieren*. Wenn wir uns Freunde und Gleichgesinnte suchen: die Wahl, wen wir dazu *machen*, treffen wir, und die Kriterien, die andere erfüllen sollten, stellen wir auf. Und sofern uns jemand über den Weg läuft, der diesen »Anforderungen« nicht genügt, ändern wir die lange gepflegten Maßstäbe einfach oder werfen sie über Bord. Das gilt natürlich ebenso für Ungleichheiten: Der Wunsch, sich überlegen zu fühlen, oder die Erfordernisse der Abwehr mögen oft stärker sein als das erbärmlich kleine Engagement für unsere höchsten Leitsätze. Dennoch erweist sich Gleichheit letzten Endes nicht nur als ein gedankliches Ideal, sondern als ein Ideal der Selbstachtung. (Die Annahme, daß alle Emotionen zur Steigerung der Selbstachtung neigen, ist nicht mit dem Motiv mancher Gefühle zu verwechseln, uns über andere zu erheben.) Dem Gleichheitsideal wird man nur näherkommen, wenn wir eine ganze Reihe fest verankerter und starrer Abwehrmechanismen zu durchschauen und abzubauen lernen, die offenbar seit langem davon lebten, die Welt konkurrenzorientiert in »Sieger« und »Verlierer«, Überlegene und Unterlegene zu unterteilen.

Statusurteile, auch das sei nochmals betont, sind unabhängig von »den Fakten« des jeweiligen Falles. So kann man zugeben, daß viele Umstände für andere sprechen (etwa Erfolg, Beliebtheit, Macht etc.), und sich ihnen trotzdem auf nicht näher bestimmbare – vielleicht moralische – Weise überlegen fühlen. Wer dagegen andere als überlegen beurteilt, nimmt sie ungeachtet ihrer Mängel und Schwächen als Autoritäten oder Vorbilder wahr (wobei Fehler gleichsam zu Gütesiegeln werden). Und um jemanden (in der Liebe, im Haß oder im Ärger) als gleichwertig anzuerkennen, müssen wir darüber hinwegsehen, daß er ein Diener oder Sklave, ein Narr oder Feigling, uns also in jeder Hinsicht »objektiv« unterlegen ist. Wie Stendhal sagt: Liebe und Gefühle überhaupt suchen nicht etwas und finden nicht etwas, sie bringen etwas hervor (konstituieren). Sie treffen nicht auf Gleichheit und Ungleichheit, sondern machen gleich oder ungleich.

Das Urteil, jemand sei ein Untermensch, schließt Gleichheit aus. Der *potentiell* Gleiche muß demnach als human eingestuft werden. Das Verheerende an den Archetypen des Untermenschen – andere Völker, Klassen, Geisteskranke, Kinder, Alte – ist demnach, daß mit ihnen vorab jede Möglichkeit der intersubjektiven Verständigung abgeschnitten wird. (Insofern ist es das erklärte Ziel des humanistischen Liberalismus, im Zweifelsfall jedes beseelte Wesen als einen Menschen gelten zu lassen.)

7
Wertungen

Den Kern eines jeden Gefühls bilden seine Werturteile – eine Gewinn- und Verlustrechnung, eine Verurteilung von Affronts oder ein Lob von Tugenden, ein oft etwas manichäischer Befund von »gut« und »böse«, »richtig« und »falsch«. In unseren eher reflektierten Momenten sind wir bemüht, solche »Schwarz-Weiß-Malereien« auf ein Mindestmaß zu reduzieren, um möglichst sachlich, differenziert und ausgewogen zu urteilen. (In der Politik führt die Konfrontation von »richtig« und »falsch«, »gut« und »böse« häufig zu Konflikten und Kriegen.) Unreflektierte Urteile kreisen zu stark um die eigene Sicherheit und Wertschätzung, als daß sie sehr akkurat oder gerecht sein könnten. Entsprechend sind sie oft voreilig, stark vereinfacht und viel zu pragmatisch. Wertende Gefühle müssen nicht viel mit den Fakten zu tun haben; oft gehen ihnen Werturteile sogar voraus (wir lehnen jemanden auf Anhieb ab, ohne Genaueres über ihn zu wissen; wir spüren augenblicklich einen bestimmten Verlust, obwohl wir das Fehlende gar nicht brauchen und schon seit Jahren nicht mehr benutzt haben.)

Umfang und Fokus unserer emotionalen Wertungen schwanken je nach der Beschaffenheit des Gefühls selbst. Viele Emotionen beziehen sich auf konkrete Ereignisse oder Details – wie etwa im Fall der Gewinn- und Verlustrechnungen: Die Trauer bezieht sich auf erlittene, die Furcht auf künftige Verluste und die Dankbarkeit auf aktuelle, Hoffnung und der Glaube auf künftige Gewinne. In Wettbewerbssituationen können sogar derlei Verluste und Gewinne selbst streng konkurrenzorientiert sein. So mag ich eifersüchtig auf den Rivalen sein, dem ein

Arbeitsplatz angeboten wird, obgleich ich nie mit etwas anderem gerechnet hatte. Wenn ich am Spieltisch wieder alles ver-
liere, was ich dort kurz zuvor gewonnen hatte, kann ich trotzdem neidische Ressentiments gegenüber dem Gewinner des
Abends empfinden.

Solche Gewinn- und Verlustrechnungen beruhen im Prinzip
auf rein persönlichen Kriterien. Doch lassen sich emotionale
Wertungen auch auf »objektive« ethische Normen stützen, und
Handlungen (ob fremde oder eigene) weisen Emotionen nicht
nach individuellen Vorlieben als richtig oder falsch aus, sondern
anhand anonymer Verhaltensregeln. Ähnlich beruhen Urteile
über gut und böse (übel) normalerweise auf eindeutig über-
persönlichen Kriterien (mit denen man sie auch stets rechtfertigt). Daneben gibt es emotionale Wertungen über besondere Vorfälle, die auf intersubjektive Kriterien gestützt werden
– etwa das Peinliche in der Verlegenheit oder das Schmeichel-
hafte bei der Eitelkeit.

Die konkret anfallenden Wertungen bilden oft nur den An-
satzpunkt für erheblich breitere Erwägungen. Ein banaler Verlust (gewöhnlich nicht materieller Natur, sondern an Selbstachtung, obwohl der eine leicht in den anderen übergehen
kann) mag als Rechtfertigung dafür herhalten, daß man ressen-
timentgeladen oder neidisch über eine Situation oder Person
den Stab bricht. Ähnlich kann eine belanglose Wohltat zum Ausgangspunkt für jene übertriebene Dankbarkeit oder Verehrung
werden, auf denen vielfältige Religionen beruhen. Und wie wir
alle wissen, können kleinste Verletzungen einen maßlosen Ärger
auslösen, der scheinbar in keinem Verhältnis zum Anlaß steht,
sofern wir nicht erkennen, daß es auf die *Art* des Vorfalls und
nicht auf den *Inhalt* ankommt (manche Wesenszüge fallen
stärker ins Gewicht als spezifische Unhöflichkeiten, geoffen-
barte Gaben oder Talente mehr als einzelne Leistungen).

Viele Gefühle zeichnen sich auch durch den besonderen Umfang und Fokus ihrer Wertungen aus; wenn wir Bedauern,

Kummer und Trauer nehmen, so bezieht ersteres sich auf einen bestimmten Verlust, während letzteres viel weiter in die Persönlichkeit eingreifen und tiefere Spuren hinterlassen. In diesem Sinne wären Eifersucht, Scham, Hoffnung und Furcht enger angelegt als Neid, Schuld, Zutrauen oder Angst. Viele Gefühle können jedoch mehrere unterschiedlich breite Wertungen nebeneinander verkörpern: Der Verlust eines Menschenlebens kann mich traurig, eine bestimmte seiner Konsequenzen jedoch dankbar stimmen; worum ich jemanden beneide, bewerte ich positiv, daß ich es nicht habe, negativ (und den, der es jetzt hat, möglicherweise noch negativer); den Gehaßten kann ich verurteilen, zugleich aber seine Macht bewundern; in der Empörung verdamme ich den anderen und rühme mich selbst; das Objekt meiner Verehrung mache ich immer groß, mich selbst klein.

Die weitreichendsten Urteile betreffen indes weder Vorfälle noch abstrakte Aspekte von Personen oder Situationen, sondern *pauschale* Bewertungen. Wir gehen zu einem Fest und fühlen uns sofort unwohl, reagieren abwehrend und trotzig und befinden, bevor wir überhaupt Platz genommen haben, daß es »eine miese Veranstaltung« ist. Nicht ausgeschlossen, daß uns dennoch jemand »gefällt«, wegen bestimmter Gesichtszüge, weil er einem alten Freund ähnelt oder sich ganz anders verhält, als ihm nachgesagt wurde. Nicht ausgeschlossen auch, daß wir sofort Mißtrauen und Widerwillen empfinden: Ein Händedruck wirkt aufdringlich oder schmierig, ein Blick hat etwas Falsches, will nur schmeicheln oder weicht aus. Solche Pauschalwertungen bleiben völlig an der Oberfläche, sind »willkürlich« und ohne Kriterien; berechtigt und plausibel sind sie nur im nachhinein, nie vorher.

Dennoch überrascht uns in solchen Fällen oft die Triftigkeit der »Intuitionen« angesichts späterer Erfahrungen und Einsichten – aus spontaner Zuneigung kann eine lange Freundschaft oder aus spontaner Abneigung eine ebenso lange Feindschaft werden. Aber Vorsicht: Wenn ich sage, daß erste Eindrücke *konstitutiv* sind, heißt das noch lange nicht, daß sie etwas Hellseherisches haben. Wenn wir einmal entschlossen sind, einen Menschen zu *mögen*, fördern wir die Freundschaft nach Kräften, betonen Vorzüge, sehen über Nachteile hinweg und *bauen* so jenes Vertrauen *auf*, das wir »gefunden« zu haben meinen. Oder wenn wir »das Schlachtfeld bereitet« haben, suchen wir begierig nach Lastern und Schwächen, nicht allein zwecks Vorbereitung der kommenden Gefechte, sondern auch als deren wohlweisliche Rechtfertigung. Liebe und Haß, aber auch Ressentiment, Sühne und die meisten Stimmungen sind massiv durch pauschale Werturteile geprägt.

Allerdings muß man diese Pauschalwertungen von den Urteilen über die persönliche Stellung unterscheiden: Ich kann einen Kriminellen als solchen verachten, aber trotzdem persönlich mögen, und ebenso einen Volkshelden oder Gott bewundern und anbeten, obwohl sie mir immens mißfallen. (In diesem Sinne liefert das christliche Ideal der »Nächstenliebe« mit einem kleinen philosophischen Schlenker die Rechtfertigung sowohl für vorbehaltlose zwischenmenschliche Anerkennung wie für gnadenlosen Elitismus.)

Pauschalwertungen färben oft auf Einzelurteile ab. Wenn wir entschlossen sind, jemanden zu lieben, preisen wir alle seine Talente und Tugenden, um stillschweigend über seine Laster hinwegzugehen (also nicht: »Ich liebe dich, weil du schön bist«, sondern: »Du bist schön, weil ich dich liebe«). Wen wir hassen, bei dem suchen und kritisieren wir alle Laster und Schwächen; Talente und Tugenden sind hier nur unverdiente Gaben. Es ist möglich, jemanden trotz zahlreicher negativer Einzelwertungen zu lieben oder jemandes Qualitäten aufrichtig zu loben, den wir eigentlich ablehnen, vielleicht mit einer Spur von Eifersucht verachten. Für Selbstachtung und »Eigenliebe« im Gegensatz zu »Selbsthaß« und »Selbstekel« gilt ähnliches: Auch sie sind willkürliche Pauschalwertungen, die nicht auf der Bewertung besonderer Merkmale, Leistungen oder Eigenschaften beruhen müssen. Doch daraus ist eine wichtige Lehre zu ziehen: Wie oft wir besondere Eigenschaften auch für die Stärkung unseres Selbstwertgefühls heranziehen und *benutzen* mögen, das Selbstwertgefühl wurzelt in den grundlegenden Urteilen, in der bloßen *Entscheidung*, sich selbst zu mögen. An unseren oft unbarmherzigen, ebenso oft unkritischen Selbstbildern sowie der Idealisierung und Verteufelung anderer können wir den unleugbar engen Zusammenhang zwischen Selbstliebe und Liebesfähigkeit (oder Selbsthaß und Liebesunfähigkeit) erforschen. Was wir beschlossen haben, an uns selbst zu hassen, das werden wir auch an denen hassen, die uns am ähnlichsten sind (und mit denen wir deshalb gewöhnlich am besten auskommen).

8
Verantwortung

Gefühle werten nicht nur, sie weisen auch Verantwortung zu, loben oder tadeln. Ärger und Empörung zum Beispiel gehen sowohl mit Verlusturteilen als auch mit Klagen und Schuldsprüchen einher. Der Verlust, für den jemand verantwortlich und haftbar gemacht wird, wird zum *Affront*. Bewunderung oder Dankbarkeit hingegen urteilen lobend. Auch innengerichtete Gefühle ordnen Verantwortung zu: Scham und Schuld verurteilen das Ich, wohingegen der Stolz es analog zu der fremdgerichteten Bewunderung lobt. Manche Gefühle rechtfertigen und entlasten; die Verlegenheit zum Beispiel urteilt, für eine peinliche Lage nicht verantwortlich zu sein. (Deshalb ist es durchaus treffend zu sagen: »Es tut mir leid, aber ich kann nichts dafür«.) Ähnlich befinden wir beim Mitleid, daß andere nicht persönlich für ihr Leiden verantwortlich sind (oder zumindest, daß sie unverdient viel leiden müssen). Das ist auch der Grund, weshalb das Mitleid in den Debatten und Disputen, die die Theologen über die Natur des Leidens führten, eine so bedeutende Rolle gespielt hat. Das »Problem des Bösen«, wie es etwa *les philosophes* im 18. Jahrhundert diskutierten, bezog sich direkt auf die Frage von Mitleid und Schuld: Sollte man die Einwohnerschaft Lissabons wegen des schweren Erdbebens von 1755 bemitleiden? Oder hatte sie eine Art Kollektivschuld auf sich geladen? Lebte man gleichwohl in »der besten aller möglichen Welten«? Andererseits neigten Nietzsche und bestimmte Existentialisten, die ganz auf die Eigenverantwortung setzten, zu einer mißtrauischen bis verächtlichen Einstellung gegenüber dem Mitleid. Wie man diese Regung beurteilt, das hängt letzten Endes von meta-physischen Antworten auf eine (mit dem Freiheitsbegriff ver-bundene) ethische Grundfrage ab: »Ist der Mensch immer – oder überhaupt jemals – selbst für etwas Erlittenes verantwort-lich?«

Das Urteil der Traurigkeit attestiert völlige Unschuld. Man ist betrübt über einen Verlust, jedoch ohne Verärgerung oder Bedauern, und will für seinen Verlust keine Schuld zuweisen. Im Unterschied zum Stolz spricht die Eitelkeit dem Ich keine Verantwortung zu. (Man ist eitel wegen seines Äußeren, aber stolz auf eine *Leistung*.) Liebe und Haß sind in diesem Zu-sammenhang merkwürdige Emotionen: Die Liebe preist die Tugenden und entschuldigt Laster,[5] während Haß die Laster anprangert und über Tugenden hinwegsieht. Ebenso neigen Verehrung und Ressentiment – die zwar starke Ähnlichkeiten mit Liebe und Haß aufweisen, sich aber in den Statusurteilen erheblich von ihnen unterscheiden (besonders die letzteren bei der Selbsterniedrigung) – dazu, etwas zu loben respektive zu tadeln. (Verehrung und Ressentiment scheinen weniger macht- als ergebnisorientiert zu sein. Der Verehrte zum Beispiel wird gelobt, ohne etwas *leisten* zu müssen, während das Ressenti-ment, was auch geschieht, still vor sich hin hadert und schuldig spricht.)

Wo sich die Urteile auf ethische Normen stützen, da geht es auch um moralische Verantwortung; so gehen etwa Schuld und Empörung mit starken moralischen Wertungen einher (und verurteilen das Ich oder andere). Scham und Ärger sind spezi-fischer und nicht so ausgeprägt moralisch, enthalten jedoch gleichwohl Schuldzuweisungen. (Darin liegt eine erhebliche Differenz zu Freud, der den innengerichteten Ärger als »De-pression« begriff.) Scham und Ärger auf der einen, Ressenti-ment und Schuld auf der anderen Seite weichen auch, was

---

[5] »Liebe heißt, niemals sagen zu müssen, daß es einem leid tut«?!

Umfang und Fokus angeht, stark voneinander ab. Man mag sich über einen Freund ärgern und für ihn schämen, ohne deswegen seine Selbstachtung zu verlieren. Das Ressentiment dagegen läßt keine Nähe zu, und die Schuld macht jedes Bemühen um Selbstachtung zunichte. Daher kommt es, daß Scham und Ärger oft Anzeichen eines intakten Moralempfindens sind, während Ressentiment oder Schuld von einer pathologischen Überspanntheit zeugen können, meist kompensiert durch ebenso selbstgerechte – und krankhafte – Regungen wie die Entrüstung, den Zorn oder ein seltsames Gefühl der »Unschuld«, auf die ich im letzten Kapitel näher eingehen werde.

9

Intersubjektivität

In manchen Fällen können wir andere als uns ebenbürtig einschätzen, sie achten und rühmen, wollen aber trotzdem nichts mit ihnen zu tun haben. Bisher habe ich noch nichts über die emotionalen *Beziehungen* gesagt. Statusurteile und Wertungen dürften die Parameter des Miteinanders beeinflussen, gelegentlich sogar bestimmen, definieren dieses aber nicht seinem Wesen nach. Dafür sind ganz andere grundlegende Urteile zuständig, nämlich die »intersubjektiven« Befunde über Vertrauen, Offenheit, Teilhabe und Zusammenhalt. So begründet zum Beispiel Liebe nicht nur eine tiefe Zuneigung, sondern urteilt auch über Gleichheit, Beiderseitigkeit, Vertrauen und Opferbereitschaft, wie es bei den anderen Formen der Zuneigung (wie Respekt, Bewunderung, Vergötterung oder Anbetung) nicht der Fall ist. Mitleid, Mitgefühl und Sympathie sind zwar ebenfalls intersubjektive Gefühle, aber mit deutlichen Vorbehalten und einem gewissen »Abstand«, den Liebe nicht duldet. Bei allen diesen Emotionen »öffnen wir uns« für andere, erlauben es uns, an ihren Erlebnissen, Meinungen, Weltanschauungen und sogar an ihrem gesamten Gefühlsleben teilzuhaben. Seltsamerweise gibt es solche Intersubjektivität auch beim Haß, eine sonderbare, aber weitverbreitete Kumpanei zwischen erbitterten Feinden. Was diese teilen, ist allerdings der Wunsch, sein Gegenüber zu besiegen, und so gleichen beider Weltanschauungen einander wie Spiegelbilder. Daher ist der Haß oft ein genauso solides Fundament für geteilte Surrealitäten wie die Liebe für lebenslange Beziehungen.

Die vertrauteste Form der Intersubjektivität ist der »Teamgeist« mit engen kameradschaftlichen Bindungen, eine Art

»Wir-Gefühl« auf der Basis gemeinsamer Interessen, das sich in Kollegien, politischen Koalitionen, Schulklassen, Mannschaften und in vielen Ehen findet. Oft sind intersubjektive Beziehungen sogar trotz starker Ungleichheiten möglich (wie im Eltern-Kind-Verhältnis oder in Kierkegaards Modell der gläubigen Hingabe), doch im Prinzip bildet die Gleichheit eine genauso wichtige Voraussetzung dafür wie gemeinsame Erfahrungen und Interessen. Letzten Endes beruht das für die Intersubjektivität so wesentliche »Wir-Gefühl« auf einem unsicheren Kompromiß über soziale Statuskonflikte. Daher sind Mannschaften oder Ehen dann am unbeständigsten, wenn sie *von außen* mit Interessen- und Statusproblemen konfrontiert werden. Familiale Intersubjektivität bleibt nur möglich, solange keine Statusfragen aufbrechen – was in der Regel zumindest eine Reihe von Jahren lang verbürgt erscheint.

Das Gegenteil der Intersubjektivität ist Abwehr: Sie ersetzt Vertrauen durch Mißtrauen, freimütige Offenheit durch gehemmtes Sich-Verschließen. Statt der gemeinsamen Erfahrungen betont sie die Eigenbrötelei. Alle Emotionen, die andere als überlegen auffassen, sind unweigerlich Abwehremotionen. Insofern staut sich im Ressentiment jene giftige Feigheit, die alles in sich hineinfrißt, obwohl sich das Gefühl erbittert nach außen wendet. Selbstverständlich hat auch die Furcht ihre eingebaute Abwehr; ebenso der für sein Arsenal von Rechtfertigungen bekannte Neid sowie die Verlegenheit, die sich im Grunde niemals schuldig, sondern lediglich unvermögend gibt. Auch wenn Schuldgefühle selbst innengerichtet sein mögen, wenden sie sich vielfach mit den selbstgerechten Abwehrhaltungen des Ressentiments oder der Empörung nach außen.

Alle Gefühle, bei denen man sich selbst als unterlegen wahrnimmt, bieten als paradoxe Kompensation eine Reihe von Schutzmechanismen, obwohl man sich die Erniedrigung ja letzten Endes selber zufügt. Entsprechend herrscht in diesen schizoiden Regungen ein merkwürdiges Nebeneinander von

Selbstverachtung und Selbstgerechtigkeit, zerknirschter Unter- und anmaßender Überlegenheit. In dieser armseligen Ausgangsposition ist das sicherste Abwehrbollwerk die innere Festung, die Mauer des Ich, hinter der man sich verschanzt, um alle anderen zu verurteilen, ihre Qualitäten für Fehler zu erklären, die eigenen Mängel zu beschönigen (»das Glück der Unwissenheit«) und Stärken anderer in Schwächen umzudeuten (»Die Sanftmütigen werden das Erdreich besitzen«), ihre Leistungen als Geprahle (»Er muß sich damit nicht brüsten«) und ihre Schönheit als Eitelkeit (»Fassade«) hinzustellen. Diese Umkehrung oder – wie Nietzsche schrieb – »Umwertung« aller Werte einer vom Ressentiment geprägten »Sklavenmoral«, erlaubt zwar denen, die sich selbst als minderwertig beurteilen, Überlegenheitsgefühle zu entwickeln. Doch eine derart zweischneidige und paradoxe Position bleibt immer gefährdet und muß, um ihre aufwendigen Selbsttäuschungen durchhalten zu können, jeden meiden, der ihnen nicht erliegt. Daher gilt es vor allem, die Abwehrmechanismen zu verbergen, oft durch Vorspiegelung anderer Emotionen wie Empörung, Stolz, Mitleid (das Nietzsche genau deshalb so heftig angriff) oder einer Liebe, die denn freilich mehr ein verzweifeltes Suchen nach Verbündeten als nach Nähe und Vertrauen ist. Auf die Abwehr werde ich im dreizehnten Abschnitt näher eingehen, möchte hier jedoch bereits festhalten, daß sich das Ressentiment und seinesgleichen wie bestimmte Virenarten hinter fast jedem Symptom verbergen können.

Selbstüberhebung widerstreitet Intersubjektivität auch dann, wenn sie nicht (wie es oft der Fall ist) Minderwertigkeitskomplexe maskieren soll. Ihre Haltung ist dann nicht die der Abwehr (die fast immer von Schwäche zeugt), sondern die der *Gleichgültigkeit*. Mit einem verachteten Subalternen kann der Überhebliche etwas teilen, irgendwann aber wird dieser aus Vorsicht, Eigennutz oder zum Selbstschutz sein Vertrauen aufkündigen müssen, was dann erwidert wird.

10
»Abstand«

Intersubjektivität und vertrautes Miteinander sind noch keine Nähe. Nähe läßt ein starkes Bedürfnis nach körperlicher und seelischer Berührung aufkommen. Freimütige Offenheit ist dann nicht nur möglich, sondern unerläßlich. Berufskollegen oder Klassenkameraden zum Beispiel mögen wenig voneinander wissen, erwarten aber stillschweigend, daß sie *im Zweifelsfall* aufrichtig und ehrlich zueinander sein werden. Für die Freundschaft ist sich mitzuteilen absolut wesentlich, und sie selbst bildet den inneren Grund dafür. Eine Ehe kann eine stark intersubjektive Beziehung sein, zugleich jedoch eine gewisse Distanz wahren, die es den Partnern möglicherweise Jahre oder auch ein ganzes Leben lang erspart, besonders enthüllende (und oft schmerzhafte) Erlebnisse aussprechen zu müssen. Doch die Nähe der Liebe *verlangt*, alles zu offenbaren, selbst Traumen will sie teilen.

Der Liebende, heißt es, stelle den Geliebten über sich selber, vielleicht sollte man besser sagen, er mache sich die Belange des Geliebten *zu eigen*. Beim Haß liegen die Dinge genau umgekehrt, das Wohlergehen des Feindes durchkreuzt die eigenen Interessen. Doch auch er verlangt Nähe, nichts ist so beunruhigend wie die Ferne des Gegners. Liebe und Haß sind gleich stark auf Nähe angewiesen, und für beide ist – beim einen ausgesprochen, beim anderen nicht – das »Ich fühle mich dir so nahe« ein wesentlicher Ausdruck von Intimität. Feindseligkeiten können nicht minder glühend und innig sein als Liebesblicke. Dagegen hält das ebenfalls intersubjektive Mitleid stets Distanz; ebenso Verachtung und Ressentiment, obwohl beide nicht weniger feindselig sind als der Haß.

Abwertende und abwehrende Emotionen neigen dazu, einen möglichst großen Abstand zu allen anderen herzustellen. Das Ressentiment macht sich unsichtbar (verliert jedoch den Gegner nie aus dem Auge) und bleibt körperlich und vor allem psychisch stets in sicherer Entfernung. Im Neid wünschen wir, anders als bei der Eifersucht, keine Konfrontation mit der beneideten Person. Ähnlich halten Überlegenheitsgefühle, zumal wenn sie nur Unterlegenheit verbergen sollen, Distanz zu ihren »Objekten«. In der Verachtung steckt oft eine gewisse Abscheu, die Abstand wahren läßt.

Mehrere Gefühle stellen eine Distanz her, die weder die Nähe der Liebe und des Hasses noch der unpersönliche Abstand der Verachtung und des Ressentiments aufweisen. Der eifersüchtige Ehemann mag zwar eine Konfrontation mit seinem Nebenbuhler fürchten, würde ihr aber nicht ausweichen. Wenn Neid möglichst großen Abstand hält, kann Eifersucht die Konfrontation suchen, ohne jedoch Nähe zuzulassen. Sie hält sich den Rivalen »vom Leibe«. Ähnlich der Ärger, damit ja keine Intimität seine Anklage zu Fall bringen und auch keine Ferne die persönliche Konfrontation ausschließen kann. Im Mitleid fühlen wir auf sichere Entfernung »mit« dem anderen – ihm zu nahe zu kommen wäre gefährlich (Leid und Unglück sind ansteckend!); sich zu weit abseits zu halten dagegen erschiene unmenschlich und hartherzig.

Eine äußerst merkwürdige Gruppe von Urteilen spricht sich selbst eine besondere Eigendistanz zu. Zwar kann es in gewissem Sinne einen solchen Eigenabstand gar nicht geben, und es klänge auch höchst seltsam, hier von »Intimität« zu sprechen; aber viele ichfeindliche Gefühle vollziehen neben der Erniedrigung auch noch eine gewisse Selbstaufspaltung. Besonders im Fall der Schuldgefühle besteht eine starke Neigung, »sich selbst zu fliehen« und als Fremden zu betrachten, um Zuflucht bei der reinen Subjektivität des transzendentalen Ich oder der »Seele« zu suchen. Das bildet den Kern von Hegels klassischem

»unglücklichen Bewußtsein« und ein Dauerthema für Kierkegaards düstere christliche Schizophrenie. Der Eindruck von
Distanz kann in geringerem Maße auch andere Emotionen begleiten, zum Beispiel die Verlegenheit, deren Fluchtimpuls
meist noch verstärkt wird durch ein halluziniertes »das bin ja
gar nicht ich«. Eine ähnliche Distanzierung findet manchmal
bei der Eitelkeit und beim Stolz statt, zumindest in jener nicht
so ganz selbstsicheren Art von Stolz (im Unterschied zur Selbstachtung), der nicht recht weiß, ob er »das alles auch wirklich
verdient hat«. Demnach darf und muß die an unseren Gefühlen
beteiligte »Distanz« nicht in einem buchstäblich räumlichen
Sinne aufgefaßt werden.

11
Mythologien: Die Synthesis
der emotionalen Urteile

Die verschiedenartigen Urteile sind also auf je eigene Weise für die Strukturierung unserer Welt zuständig, setzen Akzente, justieren Umfang und Fokus, entscheiden über Werte, Investitionen, Ränge und Beziehungen. Doch die bloße Summe der Urteile ergibt – ähnlich wie Kants vorläufige Tafel der »Verstandeskategorien« – noch keine einheitlich strukturierte Surrealität. Denn Urteile werden erst in den sogenannten »Mythologien« bearbeitet und synthetisiert, um die vielfältigen Bilder und Metaphern aufbieten zu können, in denen wir leben. Mythologien liefern auch den Stoff, aus dem wir unsere Selbstbilder zimmern – da gibt es Helden oder Märtyrer, unerkannte Wohltäter, verkappte Genies, ungeliebte Menschenfreunde, kleinliche oder großzügige Charaktere. Wenn Emotionen jemanden als Untermenschen beurteilen, so können sie quasi animalische Mythologien enthalten, Feinde als Vipern, Drachen, Ungeheuer oder – falls wir sie verachten – als Ratten, Schlangen oder Schaben darstellen. Wir können uns auch selbst in einer Form sehen, die eher zu Haustieren passen würde – als knuddelig, biestig, verwöhnt wie eine Schmusekatze oder sabbernd wie ein Boxer. Oft schließen unsere Mythologien Appelle an übernatürliche Mächte ein und beschwören das Schicksal, Götter und Teufel, Maskottchen oder das beruhigende »wird schon alles gut«. Sie fassen unsere Weltbilder als emotionale Urteile zu einer schlüssigen dramatischen Handlung zusammen und ordnen die öden Fakten der Realität zum aufregenden persönlichen Engagement im Dienste der Sinnstiftung.

12
Wünsche, Absichten und Bedürfnisse

Zu jedem Gefühl, war meine These, gehört eine Ideologie mit bestimmten Anforderungen daran, »wie die Welt sein sollte«, keine bloße Interpretation also, sondern eine Zukunftsprojektion, angefüllt mit Wünschen, aus denen Absichten und Bedürfnisse werden können. Ärger verlangt, daß Missetäter bestraft werden; Liebe will Nähe, sich offen und zärtlich äußern und alles nur Mögliche für das Wohlergehen und Glück des Geliebten tun. Verlegenheit will im Erdboden versinken, Eifersucht bewahren, Haß verletzen und Mitleid umsorgen. Doch nicht jedes Bedürfnis läßt sich ausleben. Wo eine direkte wirksame Äußerung möglich ist, verwandeln sich Wünsche in Absichten (wo Prinzipien im Spiel sind, in Verpflichtungen) und manifestieren sich im Handeln; wo nicht (weil die Kraft oder der Wille fehlen), da können Gefühle mit Hilfe einer kreativen ichbezogenen Strategie nicht die Verhältnisse, sondern unser Weltbild, das heißt unsere emotionalen Mythologien und damit auch Ideologien verändern.

Worauf alle unsere Bedürfnisse, Absichten und Verpflichtungen hinauslaufen und abzielen, ist die eigene Würde und Selbstachtung zu steigern. Doch die konkreten Wünsche der verschiedenartigen Gefühle hängen von der Struktur der Surrealität ab, die durch das Gesamt aller emotionalen Urteile und »die Umstände« des jeweiligen Falles bestimmt wird. Im allgemeinen dürften Minderwertigkeitsgefühle mit einem Wunsch nach Aufwertung und Schutz einhergehen; die Überheblichkeit dagegen wirkt in ihrer angemaßten Stellung meist abwehrend. Gefühle, die um Verluste kreisen, werden eine Wiedergutmachung an-

292

streben; machen sie *andere* dafür verantwortlich, so fordern sie Lohn oder Strafe, steht dagegen *man selbst* im Mittelpunkt, so wird es hauptsächlich um Anerkennung oder Ausgleich gehen. Freundliche Regungen streben das Wohlergehen anderer an, feindliche dagegen ihre Schädigung. Manche Gefühle drängen zur Flucht oder darauf, andere in Verlegenheit zu bringen. Das mag mit einem Bedürfnis nach Zustimmung, Anerkennung, Sympathie oder, wenn die Lage völlig verzweifelt ist, irgendeiner Form von gespannter Aufmerksamkeit einhergehen. Mit anderen Worten: Bedürfnisse, die aus einer bestimmten Emotion erwachsen, können sich direkt und offen äußern, unter Umständen aber auch äußerst verschlungen und verschlüsselt sein.

13
Macht

Eine Determinante aller Wünsche und Absichten ist Macht – und zwar im Sinne der Fähigkeit, Erstrebtes tun und seine Gefühle ausleben zu können. Allerdings geht es nicht in erster Linie um faktische Verfügungsmacht, die für die praktische Umsetzung entscheidend ist, die Emotion selber hängt eher davon ab, wie hoch wir unsere Fähigkeiten veranschlagen. Wenn ein eifersüchtiger Liebhaber und ein neidisches Mauerblümchen gleichermaßen imstande sind, mit Fäusten auf den Galan einzuschlagen, der ihren Sehnsüchten Abbruch tut, so schließt die Eifersucht eine feste Zuversicht ein, die dem Neid fehlt; sie nimmt die Gelegenheit zur Konfrontation wahr, wo sich der Neid schon geschlagen gibt. Demnach wählt die Eifersucht tendenziell mehr oder weniger direkte Strategien – auch der Kundgebung –, der Neid hingegen fast immer verschlungene und ichbezogene Wege, so daß er jene Abwehrsyndrome ausbildet, die das ganze Leben auf einen (möglicherweise falschen) Glauben an das eigene Unvermögen stützen.

Die Grenzziehung zwischen »nicht können« und »nicht wollen« dürfte jedoch schwieriger sein, als es scheint. Daß man objektiv etwas nicht kann, mag sein, subjektiv jedoch gibt es nichts, wozu man sich nicht entschließen könnte. Wenn uns Don Quixotes Kämpfe absurd vorkommen, sah er das gewiß selbst anders, jedenfalls reichte seine eingebildete Macht trotz aller Rückschläge offenbar aus, ohne die bekannten Syndrome von Selbstmitleid, Selbstverachtung oder Ressentiment weiterzukämpfen, die wiederholte Fehlschläge oft mit sich bringen. Subjektiv gesehen müssen wir ein »Nicht-Wollen« grundsätzlich dem »Nicht-Können« vorziehen, zumal die spielerische Wette auf das eigene Unvermögen den Verdacht weckt, auf billige Weise das Gesicht wahren und sich aus der Verantwortung für die oft bösartigen Syndrome stehlen zu wollen.

14
Strategien

Jedes Gefühl ist eine rein subjektive Strategie, die eigene Würde und Selbstachtung zu steigern. Das »strategische« Element kann minimal sein: Nach einem öffentlichen Angriff schlage ich schnell und wirkungsvoll zurück, um meinen Gegner vor aller Welt zu demütigen. Doch wie wir oben gesehen haben, ist der Selbstachtung oft besser gedient, wenn man seine Gefühle zurückhält und verstärkt, anstatt sie auszuagieren. Insofern kann die Strategie des Gefühls ebenso wie die seiner Kundgebung extrem kompliziert werden: Eine Frau kauft unbeirrt weiter in dem Geschäft, wo nie das Wechselgeld stimmt, weil die fehlenden Pfennige durch die fortwährende Befriedigung, die in ihrer selbstgerechten Empörung steckt, mehr als aufgewogen werden. Doch selbstverständlich begreift sie das nicht als ihr »Motiv«, weiter dort einzukaufen; es ist nur, weil es »so bequem« ist, oder aus sonst einem anderen banalen Grund. Ein Liebespaar vermeidet immer wieder, die beiderseitige Zuneigung *voll* auszuleben, und setzt lieber auf die Phantasien der unerreichbaren Liebe, um nicht im satten Glück häuslicher Seligkeit zu ertrinken. Ressentiments lassen sich als Widerwille deuten, vermeintliche Unbill tatkräftig zu bekämpfen. Kurz, die Strategien der Gefühle dienen der Selbstachtung, und ihre internen Strukturen müssen ebenso wie ihre Ausdrucksbemühungen in jedem einzelnen Fall als Mittel und Taktiken verstanden werden, das Selbstwertgefühl zu steigern, indem alles zum eigenen Vorteil aufgeboten wird, was greifbar ist.

VIII
Das »Who's Who« der Gefühle

Worin unterscheiden sich Scham und Verlegenheit, Empörung und Ärger, Neid und Eifersucht, Furcht und Angst, Reue und Bedauern, Liebe und Verehrung voneinander? Weshalb gehen Liebe und Haß immer wieder Hand in Hand? Wieso erscheinen uns Stolz und Scham, Mitleid und Ärger, Schuld und moralische Empörung als janusköpfige Gegensatzpaare? Warum ziehen wir bestimmte Regungen anderen vor – etwa die Liebe dem Haß, die Dankbarkeit dem Neid, die Solidarität der Ranküne? Traditionelle Gefühlslehren verheißen kaum angemessene Antworten auf solche Fragen, denn schon mit der Idee, Emotionen seien physiologische Vorgänge oder empfundene psychische Kräfte – das heißt bloße »Affekte« –, werden die entscheidenden *begrifflichen* Grenzen und Übergänge zwischen den verschiedenen Gefühlen als Epiphänomene beiseite gewischt. Folglich blieb das Problem der dialektischen Entwicklung von Gefühlen mit ihren feinen Unterschieden und Wechselwirkungen stets ganz den Dichtern und Romanciers überlassen, so als seien sie im Rang bloßer Kuriositäten einer psychologischen und philosophischen Erforschung unwürdig. Doch in ihrer Eigenschaft als konstitutive, formal gesehen sogar begriffliche Urteile entfalten Gefühle die oben dargestellte Logik. Jede Emotion birgt (neben Wünschen, Absichten und Strategien) eine charakteristische Konstellation solcher Urteile. Daraus ergeben sich die wichtigsten Ähnlichkeiten und Unterschiede zwischen ihnen, so daß es in gewissem Sinne keine individuellen Gefühle gibt, sondern lediglich Systeme von Urteilen, aus denen wir bestimmte herausragende Muster ableiten können, um sie dann durch die Benennung konkreter Gefühle vereinfachend zu identifizieren.[1]

Wie viele Gefühle gibt es? Und welche davon sind »elementar«? Hinter solchen Fragen steckt ein mit Buchhaltermentalität versetzter Atomismus, der alles einteilen, klassifizieren und etikettieren will. Die kurze Liste der »Grundregungen«, die sich in jedem Lexikon oder Lehrbuch der Psychologie findet (Ärger, Liebe, Furcht, Haß, Schuld, Trauer und Eifersucht), enthält nur die in unserer Kultur auffälligsten, also gebräuchlichsten Strukturen, die wir als repräsentativ für *unsere* Surrealität betrachten. Die im vorigen Kapitel aufgeführten logischen Kategorien zeigen jedoch, daß die Suche nach »Gefühlsatomen« – aus denen alle Emotionen bestehen sollen – an der Sache vorbeigeht. Bereits eine überschlägige Berechnung der möglichen Permutationen verschiedener Urteile führt uns vor Augen, daß es, je nach Differenzierung, fast unbegrenzt viele Gefühle gibt. Die Franzosen zum Beispiel kennen viele Formen der Intimität, wo sich die eher kaltblütigen Germanen mit »lieben« und »mögen« zu begnügen scheinen. Das Jiddische weist außergewöhnlich viele ironische und spöttische Wendungen auf, weit mehr beispielsweise als das Englische. Und die Sprachen der paradiesischen Südseekulturen besitzen so gut wie keine Ausdrücke für das Seelenelend. Wie viele Gefühle gibt es also? So viele, wie wir ausdifferenzieren wollen (vielleicht wird ja irgendwann jemand ein Deweysches Dezimalsystem der Gefühle aufstellen ...).

Die Suche nach »elementaren Gefühlen« gehört zu den ältesten Themen der Psychologie. Schon in der Antike und im Mittelalter wurde sie ausgiebig betrieben. In Deutschland ging dann eine »Wissenschaft« daraus hervor. Franzosen bilden seit Descartes unermüdlich immer knappere Emotionsregister, und

---

[1] Vgl. E. Bedford, »Emotions«, in: Gustafson (Hg.), *Essays in Philosophical Psychology*, S. 78 ff.

der Amerikaner John Watson schließlich kam auf die heute allgemein bekannte Dreiergruppe Furcht, Abhängigkeit und Zorn. Die Suche selbst ist oft nur eine weitere Variante des Mythos der Leidenschaften – so als ob Gefühle feste Atome wären, die man zu Molekülen zusammenfügen könnte. Welche Emotionen »elementar« sind, das erhellt jedoch nicht aus der »menschlichen Natur«, sondern aus der jeweils gelebten Surrealität. Man bedenke nur, wie viele »Grundimpulse« in unserer Kultur einen individualistischen Charakter haben und wie viele mit negativen Wertungen oder Statusansprüchen einhergehen. Es gibt aber auch Kulturen, die feindselige Gefühle überhaupt nicht anerkennen.[2] In moralisch autoritären Kulturen dürfte Entrüstung »fundamentaler« sein als Ärger; in einem relativ bequemen introspektiven Leben gehört eher Depression zu den Grunderfahrungen als Furcht. (Wer sich nachts in Manhattan verirrt, zum Beispiel an die Ecke 97. Straße/Amsterdam Avenue, der hat keine Zeit für Depressionen, sondern muß sehen, daß er mit heiler Haut davonkommt.) Das Verhältnis zwischen Eitelkeit und Stolz hängt davon ab, ob eine Gesellschaft eher auf Nadelstreifen oder auf Erfolg und Leistung setzt. In Kulturen, die Intimität nur in Kerngruppen (wie Ehe und Familie) zulassen, sind romantische Liebe und Eifersucht grundlegender als bei Völkern, die Individualismus als bornierte Eigenbrötelei stark abwerten. Es gibt also keine »Grundgefühle«, sondern nur in bestimmten Kulturen sowohl faktisch als auch sprachlich vorherrschende Einstellungen (wobei im übrigen unsere Kultur nicht gerade schmeichelhaft abschneidet).

Wer der Versuchung erliegt, das Gefühlsleben auf wenige Elemente zurückführen zu wollen, wird dessen Reichtum kaum in den Blick bekommen. Literarische Schöngeister werden alle

---

[2] Zum Beispiel die Utka-Eskimos (vgl. J. L. Briggs, *Never In Anger*, Cambridge, Mass., 1970). Doch auch sie stellen für ihre emotionale Surrealität allgemeine Prinzipien auf: »Es gibt nur *ein* Ideal, das für alle Menschen und nicht nur für die Utka gelten sollte, nämlich ab dem Alter von etwa drei Jahren vornehme Zurückhaltung zu üben.«

Emotionen im Liebesverlangen verankern, Zyniker auf Gier und Abwehr reduzieren wollen; Freuds Gedankenspiele mit verschiedenen Konfliktpolen wie Libido und Aggression, Liebe und Haß, Eros und Tanatos mögen noch so elegant und nützlich sein, sie sind aber letzten Endes grundlose und fast willkürliche Abstraktionen. In diesem Sinne ist auch die allgemeine Unterscheidung zwischen »positiven« und »negativen« Gefühlen abzulehnen. Ich habe bereits dargelegt, daß jedes Gefühl neben Urteilen über Status, Intersubjektivität usw. Wertungen enthält, die man auf diese Weise erfassen könnte. Viele Gefühle sehen das Ich positiv, ähnlich wie andere Gefühle das Gegenüber bewerten (Verachtung respektive Verehrung), ein Ganzes tadeln, jedoch Einzelheiten davon ausnehmen (Ärger oder Enttäuschung), oder jemanden als überlegen betrachten, ihn aber zugleich auch verdammen (Ressentiment). Das zum Wesentlichen zu erklären wäre (um nochmals mit Frithjof Bergmann zu sprechen) ungefähr so, als besuchten wir eine Kunstgalerie und dürften die Exponate ausschließlich unter dem Aspekt von »gut« oder »schlecht« wahrnehmen. Gefühle sind jedoch erheblich anspruchsvoller und weit interessanter –, sie sind keine Schablonenlieferanten.

Im folgenden lege ich eine Liste ausgewählter Gefühle vor, um zu zeigen, auf welche Weise sie aus den verschiedenartigen im vorigen Kapitel erörterten Urteilen aufgebaut sind. Um die bekannte Versuchung zu unterlaufen, sie in feste Klassen zu unterteilen – etwa »positive und negative« (Franz Brentano), »ichbezogene und soziale« (A. Maisonneuve) oder »psychische und metaphysische« (Max Scheler) –, habe ich den bewußt willkürlichen, allerdings wenig kreativen Weg gewählt, sie in alphabetischer Reihenfolge abzuhandeln. Über Auswahl wie Analysen kann man in manchen Fällen streiten. (Im Prinzip habe ich dabei etwa fünfhundert philosophische Analysen auf rund achtzig Seiten komprimiert.) Mit den folgenden Ausführungen wollte ich weniger eine abgeschlossene Theorie vorlegen, sondern eine Art Schneise für neue theoretische und empirische Studien schlagen, mit denen Philosophen und Psychologen meine Thesen bestätigen oder widerlegen können. In erster Linie geht es mir darum zu zeigen, daß meine Theorie alltagstauglich ist und etwas mit dem Leben zu tun hat.

ANGST UND PEIN

Der Begriff *Angst* wurde vor allem durch die Karriere bekannt, die er als »Existential« im zeitgenössischen Existentialismus gemacht hat, aber auch im christlichen Denken gehört er von Anfang an zu den grundlegenden Begriffen. Prädisponiert, zum philosophischen Schwergewicht zu werden, hat die Angst, daß sie weniger ein Gefühl als eine allgemeine Stimmung ist, eher eine allumfassende Lebenseinstellung als ein begrenztes, streng fokussiertes Urteil über konkrete Ereignisse oder Vorfälle. Der Begriff umfaßt eine Reihe von Emotionen und Stimmungen, die in den hochkarätigen ihm gewidmeten philosophischen Abhandlungen (von Augustinus, Rousseau, Kierkegaard, Heidegger oder Sartre), wenn überhaupt, oft nur unterderhand voneinander abgegrenzt werden. So kann »Angst« für Furcht, für Pein oder auch für Panik stehen. Da auch diese Begriffe nicht sauber definiert sind, ist das Bedeutungsspektrum um so breiter. Es kann von inneren Qualen die Rede sein, von extremem Grauen, von Sonderformen der Furcht (etwa vor dem Unbekannten oder vor schlechthin allem), von Furcht vor sich selbst, den eigenen Regungen und Bedürfnissen. Im Existentialismus – besonders bei Kierkegaard, Heidegger und Sartre – ist der Gegenstand dieser besonderen Furcht das *Nichts*, die Sinn- und Grundlosigkeit (was nicht heißt, daß der Begriff bei den erwähnten drei Autoren nicht völlig Verschiedenes meinte). Außerdem spielt der Angstkomplex bei Freud und in der Psychoanalyse eine zentrale Rolle und bezeichnet dort weniger ein Gefühl als ein diffuses, äußerst quälendes Unbehagen, das eher symptomatisch für eine Störung als die eigentliche Emotion selbst ist (vgl. dazu IV, 4).

Die begriffliche Konsistenz interessiert mich weniger als die Organisationsstruktur einer Reihe verwandter Urteile. Von Angst im Sinne von innerer Not (»Pein«) sehe ich zunächst ab, um mich auf die Gefühle im engeren Sinne zu beschränken. In einigen Fällen sind sie mit sehr starker →*Furcht* verwandt, mich interessieren aber vor allem ihre dramatisch existentiellen Formen – wie die Furcht vor dem Unbekannten, vor allem und jedem oder vor sich selbst (innengerichtet). (Die Furcht vor dem Nichts erfordert eine Sonderdiagnose, nicht als Gefühl, sondern als ein philosophischer Irrtum, der sich am Ende vor die Reflexion schiebt.) Etwas willkürlich bezeichne ich: Furcht vor dem Unbekannten (zu dem bei Kierkegaard und Heidegger auch das Nichts zählt) als →*»Grauen«*; Furcht vor allem als »Angst« (eher eine Stimmung als ein Gefühl); und Furcht vor dem Ich als »Pein« (ein Ausdruck, der Sartres *angoisse* entspricht – die zwar auch Furcht vor dem »Nichts« sein kann, jedoch immer auf die *innere* »Leere« bezogen bleibt).

Angst

1. RICHTUNG: Extern.
2. UMFANG/FOKUS: Als Stimmung universell; mehr oder weniger wahllos auf die Welt im allgemeinen und im besonderen gerichtet.
3. GEGENSTAND/INHALT: Alles.
4. KRITERIEN: Unnötig.
5. STATUS: —
6. WERTUNGEN: Alles ist bedrohlich.
7. VERANTWORTUNG: —
8. INTERSUBJEKTIVITÄT: Hochgradig abwehrend; ein grundsätzliches und allumfassendes Mißtrauen.
9. ABSTAND: So groß wie nur möglich; Nähe kommt nicht in Betracht.

10. MYTHOLOGIE: Barockes Höllengemälde: Jedes Ereignis ist zwangsläufig ein Greuel, jeder Raum eine Zelle, jeder Schritt ein Risiko; alle Kreaturen sind gefräßige Ungeheuer, alle Zeitgenossen Folterknechte.

11. WUNSCH: Verschwinden, abtauchen, Zuflucht suchen.

12. MACHT: Völlige Ohnmacht.

13. STRATEGIE: Perverse, oft paranoide Selbstaufblähung; bezieht alles nur auf sich. Soll zügellosen Eigennutz und fehlende Rücksichtnahme auf andere entschuldigen, deren Sympathie gefordert wird, ohne sie verantwortlich zu erwidern. Kompensiert oft innere Pein oder Schuldgefühle.

Pein

1. RICHTUNG: Intern.

2. UMFANG/FOKUS: Kann eng fokussiert sein (wie bei Sartre: Jemand läuft an einem Abgrund entlang und denkt an nichts anderes als daran, daß er hinunterspringen könnte), ist aber oft sehr diffus, wie die guten Beispiele Freuds und anderer Analytiker zeigen (als eine »Angst«, deren Fokus so unbewußt ist wie ihr Inhalt unbekannt).

3. GEGENSTAND/INHALT: Das Ich, gewöhnlich mit elementaren Phantasien und Absichten, die potentiell selbstzerstörerisch sind oder auf Selbstentwertung zielen. (Sartre: Der Inhalt ist »unsere Freiheit«.) In Extremfällen (etwa unter dem Einfluß höherer Dosen Peyote oder LSD) kann die Angst daraus resultieren, daß man sich selbst *übermenschliche Kräfte* zuschreibt.

4. KRITERIEN: Offen; man kann sogar Angst davor haben, etwas Unmoralisches, Widerwärtiges oder Peinliches zu tun.

5. STATUS: —

6. WERTUNGEN: Zweifel an den eigenen Fähigkeiten (wie in der außengerichteten Furcht).

7. VERANTWORTUNG: Gibt sich selbst alle Verantwortung (und potentiell sogar Schuld).

8. INTERSUBJEKTIVITÄT: Selbstzweifel läßt Vertrauen in andere kaum zu.

9. ABSTAND: —

10. MYTHOLOGIE: Man selbst ist gefährlich, manchmal einfach nicht zu zähmen. Oft ausgeschmückt mit Bildern wie »mich reitet der Teufel« im Sinne von: »Etwas packt mich und bringt mich zur Raserei«. Oder eher im existentialistischen und biblischen Sinne: Die Pein ist der Ausgangspunkt sowohl von Sartres Vorstellung des »Mißtrauens« als auch der christlichen Erbsünde, denen zufolge jeder grundsätzlich für das verantwortlich ist, was er tut, aber zugleich weiß und fürchtet, zu den schändlichsten Taten fähig zu sein. Da Sartre und die katholische Kirche den Aspekt der Pein so stark betonen, wird ihnen zu Recht eine »düster pessimistische« Auffassung der menschlichen Natur vorgeworfen.

11. WUNSCH: Ohnmächtig zu sein, um sich (und die Welt) vor der eigenen Raserei zu schützen.

12. MACHT: Zu allem fähig, und genau das ist die Quelle der Pein.

13. STRATEGIE: Selbstaufblähung, existentieller Heroismus mit diabolischem Einschlag. Das Grundmotiv von Massenmördern, auch politisch motivierter, und der Größenwahn bestimmter deutscher Philosophen: »Ich bin gefährlich« – sogar oder wenigstens für mich selbst.

ÄRGER

> »Ich zeuge, ich richt«, sprach der listige Wicht.
> LEWIS CARROLL, *Alice im Wunderland*

Der Ärger und seine Varianten (Wut, Rage oder Zorn) kommen in allen Gefühlsregistern vor (ebenso in jedem Lexikon, in Watsons Dreierliste und bei Freud). Wo es um »Selbstausdruck«

oder »Ventile« geht, da steht der Ärger fast immer im Vordergrund. (Aufgestauter Ärger soll die Persönlichkeit vergiften, weshalb man ihn besser »abläßt« – Ratschläge, die man im Hinblick auf die weitaus giftigeren Regungen des Neides und des Ressentiments allerdings viel seltener hört.) Der Ärger bildet ein wahrhaft ideales Beispiel für unsere emotionale Verfaßtheit, also für das Urteilsvermögen und das ideologische Engagement der Gefühle. Wir urteilen offen und häufig über die »Rationalität« des Ärgers – ob er gerechtfertigt und begründet oder kleinlich und selbstgerecht ist; es liegt auf der Hand, daß er an sich weder »gut« noch »schlecht«,[3] weder »positiv« noch »negativ« ist, sondern an den jeweiligen Umständen, der Natur und dem Hintergrund des »Affronts« zu messen ist. Deshalb habe ich ihn so häufig herangezogen, zumal er ja auch das Lieblingsbeispiel der Hydraulisten, Behavioristen, Therapeuten und Kartesianer (»Emotion als Empfinden«) sowie ein idealer Testfall für jede Gefühlstheorie ist.

Wesentlich ist, daß Ärger einen *Vorwurf* oder eine *Anklage* artikuliert, er artikuliert einen persönlichen *Affront*. Er kann, muß jedoch nicht moralisch gefärbt sein (läßt sich also nicht immer klar von der Empörung abgrenzen). In der Regel ist er außengerichtet, kann sich aber auch nach innen wenden. Ärger – das wird gern übersehen – ist ein großer Gleichmacher, der sein Gegenüber als ebenbürtig beurteilt.[4] Wer sich über ein Kind ärgert (also nicht nur gereizt ist), der behandelt es (vielleicht zu Unrecht) wie einen Erwachsenen. Sich über einen Vorgesetzten zu ärgern heißt, ihn herabzusetzen (und gilt als »widersetzlich« oder »aufsässig«). Gegenüber Untergebenen vermeidet man Ärger und reagiert eher verächtlich, herablassend, wütend oder gereizt. Die Mythologie des Ärgers kreist

---

[3] Obwohl sein Derivat, der Zorn, zu den »sieben Todsünden« zählt.
[4] Vgl. dazu George Bach, *The Intimate Enemy* mit der These, daß Ärger zu Nähe führt und auch stets aus ihr resultiert.

mehr als die aller anderen Emotionen um Tribunal und Urteil, Verbrechen und Strafe. Er urteilt ausdrücklicher als jedes andere Gefühl, wobei das Ich sich für alle Verfahrensabschnitte (außer vielleicht der Vollstreckung) Zuständigkeit attestiert. Gewöhnlich ist der Ärger eine bewußte direkte Projektion persönlicher Werte und Erwartungen auf die Welt. Ob er sich nun äußert oder nicht, er belegt, daß wir für bestimmte Ideale eintreten – und sei es aus Rechthaberei und Halsstarrigkeit. (Weil wir sozusagen das Recht verkörpern, können wir uns über alles mögliche ärgern, das uns gar nichts angeht: Wie ein Richter, nur weil er die Autorität des Gerichts in Frage gestellt sieht, eine Geldbuße wegen Mißachtung des Gerichtes verhängen kann.) Der Ärger bekundet unser Mißfallen, daß die Welt nicht unseren Erwartungen entspricht, und unseren Wunsch, jene zu strafen, die sich unseren Forderungen nicht fügen. (Man darf den Ärger allerdings nicht mit Frustration oder Enttäuschung verwechseln, da er eine Anklage und Verurteilung in sich schließt.)[5]

1. RICHTUNG: In der Regel extern, manchmal auch intern oder bipolar (je nachdem, ob der »Affront« oder die »Verletztheit« im Vordergrund steht).

2. UMFANG/FOKUS: Entweder kleinlich und eng (»Ihn ärgert die Fliege an der Wand«) oder ganz universell (»Sie ärgert einfach alles«), meistens jedoch auf alltägliche Vorfälle und Ereignisse bezogen (über Banalitäten ärgert man sich, bei größeren Dingen regen sich eher Gefühle wie moralische Empörung, →*Entrüstung,* →*Verachtung* oder gar das →*Ressentiment*).

3. GEGENSTAND/INHALT: *Stets* eine zuständige Instanz (auch wenn das Wetter, eine klemmende Tür oder ein Termitenschwarm den Ärger auslöst).

---

[5] Vgl. Robert Gordon, »The Aboutness of Emotions«, in: *American Philosophical Quarterly* 1974, und Freuds viele Hinweise auf den Ärger als »Frustration«.

4. KRITERIEN: Meist moralisch gefärbt, oft aber auch persönlich und zwischenmenschlich (→*Entrüstung*).

5. STATUS: Gleichheit (→*Ressentiment,* →*Verachtung*).

6. WERTUNGEN: Immer negativ, ein »Affront«.

7. VERANTWORTUNG: Jemand ist *schuld.*

8. INTERSUBJEKTIVITÄT: Stets zumindest leicht abwehrend, weil die Welt nicht so ist, wie sie sein sollte. Als Anklage regelmäßig mit Mißtrauen verbunden.

9. ABSTAND: »Auf Armlänge vom Leib halten«; kann zur Nähe führen oder auch aus ihr folgen (s. o.), wird aber selbst niemals intim. Kann Menschen aus distanzierter Anonymität zusammenbringen und auf eine Stufe stellen, ist aber zu abwehrend, mißtrauisch und kritisch, um große Nähe zuzulassen, allerdings auch niemals völlig unpersönlich.

10. MYTHOLOGIE: Tribunal respektive Olymp; das Ich als oberster Gesetzgeber und Richter, sein Gegenüber als Angeklagter. Man selbst verteidigt seine Werte gegen dessen Angriff.

11. WUNSCH: Zu strafen.

12. MACHT: Variabel; teils zu direktem wirksamen Handeln fähig, teils nicht. (Im zweiten Fall kann der Ärger in →*Ressentiment* umschlagen.)

13. STRATEGIE: Die eigenen Werte auf die ganze Welt zu projizieren. Abweichler werden »zu Recht« verurteilt. Daher hat der Ärger immer etwas Selbstgerechtes (und Moralisches), außer wenn der Ärger sich gegen einen selbst richtet (→*Scham*).

BEDAUERN UND REUE

Bedauern und Reue werden oft als die beiden Komponenten von »Kummer« oder »Schuldbewußtsein« aufgefaßt. Der Unterschied zwischen ihnen ist jedoch ähnlich groß wie der zwischen Verlegenheit und Scham, und zwar auf die eigene Schuld bezogen: Wer etwas bedauert, hält sich nicht für verantwortlich, sondern schiebt das Geschehene auf jenseits seines Einflusses liegende Umstände (weshalb sich das Bedauern so gut als Formel zur Wahrung sozialer Etikette eignet). Reue dagegen schreibt sich geschehenes Unrecht selbst zu und ähnelt darin dem Scham- und Schuldgefühl. Viel konkreter als dieses, kreist sie gewöhnlich um einzelne Vorfälle oder Handlungen, ist indes weniger sozial und moralisch angelegt als jenes – auch selbstgerechter und kaum um »objektive« Urteilskriterien bemüht.

Bedauern

1. RICHTUNG: Intern.
2. UMFANG/FOKUS: Konkrete Situationen und darin besonders Unterlassungen.
3. GEGENSTAND/INHALT: Handlungen, aber nicht unbedingt eigene, oder Situationen (Unterlassungen).
4. KRITERIEN: Offen.
5. STATUS: —
6. WERTUNGEN: Unangemessenes (eigenes) Verhalten.
7. VERANTWORTUNG: »Unbeeinflußbare Umstände.«
8. INTERSUBJEKTIVITÄT: Offen.
9. ABSTAND: —
10. MYTHOLOGIE: Fatalistisch: »Auf dem Weg nach X ist mir etwas Blödes passiert, so daß ich nicht … konnte.« Eindruck, von etwas abgehalten worden zu sein (»Wenn doch bloß …«). Falls sich das Bedauern auf künftige Unterlassungen bezieht (etwa, daß man die Krönung versäumen wird), wirkt es wie eine vorweggenommene, jedoch bereits erledigte Konsequenz. Man fühlt sich wie eine Marionette – sei es höherer Mächte, der Umstände oder des Schicksals.
11. WUNSCH: Alles getan zu haben (oder tun zu können). (Man bedauert, wegen des Krieges das Abitur nicht gemacht zu haben; man möchte, daß nichts versäumt wurde und nichts

unterblieb sowie daß keine weiteren Ausfälle entstehen werden etc.)

12. MACHT: Offen; den eingetretenen Ausfall kann man nicht immer wettmachen.

13. STRATEGIE: Den Ausfall so darzustellen, daß man keinerlei Einfluß darauf hat(te); sich als ein Opfer des Schicksals oder der Umstände zu fühlen, kann trösten, jedenfalls Entschädigung dafür sein, sich weder mit Reue noch Schuldgefühlen konfrontieren zu müssen.

Reue

1. RICHTUNG: Intern.

2. UMFANG/FOKUS: Einzelne Handlung.

3. GEGENSTAND/INHALT: Eigene, in der Regel für andere schädliche Handlungen.

4. KRITERIEN: Offen.

5. STATUS: —

6. WERTUNGEN: Negativ; Handlung gilt als schädlich, dumm und unheilvoll.

7. VERANTWORTUNG: Eigene Schuld.

8. INTERSUBJEKTIVITÄT: Offen.

9. ABSTAND: —

10. MYTHOLOGIE: Selbstanklage und Selbstbestrafung, ähnlich wie beim Schuldgefühl. (In *Die Fliegen* arbeitet Sartre heraus, daß die nagenden, quälenden Gewissensbisse der Reue selbstverhängt sind.)

11. WUNSCH: Vergebung.

12. MACHT: Keine, Ohnmacht.

13. STRATEGIE: Als Schuldgefühl mit besonderer Auszeichnung wehrt sie eine Verurteilung und Bestrafung von außen vorwegnehmend ab. (»Er hat schon unter seiner Reue genug zu leiden.«) Ein über die Maßen eigennütziges Gefühl, das mehr um das Selbstbild als um die Opfer der Missetat kreist.

BUSSE →*Bedauern und Reue*

DANKBARKEIT

Die Dankbarkeit würdigt eine Bereicherung und ist mit dem Urteil verbunden, von jemandem bedacht worden zu sein.

1. RICHTUNG: Extern bis bipolar, je nachdem, ob man sich auf den Gebenden oder die Gabe konzentriert.
2. UMFANG/FOKUS: Offen.
3. GEGENSTAND/INHALT: Ein Wohltäter (Mensch oder Übermensch), wobei die Gabe alles Beliebige sein kann. (Es gibt eine entartete, in der Regel sarkastische Form der Dankbarkeit, die sich auf eine unfreiwillige Gabe bezieht: der Räuber, der sich bei seinem Opfer, oder der Feinschmecker, der sich beim Hummer bedankt.)
4. KRITERIEN: Offen.
5. STATUS: Offen. Man kann Subalternen (etwa Sklaven oder Dienern) ebenso dankbar sein wie Höhergestellten (einem Chef oder Gott).
6. WERTUNGEN: Positiv bezüglich der Gabe selbst (obwohl es auch nutzlose und peinliche Geschenke gibt) und uneingeschränkt (positiv) dankbar für die Geste. Offen gegenüber den Gebern (Gaben kann man nicht nur von Freunden erhalten, sondern auch von Feinden oder Taugenichtsen).
7. VERANTWORTUNG: Keine eigene. Gelobt sei der Gebende.
8. INTERSUBJEKTIVITÄT: Offen (»Will er damit etwas erreichen?«; oder die Gabe aus purer Freundlichkeit).
9. ABSTAND: Offen.
10. MYTHOLOGIE: Umworben werden, empfangen (wie Könige einen Tribut entgegennehmen; »Die Gaben der drei Weisen aus dem Morgenland«).
11. WUNSCH: Zu danken.

12. MACHT: Gewöhnlich ausreichend, um diesen geringen Wunsch zu erfüllen.
13. STRATEGIE: Fast unnötig. Das Urteil versetzt einen in die Position eines in seinem Wert geschätzten, passiven Emfängers. Als Gegenleistung ist nur ein höfliches »Dankeschön« erforderlich. Eines der aufbauendsten Gefühle, die im Vollzug ohne weitere Hilfsstrategien die Selbstachtung stärken. (Wenn »Gaben« jedoch als Bestechung oder Verführung aufgefaßt werden, gelten sie als Angriff auf die Integrität des Beschenkten, dessen Standfestigkeit sie in Zweifel ziehen. Also nicht die äußere Geste oder die Gabe, sondern das eigene Dankbarkeitsurteil steigert genaugenommen die Selbstachtung.)

DEPRESSION

Der öffentliche Umgang mit der Depression wirft ein deutliches Licht auf die menschenverachtende Seite des Mythos der Leidenschaften – die dem Ich abgesprochene Zuständigkeit wird den Medizinern zugesprochen. Allwöchentlich bringen die Printmedien neue Artikel mit Titeln wie: »Was tun gegen die Depression?« Dabei kommt allerdings nie zur Sprache, daß die Depression als solche ja bereits ein Gegengift ist, daß es sie daher nicht »zu überwinden«, sondern anzunehmen und als etwas Eigentümliches zu *nutzen* gilt. Statt dessen behandeln wir sie wie eine »Seelengrippe«, verursacht durch einen schwächenden Virus, als eine »Malaise«. Man erklärt uns, wie wir sie, oder doch zumindest ihre verderblichsten Auswirkungen, durch Ablenkung bekämpfen können. »Es wird vorübergehen«, sichert man uns zu. Nimm' die Selbsterniedrigung nicht so ernst, und gib' nichts auf die Suizidregungen. »Achte einfach nicht darauf, beschäftige dich, geh' unter die Leute.« Oder laß' dir Valium verschreiben – so wie man bei einer Erkältung Aspirin einnimmt.

Nehmen wir an, Depression ist nicht in jedem Fall ein Problem für die Medizin,[6] sondern ein Signal der Seele, eine Stimmung und zugleich unser anspruchsvollstes, radikalstes Mittel, bestehende Lebensstrukturen umzubauen, wenn sie unerträglich und insofern lebensfeindlich geworden sind. Fast alle Künstler kennen die Macht der Depression; was als lähmende Schwächung beginnt, geht später häufig in einen wilden Ausbruch von Produktivität und Kreativität über. Und jeder weiß, daß nicht allein die Depression zur Hartnäckigkeit neigt, sondern wir sie ebenso verbissen festhalten und nähren, indem wir fröhliche Menschen, die uns aufheitern und den Bann brechen könnten, meiden und uns statt dessen zu Hause verkriechen und verschanzen, ihr uns ganz hingeben, sie mit morbiden Gedanken und Selbstzweifeln anheizen, Camussche Lehren über die Absurdität und Sinnlosigkeit des ganzen Lebens nachbeten, wild entschlossen, uns weder durch gute Freunde, neue Chancen oder Vergnügungen darin beirren zu lassen. Mit der Depression drücken wir uns buchstäblich »selbst nieder«, schultern die Last eines auf die emotionale Ebene übertragenen »methodischen Zweifels«. Denn sie ist zugleich auch ein Ausweg aus erstarrten Wertgefügen, aus fraglos übernommenen Aufgaben, aus alten Vorurteilen und versteinerten Beziehungen – eine Art selbstverhängte Läuterung. Sofern wir sie nicht übergehen, mit Drogen ersticken oder abwürgen (sei es durch Selbstmord oder durch Philosophie), kann sie den Anfang der Selbsterkenntnis bilden. Sie ist das entschlossenste Bemühen, uns für radikale Zweifel an uns und unserem Leben zu öffnen, also jene Offenheit herzustellen, aus der sich in neu erwachtem Selbstbewußtsein klare Entscheidungen ergeben können. Depression wie einen Anfall zu behandeln heißt dagegen, sich

---

[6] Ich möchte keineswegs leugnen, daß Depression »krankhaft« werden kann, doch das gilt auch für Ärger, Eifersucht, Neid, Trauer, Liebe, ja sogar Zufriedenheit. Mir geht es lediglich darum, daß sie nicht an sich krankhaft ist, sondern wesentlich für die Normalität und eine »Selbstüberwindung« sein mag.

zu verschließen und (ganz im Sinne Don Juans) nicht die Werte
und Strukturen zu *durchschauen*, die wir unkritisch akzeptiert
und gefördert haben, uns inzwischen aber trist, lebensfeindlich und entwürdigend erscheinen. Die Depression abzuwehren heißt, statt dessen gerade diese Werte und Strukturen zu
zementieren. Ihr Schmerz kann jedoch zur Selbsterkenntnis
führen und aufweisen, daß wir nicht mehr imstande sind, an den
alten Werten festzuhalten.

1. RICHTUNG: Diffus (als Stimmung), aber vor allem nach
   innen, auf das Ich zielend.
2. UMFANG/FOKUS: Als Stimmung universell, jedoch fokussiert auf das zentrale Ich.
3. GEGENSTAND/INHALT: Alles, mit menschlichem Tun und
   Wollen muß es nichts zu tun haben, nur mit meinen eigenen
   Einstellungen und Reaktionen (auf Freunde, Pflichten,
   Bäume oder Götter).
4. KRITERIEN: Vor allem persönliche, die auch moralische
   und zwischenmenschliche Aspekte einbeziehen können.
5. STATUS: Minderwertigkeit, gestützt auf abwehrende Über-
   legenheitsurteile. Die Depression hängt jedoch nicht in
   erster Linie vom Status ab, auch wenn eine erniedrigende
   Maßregelung oder ein unerwünschtes Selbstbild sie auslösen können.
6. WERTUNGEN: Ringsum negativ – alles ist sinnlos.
7. VERANTWORTUNG: Offen; schließt meist Selbstvorwürfe
   und Schuldgefühle ein; kann als Abwehr auch andere anklagen, aber für die Stimmung ist das unwesentlich.
8. INTERSUBJEKTIVITÄT: Extrem defensiv, hauptsächlich aber
   gegen das Ich und seine dämmernden Einsichten eingenommen. Seltsamerweise gehen Depressionen oft, wenn
   nicht meist mit einem gewissen Vertrauen zu anderen
   einher – laden also geradezu dazu ein, eine Psychotherapie aufzunehmen. Im Tief meiden wir andere nicht aus

Mißtrauen, sondern aus Überempfindlichkeit (→*Angst und Pein*).

9. ABSTAND: Scheint möglichst große Distanz zu fordern, will in Wahrheit aber eine gewisse Nähe, ohne sich irgendwelchen Einmischungen auszusetzen, nach dem Motto: »Wasch mir den Pelz, aber mach mich nicht naß«. Die Stimmung ist ganz durch solche Ambivalenzen geprägt, wie übrigens auch ihr philosophisches Gegenstück, der methodische Zweifel Descartes' bei unvermindert beibehaltenem Glauben. In der Depression zweifelt man zwar an allen Werten, Idealen, Zielen und Freunden, hält aber gleichzeitig an ihnen fest, schiebt sie von sich und holt sie wieder heran, sobald sie außer Reichweite zu geraten drohen, um sie dann wieder wegzuschubsen, damit sie nicht zu nahe kommen und die schonungslose Selbstprüfung abwürgen.

10. MYTHOLOGIE: »Camus' Mythos« (wie in I,4 skizziert): Die Welt ist gleichgültig und absurd, das Leben eine sinnlose Sisyphusarbeit; unsere Werte sind so eitel wie unsere Hoffnungen illusionär. Prediger Salomo: »Alles ist eitel.«

11. WUNSCH: Handfeste Bestätigung (im Unterschied zu den nun als fadenscheinig durchschauten Bekenntnissen und Ideologien). Bedürfnis nach etwas Absolutem, Unerschütterlichem, der makellosen Liebe, der heroischen Aufgabe, den höchsten Zielen. Vielleicht tut's aber auch irgendein Sinngebilde zum Knobeln, ein guter (oder vielleicht auch ein schlechter) Film.

12. MACHT: Diffus, da man einerseits spürt, sich nur zu etwas durchringen zu müssen, andererseits dazu aber nicht »fähig« (oder nicht bereit) ist.

13. STRATEGIE: Den verkrusteten Schlamm lästiger, sinnlos gewordener Pflichten und Normen loszuwerden und nach dem Vorbild Descartes' an allem zu zweifeln, bis sich wenigstens irgend etwas als unangreifbar erweist (wozu es gewöhnlich nicht kommt, da unsere Werte und Ziele, um mit

Sartre zu sprechen, eigene »Entwürfe« sind – also nichts, was man einfach »vorfände«).

EIFERSUCHT

Eifersucht hat etwas von der Boshaftigkeit des »gelben« Neids sowie von dessen Habsucht, die als eine der »sieben Todsünden« verachtet wird. Doch im Unterschied zum →*Neid* sieht sich die Eifersucht als dem Gegenüber ebenbürtig. Wo der Neid stumm, scheinbar tatenlos und von außen unsichtbar, glimmt, da sucht die Eifersucht mit Fleiß die Konfrontation. Wie →*Ärger* und →*Haß* (ihre engsten Verwandten) ist sie ein gleichmacherisches bipolares Gefühl, doch im Gegensatz zum Neid will sie dem Dritten ihre sprichwörtliche gelbe Fratze zeigen. Zudem bleibt Eifersucht gewöhnlich auf einen bestimmten Besitz oder Vorfall beschränkt, wohingegen sich Neid oft auf ganze Wesenszüge oder auf die ganze Lebensweise des Beneideten erstreckt.

1. RICHTUNG: Bipolar (rivalisierend).
2. UMFANG/FOKUS: Ein bestimmtes oder eine Reihe von Ereignissen.
3. GEGENSTAND/INHALT: Der Vorsprung eines anderen.
4. KRITERIEN: Eigene (oder zwischenmenschliche, beispielsweise bekannt und beachtet werden wollen).
5. STATUS: Gleichheit.
6. WERTUNGEN: Eigener Rückstand.
7. VERANTWORTUNG: Gibt einem anderen die Verantwortung für eigenen Nachteil; wichtiger ist jedoch wie beim Neid die Frage der *Rechtmäßigkeit*. Die Eifersucht maßt sich ein höheres Recht auf das Begehrte an – zumindest aber ein gleichwertiges. (Der Neid spricht sich selbst keinerlei Rechte zu, was zum Teil das ihn begleitende Ohnmachtsgefühl erklärt.)

317

8. INTERSUBJEKTIVITÄT: Abwehrend bis hin zur Konfrontation.

9. ABSTAND: »Auf Armlänge vom Leib halten.«

10. MYTHOLOGIE: »Du hast dir genommen, was eigentlich mir zusteht«: Menelaos gegen Paris.

11. WUNSCH: Es (was »es« auch sei) zurückzubekommen.

12. MACHT: Man traut sich zumindest einen *Versuch* zu (sonst entsteht Neid oder →*Ressentiment*).

13. STRATEGIE: Dingen seinen Stempel aufzudrücken: »Das gehört *mir*« – was ein *Recht* voraussetzt, sich Gestohlenes notfalls mit Gewalt wieder anzueignen. (Hier kommen Locke, Hegel und Marx mit ihren Gedanken zum Privateigentum zum Zuge.) Der Anspruch auf Eigentum und/oder ein »Revier« dient ganz offenkundig als Mittel der Icherweiterung. (»Der Mensch ist, was er *hat*.«) Daher bezieht sich die Eifersucht häufig auf Menschen (wie Ehepartner, Mätressen oder Kinder), an denen man abgesehen von der Rivalität kaum noch echten Anteil nimmt. Entscheidend ist der Besitzanspruch, nicht die Sache selbst.

EITELKEIT

> Viel zu viel Werth auf die Meinung Anderer zu legen ist ein allgemein herrschender Irrwahn … ist diejenige Thorheit, welche man Eitelkeit, *vanitas*, genannt hat, um dadurch das Leere und Gehaltlose dieses Strebens zu bezeichnen.
> ARTHUR SCHOPENHAUER, *Von Dem, was Einer vorstellt*

Eitelkeit verhält sich zum →*Stolz* wie →*Verlegenheit* zur →*Scham*. Sie maßt sich alle Segnungen gerne an (stellt sie sogar zur Schau), ohne sie sich als eigenes Verdienst zurechnen zu können. Doch dieser Mangel kann die Freude der Eitelkeit an ihren »Gaben« ebensowenig trüben, wie die eigene Unschuld das Peinliche an der Verlegenheit lindert. Im Bewußtsein des Unverdienten hat sie immer etwas ohnmächtig Abwehrendes an sich, das im (bisweilen arroganten) Selbstvertrauen des Stolzes gänzlich fehlt. Die Eitelkeit ist defensiv passiv, der Stolz hingegen aggressiv aktiv. Wo dieser seine Erfolge gegen alle Widerstände herausstellt, da buhlt jene um Bestätigung anderer; und wenn dieser oft fast moralisch auf Autonomie pocht, buhlt jene offen um Zustimmung, nicht aus Stärke, sondern aus Schwäche. (Der Mythos des Narziß, der Eitelkeit und Selbstliebe zusammenführt, ist übrigens nicht in der Hochzeit der griechischen Mythologie entstanden, als die Gefahren des Stolzes und nicht die der Eitelkeit angeprangert wurden, sondern erst viel später im Hellenismus.) Oft heißt es, die Eitelkeit halte sich nur bei Oberflächlichkeiten auf – etwa zarter Haut, lockigem Haar, einer edlen Nase oder üppigen Lippen –, aber das ist geradezu typisch, denn wir unterscheiden ja zwischen Faktoren, für die wir »etwas können« (wie bei Stolz oder Scham) und für die wir »nichts können« (die uns eitel oder verlegen machen). Insofern ist Eitelkeit für einen Existentialisten das schiere Gift – die Identifikation nicht mit Erfolgen und Leistungen als dem, was wir aus uns *machen*, sondern mit etwas, das unserem Zugriff entzogen ist. (Quizfrage: Was bedeutet es zu sagen: »Alles ist eitel«?)

1. RICHTUNG: Intern, jedoch stets mit Rücksicht auf ein Publikum.
2. UMFANG/FOKUS: Eigene Attribute und Merkmale.
3. GEGENSTAND/INHALT: Eigene Gaben, im Gegensatz zu Taten oder Handlungen.
4. KRITERIEN: Zwischenmenschliche (mitunter verbohrt eigene); abhängig von den Meinungen anderer.
5. STATUS: —
6. WERTUNGEN: Positiv.

7. VERANTWORTUNG: Ohne.

8. INTERSUBJEKTIVITÄT: Wegen der großen Abhängigkeit von den Meinungen anderer stark abwehrend.

9. ABSTAND: Der von Schauspielern, also in Sichtweite. Schließt insofern Intimität aus.

10. MYTHOLOGIE: Narziß bewundert sein Spiegelbild im Wasser; Äsops Pfau.

11. WUNSCH: Beneidet zu werden.

12. MACHT: Keine.

13. STRATEGIE: Ein beinahe verzweifeltes Bemühen, die Selbstachtung mit allen möglichen Gaben aufzumöbeln (auch ohne das geringste Verdienst), um Aufmerksamkeit, Bewunderung und Neid anderer zu erregen. Unglücklicherweise führt Eitelkeit selten zum Erfolg, da die Meinung anderer als Basis für das Selbstwertgefühl wenig taugt. (Karl Kraus fragte sich ziemlich misogyn: »Ist eine Frau im Zimmer, ehe einer eintritt, der sie sieht: Gibt es das Weib an sich?«) Nur eigene Erfolge und Leistungen und nicht der Neid anderer geben eine tragfähige Basis für die Selbstachtung und einen gewissen Stolz ab.

EKSTASE →*Freude*

ENTRÜSTUNG

Im Unterschied zum →*Ärger* bringen Entrüstung und Empörung Kriterien ins Spiel, die unantastbar und insofern selbstgerecht sind. Aus dieser Differenz folgen weitere: Die dem anderen zugesprochene Schuld kann (anders als bei der heftigen Anklage im Ärger) die Bedeutung haben, ihn als Unterlegenen abzustempeln, was die eigene Makellosigkeit und Unschuld um so heller erstrahlen läßt, so daß die Kluft zum anderen vertieft wird und →*Verachtung* nach sich zieht.

1. RICHTUNG: Extern (stellt aber unterschwellig die eigene Unschuld der fremden Schuld gegenüber).

2. UMFANG/FOKUS: Andere und ihr Tun.

3. GEGENSTAND/INHALT: Menschliches Handeln.

4. KRITERIEN: Ausgeprägt moralisch.

5. STATUS: Überlegenheit gegenüber dem anderen.

6. WERTUNGEN: Extrem negative Sicht fremden Verhaltens. (»Mich empört, daß du so etwas sagst« – oder »daß der Bundestag so ein Gesetz verabschiedet hat«.) Kann zu einem negativen Gesamturteil über den anderen führen.

7. VERANTWORTUNG: Tragen die Schuldigen.

8. INTERSUBJEKTIVITÄT: Stark abwehrend.

9. ABSTAND: Unpersönlich bis gleichgültig.

10. MYTHOLOGIE: Der gekränkte Moralist: persönlich entrüstet, aber nicht aus Eigeninteresse, sondern aus prinzipiellen Gründen. (»Wenn du mich beleidigst, werde ich wütend; wenn du aber mein Volk/meine Religion/mein Land/meine Berufsgruppe etc. in den Schmutz ziehst, empört mich das, weil es dabei ums Prinzip und um moralische Werte geht.«)

11. WUNSCH: Zu bestrafen.

12. MACHT: Variabel (ohnmächtige Empörung geht in →*Ressentiment* über, während wirkmächtige Empörung sich wie der Ärger in Handeln befriedigt.)

13. STRATEGIE: Das Ablenken von eigenen Schwächen und Verwundbarkeiten durch Konzentration auf moralische Defizite und Fehler anderer, denen gegenüber man nun selbst als anständig, gut, rein etc. dasteht.

ENTTÄUSCHUNG

Wie bei der →*Zufriedenheit* könnte man auch bei der Enttäuschung argumentieren, daß sie selbst gar kein Gefühl ist, sondern bloß ein Zustand, der aus unerledigten Regungen (besonders Wünschen) folgt. Doch als unerledigt beurteilt man nur, was erledigt werden sollte. Die Enttäuschung lehnt einen persönlichen Zustand mit einem Gefühl von Hoffnungslosigkeit (wie die → *Verzweiflung*) ab, gibt aber ihre Ansprüche nicht auf. Wer seine Enttäuschung äußert, zerstört oft genau das, was er wünscht, macht sich einen geliebten Menschen zum Feinde, zerschlägt eine begehrte Sache oder vereitelt die angestrebte Entwicklung.

Ob ein derartiges Verhalten »abwegig« ist, hängt davon ab, wie wir die Erfolgsaussichten beurteilen. Es liegt jedoch im Wesen der Enttäuschung und anderer mißgünstiger Regungen, allen voran Zorn und → *Neid*, lieber zu zerstören, was sie nicht besitzen können, als es einfach verzweifelt aufzugeben. Anders als dem Neid wohnt der Enttäuschung wie dem Zorn die Macht zu zerstören inne.

1. RICHTUNG: Extern (aber mit Rücksicht auf die eigenen Wünsche).
2. UMFANG/FOKUS: Offen.
3. GEGENSTAND/INHALT: Alle eigenen Bemühungen oder Hoffnungen.
4. KRITERIEN: Meist eigene, mitunter auch moralische und zwischenmenschliche.
5. STATUS: Offen.
6. WERTUNGEN: Etwas wird positiv beurteilt und begehrt, doch weil sich die Aussicht, es zu bekommen, zusehends verdüstert, zerstört man es lieber, als großmütig darauf zu verzichten.
7. VERANTWORTUNG: Eigene (ohne Schuld oder Verdienst).
8. INTERSUBJEKTIVITÄT: Ein Dritter muß nicht beteiligt sein, aber auch auf eigenes Versagen kann man mit Abwehr reagieren.
9. ABSTAND: —
10. MYTHOLOGIE: Moses zertrümmert die Gesetzestafeln; Alexander durchschlägt den Gordischen Knoten.

11. WUNSCH: Etwas entweder zu bekommen oder zu zerstören.
12. MACHT: Kann zwar zerstören, aber nicht besitzen.
13. STRATEGIE: Gesichtswahrung: »Wenn ich es nicht haben soll, dann auch niemand sonst.« Verzweifelte Auflehnung gegen eine Niederlage.

EUPHORIE →Freude

FREUDE

Die oft auf das Gefühlsleben angewandte Metapher von »Hochs und Tiefs« erscheint nirgends zutreffender als beim Gegensatz zwischen Freude und →Depression (wobei »Hoch« und »Tief« im zeitgenössischen Sprachgebrauch diesen beiden Stimmungen fast synonym entsprechen). Während sich Depressionen oft wie dichte Nebel darstellen, die uns gänzlich einhüllen, so daß wir »kein Land mehr sehen«, gleicht die Freude einem Aufwind, der uns auf »Wolke sieben« trägt. Wenn die eine unsere Welt in hellen Glanz taucht, stellt die andere sie unter die Dunstglocke des Zweifels. Depression braucht keinen besonderen Anlaß, wie die Freude pflegt sie über Einzelheiten großzügig hinwegzusehen. Wie ihre Pendants, Wonne, Euphorie und Ekstase, ist Freude ein Glücksgefühl, in dem uns das Leben nicht nur befriedigend, sondern »wundervoll« vorkommt. Wie die →Zufriedenheit ist sie aber gelassen genug, daß sie ihre Werte und Erwartungen auf die Welt abstimmen kann. Insofern braucht sie weder eine Ideologie (außer einem Laisser-faire, was den Status quo angeht, oder überirdische Gleichgültigkeit gegenüber Veränderungen) noch bestimmte Ideale oder Werte. (Daher wurde gegen Ende der sechziger Jahre mit Recht gegen Timothy Learys »Strategie der Ekstase« eingewandt, sie sei im Grunde nur eine apolitische Zerstreuung, ein »Aussteigen«.) Weil Freude ein so ätherisches Gebilde ist, läßt sie sich kaum darstellen und erörtern, ohne dabei in überschwengliches Plappern zu verfallen, das solche Stimmungen oft begleitet. (Beim trostlosen Grau-in-Grau der Depression fällt es dagegen viel leichter, nüchtern zu bleiben.)

1. RICHTUNG: Als Stimmung diffus.
2. UMFANG/FOKUS: Als Stimmung universell, mit beliebigem Fokus, manchmal vielleicht auf besondere Verzückungen konzentriert (eine neue Liebe, einen großen Erfolg oder schlicht einen schönen Sommertag).
3. GEGENSTAND/INHALT: Alles, aber nichts Besonderes.
4. KRITERIEN: Keine.
5. STATUS: — (Das Problem stellt sich nur, wenn man seine Freude gleich der Unschuld als eine *Waffe* einsetzt. Aber dann ist sie keine Freude mehr. Vgl. dazu etwa William Shutz, *Joy*, New York 1967.)
6. WERTUNGEN: »Alles ist *prachtvoll*.«
7. VERANTWORTUNG: Irrelevant (kann aber zu universeller Dankbarkeit oder zum Stolz neigen).
8. INTERSUBJEKTIVITÄT: Offen.
9. ABSTAND: Offen, je nach Stimmung anderer. (Freude und Depression gehen einander meist aus dem Weg, beide neigen zu engen Bindungen mit ihresgleichen.)
10. MYTHOLOGIE: »Alles stimmt.«
11. WUNSCH: »Wunschlos glücklich«; außer vielleicht dem Wunsch, andere teilhaben zu lassen.
12. MACHT: Unnötig.
13. STRATEGIE: Unnötig.

FREUNDSCHAFT

> Niemand würde ohne Freunde leben wollen.
> ARISTOTELES

Freundschaft bezeichnet zwar in erster Linie eine zwischenmenschliche Beziehung, es gibt aber auch »freundschaftliche Gefühle«, die man anderen gegenüber hegt oder nicht, und dabei handelt es sich im gleichen Sinne um Emotionen wie bei →*Liebe* und →*Haß*.

1. RICHTUNG: Bipolar.
2. UMFANG/FOKUS: Ein enger Personenkreis.
3. GEGENSTAND/INHALT: Streng genommen nur Menschen.
4. KRITERIEN: Offen.
5. STATUS: Gleichheit.
6. WERTUNGEN: Ungeteilte Zuneigung (kann sich aber auch nur auf einzelne Eigenschaften und Züge beziehen).
7. VERANTWORTUNG: Sowohl für den anderen als auch für die Freundschaft selbst, mit den entsprechenden Gegenerwartungen (oder Hoffnungen).
8. INTERSUBJEKTIVITÄT: Grundvertrauen.
9. ABSTAND: Nähe.
10. MYTHOLOGIE: Castor und Pollux, »Geschwister«.
11. WUNSCH: Gegenseitige Hilfe, Trost, Ermutigung etc., Genuß und Glück.
12. MACHT: Gering; doch im Unterschied zum Respekt und zur Bewunderung ist Freundschaft niemals nur passiv.
13. STRATEGIE: Icherweiterung und gegenseitige Stärkung, wobei Werte und Ideale projiziert und wechselseitig übernommen werden. Bündnis als Alternative zu Konkurrenz und Abwehr (»du, glückliches Österreich, heirate«). Forum für sonst zensierte Gefühle, Umgang mit ihnen und Reflexion durch eine unterstützende »äußere« Instanz. (Natürlich können Freundschaften auch damit überfordert wer-

den, →*Neid,* →*Ressentiment,* ohnmächtigen →*Ärger* und →*Eifersucht* aufzufangen, die sich dann umgekehrt auch gegenseitig hochschaukeln können. Doch selbst das ist offensichtlich oft einem Gefühl der Solidarität und Offenheit zuträglich.)

FURCHT

Furcht ist eines der elementarsten Gefühle, und sie läßt sich fast als ein negatives Begehren darstellen. Zweifellos sind die meisten »höheren« Tiere, Säuglinge, vielleicht, wenn man manchen neueren Theorien glaubt, sogar Pflanzen für Furcht anfällig. Sie kann sich auf alles mögliche beziehen: Verbrecher, Meteoriten, den Weltuntergang, Haarausfall, Seuchen, Verkehrsunfälle, das Sterben, höhere Telefongebühren oder Streiks bei der Müllabfuhr. Furcht ist ein weiter Begriff und umfaßt alle Facetten jenes Gefühls, das uns befällt, wenn wir uns schutzlos drohenden Gefahren ausgesetzt sehen: Entsetzen, Horror, Schrecken oder Panik; Vorahnung, Sorge, Unruhe, »Nervosität«, Mißtrauen und Scheu. (Die komplizierteren Formen der Furcht, →*Grauen,* →*Angst und Pein,* sind gesondert abgehandelt.)

1. RICHTUNG: Extern (mit Ausnahme der Pein).
2. UMFANG/FOKUS: Offen.
3. GEGENSTAND/INHALT: Beliebig.
4. KRITERIEN: Beliebig (Spinnen kommen ebenso in Frage wie eigenes Versagen, moralische Fehltritte oder Ausrutscher).
5. STATUS: Offen (doch stets mit einem Anflug von wenigstens zeitweiser Unterlegenheit). Sticheleien eines Subalternen kann man genauso fürchten wie das Betrogenwerden durch Freunde, Partner oder die Strafpredigt eines Vorgesetzten.
6. WERTUNGEN: Stark negativ gefärbte Vorwegnahme eines bevorstehenden Ereignisses, Zustandes etc.

7. VERANTWORTUNG: Offen (es gibt auch Furcht vor Vergeltung etc.).

8. INTERSUBJEKTIVITÄT: Extrem abwehrend.

9. ABSTAND: Möglichst groß.

10. MYTHOLOGIE: Bevorstehende Katastrophe (was an sich kein sonderlich interessantes Bild ist, jedoch oft durch Ungeheuer und vielgestaltige paranoide Phantasien angereichert wird).

11. WUNSCH: Flüchten, verhindern, in Sicherheit bringen.

12. MACHT: Hilflosigkeit; vielleicht mit der Kraft, davonzulaufen, aber ohne das nötige Selbstvertrauen zur Gegenwehr.

13. STRATEGIE: Selbstschutz (um des nackten Überlebens willen, zur Rettung eines Selbstbildes, Ehrgeizes oder Ziels respektive einer Person, Situation oder Sache).

GLAUBE

Da Glaube oft sehr eng als eine rein epistemische Kategorie aufgefaßt wird (das heißt als Gewißheit, die ohne Rechtfertigung Bestand hat), bleiben seine emotionalen Aspekte fast unberücksichtigt. Wenn man ihn jedoch (im Gefolge zum Beispiel von Augustinus, Pascal, Kierkegaard und manchen neueren Theologen) als Gefühl ansieht, so gerät er regelmäßig in *Opposition* zum Wissen und zur Vernunft. Glaube enthält zwar, wie jedes Gefühl, ein Urteil, nur eben kein rein »epistemisches« oder »kognitives«. Zudem ist er weder eine unaussprechliche »Empfindung« noch eine Sonderform der Erkenntnis.

Wer von Glauben redet, muß auch von Gott reden. Aber wir glauben auch an Menschen, schönes Wetter, einen Lottogewinn oder an uns selbst. Dem, woran geglaubt wird, wird immer Wohltätigkeit und Macht attestiert. Eng mit der →*Verehrung* verwandt ist der Glaube voller Optimismus und kann im Gegensatz zu jener sich ohne Hoffnung auf Gegenleistung entfalten. Überflüssig zu sagen, daß beide Regungen das Ich

327

schmälern und Passivität fördern (eine Ausnahme bildet nur der »Glaube an sich selbst«), doch daß man sich selbst kleiner macht, wird durch große Erwartungen meist mehr als aufgewogen (die Sonne hält in ihrem Lauf inne, bis das Gefecht vorüber ist; die Mauern von Jericho stürzen ein; immerwährende Glückseligkeit und ein ewiges Leben winken).

1. RICHTUNG: Extern (außer beim »Glauben an sich selbst«).
2. UMFANG/FOKUS: Variabel, oft universell.
3. GEGENSTAND/INHALT: Immer menschliche oder höhere Instanzen, aber auch Naturkräfte, die anthropomorphisiert werden (wie die »Glücksfee«).
4. KRITERIEN: Persönlich oder moralisch (je nach Inhalt).
5. STATUS: Unterlegenheit (aber ohne Konkurrenz).
6. WERTUNGEN: Extrem positiv; große Erwartungen.
7. VERANTWORTUNG: Keine eigene (das übliche Motto des Glaubens lautet »Unschuld«), ganz auf das Jenseits verlagert.
8. INTERSUBJEKTIVITÄT: Absolutes Vertrauen.
9. ABSTAND: Anonymität, da das, woran geglaubt wird, nicht verfügbar ist (allerdings nicht immer; Kierkegaard etwa sah den Glauben als etwas zutiefst Intimes an. Und der Glaube an sich selbst, an Freunde oder Partner kann in dieser Hinsicht kompliziert sein – in solchen Fällen wäre vielleicht besser von »Zutrauen« zu sprechen, das ein schwächeres und viel autonomeres Gefühl ist).
10. MYTHOLOGIE: Der Allmächtige; Gottvater und sein »auserwähltes Volk«.
11. WUNSCH: Erhört zu werden.
12. MACHT: Unnötig.
13. STRATEGIE: Kompensation der eigenen Machtlosigkeit durch ein Bündnis mit wohlwollenden Mächten. Da der Verbündete allmächtig ist, kann man sich mit fast völliger Ohnmacht abfinden. Eine sehr starke Abwehrstrategie in

dem Sinne, daß persönliche Würde und Selbstachtung wie bei kaum einem anderen Gefühl steigen, auch wenn eindeutige Handicaps (wie Dummheit, Macken, Häßlichkeit, Unfähigkeit, Schwäche, Armut etc.) vorliegen.

GLEICHGÜLTIGKEIT

Gleichgültigkeit, das kann zum einen das sprichwörtliche »dicke Fell« sein. (Die Mücke:»Ärgere ich dich?« Der Bulle:»Hättest du nicht gefragt, hätte ich gar nicht gemerkt, daß du da bist.«) Andererseits gibt es aber auch die hochmotivierte, prinzipienfeste Gleichgültigkeit, die nicht weniger feindselig ist als →*Haß* und schneidender sein kann als →*Verachtung*. Von der häuslichen Gepflogenheit, nur noch über Dritte miteinander zu reden, bis zum Usus der Außenpolitik und Diplomatie, störrische Regierungen nicht »anzuerkennen«, dürfte Indifferenz die womöglich wirkungsvollste Strategie sein, nicht oder nicht mehr willkommenen Personen jeglichen Platz in der eigenen Surrealität zu verweigern, ihnen nicht einmal die Anerkennung der Verachtung zu gewähren. Sie sind zu nichtig, um gehaßt, ja sogar, um verachtet oder abgewimmelt zu werden – ein Nichts, wie die Mücke im Ohr des Bullen. Es ist eine Strategie, die Sartre den »konkreten zwischenmenschlichen Beziehungen« zurechnete, ein Abwehrmechanismus, dessen neurotische Form Freud als »Verleugnung« bezeichnete. Jemanden aus der eigenen Surrealität zu verbannen ist nicht minder realitätsbildend, als ihn auf eine der vielen möglichen Weisen einzubeziehen. Allerdings ist Ausgrenzung anstrengender, da es enormer Fähigkeiten bedarf, einen anwesenden Menschen zu ignorieren und wie Luft zu behandeln.

1. RICHTUNG: Extern.
2. UMFANG/FOKUS: Gewöhnlich ein anderer Mensch (oder müßte man sagen: alles, nur nicht er?).

3. GEGENSTAND/INHALT: Ein Mensch (respektive »seine Negation«).
4. KRITERIEN: Offen.
5. STATUS: Ohne (der Betreffende ist nicht einmal unterlegen, sondern »unter aller Würde«).
6. WERTUNGEN: Der Betreffende genügt keiner Norm, er hat eine elementare Spielregel verletzt oder ist einfach eine ekelhafte Person.
7. VERANTWORTUNG: Meist mit schwersten Vorwürfen verbunden.
8. INTERSUBJEKTIVITÄT: Extrem abwehrend, aber nicht persönlich, sondern gegen die Anerkennung der Person gerichtet (daher ist es wesentlich, nicht die geringste Abwehrreaktion gegen den anderen zuzulassen, denn sie würde das Gefühl zerstören).
9. ABSTAND: Anonym (die Kluft zwischen irgendwo und nirgends).
10. MYTHOLOGIE: Paria; Mensch ohne Identität, dessen Name offiziell ausgetilgt ist, dem man keine Bleibe, kein Gespräch, keine Aufmerksamkeit, nicht einmal Strafe anbietet. (Cecil B. de Milles »Moses«? Boris Karloffs »Karis«?)
11. WUNSCH: Der Betreffende soll verschwinden.
12. MACHT: Könnte man den anderen verschwinden lassen, so wäre die besondere Härte dieser Strategie überflüssig. Doch gibt es Fälle, in denen er nicht einmal die Befriedigung von Strafe und Märtyrium haben soll. Ihn durch Indifferenz und Verbannung aus der eigenen Surrealität zu strafen ist schlimmer als alles andere.
13. STRATEGIE: Jemanden, der (aus irgendeinem Grunde) Anstoß erregt, restlos zu erniedrigen. Ihn in der eigenen Welt zu vernichten, so daß keine seiner Äußerungen oder Taten das mindeste Gewicht haben kann. Gleichgültigkeit ist oft eine Verzweiflungsmaßnahme, zu der man beispielsweise greift, wenn man, tief verletzt, sich anders kaum noch zu

schützen weiß. Man leugnet die Existenz des anderen, um sich ihm nicht stellen zu müssen.

GRAM →*Trauer*

GRAUEN

»Grauen« ist eine Form der →*Angst* und daher besonders beliebt bei finsteren Existenzphilosophen. Wie ich es hier auffasse – eher strukturell als am Sprachgebrauch orientiert –, ist Grauen eine große Furcht vor dem *Unbekannten*. Daher könnte man vermuten, daß es eine nach außen gerichtete →*Pein* (Furcht vor sich selbst) ist. Bisweilen kann, was als Grauen erscheint, tatsächlich Angst sein (namentlich diffuse →*Furcht*, die sich am Unbekannten festhält). »Furcht vor dem Unbekannten« klingt jedoch ziemlich sonderbar, solange jedenfalls nichts Benennbares (ein noch unbekannter Serienmörder oder irgendein Wesen, das im Gebüsch lauert) gemeint ist, sondern das große Unbekannte, das Kierkegaard so selbstquälerisch und Heidegger eher dunkel fürchteten. Man könnte vermuten, daß Grauen oft nur eine tiefe Selbsttäuschung ist, bei der man seine eigene Seelennot und mangelnde Entschlußkraft nicht wahrhaben will und so seine innere Leere nach außen projiziert.

1. RICHTUNG: Betont extern.
2. UMFANG/FOKUS: Umfang variabel, gewöhnlich immens, wenn nicht gar universell, bei äußerst diffusem Fokus (wie sonst könnte das Unbekannte mit Sicherheit unbekannt bleiben?).
3. GEGENSTAND/INHALT: Unbekannt, »irgend etwas«.
4. KRITERIEN: —
5. STATUS: Das Unbekannte gilt oft als überlegen, gerade weil es unbekannt ist.
6. WERTUNGEN: Variabel (auch wer Gott fürchtet, kann ihn

rühmen und verehren; das Höhlenwesen, das ich fürchte,
kann mir widerwärtig sein).

7. VERANTWORTUNG: Keine.

8. INTERSUBJEKTIVITÄT: Extrem abwehrend, so verzweifelt
man auf Verbündete angewiesen ist.

9. ABSTAND: Konfusion; die Furcht will größtmöglichen
Abstand, die Neugier dagegen näher herangehen. Wo das
»Unbekannte« ausdrücklich auf Gott bezogen wird (wie
in Kierkegaards Spätwerk), ergibt sich eine furchtbare
Nähe.

10. MYTHOLOGIE: Loch Ness, »das Pfeifen im Walde«, »die
Macht der Finsternis«.

11. WUNSCH: Aufklärung oder Entrinnen.

12. MACHT: Keine.

13. STRATEGIE: Scheinheroismus gegenüber unbekannten
Mächten; zügelt jedoch die Neugier, so daß man der Gefahr
kaum ins Auge sieht, sondern versucht, sie von ferne auszu-
tarieren. Beliebt unter Wissenschaftlern: »Wenn wir doch
nur mehr wüßten! Solange wir nicht mehr wissen, können
wir selbstverständlich nichts *tun*.«

GROLL →*Ressentiment*

HASS

Was macht Haß so häßlich? Zweifellos ist er eine gefährliche
Regung – besonders für seine Opfer. Um sich zu befriedigen,
kann er die schrecklichsten Grausamkeiten verüben. Unersättlich, vergiftet er die ganze Persönlichkeit, läßt weder →*Liebe*
noch Nähe zu. Doch trifft das wirklich zu? Als Gegenpol zur
Liebe steht der Haß unter den Gefühlen am schlechtesten da.
Die manichäischen humanistischen Psychologen prangerten ihn
als eine Schande und als die Geißel der Liebe an, doch nur sie
könne das Ungeheuer bezwingen. Aber ähnlich wie die Liebe

wird auch der Haß oft mit etwas anderem verwechselt, gewöhnlich mit dem →*Ressentiment*, das im Kern unersättlich und böse
ist, während der Haß keines von beidem sein muß. Wie →*Ärger*
war auch Haß lange das Ziel einer eindimensionalen und
repressiven Ethik, als zeuge er immer von Charakterschwäche,
Boshaftigkeit und unmotivierter Feindseligkeit, die der Liebe
weichen müsse. Wer *Ideale* hat, der neigt freilich oft auch zur
Nemesis. Nicht, daß wir Feinde im gleichen Maße brauchen
würden wie Freunde, aber es trifft nun einmal zu, daß alle Ideologien auch ihre Feinde haben. Liebe ohne die Möglichkeit des
Hasses gibt es genausowenig wie Gutes ohne die Möglichkeit
des Bösen. Gibt es *das Böse* oder nicht? (Sartre schrieb über ein Gespräch, das er nach dem Krieg mit einem New Yorker Unter-
nehmer führte:»Es gab nichts mehr zu bereden. Ich glaubte an
die Existenz des Bösen, er nicht.«) Nicht daß ich Haß fördern
wollte; es wäre schön, wenn er unnötig wäre. Aber Haß ist nicht
immer unbegründet; er kann sogar»gesund« sein, im Gegensatz
zur Bosheit oder zum Ressentiment, die alles vergiften. Wie der
Ärger behandelt der Haß seine Gegner als ebenbürtig, degradiert sie weder (wie die →*Verachtung*), noch verurteilt er sie
moralisch (wie die →*Entrüstung*), noch schmäht er sie krieche-
risch (wie das →*Ressentiment*). Auch läßt der Haß Vertrauen
und Nähe zu, unter den fremdgerichteten feindseligen Gefühlen eine rare Ausnahme; deshalb ist er eng mit der Liebe
verwandt, ja ein unverzichtbarer Bestandteil von ihr und jederzeit in sie verwandelbar. Wie in den Romanen Nabokovs oder
(viel zarter) in bestimmten Szenen mit Katherine Hepburn und
Spencer Tracy kann gegenseitige Feindschaft manchmal äußerste zwischenmenschliche Nähe auf fast wunderbare Weise mit
persönlicher Würde und Selbstachtung verbinden.

1. RICHTUNG: Bipolar.
2. UMFANG/FOKUS: Offen, gewöhnlich Menschen.

3. GEGENSTAND/INHALT: Menschen (wenn wir von »Spinat-hassern« absehen wollen).
4. KRITERIEN: Mischung aus persönlich und moralisch, oft rein persönlich.
5. STATUS: Gleichheit.
6. WERTUNGEN: Ablehnung, Respekt vor besonderen Fähig-keiten, Eigenschaften etc.; vielleicht sogar vor allem – außer der Person selbst.
7. VERANTWORTUNG: Beiderseitig für die Beziehung: Man kann niemand *hassen*, dem man gleichgültig ist (das wäre Ressentiment). Setzt die Annahme voraus, daß der Gegner für seine Person verantwortlich ist.
8. INTERSUBJEKTIVITÄT: Bei Feindschaften muß man zwar stets auf der Hut sein, doch unter einem wichtigen Aspekt kann man sich »auf seine Feinde verlassen« (um eine Streit-schrift John Birchs aus den fünfziger Jahren zu zitieren): Man weiß genau, daß sie Feinde sind, und akzeptiert sie als solche. Haß kennt einen gemeinsamen Ehrenkodex, der bei anderen feindseligen Gefühlen fehlt.
9. ABSTAND: Nähe.
10. MYTHOLOGIE: Je nach dem entgegengebrachten Respekt. (Ist der Feind bloß ein Gegner oder ein Monstrum, Verkör-perung des Bösen, das es heldenhaft zu bekämpfen gilt?) In Betracht käme die Beziehung zwischen Achilles und Hek-tor, wobei die Augen aller Welt auf die beiden Giganten ge-richtet sind, die nicht nur von Freunden und Angehörigen, sondern auch von den geneigten Göttern angefeuert wer-den. Für den Betroffenen selbst bildet der Kampf mit dem ebenso geachteten wie verhaßten Feind das Zentrum der Welt: Alles ringsum hält inne und schaut zu. Solche Bezie-hungen zeigen ein offenkundig ambivalentes Verhältnis von Feindschaft und gegenseitigem Respekt, aus dem jederzeit Liebe hervorgehen kann. Auf den Sieg über solche Feinde folgt nach der Hochstimmung fast immer innere Leere: Er

hatte dem Leben einen Sinn gegeben, denn an seinen un-
übertroffenen Fertigkeiten – denen nur die eigenen gleich-
kamen – konnte sich wahrer Heroismus nähren.
Etwas anders gelagerte Bilder wären der Kampf des Heiligen Georg gegen den Drachen oder, in neuerer Zeit,
Churchills Fehde mit »dem Hunnen«. Wesentlich für den
Haß ist, daß der Gegner ebenso mächtig ist wie man selbst,
ein gewaltiges Monstrum, so daß man alle seine Stärken gegen ihn aufbieten kann. Im Unterschied zum Kampf zwischen Achilles und Hektor trägt der Georgs mit dem Drachen oder Churchills gegen Hitler jedoch neben persönlichen auch stark moralische Züge: Nicht nur gleichermaßen
unbeugsame Willenskräfte, Gut und Böse prallen aufeinander – eine ethische Alternative ohne jede Ambivalenz. Dennoch folgte auch hier auf die Hochstimmung des Sieges
eine Art Depression. Zwar gestattet die Vernichtung des
Bösen, daß man sich selbst uneingeschränkt lobt, aber sobald das Monstrum besiegt ist, wird man mit den eigenen
monströsen Zügen konfrontiert. Gewöhnlich sucht man sich
dann schleunigst ein neues Monstrum (wie es in Archibald
MacLeishs Drama *Herakles* geschieht).

11. WUNSCH: Zu verletzen oder zu zerstören; zu *siegen*.

12. MACHT: Haß aus Schwäche kann es nicht geben. Das wäre
dann eher Ressentiment – daß man dem Kampf ausweicht,
weil man sich fürchtet oder aus Respekt vor der Überlegenheit und den Vorzügen des Gegners. Wie Liebe braucht
auch Haß Stärke, um sich zu nähren und zu äußern. Dadurch veranlaßt er uns allerdings oft, das Ich ungerechtfertigt aufzublähen, wenn wir fiktive oder ferne (das heißt un-
gefährliche) Gegner »hassen«, was der »romantischen«
Liebe auf Distanz entspricht. Haß ist immer machtbeses-
sen, allerdings in *beiden* Richtungen.

13. STRATEGIE: Haß mobilisiert immer große Selbstachtung, er
erweitert das Ich durch die Konfrontation mit den mächtig-

sten und nach Möglichkeit übelsten Gegnern. Insofern neigt er naturgemäß zur Schwarzweißmalerei und Verteufelung, um einen selbst noch tugendhafter erscheinen zu lassen. Nichts wäre hierfür besser geeignet als Haß, gepaart mit verzehrender Liebe.

HOFFNUNG

Besonders in der paulinischen Konstellation von Glaube und Liebe weist Hoffnung tiefe religiöse Konnotationen auf, beispielsweise die Hoffnung auf Erlösung. Wenn Camus Hoffnung verwirft, so meint er gerade solche großartigen Verheißungen. Doch es gibt auch kleinere Hoffnungen, ungewisse frohe Erwartungen, aus denen sich immer wieder neue Kraft schöpfen läßt: auf gesunde Kinder, Frieden, einen angenehmen Flug. Hoffen heißt, in Ungewißheit zu glauben, günstige Umstände herbeizuwünschen, die dem eigenen Einfluß entzogen, aber auch nicht ausgeschlossen sind.

1. RICHTUNG: Überwiegend extern.
2. UMFANG/FOKUS: Vom Banalen (hoffentlich ist der Wein ein Saint-Émilion) über Privates (hoffentlich packt meine Tochter das Abitur) bis zum Universellen (in den Himmel zu kommen, auf ewigen Frieden).
3. GEGENSTAND/INHALT: Beliebig.
4. KRITERIEN: Beliebig.
5. STATUS: Beliebig.
6. WERTUNGEN: Positiv in bezug auf die Möglichkeiten.
7. VERANTWORTUNG: Keine eigene.
8. INTERSUBJEKTIVITÄT: —
9. ABSTAND: —
10. MYTHOLOGIE: Ungewißheit, die die Hoffnung nicht aufgibt: von kalkulierten Wahrscheinlichkeiten über Zuversicht bis zum Glauben an bestimmte Wohltaten.

11. WUNSCH: Das Gewünschte zu erhalten, ohne etwas dafür tun zu müssen.
12. MACHT: Unnötig.
13. STRATEGIE: Kompensiert Machtlosigkeit, um sich in der Ungewißheit über Wasser zu halten.

LEID →*Trauer*

LIEBE

> ...und die Moral davon ist: »Liebe, ach, nur
> Liebe machts, daß die Welt sich dreht.«
> LEWIS CARROLL, *Alice im Wunderland*

Eigentlich hätte die Liebe eine ausgedehnte Abhandlung verdient, denn sie bildet ja den Schlußstein meiner ganzen Theorie. Für den Moment muß ich mich jedoch auf die Grundstrukturen dieses schönsten aller Gefühle beschränken. Liebe kann Ekstase und →*Freude* einschließen, konzentriert sich aber im Unterschied zu diesen auf konkrete Gegenstände, umfaßt eine Ideologie darüber, wie die Realität beschaffen sein sollte, und setzt sich entschlossen für das Glück und Wohlergehen anderer ein, anstatt sich müßig in einem Freiraum unbekümmerter Selbstzufriedenheit einzurichten.

Vieles von dem, was als »Liebe« gilt, ist keine; damit meine ich besonders die Abhängigkeitsgefühle und das verzweifelte Flehen nach Wärme und Sicherheit in Bindungen, die bloß fesseln, ohne zu fördern, gegeneinander aufbringen, ohne anzunähern. Liebe im Sinne von Nähe, anregendem Miteinander, restlosem Vertrauen und höchster Achtung voreinander wie auch vor anderen ist unser aller Ideal. Doch wie schwierig ist es, offen und verwundbar zu sein, der eigenen Versuchung zu widerstehen, sich ein wenig überlegen zu fühlen und seine erfolgreichen und altbewährten Abwehrstrategien aufzugeben! Wer allerdings würde gern von sich sagen, er sei nicht liebesfähig oder -willig? Als Ausweg wählen viele eine Liebe, die nur den Namen für eine Reihe ganz andersartiger Gefühle hergeben muß – →*Ressentiment*, →*Eifersucht* und Habgier, →*Ärger* und →*Haß*, die sich in vorgetäuschter Zärtlichkeit und Fürsorge oder simulierter →*Freude* und →*Trauer* äußern. Kein Wunder, daß die Entäuschung nach einem Ventil und nach anonymem Trost sucht, der womöglich von jeder Schuld freisprechen soll. Doch das alles hat nichts mit Liebe zu tun. »Echte Liebe« ist etwas überaus Seltenes. Sie verlangt nichts Geringeres als vertrauensvolle Nähe, Achtung und Bewunderung bei gegenseitiger Unabhängigkeit und Autonomie, ohne Habgier, aber voller Begierde und Wohlwollen. (Ich meine hier die romantische Liebe unter Gleichen, weder die Mutter- oder Gottesliebe noch die Begeisterung für Gefahr, Musik oder Schokolade.)

1. RICHTUNG: Bipolar.
2. UMFANG/FOKUS: Andere Menschen.
3. GEGENSTAND/INHALT: Ausschließlich Menschen.
4. KRITERIEN: Variabel (eine Mischung aus persönlich, zwischenmenschlich und moralisch).
5. STATUS: Gleichheit.
6. WERTUNGEN: Grundsätzliche Bewunderung des anderen, verbunden mit einem positiven Selbstgefühl. (»Alle Liebe beginnt mit der Eigenliebe.«) Positive Beurteilung einzelner Züge.
7. VERANTWORTUNG: Für die Beziehungspflege (wird auch vom anderen erwartet).
8. INTERSUBJEKTIVITÄT: Uneingeschränktes Vertrauen (ohne dabei die eigene Autonomie zu opfern).
9. ABSTAND: Nähe.
10. MYTHOLOGIE: Die platonische Kongruenzvorstellung des »füreinander Geschaffenseins«; höchste Einheit des »Wir«, in der die Iche verschmelzen. Mitunter »wir gegen alle anderen« (so daß jene »Insel der Seligen« von Feindesland

umgeben erscheint); dem wäre jedoch ein »Wir-Gefühl« vorzuziehen, das sich öffnet, alle Grenzen überschreitet und sich mit der ganzen Menschheit verbunden fühlt (das – beste – Ideal des Christentums). (Das Gegenmodell wäre wahllose Paarung ohne Nähe, Aufrichtigkeit, Gleichheit und Respekt.) Die »universelle Liebe« ist keine selbst-genügsame oberflächliche Öffnung, sondern erfordert, daß wir alle unsere Perspektiven und Abwehrmechanismen radikal in Frage stellen. Wenn einige Menschen sie ver-wirklichen und später nachgeahmt werden, so geschieht das in aller Regel nicht dem Geiste, sondern nur dem Buch-staben nach, das heißt weniger im Dienste der Liebe als des Ressentiments.

11. WUNSCH: Daß der Partner, dessen Wünsche man sich zu eigen macht, und man selbst, glücklich und zufrieden ist. Zusammenzusein, zu teilen.

12. MACHT: Schwäche kennt keine Liebe. Unsicherheit und Abwehr schließen sie aus. Liebe braucht Stärke, um sich zu nähren und zu äußern. Einen unerreichbaren Menschen zu begehren ist die häufigste Ersatzlösung für Liebe; bloße Be-gierde (egal wie leidenschaftlich oder romantisch verbrämt sie sich gibt) ist keine Liebe. Liebe beginnt erst, nachdem das Bedürfnis zu besitzen befriedigt oder erloschen ist. (Von daher das Ketzertum der »sexuellen Revolution«: »Laß uns erst einmal miteinander schlafen und dann weitersehen…«) Nichts steht der Liebe mehr im Wege als das entnervende Locken und Sichverweigern viktorianischer »Romanzen«; die arrangierte Ehe des Orients hat dagegen den großen Vorzug einer von Anfang an gegebenen Sicherheit, verbun-den mit dem existentiellen Zwang, sich für die Liebe *engagieren* zu müssen. Liebe setzt mehr Macht – mehr Selbstvertrauen und mitgebrachte Selbstachtung – voraus als jedes andere Gefühl. Sie beginnt da, wo niedere Emo-tionen hinstreben, und will von dort aus – gestützt auf

Intersubjektivität und Nähe – immer höhere Höhen erreichen.
13. STRATEGIE: Das bereits gefestigte Ich zu erweitern, ohne
Einschränkungen an individueller Autonomie und Würde.
Durch gegenseitige Unterstützung und Ermutigung eine
Art synergetische Intersubjektivität aufzubauen, die von
außen unangreifbar ist (so daß nur noch eine Unterhöhlung
von innen her möglich ist, etwa durch Zweifel, Mißtrauen
oder Betrug). Solidarisch den Gefahren der Gewöhnung zu
begegnen – sich gehenlassen, Trägheit oder sich vom Gift
lähmen zu lassen, »alles als selbstverständlich hinzunehmen«.

MITLEID

> Bettler aber sollte man ganz abschaffen.
> FRIEDRICH NIETZSCHE, *Also sprach
> Zarathustra*

Mitleid ist ein extrem vielschichtiges Gefühl, nicht zuletzt deshalb, weil es oft als Tarnkappe dient, unter der sich Minderwertigkeitskomplexe und →*Ressentiments* verbergen. Einerseits ist
Mitleid (Mitgefühl und Sympathie) die Voraussetzung für ein
Mindestmaß an Menschlichkeit. Wenn Freunden, Bekannten
oder Fremden völlig schuldlos etwas zustößt, gibt es verschiedene Möglichkeiten: Wir können das Ganze abwehren oder verleugnen (»Das ist nicht mein Problem.«) – eine abscheuliche
Einstellung. Wir können uns im Stil der gefühllosesten Auf-
klärungsphilosophen auf das zweifelhafte Konzept der »besten
aller möglichen Welten« berufen, in der jede Tragödie ihren
Sinn hat und zum Guten beiträgt. Das wäre unmenschlich und
widersinnig. Wir könnten annehmen, daß das Opfer, allem Anschein zum Trotz, den Schaden – etwa durch »schlechtes
Karma«, dem östlichen Pendant zum »Willen Gottes« – angezo-

gen hat. Oder sollten wir uns im Geiste der Humanität mit dem Opfer verbünden, mit ihm leiden (also buchstäblich *Mitleid* empfinden), es also gerade wegen seines Schicksals lieben, wie es eines der großartigen, aber kaum befolgbaren Gebote des Christentums verlangt? Wichtig ist, die Funktion eines Gefühls zu würdigen, das dem Unglück anderer weder ausweicht, noch uns mit Haut und Haaren ausliefert, sondern sich ihnen mit einem gewissen Abstand stellt, wie es das im Kern bipolare Mitleid (*Mit-gefühl*, *Sym-pathie*) tut. Es gleicht somit das Intersubjektive durch Distanz aus, um weniger glückliche Menschen als Gleiche anerkennen zu können (was jedoch nicht der Fall sein muß): »Von Gottes Gnade bin ich, was ich bin.« Wer eine ertrinkende Schabe bemitleidet, könnte sich allerdings nur über den extravaganten Umweg einer Reinkarnationstheorie auf dieses Motto berufen.

Andererseits ist uns auch das schadenfrohe Mitleid – »besser er als ich« – nicht fremd, ein ungehemmtes Überlegenheitsgefühl, mit dem wir manchmal auf Elend reagieren. Mitleid kann auch gezielt eingesetzt werden, um jemanden zu verletzen: »Du tust mir leid« kann viel beleidigender sein als irgendeine Beschimpfung, die der Ärger diktiert hat (»daß du nicht nur im Dreck steckst, sondern tief gesunken bist«). Nietzsche, der auf die christliche Ethik einprügelte, wollte eigentlich diese Form des Mitleids treffen. (Der katholische Phänomenologe Max Scheler schrieb ein ganzes Buch zum Thema Ressentiment, um diese bösartige »bourgeoise« Variante vom christlichen Ideal abzugrenzen.) Zur Selbstbestätigung jemanden (etwa einen Krüppel) aufgrund (oder wegen) seines Gebrechens für minderwertig zu halten, mag funktionieren, ist darum aber nicht weniger widerwärtig; es gehört zum Wesen des Humanismus, Mißgeschicke auch als solche anzusehen und die Opfer nicht aus Furcht oder Unsicherheit abzuweisen oder zu verachten. Ob wir nun stark genug sind, alle unsere Mitmenschen zu lieben oder nicht: zumindest können wir ihre Sorgen wahrnehmen und teilen, ohne uns selbst dafür opfern zu müssen. Was kostet es uns, sie mit Achtung und Respekt zu unterstützen?

1. RICHTUNG: Bipolar (»mit«). In einer ausschließlichen Fremdgerichtetheit läge die Gefahr, daß jegliches Mitfühlen fehlt und die Zuwendung wie beim »Sensationstourismus« zu einer Art Unterhaltung verkäme. Ganz nach innen gewandt würde es dagegen zum »Selbstmitleid«, einer völlig anderen Regung, die mit Dritten nichts mehr zu tun hat. (So gibt es die verbreitete Reaktion etwa auf schwere Erkrankungen anderer, plötzlich der eigenen Bedrohtheit innezuwerden. Sie ist gewiß *nicht* von Mitleid getragen.)

2. UMFANG/FOKUS: Menschen, »alle Kreatur«.

3. GEGENSTAND/INHALT: Ein Mißgeschick oder Ungemach.

4. KRITERIEN: Persönlich (man muß den Verlust selber als einen solchen ansehen).

5. STATUS: Gleichheit; Nietzsche griff die Perversion des Mitleids an, die den, dem sie gilt, für minderwertig erklärt.

6. WERTUNGEN: Mißgeschick, Verlust, Schaden.

7. VERANTWORTUNG: Unschuld des Opfers. Sein Mißgeschick muß es unverschuldet getroffen haben, sonst wird eher unser Gerechtigkeitssinn angesprochen. Mit Schurken haben wir nur Mitleid, wenn sie zu hart bestraft werden. (Für bestimmte Moralprediger ist allerdings keine Strafe streng genug.) Man selbst muß schuldlos sein, sonst empfindet man weniger Mitleid als Reue- oder Schuldgefühle.

8. INTERSUBJEKTIVITÄT: Minimale, aber spürbare Abwehr. Noch die größten Rationalisten scheinen zu befürchten, daß Mißgeschick ansteckend wirkt. In Nietzsches Augen ist die Abwehr (in Form von Ressentiment) der Schlüssel zum Mitleid. Ich halte das jedoch für eine Entartung und nicht für den Normalfall.

9. ABSTAND: »Auf Armlänge vom Leib halten«: Zu große Ferne wäre inhuman (wie das Ressentiment zeigt), zu große

Nähe unangenehm. (In der →*Liebe* spielt Mitleid übrigens keine Rolle; sie will alles teilen und läßt die leichte Abwehr und Distanz des Mitleids nicht zu, um sich das Leiden des Partners zu eigen zu machen.)

10. MYTHOLOGIE: »Von Gottes Gnade bin ich, was ich bin«; deshalb ist die Unschuld des Opfers für dieses Gefühl so wichtig. (Ohne Empathie kein Mitleid.) In der mittelalterlichen Sicht des Mitleids, die von den »Aufklärern« ausführlich erörtert wurde und neuerdings als »Gesetz des Karma« wiederauflebt, ist dagegen jedes Unheil verdient. Diese Auffassung ist, wohlgemerkt immer nur auf *andere* angewandt, eine intellektuelle Rechtfertigung des Ressentiments. Beim Mitleid führt sie wirklich zu den Auswüchsen, die Nietzsche so gegeißelt hat: Das unverdiente Unglück anderer wird dazu mißbraucht, sie als unter- und sich selbst als überlegen einzuschätzen.

11. WUNSCH: Dem Betroffenen zu helfen, ihn wenigstens zu trösten. (Nach innen gewandt, kann diese Regung auch den wenig schmeichelhaften und widersinnigen Wunsch aufkommen lassen, das Leiden nachzuahmen oder sich selbst ein ähnliches Unheil zuzufügen. Dann liegen oft Schuldgefühle vor, oder es handelt sich um ein verzerrtes, sozusagen zu buchstäbliches Verständnis von »mit-leiden«.)

12. MACHT: Relativ schwach. Fähige Ärzte haben meist kein Mitleid mit ihren Patienten, sondern behandeln und heilen sie. (Leider gibt es auch viele unfähige Ärzte, die mitleidlos behandeln; deren Kranke sind nur im Wortsinne »Patienten«.)

13. STRATEGIE: Selbst im humansten Mitleid steckt noch ein Rest von dem guten Gefühl, im Gegensatz zum Opfer selber Glück gehabt zu haben. Außerdem bringt jedes Engagement für andere einen vielleicht kaum wahrnehmbaren Kick für die Selbstachtung. Mitleid ist ein solches Engagement, wiewohl verhalten und nicht bereit, Nähe zuzulassen.

Insofern schlägt es also eindeutig Vorteile aus dem Unglück anderer. Wo es mit Ressentiments verschmilzt, da wird das eigene Wohlergehen jedoch auf eine fragwürdige Metaphysik oder Moral gestützt, um die Überheblichkeit zu entschuldigen.

NEID

> Der freie Mensch ist nicht neidisch, sondern anerkennt das gern, was groß und erhaben ist, und freut sich, daß es *ist*.
> G. W. F. HEGEL, *Vorlesungen über die Geschichte der Philosophie*

Da *Neid* (neben Geiz, Stolz, Trägheit, Unkeuschheit, Unmäßigkeit und Zorn) zu den »sieben Todsünden« gezählt wird, wird er sozusagen offiziell den – wenn auch verächtlichen – Grundmustern des Lebens zugerechnet. Im Gegensatz zum Zorn scheint er das auch eindeutig zu verdienen, da er alle übrigen negativen Aspekte teilt: den falschen →*Stolz*, einen oft unmäßigen Geiz sowie einen Hang zur Unkeuschheit, der lediglich aus Trägheit (oder Furcht) nicht ausgelebt wird. Neid ist im Kern ein bösartiges Gefühl, bitter und rachsüchtig, gewöhnlich jedoch – außer für den Neider – harmlos, denn im Unterschied zum Zorn geht er mit unvermögender Minderwertigkeit einher. Er schielt von ferne auf das Begehrte, wohlwissend, daß es ihm nicht zusteht und für ihn unerreichbar ist; so verhilft er dem Neider selten zu mehr als dem sprichwörtlichen »Gelb«, gepaart mit ohnmächtigen Diebstahls- oder Vernichtungsphantasien. Neid gehört zu den mißgünstigsten Emotionen, schließt also Nähe – außer zu anderen Verlierern – fast völlig aus. Bemerkenswert ist, daß er sich (im Gegensatz zum Ärger oder zur Eifersucht) keine moralische Begründung gibt und sogar bereitwillig einräumen kann, daß Dritten tatsächlich *zusteht*, was sie besitzen. Da sich eigentlich alles um die subjektive Selbsteinschätzung des Neiders dreht, muß es damit wahrhaft kläglich bestellt sein. Doch warum gilt dann der Neid und nicht die Kläglichkeit selbst als »sündhaft«? Weil er über das pure Mißgeschick und die Ohnmacht hinaus eine selbstverhängte zügellose unwürdige Gier ist. Insofern hat die christliche Psychologie hier erneut etwas Richtiges getroffen.

1. RICHTUNG: Wie alle Gefühle ist er implizit bipolar, jedoch gestützt auf mehr oder weniger direkte Vergleiche und auf Rivalität. In seiner offenen Form ist Neid betont außengerichtet, ganz mit dem begünstigten anderen befaßt und geflissentlich über die eigene Unwürdigkeit hinwegsehend.

2. UMFANG/FOKUS: Gewisse Attribute von Menschen, ihre Fertigkeiten, ihr Aussehen, ihr Erfolg in der Liebe oder im Beruf. Kann sich zwar auf einzelne Züge oder Ereignisse fokussieren (wie die → *Eifersucht*), dies aber nur stellvertretend für größere Felder. Allerdings hätte es kaum Sinn, neidisch auf alle Welt zu sein (wie man sich über alle Welt ärgern kann); daher gibt es keine dem Neid verwandte Stimmung (wiewohl er oft zum → *Ressentiment* neigt).

3. GEGENSTAND/INHALT: Man kann jemanden *um* etwa Begehrtes – einen Arbeitsplatz, eine Frau, einen Lebensstil oder eine Fähigkeit – beneiden, man kann aber auch *jemanden* beneiden (weil er Inhaber so vieler Herrlichkeiten ist). Für ersteres kommt alles mögliche in Frage: Dinge (Reichtum), Attribute (wie ein ausgeprägtes Pflichtgefühl oder völlige Unschuld), Gaben (etwa Klavier spielen zu können) oder Lebensstile (jeden Monat mit einem anderen Filmstar nach Paris zu fliegen). In einem etwas perversen Sinne kann man auch nichtmenschliche Wesen beneiden – die Vögel, daß sie fliegen können, die Insekten um ihre Ordnung, die Steine um ihre Dauer –, also bloß das Attribut ins Auge fassen und vom Inhaber absehen. Aber in der Regel ist der Inhalt ein *Mensch*.

4. KRITERIEN: Streng persönlich. (Das ist einer der Hauptunterschiede zum Ressentiment.) Auf unrechtmäßige Macht oder betrügerisch erworbenen Reichtum kann man ebenso neidisch sein wie auf eine erschlichene Verführung, auf Diebesgut oder auf unverdiente Ehren aller Art.

5. STATUS: Deutlich unterlegen.

6. WERTUNGEN: Sehr positiv für das Begehrte (keine besondere für den Inhaber, der verachtet, bewundert oder beneidet werden kann. Die Wertung des Neides muß sich – wieder im Gegensatz zum Ressentiment – nicht auf die ganze Person erstrecken.)

7. VERANTWORTUNG: Ein Neider weiß mehr von *Rechten* als von Pflichten. Daß dem Beneideten zusteht, worum er beneidet wird, wird nicht in Frage gestellt – ob sein Anspruch verdient ist oder nicht. Er selbst hat jedoch kein Recht, sondern lediglich starke Begierden, die oft mit dem gut rationalisierten Wunsch einhergehen, das ganze Rechtswesen auf den Kopf zu stellen. Der Bettler, der einen reichen Wohltäter beneidet, stellt weder die Rechtmäßigkeit dessen Vermögens in Abrede, er kann sogar dessen Leistung bewundern, noch bildet er sich ein, eigene Anrechte zu haben. Doch er würde es begrüßen, sich das fremde Geld aneignen zu können – oder aus Groll (dem gewaltsameren Bruder des Neides) dem Beneideten ein Unglück an den Hals zu wünschen, das den reichen Mann in tiefe Armut stürzte.

8. INTERSUBJEKTIVITÄT: Extrem abwehrend.

9. ABSTAND: Groß.

10. MYTHOLOGIE: Anarchische Gier; »*Ich will das haben!* – obwohl ich weiß, daß es mir nicht zusteht –, bin aber weder in der Lage noch willens, etwas dafür zu tun.« (»Ruft die Revolution doch schon mal ohne mich aus. – Ich gehe dann plündern.«)

11. WUNSCH: Zügellos und gierig zu stehlen.

12. MACHT: Keine.

13. STRATEGIE: Schwelgen in Selbstgerechtigkeit, die weder Ehrgeiz noch Leistungen kennt. Richtet sich gegen alles, was bevorzugt erscheint, meist hinter Ressentiments verborgen. (»Mit so viel Geld kann doch niemand glücklich werden.«) Enge Symbiose: Daß dem Beneideten alles abgenommen werden soll, findet im Ressentiment seine ideologische Rechtfertigung. (»Wenn ich reich wäre, würde ich mein Geld bestimmt nicht derart aus dem Fenster werfen ...«)

PFLICHT

Pflichtgefühl wird wegen des Mythos der Leidenschaften meist gar nicht den Gefühlen im engeren Sinne zugerechnet. Als »rationale« im Gegensatz zur »emotionalen« Instanz soll sie sich im »Diktat der praktischen Vernunft« im Sinne Kants den Launen der Neigung *widersetzen*. An feste Regeln des Intellekts gebunden wäre es außerdem eher ein Prinzip als eine Emotion. Doch beide Annahmen belegen, wie hoch der Preis ist, den der Mythos der Leidenschaften fordert, zumal Gefühle als grundlegende Urteile sowohl rational als auch beständig, sowohl prinzipiell als auch emotional sein können. Mag das Pflichtgefühl auch oft jene »leise Stimme des Gewissens« sein, die zu uns spricht, wenn wir in Versuchung geraten, zu betrügen oder zu stehlen,[7] kann es doch auch mit rabiatem Eifer toben, wie wir ihn nur von den stärksten Leidenschaften kennen.

1. RICHTUNG: Intern (auch wenn die Pflichten selbst etwas Externes sind).

---

[7] Die Darstellung des Gewissens als »eine fremde Stimme«, die »von außen« kommt, ist nur ein weiteres Beispiel für unsere anhaltenden Bemühungen, jegliche Verantwortung für unsere Projektionen von uns zu weisen. (Dieses Argument gehört zu den stärksten – und klarsten – in Heideggers *Sein und Zeit*.)

2. UMFANG/FOKUS: Variabel.
3. GEGENSTAND/INHALT: Das eigene Handeln.
4. KRITERIEN: Moralisch, »objektiv«, anonym und ungreifbar.
5. STATUS: — (Kann zum Überlegenheitsdünkel führen.)
6. WERTUNGEN: »Richtig« oder »falsch«, auf alternative Handlungsverläufe bezogen.
7. VERANTWORTUNG: Für das eigene Handeln (Kant zufolge setzt jede Moral Freiheit und Selbstverantwortung voraus), nicht für die Prinzipien selbst (die oft auf Gott oder ein Rechtssystem zurückgeführt werden). Kant leitete sie aus der Vernunft ab, weshalb sie verbindlich seien. Sartre dagegen ließ keine andere Instanz zu als die persönlich verantwortete Entscheidung.
8. INTERSUBJEKTIVITÄT: Pflichtgefühle können bestimmte Formen des Miteinanders vorschreiben, die ihnen jedoch äußerlich sind.
9. ABSTAND: Bei eher starren, distanzierten und weniger empfindsamen Naturen kann das Pflichtgefühl besonders ausgeprägt sein, doch das gehört weder zu seinen Eigenarten noch zu seinen notwendigen Folgen. (Beide Charakterzüge können jedoch aus einer gemeinsamen Quelle schöpfen.)
10. MYTHOLOGIE: »Und der HERR redete mit Mose und sprach …«
11. WUNSCH: Zu gehorchen.
12. MACHT: Gehorsam (das »Sollen« geht dem »Können« voran).
13. STRATEGIE: Sich zu rechtfertigen. Selbstverständlich nimmt das Gefühl alle möglichen Formen an: Rechtfertigung kann zu Selbstgerechtigkeit führen; die Autorität des eigenen »objektiven« Moralkodex veranlaßt einen, Andersdenkende als sittlich unterlegen oder entartet zu betrachten. Nietzsche wies ebenso anschaulich wie schlüssig nach, daß man sehr starken Gegnern meist nur mit Moralin zu

Leibe rücken kann – um die Mächtigen zur Demut oder die Reichen zur Wohltätigkeit zu zwingen. Eine effektive, oft ziemlich intolerante Strategie, seiner Selbstachtung aufzuhelfen.

RESPEKT

Respekt ist die – der Selbstzufriedenheit analoge – Anerkennung anderer, Würdigung, vielleicht sogar rühmende Bewunderung gewisser Leistungen und Erfolge. Während anhaltende Selbstzufriedenheit Schwäche und Stillstand herbeiführen kann, so besteht beim Respekt kein Zwang zur Mäßigung. Zwar verändern sich unsere Erwartungen an andere mit den ihrigen an uns, entwickeln sich neue Freundschaften und Rollenmodelle, neue Ideale und Empfindlichkeiten, trotzdem kommt uns nur zu, uns selbst, nicht unsere Mitmenschen zu verändern. Während man bei der Zufriedenheit eher Maß halten sollte, ist der Respekt eine solide Basis für den Umgang mit anderen. Gewiß muß er keine Bewunderung einschließen, von der man ihn klar unterscheiden sollte. Anerkennung bedeutet nicht, jemand zum Vorbild zu stilisieren, dem es nachzueifern oder gar höchstrichterliche Befugnisse einzuräumen gilt.

1. RICHTUNG: Fremdorientiert.
2. UMFANG/FOKUS: Menschen.
3. GEGENSTAND/INHALT: Andere Subjekte.
4. KRITERIEN: Offen.
5. STATUS: Gleichheit (möglicherweise Überlegenheit des anderen, dann aber mit Bewunderung verbunden).
6. WERTUNGEN: Positiv, von Anerkennung bis Bewunderung.
7. VERANTWORTUNG: Wird zugewiesen (nicht immer durch Lob).
8. INTERSUBJEKTIVITÄT: Offen (kann einem Fremden ebenso gelten wie einem Freund).

9. ABSTAND: Offen (unter Freunden Nähe, unter Kollegen eher Distanz).
10. MYTHOLOGIE: »Jedem das Seine«, »Jeder muß seinen Weg finden«, »Ein Mensch unter Menschen«.
11. WUNSCH: Frieden und Wohlwollen.
12. MACHT: — (Respekt schließt Selbstüberhebung aus.)
13. STRATEGIE: Gemeinsamkeiten durch Ausschalten von Feindseligkeit und gegenseitige Wertschätzung verstärken.

RESSENTIMENT

> Und mit nichts brennt man rascher ab,
> als mit den Ressentiments-Leidenschaften.
> FRIEDRICH NIETZSCHE, *Ecce homo*

Das Ressentiment ist der Schurke unter den Emotionen. Es gehört zu den zwanghaftesten und eindringlichsten Gefühlen, vergiftet die gesamte Persönlichkeit, weitet sich gern zu einer Allgemeinstimmung aus und spricht dann auf alles und jedes an, was sich als Affront deuten läßt. Seltsamerweise zählt das Ressentiment nicht zu den »sieben Todsünden« (wie der →*Neid*, sein nahes, aber konkreteres Pendant), obwohl es gewiß das tödlichste aller Gefühle ist. Im Ressentiment stagniert die Selbstachtung, verengt sich die Welt auf ein stur verteidigtes Revier, machen Intrigen jeden Stolz zunichte, ersticken Vertrauen, Nähe und Gemeinsamkeit, bis auf jene ohnehin dubiosen Schutzbündnisse, die allein der Ranküne dienen. Das Schlimmste an diesem durchdringenden Gefühl ist jedoch seine Verschlagenheit. Selten tritt es offen als Ressentiment auf, und es gibt kaum eine andere Regung, die es nicht für seine Maskeraden mißbraucht. Moralisch aufgebläht, mimt es →*Entrüstung*, →*Eifersucht* oder Zorn. Wo es eigene Minderwertigkeit nicht wahrhaben kann, überzieht es alles mit Haß, Hohn und Spott. Riecht es Gefahr, zieht es sich in die demütige Selbstkasteiung

der Schuld und Reue zurück – jedoch nur, bis diese vorüber ist.
Wenn das Ressentiment wittert, daß andere für Vertrauen und
Offenheit anfällig sind, spielt es mit der Liebe und zieht alle
Register zärtlicher Fürsorge, um Einfluß zu gewinnen und dann
hinterrücks seine Rachgier stillen zu können. Es ist ein böses
Gefühl – ein Richard III. in den Gemächern der Psyche, reich
an Ränken und Intrigen, doch im Argwohn der Minderwertigkeit stets verzweifelt, rastlos und fast ohne Hoffnung kämpfend.
Da es selbst kaum Siege feiert, bejubelt es jedes Mißgeschick,
das seine Feinde trifft. Seine Schadenfreude, in der es suhlt, ka-
schiert es verschlagen hinter zartfühlendem Mitleid, um sich an
der Illusion von Überlegenheit zu ergötzen. Das Ressentiment
sucht die Gesellschaft des Elends.

Das Ressentiment, über das noch manches zu sagen wäre,
steht fast paradigmatisch für die emotionale Strategie der Ver-
schanzung, die keinen Blick über ihre selbstgerichteten Mauern
hinaus zuläßt. Während sich →*Liebe* und →*Haß* wie zwei Pole
fordern, sind Liebe und Ressentiment zwei Antipoden, die
nichts teilen können: hier ein offenes, vertrauensvolles Bekenntnis zu Gemeinsamkeit und Nähe, dort ein geschlossenes
Bollwerk von Ränken und Boshaftigkeiten als Pervertierung von
Hobbes' Bild des »Krieges aller gegen alle«, gestützt auf die Pa-
rolen:»Jeder auf eigene Faust«,»Traue keinem« und»Nimm
dir, was du kriegen kannst«.

1. RICHTUNG: Betont extern, vermeidet hartnäckig jeden Blick
   nach innen, auf eigene Einstellungen, Motive, Absichten,
   Schwächen und (mangelnde) Leistungen.
2. UMFANG/FOKUS: Fast global (wie bei einem verängstigten
   Tier mit ausgefahrenen Fühlern, das überall Gefahr wittert), mit jeweils punktuellem Fokus. Dem Ressentiment
   entgeht fast nichts. (Das Ressentiment ist insofern eine
   Schule für Wächter, Polizisten, Bibliothekare, Pedelle,
   Buchhalter, Detektive, Gelehrte und Baby-Sitter).

3. GEGENSTAND/INHALT: Im Grunde alle Mitmenschen. Not-falls auch Gott und aller Reichtum seiner Schöpfung: Bäume, Häuser, Steine, Gesetze, Regeln, (fremde) Erfolge, Wecker etc.

4. KRITERIEN: Immer moralisch gefärbt, schöpft aber auch aus eigenen und fremden Quellen (etwa aus Neid oder →*Scham*). Es kommt stets anonym und desinteressiert da-her. (Nietzsche hielt alle Moral für eine Erfindung des Res-sentiments [vgl. die Vorrede *Zur Genealogie der Moral*]: Es erhebe die anspruchslosen Träume und Werte von Schwa-chen zum allgemeinen Maß, dem sich alle fügen und auf das auch die Starken zurückgestutzt werden sollen.)

5. STATUS: Unerträgliche Minderwertigkeit. Das Ressenti-ment gedeiht in den dunklen, feuchten Sümpfen der Seele und scheut die direkte Auseinandersetzung mit Überlege-nen – etwa Vorgesetzten, Autoritäten, Tyrannen sowie dem anderen Geschlecht. Es tarnt sich und ersinnt hinterhältige Strategien, die alle nur darauf zielen, die eigene Minder-wertigkeit zu überwinden und sich gleichrangig oder, bes-ser, überlegen zu fühlen.

6. WERTUNGEN: Negativ gegenüber allem, außer dem Leiden anderer, das als verdient gilt und insofern zur Selbstbestäti-gung beitragen kann. Beschwerden, Einwände und bitteres Gift, die oft sehr ausgefeilt, frappierend intelligent und ele-gant in Umlauf gesetzt werden, sind die Mittel seiner Wahl. Da es Eigenlob nicht zuläßt, muß es alles anschwärzen, ge-wöhnlich mit gutem Grund. (Aber fehlen einem je gute Gründe, wenn man gründlich genug danach sucht?)

7. VERANTWORTUNG: Ähnlich schwer zu fassen wie schuld-befangene Selbstvorwürfe, sind die Fremdanklagen des Ressentiments diffus, dunkel, wenig konkret und immer so weit, daß sie fast alles treffen können. Bemerkenswert ist, daß Schuldgefühle häufig in einer dialektischen Beziehung mit Ressentiments stehen, sie in ihren Minderwertigkeits-

komplexen bestärken, was wieder auf dem Konto der anderen gebucht wird, die auch nicht besser sind. Listige Ressentiments gelingt es, ihre Schuldgefühle wegzustecken und sich mit der Unschuld ungeborener Kinder auszustaffieren, beispielsweise Clamence in Camus' *Der Fall*, Kierkegaard in seinen Schriften oder in »Bekenntnissen« aller Art: eine mißgünstige Arroganz, als ob schonungslose Selbstvorwürfe schon ausreichten, um einen über andere zu erheben.

8. INTERSUBJEKTIVITÄT: Extrem abwehrend und mißtrauisch, sich verschanzend, Ränke schmiedend. Wenn andere »Einlaß finden«, können wir sicher sein, daß sie von gleichem Kaliber und gewiß nicht stärker sind; aber selbst mit ihnen kommt es nur zu vorläufigen Bündnissen, begleitet von gegenseitigem Mißtrauen, Kulten, Ritualen und Faustpfänden.

9. ABSTAND: Groß. Nähe wäre unerträglich, denn das Ressentiment schämt sich seiner, ist unfähig, mit Verletzlichkeit umzugehen, kann seine kritische Grundeinstellung besonders anderen Menschen gegenüber nicht überwinden.

10. MYTHOLOGIE: Unterdrückung und Belagerung. »Alles ist ungerecht!« Das Gefühl, schuldlos in einen niederen Seinszustand »geworfen« worden zu sein. Paranoid-revolutionäre Weltanschauung: »Wer nicht für mich ist, der ist gegen mich.« Wie Hobbes gesagt hat: Der Mensch ist des Menschen Wolf (ganz handfest oder im übertragenen Sinn). Aussichtsloser Kampf gegen übermächtige Widerstände, so daß es wie Sisyphos sogar die Götter »verhöhnt«, hat allein seinen »Trotz« als Waffe (der jedoch folgenlos bleibt, denn es plagt sich ja weiter ab). Neigung, die Welt in zwei Lager zu teilen, in die »Sieger« und die »Verlierer«; Machtbesessenheit.

11. WUNSCH: Alle Feinde zu vernichten, um eine sichere Machtposition zu erlangen, bedeutend zu sein.

12. MACHT: Nicht die geringste, was alle überzogenen Wün-

sche bis zur totalen →*Verzweiflung* zugleich nährt und vereitelt. Da Machtgefühle etwas Subjektives sind, kann das Ressentiment wirklich mächtige Menschen ebenso ereilen wie unterdrückte. Nur befällt es Neurotiker, die Machtpositionen anstreben, möglicherweise eher als jene, die sich damit abfinden, ohne Macht zu leben. Den Kern des Ressentiments bildet jedenfalls das Gefühl der Minderwertigkeit und Ohnmacht sowie die Motive der Vergeltung und der Überwachung.

13. STRATEGIE: Kein Gefühl verfügt über ein reicheres Arsenal von Strategien. Durch Mimikri, Vortäuschung anderer Gefühle, übernimmt es deren Strategien und paßt sie seinen Absichten an. Der Empörung gleich, erhebt es in dünkelhafter Weise moralische Anklagen und fällt seine Urteile. Wie das Mitleid weidet es sich am Schicksal anderer und leitet daraus anhand einer verqueren Metaphysik seine eigene Überlegenheit ab. Als Liebe kann es in die Herzen anderer schlüpfen, um dort seine bösartigen Phantasien auszuleben. Das Ressentiment ist, wie Nietzsche im *Zarathustra* gesagt hat, eine Tarantel, ein einsames, abwehrendes Geschöpf von abstoßendem Äußeren, das sich nichts zutraut. Sein Gift ist schmerzhaft, aber selten tödlich, und meistens zieht es sich in sein Loch zurück. Alle Strategien des Ressentiments hängen an einem einzigen Prinzip: *andere niederzumachen.* So will es seine Selbstachtung und Überlegenheit allein darauf stützen, daß Rivalen gelähmt oder ausgeschaltet werden. Es zieht alles ins Kalkül, nur nicht seinen eigenen Daseinsgrund, die Selbstunterdrückung oder das Minderwertigkeitsgefühl, das all diese boshaften Ziele und Strategien ausheckt. Das Ressentiment, einmal erkannt und durchschaut, ist von unerträglicher Erbärmlichkeit: Gerade deshalb muß es zwanghaft alles Erdenkliche unternehmen. Man fragt sich, wer in einer sinnlos-aufreibenden Schlacht der ewige Verlierer bleiben will, wo er doch in Frieden und

Eintracht mit anderen zusammenleben könnte. (Aber das ist leicht gesagt und so schwer zu fassen, wenn es einen selbst angeht.)

REUE →*Bedauern und Reue*

SCHAM

> Wir Deutschen müssen zwar keine Kollektivschuld empfinden, sollten uns aber wenigstens kollektiv schämen. Frei nach THEODOR HEUSS

Scham strukturiert unsere moralische Verantwortung ähnlich wie →*Ärger* und Stolz. Im Unterschied zu diesem sieht sie allerdings den Stein des Anstoßes in sich selbst und im Gegensatz zu jenem hat sie nichts Präsentables vorzuweisen, sondern etwas, was man lieber verstecken möchte. Scham ist spezifischer als →*Schuld* und weniger heftig als →*Reue*, von begrenztem Umfang und nicht generell selbsterniedrigend – übrigens ähnlich wie die →*Verlegenheit*, mit der sie oft assoziiert wird.

1. RICHTUNG: Intern.
2. UMFANG/FOKUS: Konkrete Ereignisse.
3. GEGENSTAND/INHALT: Eigene Handlungen.
4. KRITERIEN: Moralisch (können mitunter aber auch stark zwischenmenschlich sein wie im Fall der Verlegenheit, wo moralische Kriterien noch nicht greifen).
5. STATUS: — Offen (wer sich schämt, muß sich deshalb nicht unterlegen fühlen).
6. WERTUNGEN: Negativ.
7. VERANTWORTUNG: Eigene Schuld.
8. INTERSUBJEKTIVITÄT: Offen. Scham kann eine Grundlage für Offenheit bilden (in Bekenntnissen), aber auch zum Rückzug oder zur Flucht in die Anonymität führen.

9. ABSTAND: Offen.
10. MYTHOLOGIE: Wie Ärger bildet auch Scham ein Tribunal, mit Gesetz, Anklage, Verurteilung und Bestrafung. Nur spielt man unangenehmerweise den Delinquenten, nicht den Richter, ist allerdings ein Angeklagter, der gesteht und die Strafe gerne gleich antritt.
11. WUNSCH: Buße zu tun und seine Schuld zu sühnen (aber nicht unbedingt etwas zur eigenen Verteidigung vorbringen zu müssen).
12. MACHT: Offen (im Unterschied zur Schuld und Reue, bei denen die Tat unverzeihlich erscheint).
13. STRATEGIE: In Maßen eingesetzt, kann Scham zur Läuterung anstacheln (was Eltern und Erzieher nur zu gut wissen). Obwohl sie etwas ohne Vorbehalt auf die eigene Kappe nimmt, ist sie gerade keine restlose Selbstverurteilung, sondern bekräftigt die eigene Autonomie und Verantwortung (als »Erwachsener«). Obgleich Scham den direkten Gegenpart zum Stolz übernimmt, leistet sie für die Selbstachtung nicht weniger. Da es aber viel Kraft kostet, an einer so begrenzten Selbstanklage festzuhalten, zieht sie sich oft auf ein umfassenderes Schuldgefühl zurück, das nun allerdings schwer zu begründen ist. In höheren Dosen führt die Scham zur Selbsterniedrigung und setzt ohnmächtig auf eine Abwehr, der die Ideologie der Buße und Sühne als wichtige Brücke zur Selbstverwirklichung fehlt. Im Streben nach Entlastung mag sie sich auch als unschuldige Verlegenheit geben oder die Pose (und es ist nichts als Pose) der »Verärgerung über sich selbst« einnehmen, die im Gegensatz zur Scham selbstzufrieden ist. Wenn Scham oft als selbsterniedrigend gilt, so steigert sie die Selbstachtung wie kaum ein anderes Gefühl. Es ist leicht, »sich gut zu fühlen«, wenn man weder Werte hat, noch Verantwortung übernehmen oder sich irgend etwas vorwerfen muß. Doch die Selbstachtung oder persönliche Würde beruht nicht auf

den glücklichen Umständen eines makellosen Lebens oder auf bequemer Amoral. Für Fehler geradezustehen gehört zum aufrechten Gang. Selbst Liebe wäre ohne diese Fähigkeit nicht denkbar. Kann es Beziehungen geben, die ohne Kämpfe und Mißbräuche, Fehler und Affronts Bestand haben?

SCHRECKEN →*Furcht*

SCHULDGEFÜHL

> Schaffen wir den Begriff der *Sünde* aus der Welt – und schicken wir ihm den Begriff der *Strafe* bald hintendrein!
>
> FRIEDRICH NIETZSCHE, *Morgenröte*

Über Schuldgefühle ist mehr geschrieben worden als über alle anderen Regungen (→*Liebe* inklusive). Sie bilden das Zentrum der jüdisch-christlichen Psychologie und Theologie, die Basis des Strafrechts, die Schattenseite jeder Gesinnungsethik, aber auch den Schlüssel zu zahlreichen psychopathologischen Syndromen. Freud und die meisten Analytiker haben dem Schuldkomplex in der Psychoanalyse oberste Priorität eingeräumt. Diesem Thema in einem kurzen Resümee auch nur annähernd gerecht zu werden ist unmöglich, deshalb begnüge ich mich mit einer kurzen Analyse seiner Grundstrukturen.

Zunächst einmal sind Schuld und Schuldgefühl zweierlei. Es liegt auf der Hand, daß man nach dem Gesetz für schuldig erklärt werden kann, sich darum aber nicht schuldig *fühlen* muß; ebenso kann man als religiöser Mensch seine Schuld vor Gott bekennen, ohne sich persönlich im geringsten für schuldig zu halten. Auch was sonst in irgendeinem Sinn schuldhaft, rechtswidrig oder verwerflich *sein* mag, setzt nicht voraus, daß man sich dabei schuldig *fühlt*. Mir geht es hier allein um die »Innenseite« der normalen, alltäglichen Schuldgefühle, die wir alle

357

kennen, nicht die oft schlimmen pathologischen Komplexe, von denen wir bei Freud lesen.

Meistens regen sich Schuldgefühle im Anschluß an Verfehlungen in Form von Selbstvorwürfen und unterscheiden sich wenn überhaupt nur der Stärke und dem Umfang nach von Gefühlen der →*Scham*. Für Schuld ist jedoch typisch, daß sie unser ganzes Selbstwertgefühl erfassen kann; die Vorwürfe wegen einzelner Fehler verdichten sich zu einer Anklage unserer *ganzen* Existenz. Damit geht ein Gefühl völliger Unzulänglichkeit einher, wie es sich in der Scham selten findet. Zudem *verlangt* Schuld, wie wir an der Erbsündenlehre sehen, gar keine benennbare Verfehlung. Ihre bloße Existenz genügt – sie kann sogar weitergegeben und »vererbt« werden, wie etwa im Fall des Kolonialismus oder anderer Unrechtstraditionen. Bei der Schuld ist jeder sein eigener Richter und insofern gewöhnlich erbarmungsloser und unerbittlicher, als es andere wären. Man kann sich wegen Nichtigkeiten anklagen und verurteilen. Auch dort, wo es eine »objektive« Verfehlung und eine äußere Instanz (ob Gott oder ein Strafgericht) gibt, begründet das externe Urteil keine Schuld – Schuld nimmt man »auf sich«; sie hat andere Ursprünge und nimmt andere Richtungen als gerichtliche Schuldsprüche. Schuldig ist man immer nur »vor« sich selbst.

1. RICHTUNG: Intern.
2. UMFANG/FOKUS: Ursprünglich möglicherweise nur konkrete Verfehlungen, aber letzten Endes das eigene Dasein.
3. GEGENSTAND/INHALT: Das handelnde Ich, oft mehr oder weniger stark auf eine Verfehlung oder Übertretung fokussiert.
4. KRITERIEN: Moralisch, ergänzt durch die Berufung auf gewisse Autoritäten, religiöse Gebote oder das geltende Strafrecht – in gewissem Sinne aber immer auf das »objektive« Sittengesetz, etwa wie bei Kant als Diktat der Vernunft oder soziologisch als »Anstandsnorm« verstanden. Auch wenn die

»Schuld« nur in kleinen Sünden liegt (wie »einen Brief nicht beantwortet zu haben«), wird die gebrochene Regel als fundamental und unanfechtbar eingestuft. (Oft geht es aber lediglich um eine entlastende Dramatisierung.)

5. STATUS: Allen unterlegen (oder: alle, auch man selbst, sind schwache Wesen, wie in der Erbsündenlehre).

6. WERTUNGEN: Sehr negativ gegenüber sich selbst, muß aber nicht an bestimmte Taten und deren Verurteilung gekoppelt sein.

7. VERANTWORTUNG: Extreme Selbstanklage und -beschuldigung.

8. INTERSUBJEKTIVITÄT: Stark abwehrend.

9. ABSTAND: Unzugänglich (außer im Bekenntnis).

10. MYTHOLOGIE: Exemplarisch ist die Erbsündenlehre. Die rechtsetzende Instanz gilt als absolut unanfechtbar; das jeweilige Vergehen ist banal, dennoch steht die gesamte Person unter Anklage. Die Last des Vorwurfs und das Strafverlangen werden verinnerlicht und damit zur Selbstanklage und Selbstkasteiung. Man betrachtet sich als ein lächerlich unzulängliches und anstößiges Wesen (wie bei Calvin und in Kierkegaards *Die Krankheit zum Tode*).

11. WUNSCH: Sich selbst so hart wie möglich und bis zur Selbstauslöschung, nach der man sich nichts mehr antun könnte, zu bestrafen. Die eigene Schuld zu bekennen und sich zu demütigen (wenn schon nicht vor den Menschen, wenigstens vor Gott); Erlösung oder Entrinnen (vor einem selbst).

12. MACHT: Nicht imstande, sich zu rehabilitieren oder zu rechtfertigen, sondern nur, sich zu verurteilen und zu bestrafen (was sich im Ressentiment leicht gegen andere richten kann).

13. STRATEGIE: Daß in dieser Form der völligen Selbsterniedrigung ein starkes Potential von Selbstachtung liegt, hat die christliche Kirche erkannt und nach Kräften genutzt.

Schuld ist eine mächtige Kraft, die rasch in Ressentiment und Empörung umschlägt, in selbstgerechte Kreuzzüge gegen das »Heidentum« und alles, was sich Unschuld anmaßt. Am tiefsten durchschaute allerdings Freud die feinen Intrigen der Schuldstrategie. Solche subversiv betrügerischen Schuldstrategien muß man erst einmal erkannt haben, bevor man sie als »nutzlos« und »selbstzerstörerisch« verwerfen kann.[8] Der größte Vorteil der Schuld liegt offenkundig in ihrer extremen Selbstgerechtigkeit – das mag nicht eben zur Beglückung beitragen, doch die Emotionen streben ja kein Glück an, sondern die Steigerung der Selbstachtung. Und Schwelgen in selbstverhängter Schuld und Schmerz kann eine geeignete Methode sein, sein eigenes Dasein wieder zu spüren – wie man sich zwickt, um zu spüren, daß man noch lebt; unauffällige Durchschnittsmenschen verüben manchmal grausame Verbrechen oder bezichtigen sich ihrer, nur um aller Welt zu beweisen, daß es sie gibt. Im Schuldgefühl geht es fast nur oder ausschließlich darum, die eigene Existenz in den Vordergrund zu rücken: Es erlaubt uns, völlig egoistisch zu sein, das Leiden ringsum oder die Belange anderer zu vergessen. Schließlich leidet niemand mehr als wir! Schuldgefühle dienen auch dem Selbstschutz. Wenn uns jemand wegen einer Kleinigkeit kritisiert, prallt das an uns ab. Denn wir haben uns schon so umfassend und gründlich selbst verurteilt, daß uns kein spezieller Tadel mehr treffen kann. Indem wir uns vorgreifend anklagen und bestrafen, bleiben wir auch von weiteren Gewissensbissen verschont. Der existentiell Schuldige hat gegenüber uns anderen den Vorteil, nicht noch schuldiger werden zu können. Auch wenn das widersinnig klingt – man fügt sich selbst größten Schmerz zu, um nicht kleinere Schmerzen, Schuld- oder

---

[8] Vgl. Walter Kaufmann, *Beyond Guilt and Justice*, New York 1973.

Schamgefühle ertragen zu müssen –, folgt es einer zwingenden Logik: Am liebsten beugen wir uns dem eigenen Verdikt, und was unsere Würde angeht, behalten wir geflissentlich im Hinterkopf, daß wir uns nur leere Selbstvorwürfe machen – und das ist zu verschmerzen. Der eigenen Urteile können wir sicher sein, der anderer jedoch nicht.

In *Der Fall* läßt Camus seinen Protagonisten Clamence eine biblische Ermahnung umkehren:»Richtet, auf daß ihr nicht gerichtet werdet.« Sein maßloser Schuldspruch gegen sich selbst ist geradezu typisch für die einschlägige Strategie: Da es ihm trotz seiner Weltläufigkeit und Überlegenheit nie gelungen ist, sich selbst anzuerkennen,»fällt« er – oder besser, wirft er sich in die Gosse – und bekennt allen, die ihm zuhören wollen, seine Schuld. Dennoch wissen wir – und er gibt es ja selber zu –, daß er nicht das Streben nach Würde und Selbstachtung aufgegeben, sondern nur die Strategie umgekehrt hat. Ausgehend von dem Axiom, daß niemand unschuldig ist, bürgt hier das bußfertigste Schuldbekenntnis dafür, daß man *am wenigsten* schuldig und insofern allen überlegen ist. Das begriffen zu haben, darin liegt das Genie der christlichen Kirche wie der Psychoanalyse: Schuld verkehrt sich in ihr Gegenteil, sie ist eine selbstgerechte, eigentlich amoralische, aber fast unangreifbare Strategie des Selbstschutzes und der Dominanz. Wer sich selbst verurteilt und bestraft, darf sich aller Welt überlegen fühlen – erst recht jenen, die sich dreist dazu aufschwingen, ihm banale irdische Verfehlungen vorzuwerfen, als ob sie selbst frei von Sünde wären.

SELBSTLIEBE UND -HASS, SELBSTMITLEID, SELBSTVERACHTUNG ETC.

Bei dieser Gruppe scheint es sich zumindest auf den ersten Blick um nach innen, auf das Ich umgewandte, außengerichtete

Emotionen zu handeln. Sie verdienen besondere Aufmerksamkeit, erstens, weil sie mit ihren Normen unter falscher Flagge segeln, und zweitens, weil sie seltsam schizoide Strukturen besitzen, die innengerichtete Gefühle normalerweise nicht aufweisen. Wer »sich selbst« zum Inhalt seines Ärgers, seiner Liebe oder seiner Abscheu macht, der behandelt sich wie »einen anderen«. Diese Gefühle sind also weder schlicht selbst- noch fremdgerichtet und können, überflüssig zu sagen, auch nicht im buchstäblichen Sinne als »bipolar« gelten, obwohl es bei der ganzen Gruppe eigentlich um bipolare Emotionen (Liebe, Mitleid, Haß) geht. Betrachten wir das Verhältnis zwischen Scham und Ärger über sich selbst. Beide Male geht es um eine Schuldzuweisung. Auf den ersten Blick könnte man meinen, beide Gefühle seien identisch; doch im Unterschied zum Ärger beruft sich Scham auf eine Ideologie der Selbstbeherrschung. Wer sich schämt, will Wiedergutmachung; wer über sich verärgert ist, hält die Sache für abgeschlossen, erklärt sich gewissermaßen für die Untat, nicht aber für die Abhilfe verantwortlich. In diesem Sinne meine ich, daß wir uns bei diesen Gefühlen selbst als Fremde behandeln, denn in der Regel werden dabei fremdgerichtete Urteile so auf das eigene Ich angewandt, *als ob* es gar nicht um einen selbst ginge.

Oder nehmen wir die Selbstliebe, den von Freud so dargestellten *Narzißmus*, der oft als Selbstvergottung und Eitelkeit verdammt wird. Die antike Sage über den Jüngling, der, verzückt vom eigenen Spiegelbild im Brunnen, alles um sich herum vergißt, wunschlos und daher unfähig ist, andere zu lieben oder auch nur zu achten, beschreibt jene sorglosen und übermütigen Urteile ziemlich treffend, in denen man sein Ich von ferne bewundert und nicht als Subjekt, sondern als Objekt auffaßt.[9]

---

[9] Der französische Philosoph L. Lavelle hat einen umfangreichen Essay mit dem Titel *L'Erreur de Narcissus* (Paris, Grasset) über diese besondere Form der Schizophrenie geschrieben.

Doch was man an sich »liebt«, ist bloß das Selbstbild, nicht das Ich. Insofern ist »Selbstliebe« nur eine Karikatur, eine mißverstandene innen- oder selbstbildgewandte Idolatrie, die wenig mit der bipolaren Ausrichtung von Liebe gemein hat. Das Selbstmitleid weist eine ähnliche Struktur auf. Entscheidend ist jedoch nicht, ob ein erlittenes Ungemach Mitleid verdient (was man gewöhnlich bejahen kann), sondern das Lähmende dieses Gefühls. Zu beanstanden wäre vor allem, daß man sich dabei im Unglück suhlt, es nicht nur hinnimmt, sondern geradezu aufsaugt, anstatt es zu überwinden und wieder auf die Beine zu kommen. Nicht das Mißgeschick selbst ist unerträglich, sondern die Weigerung, »sich einen Ruck zu geben und etwas dagegen zu tun«.

Ähnliches gilt für die Selbstverachtung. Wer andere verachtet, meidet sie, hält Abstand, grenzt sich deutlich von ihnen ab. Wird diese Ablehnung nun nach innen gewendet, so weidet man sich an der selbstattestierten Widerwärtigkeit wie das Selbstmitleid am eigenen Unglück: unbeherrscht und ohne jeden Versuch, dagegen anzukämpfen. Die Selbstverachtung geht kurioserweise mit einem perversen Gefühl des Einverständnisses oder sogar der Befriedigung einher. Wie alle ichfeindlichen Regungen setzt sie jedenfalls das passive Hinnehmen voraus, die Verantwortung für sich selbst möchte man – wie teuer es uns auch zu stehen kommt – nicht übernehmen. (»Ich bin so ein schlimmes, selbstsüchtiges, unmögliches, widerwärtiges Biest! Aber was könnte ich dagegen tun? Du mußt mich eben nehmen, wie ich bin.«)

Grundsätzlich müssen wir annehmen, daß gerade solche Gefühle die verantwortungslosen, ichfeindlichen Motive in unser Selbstbild einschmuggeln: Sie dienen alle – die Eigenliebe und das, wie es im Volksmund heißt, »stinkende« Eigenlob (eine ganz andere Kategorie als die »Selbstachtung«) inklusive – in erster Linie der Abwehr, um die Würde gleichsam auf Distanz zu wahren; als würden wir uns hinter einer Art Aushängeschild verstecken. Sofern jemand selbst »sein bester Freund« oder »sein schlimmster Feind« sein will, darf man also annehmen, daß seine Selbstachtung von irgendeiner Seite her bedroht ist. Auch wer »sich selbst ein Geschenk machen« muß, nimmt sich als einen anderen (denn wie könnte man sich etwas »schenken«?). Wer sich bemitleidet, erlaubt es sich nicht, über das Erlittene hinwegzukommen: Dafür »genießt« er das Leid zu sehr. Wer sich verachtet, hört nicht auf Ermunterung und guten Rat, sondern zieht seine Widerwärtigkeit der Verantwortlichkeit vor. Wer »selbstverliebt« ist, hat nichts zu geben, weder freundschaftliche Unterstützung noch Solidarität, und schon gar keine Liebe: Er ist viel zu sehr »von sich eingenommen« – wie es scheint voller Bewunderung, aber vermutlich hat er alle Hände voll mit Abwehr zu tun und muß verhindern, daß irgendein Miteinander die Fassade der Selbstbespiegelung aufbricht.

STOLZ

> *Stolz* ist die bereits feststehende Ueberzeugung vom eigenen überwiegenden Werthe, in irgend einer Hinsicht … die von *innen* ausgehende, folglich direkte Hochschätzung seiner selbst.
> ARTHUR SCHOPENHAUER, *Von Dem, was Einer vorstellt*

Stolz gilt zu Unrecht als »Todsünde«, obendrein die schlimmste. Zwar gibt es den »wahnhaften Stolz«, der in Gesellschaftsromanen gern verwirrten Frauen und allerlei Gecken nachgesagt wird, aber im Grunde ist er nicht wahnhafter als Ärger, Liebe, Eifersucht oder Hoffnung. Ganz im Gegenteil liegt der Stolz mitten im Zentrum der Emotionalität, da er den subjektiven Anspruch auf persönliche Würde und Selbstachtung verkörpert. Er ist aber kein Äquivalent der Würde, zumal diese keinen Hang zum »Wahnhaften« kennt. Wie Selbstachtung erwächst auch Würde aus der Gesamtheit der emotionalen Mythologien.

Stolz hingegen heftet sich stark an Details, besonders an Leistungen und Erfolge. Daran ist nichts falsch, solange er kein schiefes Selbstbild und »falscher Stolz« wird, der die aufgeblähte Selbstachtung im Kampf um Überlegenheit wie ein Schild vor sich her trägt.[10]

Im Idealfall ergänzen Stolz und Selbstachtung einander, und zwar als eine subjektive Zurechnung objektiver Leistungen oder Erfolge. Wie ich jedoch im vierten Kapitel gezeigt habe, müssen das subjektive und das objektive Selbstbild nicht immer zusammenstimmen, denn der Konkurrenzkampf um einen besseren Status schaltet das Selbstgefühl oft völlig aus. Ähnlich kann ein übermäßiges Ichbewußtsein leicht (auf manchmal tragikomische Weise) die Realität außer acht lassen, sich in den eigenen Mythologien verlieren und kaum noch Meinungen Dritter oder den Lauf der Dinge wahrnehmen. Insofern kann jemand sehr stolz sein und trotzdem wenig Selbstachtung haben – oder umgekehrt. Fromme Menschen bevorzugen oft diese Alternative, zumal Stolz für sie eine Sünde ist. Die anderen gehen meist in die erste Falle, sind einerseits wegen bestimmter Leistungen stolz auf sich, machen sich aber in kaum noch nachvollziehbarer Weise erbärmlich klein. (»Gut, ich habe alles erreicht, was ich wollte, aber was bin ich schon?«)

Der emotionale Pferdefuß des Stolzes steckt in den äußeren Leistungen: »Falscher Stolz« übertreibt seine Erfolge oder eignet sich Erfolge an, die nicht die seinen sind. (Wer etwas für seine Schönheit oder Gesundheit tut, mag stolz darauf sein; wer jedoch einfach schön oder gesund ist, kann eigentlich nur dankbar sein – oder vielleicht eitel (das dem Stolz entsprechende passive Gefühl). Wenn wir Stolz und →*Eitelkeit* oft verwechseln –

---

[10] Diese doppelte Bedeutung von »Stolz« tritt in *Websters Third New Dictionary* klar zutage, wo zwei Grundformen voneinander abgegrenzt werden: zum einen das »Stolzsein« als Selbstwertgefühl und zum anderen die »Selbstüberhebung«, »Überheblichkeit« und »Dünkelhaftigkeit«, zu denen auch der bekannte Buch- und Filmtitel »Stolz und Vorurteil« paßt. (Spinoza schreibt: »*Hochmut* heißt: aus Liebe zu sich selbst eine größere Meinung von sich haben, als recht ist.«, *Ethik*, Dritter Teil, Nr. 28.)

uns für stolz halten, obwohl wir in Wahrheit bloß eitel sind –, so ist das offenkundig mehr als ein rein sprachliches Versehen.

1. RICHTUNG: Intern (auf das Ich, besonders aber auf äußere, d. h. »objektive« Leistungen bezogen).
2. UMFANG/FOKUS: In aller Regel bestimmte Leistungen oder Erfolge, möglicherweise auf die gesamte Person übertragen, jedoch nichts bloß Subjektives.
3. GEGENSTAND/INHALT: Das handelnde Ich.
4. KRITERIEN: Beliebig (gewöhnlich mit einem Seitenblick auf andere).
5. STATUS: Überlegenheitsgefühl, aber nicht unbedingt rivalisierend.
6. WERTUNGEN: Stark positiv gegenüber den eigenen Erfolgen.
7. VERANTWORTUNG: Für eigenes Tun.
8. INTERSUBJEKTIVITÄT: Kann Abwehr auslösen und defensiv benutzt werden, wenn jemand Erfolge bestreitet, ist aber im Grunde nicht defensiv.
9. ABSTAND: — (Neigt zu einer augenfälligen Distanz, um besser gesehen zu werden.)
10. MYTHOLOGIE: »Das ist mein Werk«; gewöhnlich ahmen die privaten Mythen des Stolzes ziemlich zielstrebig irgendwelche Idole, Mentoren und Helden nach. Zweifellos spielt es oft auch eine Rolle, geschafft zu haben, was die Eltern von einem erwarteten. Der Grundmythos des Stolzes ist der Erfolg, doch was als solcher zählt, hängt vom Ehrgeiz und von den Maßstäben des einzelnen ab (Heroismus, Kreativität, Mut, Reichtum, moralische Stärke etc.).
11. WUNSCH: Anerkennung.
12. MACHT: Beliebig. Zwar muß man etwas vollbringen können, das einen stolz macht, aber das Vermögen gehört nicht mit zum Gefühl selbst. Die Kraft des Stolzes ist seine Fähigkeit, den Erfolg ins rechte Licht zu rücken, andere zu beein-

drucken und die gebührende Anerkennung zu finden. »Falscher Stolz« resultiert daraus, daß wir eigene Leistungen überschätzen und in einem Maße Beifall einheimsen wollen, wie wir es vernünftigerweise nicht erwarten können, der »wahnhafte« daraus, daß jemand die widersinnigsten Verrenkungen vollführt, nur um (ungeachtet aller Erfolge) Anerkennung zu finden.

13. STRATEGIE: Die Selbstachtung durch äußere Erfolge sowie die Anerkennung anderer zu steigern; nicht das schlechteste Motiv, sofern sich nicht alles darin erschöpft (vgl. auch IV, 4).

TRAUER

Betrübtsein, Leid, Kummer und Trauer sind ganz schlichte Gefühle wie zum Beispiel die Furcht, sie sind Verlusturteile. Die Unterschiede zwischen ihnen liegen vor allem in der Schwere und im Umfang des Verlustes und dessen Bedeutung für uns.

1. RICHTUNG: Extern (obwohl es immer *mein/unser* Verlust ist).
2. UMFANG/FOKUS: Variabel, vom Persönlichen bis zu etwas Allgemeinem (Verlust eines Andenkens, Tod eines Verwandten, das Waldsterben).
3. GEGENSTAND/INHALT: Beliebig (ob man eine Sache, ein Haustier, einen Freund, ein Ideal oder einen Gott verliert).
4. KRITERIEN: Persönlich.
5. STATUS: —
6. WERTUNGEN: Einschätzung eines Verlustes (der im Fall des Betrübtseins eher klein, im Leid groß, im Kummer etwas Traumatisches hat und in der Trauer unwiederbringlich ist).
7. VERANTWORTUNG: Keine (bei eigenem Verschulden empfindet man Reue, nicht Trauer, bei fremdem Ärger oder Eifersucht).

8. INTERSUBJEKTIVITÄT: — (Kann Anlaß sowohl für Offenheit als auch für extreme Abwehr sein.)
9. ABSTAND: — (Oft Anlaß, Nähe zu suchen, besonders bei »geteiltem Leid«. Bestimmte Verluste können aber auch Gefühle unendlicher Verlassenheit auslösen, die den Rückzug und die totale Isolation suchen.)
10. MYTHOLOGIE: »Ich habe einen Teil meiner selbst verloren« (Trauer).
11. WUNSCH: Wiederherstellung.
12. MACHT: Gewöhnlich keine. Trauer hat etwas Irrationales, man tut, als ob man den Verlust wettmachen könnte. Trauer geht mit Ohnmacht Hand in Hand.
13. STRATEGIE: Trauer, Kummer, Trübsal und Leid sind eine sanfte Zuwendung zu sich selbst und können, ohne unaufrichtig zu werden, auch in sich schwelgen. Dann haben sie eine Komponente von Mitleid mit sich selbst. (Traurig ist man über *einen Verlust*, wohingegen Mitleid, Mitgefühl oder Sympathie *der Person* gelten.)

UNSCHULD

> Wer niemals an die vollkommene Unschuld des Menschen und der Welt geglaubt hat, kann die Motive der Revolte und ihren rasenden Zerstörungswunsch nicht verstehen.
> ALBERT CAMUS

Unschuld ist wie Schuld – vor dem Gesetz oder vor Gott – kein Gefühl, sondern eine Zuschreibung. Doch sich für unschuldig zu halten, sich von allem Falsch freizusprechen und alles mit den Augen der Naivität zu sehen: das ist ein Grundgefühl. In Dostojewskis Roman *Der Idiot* ist dies das wohl prägende Lebensgefühl von Fürst Myschkin, dem Helden, der, ganz im Selbstgewahren versunken, keine Augen für andere hat (wie ein Liebender, der bei allen guten Absichten oft völlig blind und

368

naiv in Konflikte mit seinen Mitmenschen gerät). Unschuld kann, muß jedoch nicht mit →*Entrüstung* einhergehen. Entrüstung jedenfalls ist ein ausgezeichnetes Sprungbrett, um sich von eigenen Gnaden in den hehren Zustand der Unschuld zu katapultieren. Unschuldig zu sein ist löblich, sich dafür zu halten geht meist aber nicht ohne eine Prise Selbstbetrug (womit ich aber jetzt nicht orakeln möchte, alle Welt sei schuldig).

1. RICHTUNG: Intern (teils ausschließlich, wie im Fall der Schuld, teils fremdgerichtet, wenn Empörung mit im Spiel ist).
2. UMFANG/FOKUS: Völlig selbstbezogen.
3. GEGENSTAND/INHALT: Das Ich als handelnder Mensch.
4. KRITERIEN: Moralisch.
5. STATUS: — (Kann aber mit Überlegenheitsdünkel einhergehen.)
6. WERTUNGEN: Positiv gegenüber sich und dem eigenen Tun.
7. VERANTWORTUNG: Absolute Rechtfertigung und Lossprechung des Ich (»*Ego me absolvo*«).
8. INTERSUBJEKTIVITÄT: Viel abwehrender, als man vermuten sollte (wer ist schon »frei von Sünde«?).
9. ABSTAND: — (Kann, muß aber nicht mit Rückzug einhergehen: Fürst Myschkin.)
10. MYTHOLOGIE: Das Lamm unter den Wölfen, die »schöne Seele« (Hegel, Novalis).
11. WUNSCH: Makellos zu bleiben (und dafür anerkannt zu werden).
12. MACHT: Unnötig (manchmal vielleicht die Kraft der Selbsttäuschung).
13. STRATEGIE: Die eigene Würde und Selbstachtung werden auf ganz direkte Weise begründet, indem man sich einfach für rein und edel *erklärt*.

VERACHTUNG

Die Verachtung spricht ein niederschmetterndes Urteil über einen anderen Menschen. Er erregt nicht nur Anstoß, sondern ist schändlich, widerwärtig und »unter aller Würde«. Wie dem *Hohn* gilt der Verachtung das Gegenüber als entschieden minderwertig, wenn nicht als Untermensch, für den humane Werte nicht gelten. Die extreme Überlegenheit, die sich Verachtung anmaßt, läßt meist auf eine gewisse Abwehr schließen.

1. RICHTUNG: Extern (niemals bipolar, obwohl es auch die innengerichtete Selbstverachtung gibt).
2. UMFANG/FOKUS: Offen. (Man kann Schaben oder, wie Camus' Sisyphos, auch Götter verachten.)
3. GEGENSTAND/INHALT: Gewöhnlich Menschen (aber keine besonderen Merkmale oder Züge). Oft verbunden mit Urteilen über einen subhumanen Status (»du elende Ratte«), die verächtlich gegenüber der Person, aber nicht dem Tier gemeint sind.
4. KRITERIEN: Meist moralisch gefärbt (dabei jedoch zweischneidig, wenn der andere »unter aller Kritik« sein soll).
5. STATUS: Der andere gilt als eindeutig unterlegen, sogar als Untermensch. (Hohn schreibt Minderwertigkeit zu, Verachtung einen subhumanen Status.)
6. WERTUNGEN: Völlige Abwertung mit starker Abneigung.
7. VERANTWORTUNG: Wird der andere als Untermensch beurteilt, so gilt er als nicht verantwortungsfähig. Allerdings kann sich das Urteil auf flagrante Unverantwortlichkeiten beziehen. Wie dem auch sei, es geht um Defizite.
8. INTERSUBJEKTIVITÄT: Abwehrend wie gegenüber Kranken.
9. ABSTAND: So groß wie irgend möglich.
10. MYTHOLOGIE: Der andere als Untier (man selbst dagegen

als rein und edel). Typische Metaphern: Schlange, Reptil, Insekt, Wurm, Spinne – Schleim, Exkrement – abartig, verderbt.

11. WUNSCH: Grundsätzliche Meidung (zumindest dem Anschein nach).

12. MACHT: Beträchtlich. Ohnmächtige Verachtung geht in Entsetzen über. (Eine Schabe etwa ist nur deshalb verächtlich, weil sie einem nichts tun kann. Eine Riesenschabe dagegen, wie in amerikanischen Horrorfilmen der fünfziger Jahre, wäre nicht mehr verächtlich, sondern grauenhaft.)

13. STRATEGIE: Die eigenen oder moralische Normen in Szene zu setzen, um selber überlegen, mächtig und edel zu erscheinen.

VEREHRUNG (ANBETUNG)

Die Verehrung ist eng mit dem →*Glauben* verwandt, teilt aber nicht unbedingt dessen Zuversicht. Sie erwartet nichts, wiewohl sie sich immer auf irgendeine höhere Instanz beruft (die sich hinter einem Obelisken oder Kruzifix verbergen kann). In der Regel verrät diese keinerlei Interesse am Verehrenden, nimmt nicht einmal Kenntnis von ihm; sein Gefühl macht ihn also ziemlich klein, sofern er sich nicht schadlos hält, indem er sich mit der Instanz identifiziert, die das ungerührt zuläßt. Außerhalb ihrer herkömmlichen religiösen Kontexte erscheint die Verehrung (oder ihre schwächeren Formen des Bewunderns und Anhimmelns) vielfach als eine pervertierte Liebe ohne deren bipolare Grundpfeiler des Miteinanders und der Nähe (weshalb Anbeten, Verehren und vernarrtes Anhimmeln keine →*Liebe* begründen).

1. RICHTUNG: Extern (man selbst ist völlig unbedeutend und winzig).

2. UMFANG/FOKUS: Immer partikular (im Unterschied zum Glauben).

3. GEGENSTAND/INHALT: Eine menschliche oder göttliche Instanz.

4. KRITERIEN: Offen, doch die gewählte Instanz erlangt letzten Endes moralische Autorität. Ob man sich also aus privaten, sozialen oder ethischen Gründen für einen Glauben entscheidet, der betreffende Gott wird schließlich bedingungslos verehrt (in *Furcht und Zittern* interpretiert Kierkegaard den Grundkonflikt Abrahams als Allegorie für das oftmals rätselhafte Verhältnis zwischen individueller Entscheidung und der fortan verbindlichen Geltung eines Wertesystems).

5. STATUS: Die betreffende Instanz ist einem turmhoch überlegen, man selbst ihr gegenüber völlig bedeutungslos.

6. WERTUNGEN: Lob, ungeachtet der konkreten Fähigkeiten und Attribute. Meist jedoch, wie im Fall der Liebe, vorbehaltloses Lob auch im einzelnen.

7. VERANTWORTUNG: Liegt bei der Instanz, allerdings ist sie dem sich erniedrigenden Verehrenden keine Rechenschaft schuldig. Welche Erwartungen der auch hegen mag, er darf sich nicht beklagen. (»Gottes Wege sind unergründlich.«) Eine gegenüber Menschen verheerende Einstellung.

8. INTERSUBJEKTIVITÄT: Nur im Glauben lassen sich Verehrung und Vertrauen miteinander verquicken. Ansonsten geht jene meist eher mit Entsetzen und hilfloser Abwehr einher (wie Altes und Neues Testament belegen).

9. ABSTAND: Riesig. Da die Verehrung ihren Inhalt als überwältigend auffaßt, läßt sie keine Nähe zu (de Beauvoir: »Wenn Götter fallen, so werden sie keine gewöhnlichen Menschen, sondern Betrüger.«) Kierkegaards Bild eines furchtbaren, aber väterlichen Gottes soll dagegen dem fragwürdigen Ansatz dienen, die Verehrung durch Nähe zu versüßen. Auch Gabriel Marcel versuchte, ein Moment von

wechselseitiger Nähe in den christlichen Glauben einzuführen, indem er hegelianisierend den »Geist« an die Stelle
des transzendenten Gottes setzt.

10. MYTHOLOGIE: Religiös: Der gegenüber einem Über- oder
gar Allmächtigen winzige Mensch ruft in seiner Verzweiflung eine rettende, ihm gegenüber nicht gleichgültige, aber
unergründliche Instanz an.

11. WUNSCH: Sich einschmeicheln, um zu beschwichtigen.

12. MACHT: Nicht die geringste.

13. STRATEGIE: In der Verehrung verschmelzen drei Motive
miteinander, die wir schon von anderen Gefühlen her kennen: Sich ganz klein zu machen, was entlastet (wie beim
Schuldgefühl); eine übermächtige Instanz anzuerkennen,
was eigenes Versagen entschuldigt und die Quelle allen Un-
heils nach außen verlegt (ohne jedoch zu *beschuldigen* – ein
interessantes Paradox, das als »Problem das Bösen« bis
heute nicht lösbar scheint); und wer sich mit fremden
Mächten identifiziert, nimmt schließlich selbst eine Aura
von Größe und Macht an, auch wenn der »Verbündete« völlig fiktiv bleibt. Wie das → *Schuldgefühl* will die Verehrung
aus der Selbsterniedrigung Kapital schlagen.

VERLEGENHEIT

> Er kratzte sich hinterm Ohr – jene kleine Geste,
> Der sich Verlegene unfehlbar bedienen.
> LORD BYRON, *Don Juan*

Verlegenheit scheint in besonderer Weise zu bezeugen, daß
Gefühle lediglich vorübergehende Störungen des normalen
Lebens sind. Meist tritt sie als ein flüchtiger Anfall von Pein-
lichkeit auf; dauert sie sehr lange, würde das eher als pathologi-
sches Symptom aufgefaßt. Die Logik der Verlegenheit zeigt,
woran das liegt.

1. RICHTUNG: Intern (für andere ist nur verlegen, wer sich mit ihnen identifiziert).
2. UMFANG/FOKUS: Einzelne, gewöhnlich banale Situationen und Ereignisse.
3. GEGENSTAND/INHALT: Eigenes Verhalten und dessen Umstände.
4. KRITERIEN: Sozial: die Meinungen anderer (oder was man dafür hält), ungeachtet dessen, ob man sie teilt. (In Gesellschaft von Mördern mag es einen verlegen machen, selbst noch nie jemanden umgebracht zu haben. Entscheidend ist, daß dies keine Folgen hat – man fühlt sich deplaziert, sieht sich aber nicht gezwungen, diesen Zustand zu ändern.)
5. STATUS: Eindeutig unterlegen, jedoch nur momentan und fallbezogen. (Wenn mich ein langer Riß in meiner Hose verlegen macht, sehe ich mich nicht als minderwertig an, sondern als vorübergehend benachteiligt.)
6. WERTUNGEN: Fallbezogen negativ.
7. VERANTWORTUNG: Schuldlos. (Das genau unterscheidet die Verlegenheit von der → Scham: Hätte ich vor dem Treffen bewußt eine aufgeschlitzte Hose angezogen, wäre ich beschämt, aber nicht verlegen, und würde über meine Motive nachdenken. Im Fall der Verlegenheit gibt es keine Motive.)
8. INTERSUBJEKTIVITÄT: Abwehrend.
9. ABSTAND: Man muß sich nicht außer Reichweite begeben, »auf Armlänge vom Leib halten« genügt. Bei wechselseitiger Verlegenheit ist Nähe momentan ausgeschlossen.
10. MYTHOLOGIE: Das ahnungslose Opfer eines Streiches; man macht sich unwissentlich zum Clown und unterhält andere auf eigene Kosten.
11. WUNSCH: Im Boden zu versinken.
12. MACHT: Hilflosigkeit, als würde jeder weitere Schritt einen noch verlegener machen und noch mehr Aufmerksamkeit erregen.

13. STRATEGIE: Man will die Schuld für etwas Peinliches von
sich weisen; im Extremfall kann man auch gute Miene
zum bösen Spiel machen und sich zum Mittelpunkt machen, auch wenn man den Hampelmann abgibt (jedoch im
Dienste der Selbstachtung, die man zeitweise auf andere
projiziert).

VERZWEIFLUNG

> Verzweiflung kann die größte Wonne sein,
> sofern man sich der Hoffnungslosigkeit seiner
> Lage vollauf bewußt ist.
>
> FJODOR DOSTOJEWSKI

Verzweiflung weist Ähnlichkeiten mit →*Depression*, →*Angst*
und →*Furcht* auf. Auch sie zwingen uns, manchmal unter Qualen, zum Rückzug angesichts einer unmittelbar drohenden,
überwältigenden Gefahr. Insofern resultiert sie aus einem unglücklich resignierenden Urteil, dem Befund der generellen
Vergeblichkeit oder dem Eingeständnis einer Niederlage. Dabei gibt man alle Hoffnungen und Erwartungen auf, oft ohne
jedoch zu bedenken, daß diese ihrerseits auf hinterfragbaren
Urteilen basierten: Wer nicht auf Erlösung hofft, der verzweifelt
kaum über deren Ausbleiben; wer keine politische Macht an-
strebt, der verzweifelt nicht über eine verlorene Wahl; wer nicht
von der Idee einer erhabenen, unsterblichen romantischen
Liebe durchdrungen ist, der dürfte auch nicht verzweifeln,
wenn er einmal eine hohle Kulisse entdeckt. Während →*Zufriedenheit* alles nimmt, wie es kommt, hatte Verzweiflung stets das
Unmögliche erwartet. Insofern kann sie eine bequeme Entschuldigung für Tatenlosigkeit und Stillstand werden, die emotionale Vorbereitung auf Ungereimtheiten wie Camus' Mythos
einer »absurden«, ungerechten und »gleichgültigen« Welt, dies-
mal aber nicht als Methode (wie im Fall der Depression), sondern als Konsequenz.

1. RICHTUNG: Extern, jedoch im Hinblick auf das eigene Handeln.
2. UMFANG/FOKUS: Gewöhnlich universell. Falls auf konkrete Hoffnungen und Erwartungen bezogen, müssen diese absolut zentral und entscheidend für das ganze Leben sein.
3. GEGENSTAND/INHALT: Beliebig.
4. KRITERIEN: —
5. STATUS: —
6. WERTUNGEN: Wie in der Furcht negative Bewertung der Zukunft, allerdings hier so, als stünde diese bereits fest. (Die Furcht zittert nur vor einer Möglichkeit.)
7. VERANTWORTUNG: Schuldlos (Verantwortung für Versagen wird auch dann geleugnet, wenn es um eigenes Handeln geht. Schließlich bezeugt ja die Verzweiflung selbst einen hoffnungslosen Zustand).
8. INTERSUBJEKTIVITÄT: Abwehr (gegen Erfolg und Verantwortung), jedoch nicht gezielt (hat wenig mit anderen Menschen zu tun).
9. ABSTAND: Liebt ihresgleichen.
10. MYTHOLOGIE: »O, grausames Schicksal ...«
11. WUNSCH: Will das Ersehnte bekommen, allerdings ohne eigenes Zutun, da »es ja sowieso unmöglich ist«.
12. MACHT: Nicht die geringste.
13. STRATEGIE: Jegliche Handlungsmotive abzuwürgen um Verantwortung für Versagen von sich zu weisen; alle Hoffnungen und Erwartungen aufzugeben; sich als Opfer des Schicksals zu sehen; in Selbstmitleid zu schwelgen; Mitleid zu erregen.

ZAGHAFTIGKEIT →*Furcht*

ZORN →*Ärger* →*Entrüstung*

ZUFRIEDENHEIT

Die Zufriedenheit mag auf den ersten Blick gar nicht als ein Gefühl oder eine Emotion erscheinen, sondern lediglich als *Wunscherfüllung.* Ich habe sie trotzdem hier aufgenommen, um einen zentralen Aspekt meiner Theorie hervorzuheben. Wenn Emotionen keine erschütternden Störungen sind, sondern feste, sinnstiftende Strukturen, ist es widersinnig, allein jene zu berücksichtigen, die Hader und Unruhe schüren, und darüber die befriedigenden ganz zu vergessen. Zufriedenheit ist ebenso ein Urteil wie Unzufriedenheit. Als Gefühl heißt sie einen Zustand gut und erkennt das Ich insgesamt oder teilweise an. Es ist, als sagte man:»Jetzt ist meine Welt so, wie sie sein sollte.« Oder:»Jetzt bin ich mit mir zufrieden.« Politisch haben solche Emotionen keine Ideologien (wie Politiker, die kein Programm haben und sich deshalb für unideologisch halten): Es soll alles beim alten bleiben.

1. RICHTUNG: Intern oder extern, in Beziehungen bipolar.
2. UMFANG/FOKUS: Offen.
3. GEGENSTAND/INHALT: Alles und jedes.
4. KRITERIEN: Beliebig.
5. STATUS: Beliebig (aber vielleicht darf man einfach empirisch annehmen, daß keiner so ganz zufrieden ist, der sich selbst für minderwertig hält; und eine Abwehr aus Überlegenheit würde eher zu einem *Laisser-faire* führen, das sich mit dem Status quo arrangiert, aber kaum zu Zufriedenheit).
6. WERTUNGEN: Positiv (»Alles ist so, wie es sein sollte«).
7. VERANTWORTUNG: Kann Lob (als Dankbarkeit) oder Eigenlob (als Stolz) einschließen.
8. INTERSUBJEKTIVITÄT: Generell offen und vertrauensselig.
9. ABSTAND: Offen; Neigung zur Nähe.
10. MYTHOLOGIE: Reicht von der punktuellen Zufriedenheit

des »Glücks« oder Stolzes bis zur frommen Dankbarkeit für »Gnade«.

11. WUNSCH: Es möge so bleiben.

12. MACHT: Irrelevant.

13. STRATEGIE: Die Welt nehmen, wie sie ist, um *wahrzu-machen*, daß sie ist, wie sie sein sollte, indem man nicht sie, sondern die eigene Einstellung zu ihr ändert. Was könnte leichter sein? (Daher *kann* Zufriedenheit ein »Aussteigen« wie auch die Feststellung sein, daß sich alles erfüllt hat.)

Schluß: Ausblick

Auch diese Schrift – der Titel verrät es – ist vor
allem eine Erholung, ein Sonnenfleck, ein Seiten-
sprung in den Müßiggang eines Psychologen.
FRIEDRICH NIETZSCHE, *Götzen-Dämmerung*

Seit die amerikanische Originalausgabe meines Buches erstmals
erschien, ist das Thema zunehmend ins Zentrum nicht nur der
Philosophie, sondern auch der Sozialwissenschaften gerückt.
Und da die moderne Ethik in erster Linie auf den guten Willen
setzt, konnte das Emotionale als Grundelement von Wertsetzungen hervortreten. Darüber hinaus haben sich die Sozialwissenschaften vermehrt Alltagsfragen wie Streß und Aggression
zugewandt, wobei sie sich auf einige sehr gründliche Untersu-
chungen zur Physiologie der Gefühlsäußerung und viele inter-
disziplinäre Forschungsprojekte stützen konnten. Die überaus
engagierte *International Society for Research on Emotions*
(ISRE) vereint rund zweihundert aufgeschlossene Anthropologen, Neurologen, Soziologen, Psychologen, Verhaltensforscher,
Philosophen und Historiker. Ihnen allen verdanke ich sehr viel.
Im nachhinein ist das einzige Kapitel dieses Buchs, das mich etwas peinlich berührt – so daß ich es fast noch umgeschrieben
hätte –, jenes über die naturwissenschaftlichen Gefühlstheorien. Obwohl mehrere Psychologen, allerdings mit deutlichen
Vorbehalten, meiner ziemlich pauschalen Kritik an »den Naturwissenschaften« zugestimmt haben, weiß ich mittlerweile, wie
uneinheitlich, ja gespalten, die Sozialwissenschaften ihrerseits
gegenüber der Gefühlsproblematik sind. Beide Seiten haben
viel voneinander zu lernen.

Schluß

Mit dieser Einsicht im Hinterkopf empfinde ich mein Buch als ein Plädoyer für verstärkte Kooperation und dafür, alle Mauern zwischen den Disziplinen einzureißen. Wer beteuert, daß kein Thema faszinierender ist als die Emotionalität, will damit ja keineswegs die Grundregeln der Kosmologie oder die Wunderwerke der Mathematik angreifen. Bei der Niederschrift dieses Buches habe ich angenommen (und durchweg bestätigt gefunden), daß die Gefühle in hohem Maße schöpferisch sind, Grundlagen wie auch Funktionen des Denkens, also nichts, was uns bloß widerfahren würde wie irgendein Unheil. Wir müssen die zuweilen tragische und fast immer irrige Gegenüberstellung von Vernunft und Emotionalität aufgeben und erkennen, daß nicht allein der Wahnsinn und die selbstzerstörerische Besessenheit »wahrhaft leidenschaftlich« oder die kalten nüchternen Verstandesurteile »wahrhaft vernünftig« sein können. Deshalb trete ich ausdrücklich dafür ein, neben dem Kollektivbewußtsein auch jene Gefühle zu analysieren, die vielen der heutigen sozialen und politischen Probleme zugrunde liegen: Neid, Gier, Ressentiment, Verachtung, falscher Stolz, Eifersucht und moralische Entrüstung, um nur ein paar herauszugreifen. Wie Gefühle sinnstiftend wirken, so können sie einen auch in den Wahnsinn treiben. Insofern darf sich eine Theorie der Emotionalität weder mit allgemeinen Grundsätzen noch mit einem Sammelsurium von Einzelanalysen oder mit einer Rechtfertigung der Gefühle an sich begnügen, sondern muß im weitesten Sinne auch therapeutisch wirken: ein nützliches Korrektiv sein, um die großen Emotionen zu pflegen und die schädlichen (wenn auch oft schillernden, die uns Nietzsche zufolge mit der Macht ihrer Dummheit niederziehen) zu verfeinern.

Abschließend danke ich all den klugen Philosophen, Soziologen und Literaten, von denen ich im Lauf der Zeit lernen durfte.
Ich widme dieses Buch dem Andenken an Shula Sommers.

Personenregister

Anscombe, Gertrude Elizabeth
  Margaret 147
Aristoteles IX, XVI, 14–17, 36,
  95 f., 101, 130 f., 325
Arnold, Magda 107, 111
Aronson, Elliot 112
Atkinson, John 111
Augustinus 15, 17, 101, 303, 327
Austin, John Langshaw 112, 147,
  184 f.
Ayer, Alfred Jules 180

Babbitt, Irving 78
Bacall, Lauren 174
Bach, George 307
Barth, John XVI
Barzun, Jacques 78
Beauvoir, Simone de 372
Bedford, E. 124, 300
Beethoven, Ludwig van 48, 79
Berenson, Bernard 192
Bergman, Ingrid 174
Bergmann, Frithjof XVII, 147,
  302
Bergson, Henri 124
Berlioz, Hector 79
Beyle, Henri XVI
  → Stendhal
Birch, John 334
Blake, William 22, 216
Bogart, Humphrey 174

Bonnard, Pierre 184
Brahms, Johannes 79
Brandt, Richard 148
Brentano, Franz 302
Briggs, J. L. 301
Burroughs, Edgar Rice 225
Byron, George Gordon, Lord
  78 f., 82, 373

Cagney, James 196
Calvin, Johannes 359
Camus, Albert XII, XVI, 19 f., 45,
  53–69, 75 ff., 175, 213, 268,
  314, 316, 336, 353, 361, 368,
  370, 375
Candland, D. K. 106
Cannon, Walter Bradford 120,
  129, 132 f., 136
Carroll, Lewis 306, 337
Cavell, Stanley 237
Chamfort, Nicolas 35
Churchill, Winston 335
Cohen, Morris 62
Colby, Kenneth 121
Constable, John 79
Coward, Noël 63

Darwin, Charles 219, 231
Delacroix, Eugène 18, 79
DeMartino, M. F. 106, 123
DeMille, Cecil B. 330

Über den Autor

Robert C. Solomon hat den Quincy-Lee-Cetennial-Lehrstuhl für Philosophie an der University of Texas in Austin inne; er promovierte an der University of Michigan und lehrte an der Princeton University, der University of Pittsburgh, der U.C.L.A. sowie an der University of Auckland, Neuseeland. Robert C. Solomon gibt auch Seminare über Wirtschaftsethik und ist als Berater von Firmen und internationalen Organisationen tätig.

Publikationen: About Love, In the Spirit of Hegel, From Hegel to Existentialism, A Passion for Justice, It's Good Business, A Better Way to Think about Business; (zusammen mit Kathleen M. Higgins, seiner Frau, die ebenfalls an der University of Texas Philosophie lehrt:) Reading Nietzsche, A Short History of Philosophy, A Passion for Wisdom.